가정 사역과 교회

/ family
/ ministry

가정 사역 리더를 위한 가이드
가정 사역과 교회

크리스 셜리 지음 | 김성완·장혜영 옮김

and the
church

생명의 양식
THE BREAD OF LIFE

Contents

추천사 … 6
서문 … 15

1장 가정 사역의 네 가지 기둥을 세우기: 균형 잡힌 정의를 향하여 … 21
_크리스 셜리(Chris Shirley)

2장 가정에는 교회가 필요하다: 가족으로서 교회에 대한 신학 … 55
_크리스 셜리(Chris Shirley)

3장 교회에게도 가정이 필요하다: 가정의 필수성 … 95
_크리스 셜리(Chris Shirley)

4장 모든 성도를 구비시키는 가정 사역 … 125
_크리스 셜리(Chris Shirley)

5장 목회자 리더십과 모범 보이기 … 157
_브라이언 해인스(Brian Haynes)

6장 교회에서 결혼 관계 강화하기 … 181
_스콧 플로이드(Scott Floyd)

7장 부모 교육 강화하기: 양육의 목적과 실천 … 213
_크리스 셜리((Chris Shirley)

8장 가정에서 믿음 가르치기: 부모를 영적 리더로 준비시키다 … 247
_캐런 케너머(Karen Kennemur)

9장 청소년 부모와 함께하는 가정 사역: 청소년 부모를 영적 리더로 준비시키다 … 275
_리처드 로스(Richard Ross)

10장 조부모를 영적 리더로 준비시키기 … 311
_크리스 셜리(Chris Shirley)

11장 가족의 휴식: 여가와 오락 활동 사역 … 343
_폴 스터츠 (Paul Stutz)

12장 현대의 가정: 현대 가정 문제에 대한 성경적 응답 … 369
_크리스 셜리(Chris Shirley)

기고자들 … 399
역자 후기 … 402
미주 … 405

추천사 1

가정 사역 'MBA', 책 속의 캠퍼스

송길원 목사_가족생태학자, 하이패밀리 대표, 동서대학교 석좌교수(가족생태학)

『선교암호 해독하기』 저자인 에드 스테처Edward John Stetzer는 말한다.

"많은 사람들은 교회가 예전으로 돌아가지 못할 것 때문에 걱정을 한다. 어떤 이는 큰 교회도 같은 운명일 거라고 말한다. 그러나 나는 교회가 다시 예전과 같이 될까 봐 그것이 걱정이다."

분명 세기의 코로나는 많은 것을 다르게 느끼고 생각하도록 만들었다. 가정만 해도 그렇다. 산업사회 이후 집과 일은 철저히 구분되었다. 코로나는 그 경계를 무너뜨렸다. 코로나의 명령이 무엇이었던가?

"가정에 머물라!"(to stay HOME)

단순히 머무르라는 것일까? 코로나는 가정이 무엇인지를 제대로 보여주었다.

"모든 행복한 가정은 서로 닮았고, 불행한 가정은 제각각 나름으로 불행하다."

톨스토이의 소설 『안나 카레니나』의 첫 문장이다. 비로소 알게 되었다.

'가정이 되어가는 대로 교회가 되어간다'는 것을.

이번에 출간된 『가정 사역과 교회』는 바로 이 명제에 대한 해답이다. 책 속의 캠퍼스가 있다. 무슨 말일까? 책을 일독하는 순간, '가정 사역 MBA' 코스를 공부하는 느낌을 받았기 때문이다. 여기서 MBA란 Ministry(사역) Biblical(성경신학), Academy-Application(학술-적용)을 의미한다. 아니 실제로 가정경영을 말하고 있어서다. 특히 주목할 것은 매 장마다 제시된 질문이다. 왜 '질문이 답이다'는 말이 있잖은가? 이 질문들을 토대로 답을 찾아가다 보면 어느새 나에게 멋진 MBA학위가 주어지기도 할 것이다.

나는 이 책을 교회 담임목사뿐 아니라 부교역자와 신학생, 나아가 교회의 마을-순-목장을 이끄는 리더들이 함께 보기를 권한다.

한 가지 아쉬운 점은 한국이라는 콘텍스트^{context}가 빠졌다는 점이겠다. 한국은 빠른 초고령화와 초저출산, 고독사, 동성애, 자살이 죽음, 애도 등 수많은 문제를 안고 있다. 가족생태계가 붕괴된 모습들은 한둘이 아니다. 어차피 여섯 명의 공동저작이란 특성을 감안한다면 한국 필자의 참여도 의미가 있었겠다는 생각이다. 하지만 그것은 각자 교회와 사역자들의 몫이라 여긴다.

한국에서 가정 사역이 본격적으로 닻을 올린 지 이제 30년, 한 세대가 흘렀다. 역자의 수고에 고마움을 표하며 이제 한국의 가정 사역도 한 단계 업그레이드 되는 기회이길 바라마지 않는다. 책의 출간을 축하하며 모두에게 일독을 권한다.

추천사 2

현실 인식에서부터 실제적인 대안까지, 바로 이 책이다!

박신웅 목사_소망교회 담임, 고려신학대학원 겸임교수, 전 고신 총회교육원 원장

'바로 이 책이다!' 한 자리에서 이 책을 다 읽고 내린 결론이다. 누구든 그렇겠지만, 평소 고민하던 문제에 대해 적절한 답을 얻을 수 있는 책을 만나는 기쁨은 이루 말로 표현하기 어렵다. '아니, 어떻게 내가 했던 고민을 이렇게 깊이 있게 하고, 게다가 답까지 제안하고 있는가?' 감탄하며 보게 될 때만큼 행복한 때도 없지 않나 싶다. 이 행복을 가정 사역에 대해 고민하는 분이라면 충분히 누릴 수 있는 책이라 생각한다.

이 책은 가정 사역의 정의에서 시작해서 가정 사역 4개의 기둥과 교회와 가정의 관계를 친절하게, 그리고 주도면밀하게 살피고 추적한다. 그것도 현실에 일어나고 있는 문제에서 시작해서 성경적인 근거와 그에 따른 대안을 추적하면서 말이다. 놀라운 건, 거기에 그치지 않고(대부분 책은 거기에 그치는 데 반해), 현실적이고 실제적인 대안을 제시하며 각 장을 마치고 있다.

이 책을 읽으며 무릎을 쳤던 부분은 가정을 '담장 밖의 교회'로 보고 있

다는 점이다. 즉, 가정을 단순히 영적 생존을 위한 기구 정도로 보는 기존의 관점을 탈피해, 영적 사역의 장으로, 나아가 하나님이 일하시는 장으로 만들려고 시도하고 있다는 점이다. 지금까지 숱한 가정 사역의 시도들은 수세적이거나 혹은 방어적이었다. 가정을 지키기 위해, 자녀들을 신앙적으로 양육하기 위해 가정 사역을 논했다. 반면, 이 책은 그 수세적인 자세를 넘어, 공세적이고 혹은 공격적인 자세를 취한다. 세상을 향한 하나님의 사역자를 길러내는 곳으로 가정을 변모시키려 시도하고 있다. 이 부분을 읽을 때, 가슴이 뻥 뚫리는 기분이었다!

심지어 '분산된 아웃리치'와 같은 놀라운 시도를 말하고 있지 않은가! 지금까지 교회 주도의 아웃리치와 선교와 전도의 시도는 많이 보았지만, 가정 주도적 선교와 전도 활동에 관해 말하는 책을 제대로 보지 못했다. 이런 면에서 이 책은 우리에게 시사하는 바가 크다고 하겠다. 그뿐인가? 어린이를 둔 부모가 어떻게 신앙교육을 해야 하고 어떤 역할을 해야 할지, 청소년 자녀를 둔 부모가 어떤 문제로 고민하고 있고, 그걸 어떻게 신앙적으로 가정에서 해결할 수 있을지 나름의 대안을 제시하고 있지 않은가! 게다가 고령화로 몸살을 앓고 있는 이 시대, 조부모가 어떻게 신앙의 대를 이으며 신앙적인 역할을 가정에서 감당할 수 있는지 추적하고 있지 않은가! 그래서 가정 사역에 대해 고민하는 분들에게 하고 싶은 말은 바로 이것이다. '바로 이 책이다!'

추천사 3

가정 사역을 시작하는 모든 교회의 리더들을 위한 교과서

이동열 교수_합동신학대학원대학교 기독교교육학, 분당우리교회 협동

가정 사역의 붐이 일고 있다. 가정의 중요성에 대해서 지속적으로 강조해 왔으나 지지부진하던 가정 사역이 최근 코로나 사태로 교회 교육이 제대로 이루어지지 못하자 모두의 이목을 주목시키고 있다. 여기저기 가정 사역에 대한 세미나가 열리고 출판사마다 가정 사역을 위한 책들이 쏟아져 나오고 있다. 하지만 교회의 리더들은 기존의 사역 구조와 형태와 내용을 바꾸는 데 적지 않은 두려움이 있다. "정말 이것이 올바른 변화인가?" "우리 교회에 이러한 변화가 적합한가?" "변화의 결과는 어떠할까?" 그저 변화의 트렌드를 따라 가정 사역을 추구하는 것은 바람직하지 못하다. 성경적이고 신학적 근거에 의한 분명하고 바른 사역 철학이 밑바탕되어야 모든 두려움으로부터 자유로울 수 있다.

저자가 밝히듯 본서는 교회에서 가정 사역을 시작하고자 하는 리더들을 위하여 쓰였다. 저자는 수십 년간 신학교에서 가정 사역을 가르치는 교수로서, 교회에서 가정 사역을 리드하는 사역자로서, 두 명의 자녀

와 손주를 신앙으로 양육하고 있는 아버지이자 할아버지로서 가정 사역에 대한 이론적인 기초와 더불어 실천적 내용을 상세하게 소개한다. 비록 우리는 처음 가는 길이나, 수십 년 전부터 이미 같은 길을 걸어간 북미의 가정 사역 전문가로서 저자는 지금까지 이루어진 가정 사역의 지형을 살피며 가정 사역에 대한 바른 길을 제시한다. 특히 가정과 교회라는 하나님께서 직접 제정하신 두 기관의 역할과 관계, 어떻게 두 기관이 협력하여 다음 세대를 그리스도의 제자들로 양육할 수 있을지 균형 잡힌 모델을 제안한다. 어느 한쪽으로 치우쳐 다른 한쪽이 약화되지 않도록, 두 기관이 조화와 협력을 이루어 같은 목표를 이루어갈 수 있는 길을 안내한다. 저자와 함께 책의 집필에 참여한 이들 모두 각 분야에서 가정 사역을 탁월하게 감당하고 있는 전문가들이다. 가정 사역을 성공적으로 이끌고 있는 목회자로서, 수많은 가정들을 상담해 온 상담가로서, 어린이와 청소년 사역 및 교회 행정을 가르치는 전문가로서 모두 각 분야에서 가정 사역을 어떻게 구현해야 하는지 소개하고 있다.

대부분의 저자들을 직접 만나 가르침을 받은 자로서 교실에서 느꼈던 신선한 충격과 교회와 가정의 회복과 부흥을 꿈꾸며 받았던 생생한 감동을 독자들도 누릴 수 있기를 소망한다. 분명 본서가 가정 사역을 시작하고자하는 교회의 리더들과 미래 목회를 꿈꾸는 신학교 학생들에게 기준이 되는 교과서와 같이 쓰일 수 있으리라 확신한다.

추천사 4

성경적, 신학적, 실천적인 균형 속에 제시한 가정 사역의 그림

오경환 교수_총신대학교 기독교교육과

그동안 성경적 가정 사역에 대한 이론과 실천이 균형 잡힌 책이 없어 아쉬웠는데, 이 책은 가정에 대한 성경적, 신학적, 실천적 이해의 큰 그림을 일관성 있게 제시하는 반가운 책이다. 이 책은 가정 사역에 필요한 모든 핵심 내용을 총망라하여 명확하고 분명한 비전을 제시하는 내용이 담겨 있는 가정 사역 바이블이다. 셜리 박사를 비롯하여 탁월한 영성과 실천을 두루 갖춘 실천 신학자들과 뛰어난 기독교 교육학자들의 학문과 사역의 열매가 이 책에 고스란히 담겨 있다.

이 귀한 책을 김성완 박사와 장혜영 박사가 많은 수고를 통해 번역한 것을 매우 기쁘게 생각한다. 가정 사역은 앞으로 한국 교회 골든타임의 게임체인저가 될 것이다. 이 책이 가정 사역의 중요한 실마리와 방향을 제시한다는 점에서 적극 추천한다. 한국 각 교회와 가정의 상황에 필요한 실천적 논의와 적용은 이제 이 책을 읽는 독자의 사명이다.

추천사 5

행복한 교회, 행복한 가정을 세우는 길

권준 목사_시애틀 형제교회 담임

25년 전 시애틀 형제교회에 부임하면서 이민자들의 가정을 보게 되었습니다. 저 역시도 이민자로서 가정의 생계를 위해 몸 부서져라 일하시던 부모님 밑에서 거의 혼자 크다시피 성장하였습니다. 아무도 어떻게 사는 것이 아버지의 삶이고 어떻게 사는 것이 어머니의 역할이며, 부부는 어떻게 살아야 하는가를 가르쳐 주지 않고 결혼을 하고 자식을 낳아 부부, 부모가 되었습니다. 그런 교회에서 저는 아버지들을 세우는 데 집중했습니다. 어머니들을 세우고자 힘썼습니다. 건강한 부부관계를 세우도록 성도들을 초대했습니다. 왜냐하면 하나님께서 가정 안에 놀라운 복과 비밀을 두셨기 때문입니다. 이 비밀을 알고 제가 섬기던 형제교회에서는 매년 어머니 학교, 아버지 학교, 부부 학교를 진행합니다. 그곳에서 많은 아버지들이 자신의 정체성을 발견하고 관계를 회복하는 것을 보았습니다. 많은 어머니들도 예수님 안에서 가치를 발견하고, 가정을 세우는 사명을 회복하는 것을 보았습니다. '우리 그만하자'라고 말했던 부부들이 서로의 발을 씻기며, 다시 가정을 세우는 것을 목회 현장에서 보았습니다. 하나님께서 주신 귀한 가정 사역 프로그램을 미주 지역에 힘써 전하고 있습니다.

이 책은 가정 사역의 성경적 기초, 학문적인 동향, 유익한 실천들을 동시에 제공하고 있습니다. 이 책은 교회에서 가정 사역을 어디서부터 시작할 수 있을지 지혜를 제공합니다. 이 책을 통해 주 안에서 행복한 가정을, 그리고 주 안에서 행복한 하나님의 가족을 세워가게 될 것입니다. 저는 이 책을 사역자로 훈련받는 모든 목회자 후보생들과 현장에서 섬기는 목회자들께 적극 추천합니다.

서문

21세기 초 복음주의 교회 지도자들은 지난 수 세대 동안 끓어오른 문제, 즉 교회에서 물이 새고 있음을 깨달았다. 고등학교를 졸업한 수많은 젊은이들이 교회를 떠났고 돌아올 생각을 하지 않았다. 교회 지도자들은 꾸준히 교회를 출석하는 대신 주말의 스포츠 경기나 여가활동, 바쁜 일상 속 쉼을 선택하는 가족들에 대해서 말한다. 청소년과 어린이 사역을 섬기는 지도자들은 가정에서도 '영적 리더십 부재'에 안타까워 하고 있다. 영적 리더와 제자훈련가로서 자신의 역할을 이해하고 있는 부모는 찾아 보기 어렵고 대부분은 자녀의 영적 훈련을 교회의 사역자들에게 떠맡기는 실정이다.

사실 많은 교회 지도자들이 이와 같은 문제에 관련된다. 이 "전문 사역자들"은 요람에서 무덤까지 모든 교회 구성원들을 제자로 세우는 소위 완벽한 서비스를 제공하기 위해 최상의 신학교와 대학들에서 훈련을 받았다. 어린이 사역자들은 어린이들을, 청소년 사역자들은 청소년들을 제자로 세우도록 훈련받았다. 장년 사역자들은 인생의 각 단계를 지나는 장년들을 제자로 세우도록 훈련받았다. 목회자들은 최신 교회 성장 전략들을 배웠고, 여기에는 가족의 건강과 풍요를 채우기 위한 완벽한 사역 설명서를 제공하는 것이 포함되었다. 이같은 방식은 생의 여러 단계에 맞게 배치된 교역자들이 훈련된 봉사자들과 함께 모든 연령대의 가족 구성원들을 위한 종합적인 영적 성장 프로그램을 제공할 수 있다는 것을 전제한다.

바로 이 지점에서 소위 방 안의 코끼리(역자주—모두가 알고 있지만 말하지 않는 문제를 가리키는 관용구)가 보이기 시작한다. 우리는 가정을 간과하고 말았다. 교회 지도자들은 부모가 영적 지도자로서 그리고 제자훈련가로서 가장 중요한 역할을 수행할 수 있도록 이들을 사역에 초대하고 준비하는 훈련을 시키거나 도전을 하지 못했다. 결과적으로 부모들 역시 사역자들로부터 가장 중요한 책임들 중 하나를 이루기 위해서 필요한 준비에 관해 듣거나 동기부여를 받지 못했다. 결국 가정과 교회에서 의도적으로 제자훈련을 받지 못한 어린이들과 청소년들이 어른이 되면서 신앙을 잃게 된 것이다.

교회는 가정 사역을 위한 새로운 방향성을 필요로 한다. 과거에 가정을 기반으로 한 사역은 주로 부부/가족을 위한 상담과 가족 여가 프로그램들을 가리켰는데 이것들로는 더 이상 충분하지 않다. 이 중요한 사역들 외에도 교회 지도자들은 부모를 제자로 세우고 이들이 가정에서 영적 리더로 설 수 있도록 더 많은 시간과 재정을 투자해야 할 뿐 아니라 자녀가 그 부모 옆에 (이들의 앞이 아니라) 함께 서 있도록 해야 한다.

교회 안에 새로운 가정 사역을 일으키고자 처음 목소리를 낸 이들로는 브라이언 해인스Brian Haynes, 리처드 로스Richard Ross, 랜디 스틴슨Randy Stinson, 티모시 폴 존스Timothy Paul Jones 그리고 론 헌터Ron Hunter와 같은 탁월한 리더들이 있다. 그 외에도 가정을 세우고자 하는 이같은 패러다임에 공헌해 준 이들이 많다. 랜달 하우스Randall House와 디식스 패밀리D6 Family는 성경 공부 커리큘럼과 콘퍼런스 훈련을 통해 최상의 가정 사역 자료들을 제공하는 선두주자들이다.

나는 신학교에서 가정 사역 전공Family Ministry 과정의 석사학위와 박사학위 과정을 개발하도록 요청 받았을 때, 이들 리더들과 조우하게 되었다. 우리는 당시 유행하고 있던 철학보다 약간 다른 프로그램을 개발하는 쪽으로 방향을 정했다. 영적 리더로서 부모들을 계발시키는 것이 가장 중요한 부분이지만, 우리는 '가정 사역 강화'라는 측면에 강조점을 두고 프로그램의 범위를 확장했다. 우리는 가정 상담, 가정의 여가활동, 결혼 관계의 성숙, 부모 훈련이 지역 교회의 종합적인 가정 사역에 있어서 필요한 요인들이라고 믿는다.

나는 가정 사역 프로그램에 대한 책들을 조사하면서 두 가지를 발견했다. 목회자들과 교회의 사역자들에 초점을 맞춘 현재의 책들 대부분은 영적인 리더로서 부모를 계발하고 가정에서 이루어지는 제자훈련 전략에 주로 초점을 맞추고 있었다. 그리고 두 개의 종합적인 책들이 대학과 신학교 수업을 위해서 쓰였는데 1980년대에서 90년대에 처음 출판된 것들이다. 그러나 두 권의 책들이 나왔다고 하더라도, 두 권 모두 부모 교육과 가정 사역을 강화하는 주제들 사이에서 균형을 제공하지는 못했다. 이러한 상황에서 『가정 사역과 교회』라는 이 책은 가정 사역 안에서 다양한 신학적, 실천적 측면들의 필요성에 대해 강의를 해온 나의 응답이며, 현재와 미래 교회 지도자들을 위한 책이다. 물론 부모들도 이 책의 내용을 통해서 많은 유익을 얻을 수 있지만, 저자가 염두해 둔 독자들은 사역을 위해 리더로 훈련받는 분들과 현재의 리더들, 즉 목회자들, 교육부서 사역자들, 그리고 자원하여 섬기는 리더들 모두이다.

여러분은 이 책을 읽으면서 한 가지 비슷한 패턴을 알게 될 것이다. 각 장은 사실상 실제로 있었던 한 가지 이야기로부터 시작한다. 이 짧은 이야기들은 각 주제의 중요성과 현대 사역 환경에서 그 주제의 관련성을 나타낸다. 앞으로 전개될 내용은 성경적인 기초와 실천적인 적용으로 나뉘는데, 하나님의 진리의 말씀을 사역에 적용하고 실천하는 일에 있어서 필수적인 기초를 제공할 것이다. 각 장의 결론 부분에는 강의실이나 사역자 회의에서 사용할 수 있는 토론 질문들을 기록했고, 또한 더 깊이 이 주제를 연구하기를 원하는 분들을 위한 참고 자료들을 제시했다.

나는 가정 사역의 전문가로서 내가 모든 자격을 갖추었다고 생각하지는 않는다. 사실 나는 가정생활과 제자훈련과 관련한 다양한 직책들에서 거의 20년 동안이나 섬겨 왔고, 십수 년 동안 석·박사과정의 가정 사역 수업을 가르쳐왔음에도 불구하고, 이 책을 준비하면서 나는 더 깊은 사역 경험을 가지고 있고, 이 분야에서 훈련가로 일하는 분들의 책들을 참고하였다. 목회자이자 작가인 브라이언 해인스Brian Haynes는 가정 구비 사역의 분야에서 최고의 지도자들과 함께 영향력을 미치는 분들 중에 한 명이다. 나의 친구이자 교수였던 스캇 플로이드Scott Floyd는 전 세계에서 결혼과 가정 사역을 강화하는 기독교 상담가들의 한 세대를 준비시킴으로 두 개의 신학교와 지역 교회에서 의미 깊은 족적을 남겼다. 또한, 캐런 케너머Karen Kennemur 교수는 어린이 사역에 있어서 전문 지식을 갖추고 "당신이 반드시 가야할 길"이라는 실제적인 어린이 훈련 프로그램으로 학생들과 지역 교회의 리더들을 훈련함으로 주님을 섬기고 있다. 청소년 사역의 작가, 발표자, 학자, 그리고 실천가로서 리처드 로스Richard Ross는 그리스도의 영광을 위하여 부모와 십대 자녀들의 마음을 연결하는 목표를 위해 자신의 인생을 헌신한 분이다. 폴 스터츠^Paul Stutz는 지역 교회와 학교에서 일생 동안 기억해야 할 중요한 경험을 가지고 종종 간과되어 아직 활성화되지 않은 가정 사역 강화에 대해 특별한 관점을 제시했는데, 그것은 "가족 여가생활과 레크리에이션"이다. 나는 이 책에서 이들 전문가들의 우정과 기여에 대해 빚을 지고 있음을 밝힌다.

나는 사역 리더로서, 교수로서, 그리고 남편이자, 아버지이고, 할아버지로서 가정 사역을 경험하고 있다. 나는 내가 이 책에 있는 모든 조언들의 완벽한 예라는 인상을 주는 것을 절대로 원하지 않는다. 나의 가족들이 내 모습을 더 잘 알고 있을 것이다. 나의 아내 이사벨은 나의 좋은 모습과 함께 나쁜 모습도 보았지만, 무조건적인 사랑으로 변함없이 나를 지원하고 도와주었다. 내 아내는 나를 가장 큰 목소리로 응원해주는 사람이다. 나의 자녀들인 앤드류^Andrew와 해일리^Haylee는 하나님의 은혜의 증거들이다. 주님과 지속적으로 동행하고 있는 그들은 아버지인 나의 영향보다 하늘 아버지의 인도를 더 많이 받고 있다. 그러나 나는 그들을 양육하는 특권을 받았고, 그래서 나는 감사한다. 그들의 성품의 깊이는 배우자들인 헤더^Heather와 맥스^Max를 정할 때 드러났다. 상대적으로 젊은 조부모로서, 내 아내 이사벨과 나는 우리의 손주들인 그래햄^Graham과 캐롤린^Caroline, 그리고 곧 태어날 다른 손주들의 영적 성장을 위해 그들을 돌보는 가운데 기쁨을 경험할 것을 기대한다. 나는 많은 부분에 있어서 나에게 삶의 기쁨과 목표를 가져다 준 가족들에게 이 책을 바친다.

마지막으로, 이 책은 주 예수 그리스도께 드리는 찬양의 제사이다. 이 책은 내가 끝없는 사랑과 충성을 드리는 주님을 향한 하나의 제물이다. 예수님은 나의 주님이고 나는 그의 종이요 제자이다. 예수 그리스도를 믿는 것을 통해서, 나는 가장 높으신 하나님의 가족으로 양자됨을 입었고,

완전하신 아버지의 자녀임을 고백한다. 그리스도를 통하여, 나는 한 가정을 가지고 있고, 또한 그리스도와 함께 동일한 성령을 가지고 있는 헤아릴 수 없는 형제들과 자녀들이 모인 교회를 통해 영적 가족을 가지게 되었다. 그리스도를 통해서 우리는 하나의 공통적인 목표와 사명을 가지고 있는데, 그것은 바로 '제자들을 세우는 것'to make disciples who will make disciples이다. 우리는 가정에서, 교회를 통하여, 그리고 세계 속에서 우리의 사명을 완수해야 한다. 그리스도를 통하여, 우리는 하나의 공통된 미래를 가지는데 그것은 한 분이신 참된 왕의 임재 안에서 하나님의 가족과 함께 영원한 생명을 소유하는 것이다.

오직 하나님께 영광을! Soli Deo Gloria!

1장

가정 사역의 네 가지 기둥들:
균형 잡힌 정의를 향하여

크리스 셜리(Chris Shirley)

앤드류 목사는 예배당 입구로 가면서, 전등을 끄기 전에 한번 더 예배당을 둘러보았다. 햇빛이 스테인드 글라스로 장식된 창문을 비추었고 다채로운 빛들이 예배당을 채우고 있었지만, 그 빛들은 텅 빈 예배당 모습만 드러내고 있었다. 앤드류 목사가 그 장면을 잠시 머릿속에 담았을 때, 그에게는 하나의 단어, 즉 '죽음'이라는 단어만 떠올랐다. 평소보다 이른 아침, 성도들은 긴급 재단 회의에서 교회를 해산할 것과, 건물과 땅을 한 부동산 개발업자에게 팔 것에 대해서 투표했다. 믿음공동체교회Faith Community Church는 결국 죽음에 이르게 된 것이다. 결국 교회의 전원 플러그는 뽑혀 버렸다.

여러 해 전만 해도 믿음공동체교회는 그 도시에서 가장 큰 교회들 중 하나였다. 도시가 확장됨에 따라 젊은 가정들이 그 지역에 들어왔고, 주변 주택 개발의 규모와 함께 교회 등록자들도 폭발적으로 늘어났다. 몇십 년 동안 성장세가 이어진 후에 출석 교인 수가 정체하는 시기를 지났다. 그리고는 출석 교인 수가 줄어들기 시작했다. 한때 거의 천 명이나 되는 예배자들로 가득 찼던 교회는 날씨가 좋은 날에도 백 명이 채 모이기가 힘들었다. 교회의 성도들은 그 지역 사람들과 함께 나이가 들어갔고, 결국 현재 자녀들이 모두 출가하고, 나이든 어른들만 남게 되었다. 소수의 어린 자녀들과 십대 자녀들을 둔 가정들만 교회에 남아 있었다.

오랫동안 사역했던 목회자가 사임하면서 그 교회 성도들은 교회가 쇠락하는 흐름에서 앤드류 목사에게 그들을 이끌어 줄 것을 요청했다. 교회 지도자들이 볼 때, 다양한 재능을 가진 사모와 세 명의 어린 자녀들을 둔 젊은 목회자는 교회의 문제에 대해서 완벽한 해결이 될 것 같았다. 또한, 최근 그 지역에 변화들이 찾아왔고, 새 집들의 공급은 일단 젊은 가정들에게는 교회 주변으로 와서 정착하는 데 매력적인 부분으로 다가왔다. 믿음공동체교회의 성도들은 새롭게 될 준비가 되었다고 믿었다.

앤드류 목사는 가정 사역에 대한 전략적인 계획을 가지고 그 교회에 부임했고, 그는 5년 동안 회중의 신뢰를 얻기 위해 노력했다. 앤드류 목사는 사모와 몇몇 헌신된 봉사자들과 함께 어린 자녀를 둔 가정에 초점을 두고 프로그램과 사역을 실행해 나갔다. 교회도 목사님을 돕기 위해 어린이와 가정 사역을 담당할 파트타임 사역자를 청빙하였다. 앤드류 목사와 사모는 주중 거의 매일 밤마다 젊은 부모들을 만나서 관계를 맺고 있었다. 교회는 사역자들을 자랑스러워 했고, 교회를 성장시키기 위한 그들의 지치지 않는 노력들에 대해서 자주 칭찬했다. 그렇지만 그 교회는 결국 성장하지 않았다. 물론 젊은 가정들이 종종 새로운 프로그램에 참여하기 위해서 교회에 나왔지만, 그들은 결국 더 재미있게 사역하는 다른 교회로 이동했다. 심지어 그 교회에 등록한 부모들도 더 재미있는 활동을 제공하는 다른 교회들에 그들의 자녀를 보내고 있었다. 교회의 어른들은 가정에 초점을 둔 새로운 사역들에 적극적으로 재정을 많이 투자하기는 했지만, 젊은 세대들을 제자훈련하기 위해서 자신의 시간과 능력을 적극적으로 투자하지는 않았다. 앤드류 목사의 결연한 노력에도 불구하고 그 교회의 출석 교인 수는 지속적으로 줄어들었다. 3년이라는 시간이 지났을 때, 앤드류 목사는 사역에 대한 동기를 잃어버렸고, 5년 후에는 교회를 이끌고자 하는 그의 의지조차도 상실하고 말았다. 그 교회는 목회자의 모습을 닮아갔고, 결국 다시 일어서고자 하는 의지를 상실하고 말았다.

가정 사역의 필요성

불행하게도 앤드류 목사의 이야기는 우리 모두에게 익숙하다. 너무나도 많은 교회들이 믿음공동체교회의 사례처럼 능력과 열망들을 잃고 있다. 즉 많은 가정들이 교회에 나와서 예수님을 믿는 것, 부모들이 영적인 지도자로서 준비되는 것, 결혼과 가족들의 관계가 거룩한 지혜로 강화되는 것, 모든 성도들이 하나님의 영광을 위하여 다음 세대들을 제자로 양육하는 책임을 공유하는 것 등에서 이러한 능력과 열망들을 잃어가고 있다.

교회와 가정은 본질적으로 서로 연결되어 있고, 둘은 서로에게 의존하고 있다. 교회와 가정의 상관관계를 숫자와 통계로 정확하게 측정하는 것은 불가능한 것은 아니지만 어렵다. 그러나 깊이 고민하는 사람들이 몇 가지 경향들을 발견했는데, 그것들은 교회와 가정이 직면한 깊은 문제들을 볼 수 있도록 충분한 증거들을 제공한다.

- 대부분의 설문조사들은 모든 계층의 교회들이 놀라운 속도로 청년들

을 잃고 있다는 것을 드러냈다. 청소년과 종교에 대한 연구The National Study of Youth and Religion에서 발견한 것에 따르면, 밀레니엄 세대들(18세-23세)은 자신의 종교 소속을 "비종교인"으로 가장 많이 표현한다.[1]

- 바르나Barna 설문 조사에 응답한 부모들의 50%는 자녀를 가지는 것이 지혜롭다는 전통적인 생각과는 대조적으로 자녀를 가지는 것이 그들과 교회의 관계에 영향을 미치지 않는다고 대답했다. 심지어 기독교인이라고 밝힌 사람들의 47%가 자녀의 존재와 교회 생활과는 전혀 관계가 없다고 말했다.[2]
- 미국에 있는 60%의 부모들은 자녀를 양육할 때 그들의 개인적인 경험에 의존했다. 비교를 위한 또 다른 수치로서, 21%의 부모들은 성경으로부터 중요한 지침을 얻고 있다고 밝혔고, 15%만이 자녀양육을 위해서 교회를 의존한다고 밝혔다.[3]

이러한 문화적인 경고의 신호들을 잠시 차치하더라도, 성경은 믿음의 공동체에 있어서 가정의 영향력에 대해서 그리고 가정 안에서 교회의 영향력에 대해서도 증거하고 있다. 특히 가정이나 교회 공동체가 하나님의 계획으로부터 벗어나 있거나 또는 왕이요 통치자이신 주님의 다스리심을 간과할 때는 더욱 성경의 가르침이 중요하다.

- 아담과 하와가 하나님께 죄를 지었을 때, 에덴동산에서 첫 번째 가정의 파괴가 일어났다. 그들의 죄악 된 선택은 그들의 자녀들에게도 전가 되었고, 그 죄악 된 선택들이 미래의 가정과 국가의 구성에도 깊이 관련되었다. 첫 번째 아담이 범한 죄의 현장에서부터 희망적인 하나님의 구원의 계획이 시작되었는데, 그것은 하나님께서 한 가족을

통해서(아브라함), 한 택정한 국가를 통하여(이스라엘), 그리고 한 구속한 신부(교회)를 통해서 구원하신다는 계획이다.

- 결과적으로 이스라엘의 분리와 멸망의 결과를 가져온 다윗 왕가의 다툼은 밧세바와 간음한 다윗의 행동으로부터 시작되었다. 다윗과 밧세바의 범죄는 다윗의 가족들을 분열시키는 성적인 죄의 패턴으로 확장되어 나타났다. 다윗 왕은 하나님 앞에 신실한 자였음에도 불구하고, 가족에 대한 그의 삶은 그 수준에 전혀 미치지 못했다. 부모됨과 결혼에 대한 다윗의 방임적 태도는 다윗 왕 이후에도 솔로몬과 많은 유다의 왕들에게 지속되었다. 쇠락과 포로 생활로 치닫게 된 이스라엘의 죄는 사실 한 가정에서부터 시작되었을 수 있다.

- 고린도전서 5장에서 바울은 고린도 교회가 교회 안에 있는 한 가정의 성적인 범죄를 용납한 것을 꾸짖었는데 그 사건은 그 교회의 한 사람이 그의 계모와 잠을 잔 것이었다. 바울은 고린도 교회가 그 사람이 계속 성도의 위치에 있는 것을 허용한 것에 대해서 꾸짖었을 뿐만 아니라, 그 용인을 자랑스럽게 여기는 것에 대해서도 꾸짖었다. 바울은 그들에게 적은 누룩이 온 덩어리에 퍼진다는 것을 상기시켰다(고전 5:6). 그 사람과 그의 가족의 죄가 이미 교회를 감염시켰고 만약 그 죄가 지속하도록 허용된다면 전체 공동체를 약화시켰을 것이다.

- 아나니아와 삽비라의 이야기는 결혼과 영적인 신실함 사이에 연결고리가 있다는 것을 증명한다(행 5:1-11). 아나니아와 그의 아내는 몇 가지 개인적인 재산을 팔았고 그들이 모든 것을 드리는 것처럼 보였지만, 처분한 것의 일부만 교회에 바치면서 속이는 것을 공모했다. 성령님께서 베드로에게 그들의 죄를 나타내셨고, 베드로가 교회 앞에서 아나니아를 대면했을 때, 아나니아는 엎드러져 죽었다. 이와 유

사하게 삽비라가 나중에 나타났을 때에, 그녀도 하나님과 베드로 앞에서 엎드러졌고, 역시 단명하고 말았다. 죄성을 가진 한 부부가 하나님과 교회에 대한 헌신을 그들 자신의 충성으로 대체해 버렸을 때, 주님께서는 이들의 죄가 그들의 영적인 가족인 교회에 영향을 미치도록 허용하지 않으시고, 오히려 한 가정의 생명을 취하신 것이다.

가정 사역을 정의하기

결코 부정할 수 없는 교회와 가정의 긴밀한 관계는 교회 지도자들의 경각심을 불러일으킨다. 또한 교회 지도자들은 오늘날 가정에 영향을 미치는 거대한 문화적 영적인 도전들에 대해 관심을 기울일 필요가 있다. 그러나 가정 사역은 단순히 하나의 구호나 잠깐의 강조로 끝나서는 안 될 것이다. 크든지 작든지, 모든 교회는 가정에 초점을 맞춘 사역의 체계를 세울 필요가 있다. 가정 사역을 세우는 일꾼들은 목회자를 시작으로 하여 교회의 모든 리더들이 포함되어야 하고, 개인적인 삶의 상황이나 가정의 상황에 관계 없이 교회의 모든 구성원들을 포함해야 한다. 특히 가정 사역의 사명 선언문은 총체적이어야 하는데, 가정과 교회에서 성경이 말하는 가정의 형태를 가르치고, 물리적인 가정과 영적 가정의 구성원들이 경건한 관계들을 가지도록 강조하고, 끝으로 부모들이 가정에서 영적인 리더십을 가지고 제자를 세워가도록 훈련하는 것을 포함해야 한다.

개념에 대한 정의는 실천을 이끌어 간다. 그리고 리더가 사용하는 그 정의는 목표를 결정하고, 계획을 만들며, 직접적인 실천을 이끌 것이다. 가정 사역에 대한 정의는 지난 30여 년 동안 변화했으며, 여전히 유동적으로 변화하고 있다. 1980년대 찰스 셀^{Charles Sell}은 초기에 광범위하게 일어난 가정 사역을 기록한 책들의 한 저자로서 교육의 역할을 강조하면서 한 정의를 제시했다. "가정 사역은 가정 생활의 성경적이고 실천적인 진리들을 모든 연령대의 사람들에게 가능한 많은 방법을 통하여 소통하는 것을 포함한다."[4] 셀은 가정을 지원하고 양육하기 위한 가정 기초 사역 모델을 추천했는데, 그것은 "가정을 부요하게 하고, 가정을 세워가며, 가정을 조정"하는 데 헌신했던 훈련된 상담가들과 직원의 노력으로 이끌어 왔다.[5] 이 교육 프로그램과 가정 치료 프로그램이 교회에서 모범으로 사용되었는데, 그것들은 가정 친화적인 분위기를 유지하고, 위기에 처한 가정의 필요를 돌보기 위해 사용되었다. 셀은 성공적인 가정 사역이란 "본질적으로 치료하는 것, 가족 구성원들이 스스로를 이해하는 것, 그리고 그들이 행동하는 이유를 다루는 것"을 모두 포함하는 것이라고 믿었다.[6] 1990년도에 다이애나 갈랜드^{Diana Garland}는 가정 사역을 위한 사회학적인 측면에서 틀을 제공했다. 갈랜드는 그의 책에서 가정 사역의 광범위한 부분을 다루었는데, 가정 사역을 다음 세 부류로 구분했다: 1) 교회 회중 내에서 믿음의 가정을 개발하는 활동들, 2) 가족 안에서 그리스도와 같은 관계성을 고취시키는 활동들, 3) 신자들로 하여금 가족들과 함께 다른 사람을 섬기도록 준비하고 지원하는 활동들.[7]

1980년대부터 1990년대 말까지, 교회에 기반을 둔 가정 사역^{a church-based family ministry}의 내용들은 결혼과 부모 교육 과정, 실습, 수련회, 가정생활 교육 콘퍼런스, 확장된 청소년과 어린이 사역 프로그램, 가정생활 센터, 그리고 결혼과 가정 상담을 담고 있었다. 이 시기에 전제한 목표는 정서적으로 건강하게 만드는 것이었고, 지금은 분리되어 있지만 가족들과 다시 유대를 회복함으로써 궁극적으로 교회에 유익을 주는 것이었다.

21세기에 들어와서 교회 내 가정에 대한 전망이 개선되지는 않았다. 사실 상태가 악화될 것이라는 암시가 있었다. 청소년들은 고등학교 이후에 교회를 떠났고 그들의 믿음을 버리고 있었다.[8] 여러 교단들에서 청년들이 교회 회중 모임에 불참하는 것이 두드러졌다.[9] 심지어 젊은 부부들이 자녀들을 가지기 시작할 때, 그들이 다시 교회로 돌아올 것이라고 생각했던 전통적인 인식도 현실에서는 일어나지 않았다.[10] 이에 대한 응답으로서 새로운 가정 사역의 정의가 소개되었는데, 가정에서 부모를 제자 훈련가로 양육하는 것에 전적으로 초점을 맞춘 정의였다. 티모시 폴 존스Timothy Paul Jones, 브라이언 해인스Brian Haynes, 마크 데브리스Mark DeVries, 보디 바우참Voddie Baucham 등을 포함하여 이 분야의 지도자들은 교회와 가정에 만연한 문제들을 위해서 가정에 기초를 둔 해결책들을 제시했다.[11] 티모시 폴 존스는 다음과 같이 새롭고 초점이 분명한 가정 사역의 목적을 말했다.

"가정 사역이란 자녀의 제자훈련에 주된 책임을 지고 있는 부모를 일깨우고 훈련시키고 책임지게 하기 위해 교회의 정책과 사역을 의도적으로, 그리고 지속적으로 재조정하는 과정이다."[12]

가정 사역의 현재 모델들 가운데는 철학적인 차이점들이 있다. 즉, 가정에서 부모를 영적인 리더들로 구비해야 한다는 필요에 대해서는 대체적으로 공감하고 있으나, 교회의 구조와 방법에 있어서 취하는 입장은 다양하다. 가정 기초 사역 모델the family-based model을 지지하는 자들은 계획과 프로그램을 세우기 위해서 기존에 존재하는 연령별로 분리된 사역의 교회 구조를 그대로 사용하는데 "그 방법은 의도적으로 모든 세대들을 하나로 이끌고, 부모가 자녀들의 신앙 훈련에 역할을 감당하도록 격려하는 것"이었다."[13] 가정 구비 사역 모델the family-equipping model에서 연령별로 분리된 사역은 여전히 특정 형태로 존재하지만 교회의 구조는 재편이 되는데 "이것은 부모들을 준비시키고 책임 있는 제자훈련가로서 그들의 역할을 수행하도록 하여 모든 세대들을 하나로 이끌기 위함이다."[14] 가정 통합 사역the family-integrated ministry은 전통적인 가정 사역으로부터 가장 큰 차이를 가진 다른 방향이다. 이 모델을 지지하는 사람들은 연령별로 분리된 그룹이 비성경적이고 가정과 교회에 해를 가져왔다고 믿는다. 이러한 접근을 지지하는 자들은 모든 연령을 구분하는 프로그램과 이벤트들을 제외할 것을 제안한다. 이 모델 안에서는 모든 프로그램 또는 대부분의 프로그램과 이벤트들이 세대 통합으로 이루어지고, 부모들이 자신의 자녀들에게 복음을 전하고 제자훈련을 시키는 부모의 책임에 강하게 초점을 맞춘다.[15]

현재 존재하는 모델들의 다양성 때문에, 부모 교육에 기반한 가정 사역의 요소들이 손쉽게 분류되지는 않지만 다음과 같은 사역들에서는 공통점들이 있다: 가정 소그룹 모임 사역, 가정 집에서 진행하는 제자훈련의 자료들과 훈련 프로그램, 신앙의 이정표 세우기 훈련[16]과 축하 프로그램, 가정 예배, 그리고 예식 준수 등.[17] 현재 대부분의 모델들이 의도한 목표는 부모들을 구비시키는 것인데, 이것은 부모가 효과적으로 자녀들을 제자로 세우는 것과 신앙의 굳건한 기초 위에서 자녀들이 어른으로 성장하도록 안내하는 것을 함께 다룬다.

균형있는 정의를 위한 네 가지 기둥

지난 40년 동안 가정 사역의 개념은 가정 사역이라는 범위의 한 쪽 끝에서 다른 쪽으로 이동해 왔다. 즉, 과거의 패턴은 부모들이 영적인 리더로서 구비되도록 하고 가정에서 그들을 제자로 세우도록 준비시키는 것에 대해서 관심이 부족했던 반면에, 현재의 가정 사역 운동들은 가정의 온전함을 지원하는 구조를 만들기 위해 오히려 교회의 역할을 감소시키는 모습을 보인다. 가정 사역의 균형있는 정의는 가정과 교회 모두의 역할을 담아야 한다. 다음 정의는 이 책의 남아있는 장들의 내용을 정할 뿐 아니라 지도자들에게 교회를 위한 균형잡힌 가정 사역의 전략을 개발하기 위한 하나의 큰 체계를 제공한다.

"가정 사역이란 하나님의 부르심을 받고 성령님께서 은사를 주신 한 지역 교회에 속한 모든 제자들의 공유된 섬김이며, 그 목표는 가정들을 굳건하게 하는 것과 집과 교회, 그리고 세상에서 예수 그리스도의 제자를 세우도록 구비시키는 것이다."[18]

이 정의 안에는 가정, 교회, 사역, 그리고 제자라는 가정 사역의 네 가지 기둥이 있다. 이 기둥들은 가정을 변화시키고 교회를 세우는 것에 대해서 가정 사역의 체계를 만들어 준다.

첫 번째 기둥: 가정

단순히 사전에서 정의들을 찾아보면, 가정에 대한 현대적인 이해는 매우 광범위하고 다양하다는 것을 알게 된다. 전통적인 측면에서는 가정이 아버지, 어머니 그리고 자녀들로 이루어진 것으로 인식되거나, 친구들끼리 같은 아파트에서 사는 것을 가정으로 생각하는 비전통적인 인식도 존재한다. 21세기에 와서, 가정은 의미를 찾기 위한 하나의 개념이 되었다.

혼전 동거, 동성 결혼, 대리모, 유전 공학. 그리고 아직 알려지지 않은 다른 가족 구조의 증가는 지속적으로 혼란을 야기할 것이다. 이러한 가족 구조의 발달은 이미 어두워져 있는 가정에 대한 이해를 더욱 어둡게 할 것이다.

성경에서 가정 탐구하기: 가정 사역에서 첫 번째 기둥은 가정에 대한 하나님의 정의인데, 원래 가정은 하나님께서 태초에 만드신 한 기관이었다. 성경은 창세기 1장과 2장에서 가정의 설립에 대해서 기록하는데, 하나님께서는 남자와 여자라는 잘 어울리는 두 사람을 디자인하셨고, 우리가 결혼이라고 부르는 언약적인 관계 안에서 서로 하나가 되게 하셨다. 그 결혼 언약의 특징들은 영원성(마 19:6), 배타성(출 20:14), 상호존중성(엡 5:33), 친밀성(창 2:23), 거룩성(엡 5:25)으로 성경 안에 분명하게 밝혀져 있다.[19] 이러한 언약적 관계로부터 가정의 목적과 사명이 형성된다. 창세기 1장 28절에서 하나님은 첫 번째 부부에게 첫 과제를 주셨다. "생육하고 번성하여 땅에 충만하라, 땅을 정복하라, 바다의 물고기와 하늘의 새와 땅에 움직이는 모든 생물을 다스리라 하시니라" 하나님의 형상으로 창조되고 하나님의 권위 아래에 함께 부르심 받은 그 남자와 여자는 생육함(자녀를 낳음)과 통치의 사명(하나님 나라의 청지기가 되는 것)이라는 과업을 부여받았다. 심지어 타락이 인류로 하여금 하나님의 최고의 계획을 충분히 깨달을 수 있는 능력을 상실하게 했을지라도, 그 뜻은 그대로 남아 있다. 가정은 남자와 여자 사이의 관계적인 언약과 함께 시작하는데, 그들은 신성하게 주어진 과업을 성취하고 온 세계에 하나님께 대한 영광을 드러내기 위해서 하나님의 권위 아래에서 함께 하나가 된다.[20] 생물학적으로든지 또는 법적으로든지 이러한 언약적 관계로 연결된 모든 사람들은 가족의 일원이 된다. 가정에 대한 이상들이 성경 안에서 항상 현실이 된 것은 아니다. 성경은 다양한 전통적인 가족의 개념 즉 아버지와 어머니 그리고 자녀들로 이루어진 가족의 개념을 넘어서는 다양한 가족의 모델들도 함께 기록하고 있다.[21]

- 자녀가 있는 한 부모 가정: 하갈과 이스마엘(창 16), 사렙다 과부(왕상 17:7-16)
- 입양한 자녀가 있는 한 부모 가정: 바로의 딸과 모세(출 2:5-10)
- 어머니가 다른 자녀들이 있는 혼합가족: 야곱의 아내들과 자녀들(창 29), 다윗의 아내들, 그리고 자녀들(삼하 3:2-5)
- 아이들을 양육한 조부모 또는 친척들: 여호야다, 여호세바, 요시야 (왕하 11)
- 불임 부부: 아브라함과 사라, 사가랴와 엘리사벳 (연로할 때까지 불임을 경험함) (창16:1; 눅 1:5-7)
- 후견인: 엘리와 사무엘(삼상 1:19-28), 요셉과 예수님 (마 1:18-25)

또한 성경은 타락한 세상이 가정의 구조에 영향을 미친 분명한 기록도 제공한다. 이혼(신 24:1-4), 동거(요 4:17-18), 유아살해(삼하 12:19), 간통(삼하 11), 반역하는 자녀들(삼상 2:12-26), 형제 간의 증오(창 37), 불임(삼상 1:1-15), 근친 상간(삼하 13; 1 Cor. 5:1), 혼외 자녀(창 38), 일부다처(왕상 11:3), 그리고 죄로 인한 다른 결과들에 대해서도 성경은 책을 넘어갈 때마다 진솔하게 전달하고 있다.

우리가 결혼과 가족 안에 두신 하나님의 최선의 계획 안에 있는 가치를 지키는 것과, 이상적인 가정의 상황들에 미치지 못하는 부족한 현실을 다루는 것에서 미묘한 균형을 궁리하는 것에 대해서 하나님의 말씀은 정면으로 반박한다. 다윗 왕이 밧세바와 간음했을 때, 선지자 나단은 하나님의 기준을 상기시키면서 왕에 대해서 심판의 메시지를 선포했다(삼하 12:1-14). 그러나 시편 51편에서 우리는 하나님께서 겸손하게 회개하는 다윗 왕에게 은혜와 용서를 베푸셨을 때, 다윗의 회복에 대해 노래한 표현들을 읽을 수 있다. 아브라함과 사라의 부족한 믿음은 그 가정에 대한 하나님의 최고의 계획을 망치고 말았다. 사라는 아브라함에게 약속된 자녀를 낳고자 자신의 여종이었던 하갈을 주었다. 질투심과 가정의 분열이 뒤따라왔고, 하갈은 불순종으로 인한 희생자가 되었다. 임신했던 하갈이 광야에서 거의 죽게 되었을 때, 하나님의 천사가 나타나서 하갈을 위로했다. 그와 동시에 사라에게 복종하고 아직 태어나지 않았던 이스마엘에 대한 하나님의 계획을 성취하기 위해서 하갈을 집으로 돌려보냈다(창 16장). 변화하는 문화의 가치들과 철학을 통해서 이러한 가정의 요소들을 이해하는 것은 하나님께서 그 백성들을 가장 좋은 계획으로 인도하신다는 메시지를 모호하게 할 뿐이다. 가정 사역은 교회에서 다양한 가족 구조들이 있다는 것을 인식하고, 동시에 특정 상황 가운데 있는 가족 구성원들이 직면한 도전들을 함께 다루는 것을 포함한다.

현대 가족 형태에 대한 조사하기: 교회에는 다음과 같은 다양한 형태의 가정들이 있다.

- 한 집에서 아버지, 어머니, 그리고 자녀들이 함께 거주하는 핵가족
- 한 부모 가정으로서 엄마 또는 아빠와 자녀들이 함께 사는 가정
- 혼합 가정

- 아이들을 기르는 위탁 부모 가정
- 손주들을 기르는 조부모 가정
- 아이들을 국내 또는 국외에서 입양한 가정
- 결혼하지 않고 아이들을 기르는 커플들
- 형제들이 다른 동생들을 기르는 가정들
- 자녀가 없는 커플들
- 교회에 출석하지 않는 부모님과 함께 사는 자녀들의 가정(영적 고아들)

서구 세계에서 이상적으로 생각한 핵가족, 즉 엄마, 아빠 자녀들이 한 집에서 조화롭게 사는 핵가족은 점차적으로 과거의 흔적이 되어가고 있다. 마찬가지로, 동양문화에서 한 때 근본적인 가치로 여긴 대가족의 중요성도 이제 점차 사라지고 있다. 최근 연구들은 세계 전체에서 가족 구조의 분리 또는 분해가 일어남을 암시하고 있다.

- 1970년도부터 2012년까지 미국에서 18세 이하 자녀들을 기르고 있는 결혼한 부부의 비율은 40%에서 20%로 하락했다.
- 1960년도에는 미혼 자들의 비율이 10% 미만이었던 반면, 2012년에는 25세 또는 그보다 나이가 많은 성인들 약 4천 2백만 명이 미혼이다.[22]
- 북미 또는 남미, 유럽과 아프리카 여러 지역에서 동거가 급속하게 늘고 있다.[23] 많은 커플들이 더 작은 가족 또는 자녀가 없는 가족을 선호하며, 출산율이 세계 전역에서 위험한 수준으로 하락하였고, 특히 선진국에서 이러한 현상은 두드러진다.[24]
- 미국에서 미혼모의 출산율이 대략 1970년대 10%에서 2015년도 40%가 넘게 증가하였다. 그 비율은 인종에 따라서 다양하게 나타난다.

즉 아프리카계 공동체에서는 70%, 스페인 언어를 사용하는 공동체는 53%, 백인 공동체는 29%로 나타났다.[25]

미디어와 사회에서 대안적인 가족 구조들에 대한 예찬은 전통적인 가족에 대한 이해가 이제 형태도 없고 인식할 수 없는 개념이 되도록 영향을 미치고 있다. 그 어느 때보다도 더 많은 성인들이 의도적으로 한 부모 됨을 선택하고 있다.[26] 결혼하지 않는 관계에서 인공수정, 유급 또는 무급의 대리모를 통한 출산은 현재 독신자들이 결혼하지 않고도 부모가 될 수 있는 주요한 방법들이다.

이제는 동성 커플들이 미국과 전 세계에서 더욱 빈번하게 등장하고 있는데, 이 커플들은 입양을 하거나 대리모들을 통해서 자녀들을 출산하고 있다. 또한 이성애적인 관계로 전환하는 남자들과 여자들이 동성 배우자와 자녀들을 합하여 혼합 가족들을 양산하고 있다.[27]

동거를 통해서 형성되는 가족의 수가 늘고 있다. 오랫 동안의 동거는 사실혼 관계이지만 공식적이거나 법적인 승인은 없다. "의붓 관계(이혼 또는 재혼 등으로 혈연 관계가 아닌 가족들이 포함된 혼합 가족)를 가지고 있는 미국인 가정들은 사실 결혼 관계라고 착각하고 동거 생활 위에 그 가정을 세운 것과 같다."[28]

미국 안에는 적은 비율의 가정들이 복혼제로 구성되어 있기도 하다. 즉 한 남자가 한 명 이상의 여자들과 결혼하거나 또는 한 여자가 한 명보다 더 많은 남자들과 결혼하는 것이다. 이러한 구성은 미국에서 불법이지만 다른 나라들에서는 허용된다.[29] 그러므로 복혼적인 관계 속에서 살고 있는 사람들은 일반적으로 한 파트너와 살면서도 다른 파트너(들)와 동거가 가능하다. 최근 리얼리티 쇼나 텔레비젼의 드라마들이 이러한 가족의 형태를 합법적이거나 수용할 수 있는 것처럼 보여주기도 한다.

공동 가족들Communal households은 한 지붕 아래에서 몇몇 가족들이 모이는 가족 형태이다. "공동 거주자" 또는 "후기 생물학적 가족"으로 일컬어지는 공동 가구들은 전형적으로 경제적인 필요 때문에 이루어지지만 오늘날 어떤 사람들은 자유롭게 마음이 맞는 가족들과 함께 살기 위해 선택하기도 한다.[30]

미국 밖에서 공동 가족의 형태는 일반적이다. 그러나 이러한 가정들은 보통 친구들이나 친구들의 친구들 그리고 지인들과 함께 지내기 보다는 혈연관계에 있는 가족 구성원들과 함께 거주하는 형태이다. 수십 년 전에, 찰스 셀Charles Sell은 한 도전을 인식했는데, 그것은 교회가 현대 가족 구성의 다양성을 답습해 가는 것을 직면하게 될 것이라는 도전이었다. "주일 성경공부 모임에서 광고하는 소풍의 모습은 가족들에게 혼란을 만들 것이다. 결혼 생활의 기쁨을 강조하는 설교는 한 부모 가정들에게는 상처나 외로움, 심지어는 분노의 감정까지 전달한다는 것이다."[31] 그렇지만 우리는 모든 세대를 위해서 가정을 재정의할 수 없다. 성경은 스스로 다양한 형태의 가족들의 상황을 기록하고 있지만 가정에 대한 핵심적인 가르침은 일관되게 남아 있다. 명확한 정의를 가지고 가정 사역을 조직하고 실천하는 것은 교회 지도자들로 하여금 하나님의 가장 좋은 계획을 변호할 수 있게 하고, 그러한 정의에 도달하는 것을 힘들어하는 가족들에게 동정, 회복, 구원의 사역을 적용할 수 있게 해준다.

두 번째 기둥: 교회

교회는 가정 사역의 두 번째 핵심 기둥이다. 어떤 사람들은 가정 사역을 교회와 가정 사이에 파트너십이라고 설명지만 이들 두 기관은 쉽게 분리될 수 없다. 파트너십은 두 개의 전혀 다른 부분들이 함께 연결되어 있다는 것을 암시한다. 가정은 확실히 구별된 단위이지만 그리스도 안에서 가정은 교회로 통합된다. 물론 자연적인 가족은 생물학적으로 관련되고, 서로 법적으로 관련되지만, 하나님의 가족은 영적으로 관계된다. 즉 그들은 교회 안에서 서로에게 속해 있다. 교회는 거듭난 성도들의 범위 안에서는 정체성이 있고, 그 범위 밖에서는 어떤 정체성도 가지고 있지 않다. 목회자들과 직원들이라고 해서 무조건 교회가 되는 것은 아니다. 건물, 교회 헌법, 내규들이 교회인 것도 아니다. 교회는 회중이고, 연합체이고, 예수 그리스도의 머리 되심 아래에서 한 몸이 된 성도들이다. 교회와 가정은 시너지 효과를 내며 공통된 정체성 안에서 연합한다. 그러므로 가정 사역은 목회자나 직원들의 일이라기보다는 모든 교회 구성원들의 공유된 책임이라고 할 수 있다.

교회는 그리스도이다: 캠벨 몰건 G. Campbell Morgan 은 교회의 의미와 목적에 대해서 핵심적인 진리를 다음과 같이 표현했다.

> "하나님의 교회가 그리스도의 사람으로 이루어지지 않는다면 쓸모 없는 구조가 된다. 화려한 교회가 조직적인 것처럼 보이고, 그 조직적인 배열에서 모든 것이 완벽한 것처럼 보이고, 부와 재화가 축적된다고 하더라도, 만약 교회가 모든 사람들이 예수님을 볼 수 있도록 예수님을 높임으로 그리스도의 한 몸이 되었음을 나타내지 않는다면, 그때 그 교회는 위조되었거나 가짜이며, 신성 모독이거나 사기이고, 세상이 그것을 가능한 빨리 없애는 것이 더 좋을 것이다."[32]

바울이 에베소서 1장 22-23절에서 강조하는 것은 하나님 아버지께서 그의 아들에게 교회의 머리로서 최고의 권위를 주셨고, 그리스도의 임재가 교회를 전체에 임하도록 하셨다는 것이다: "또 만물을 그의 발 아래에 복종하게 하시고 그를 만물 위에 교회의 머리로 삼으셨느니라 교회는 그의 몸이니 만물 안에서 만물을 충만하게 하시는 이의 충만함이니라"

예수님께서는 교회를 다스리실 뿐만 아니라 교회를 붙들고 있다. 바울은 에베소서 2장 19-22절에서 교회를 설명하기 위해서 건물의 비유를 사용했고, 예수님을 모퉁이돌로 표현했다. 한 건물의 기초석으로서 모퉁이돌은 두 개의 벽을 연결하기 위해 사용되었다. 바울은 유대인들과 이방인들(모든 사람들)이 하나의 교회로 이루어진다는 신비를 나타내기 위해서 그 비유를 사용했는데, 이것은 그리스도께서 두 개의 다른 부분들을 한 몸으로 연결함을 의미한다.

그러나 가장 위대한 진리는 단순히 그가 교회를 다스리거나 또는 교회를 돕고 있다는 것이 아니라 예수님 자신이 교회라는 사실이다. 에베소서 3장 10-12절 그리고 21절을 보면, 바울이 교회의 궁극적인 목적을 설명한다. "예수 그리스도 안에서 성취된", "하나님의 각종 지혜"를 드러내는 것이다. 교회는 예수 그리스도에 대하여 증거함으로써 모든 창조물들에게 하나님의 영광을 선포하기 위해서 존재하고, 하나님의 말씀을 전하기 위해서 존재하며, 세상의 상처입은 자들과 가난한 자들을 돌보기 위해서 존재한다. 교회에서 우리가 행하는 모든 것들의 중심에 예수 그리스도께서 계셔야 하며, 특별히 가정 사역의 중심에도 예수님께서 계셔야 한다.

교회는 그리스도의 신부이다: 성경 전체를 통해서 우리는 하나님과 그의 백성에 대해서 결혼과 관련한 용어들로 표현하는 근거들을 발견한다.

구약성경에서 하나님은 신랑으로서, 이스라엘은 신부로서 묘사된다. 신약 성경에서도 비슷한 개념이 그리스도와 교회를 향하여 사용되었다(계 19:7). 그리스도와 교회 사이의 결혼 관계는 이미 시작되었고, 우리가 주님의 임재 안에서 최종적으로 또 영원 가운데 있을 때에 그 완성이 이루어지게 될 것이다. 제임스 롱 James Long은 이 특별한 관계를 이렇게 기술했다. "주님께서는 교회인 우리와 그의 관계를 설명하기 위한 비유로 결혼을 선호하셨고, 그 결혼을 영광스럽게 하셨다. 우리는 그의 신부이고 사랑받으며 양육받고 있다."[33]

바울이 에베소서 5장에서 기술한 것처럼, 결혼은 그리스도와의 언약적인 헌신과 주님께서 우리와 함께하심을 나타내는 영적인 관계에 대한 실제적인 상징이다. 그리스도께서는 자신을 주심으로 교회에 대한 사랑을 확증하셨다: "이는 곧 물로 씻어 말씀으로 깨끗하게 하사 거룩하게 하시고 자기 앞에 영광스러운 교회로 세우사 티나 주름 잡힌 것이나 이런 것들이 없이 거룩하고 흠이 없게 하려 하심이라"(엡 5:25b-27). 예수님의 신부로서 교회는 모든 영역에서 예수님께 복종함으로써 그리스도께 대한 교회의 사랑을 증명한다.

교회는 어디든지 있고, 특정한 곳에 있다: 바울은 에베소에 있는 성도들에게 그리스도 안에 있는 자들의 공통된 믿음에 대해서 상기시키기 위해서 "한" 또는 "만유"라는 단어를 사용했다. "몸이 하나요 성령도 한 분이시니 이와 같이 너희가 부르심의 한 소망 안에서 부르심을 받았느니라 주도 한 분이시요 믿음도 하나요 세례도 하나요 하나님도 한 분이시니 곧 만유의 아버지시라 만유 위에 계시고 만유를 통일하시고 만유 가운데 계시도다"(엡 4:4-6). 심지어 교회가 거리와 장벽 그리고 바다와

언어들로 인해서 떨어져 있다고 하더라도 우리가 공유하고 있는 것들은 아주 많이 있으며, 그중 확실한 것은 바로 우리의 머리되신 예수 그리스도이다.

그리스도 안에 있는 모든 자들은 성령님 안에서 공통된 정체성과 유산을 가진다. 성령님께서 동서남북에 있는 모든 성도들을 하나로 묶으시고, 현재와 과거의 모든 세대들로부터 성도들을 하나로 연합하게 하신다. 성령님은 다른 나라에 있는 성도들의 소통의 장벽들을 넘어서서, 모든 하나님의 자녀들 안에서 찬양이라는 공통의 언어를 고취시키신다. 그래함 켄드릭Graham Kendrick이라는 예배 인도자 겸 작곡가는 이렇게 말했다. "요한계시록에 나오는 모든 노래들은 혼자서 부르는 노래가 아니라 … 모든 민족들과 천사들이 완전한 연합 가운데 드리는 하나됨의 노래이다."[34]

비록 신약성경이 그리스도의 우주적인 몸 된 교회에 대해서 기술하고 있을지라도, 지역교회에 대한 언급이 압도적으로 더 많다.[35] 그 예들은 안디옥 교회(행 13:1), 에베소 교회(계 2:1), 고린도 교회(고전 1:2) 등으로 기록되어 있다. 히브리서에 보면, 저자는 교회가 서로에게 가까운 관계라는 것을 암시하면서, 교회가 규칙적으로 함께 만날 것에 대해서 도전했다(히 10:25).

교회는 중앙집권적인 리더가 잘 알지도 못하는 교회들을 이끄는 것이 아니라, 지역 교회의 목회자들이 이끌어 간다. 디도서 1장 5-9절에서 바울은 장로와 감독이라는 단어를 사용하는데 이것은 지도자들을 나타내는 말이다. 몇몇 번역에서는 감독이라는 말이 사용되었다. 에베소서 4장 1절에서는 목자(ESV성경)라는 단어가 목회자로 번역되었다. 이러한 지도자들에 대한 언급들은 성경에서 교차하여 나타난다. 성경은 도시의 지역 교회에서 임명받은 남자들이 지역의 리더임을 암시한다(행 15:23).[36] 데버Dever

와 해멧^{Hammett}은 초대교회에 복수 리더십 구조가 있었다는 것을 강조한다. 리더들은 권위를 공유하는데, 회중의 동의와 협력을 얻어 권위를 행사했다.[37]

하나님께서는 두 개의 성례를 지역 교회에 맡기셨는데 세례(침례)와 주의 성찬이다(역자 주 - 저자가 침례교 신학교 교수인 점과 개정개역판 성경을 사용하는 다수의 독자들을 고려하여 두 표현을 함께 표기한다). 이러한 의식들은 예수님 자신이 명령하신 것이다. 마태복음 28장 19절에서 주님께서는 그를 따르는 자들, 초대 교회의 지도자들이었던 그들에게 명령하셨다: 모든 민족을 제자로 삼아 "아버지와 아들과 성령님의 이름으로 세례를 베풀고…" 예수님께서 잡히시고 십자가에 돌아가시기 전 몇 시간을 인도하실 때, 예수님께서는 그의 제자들과 함께 식사를 하셨고, 그들에게 그의 희생적인 죽음을 기념할 떡과 포도주를 나누는 것을 지속적으로 행하라고 그들에게 명령하셨다. "… 이것을 행하여 나를 기념하라"(눅 22:19). 초대 교회가 성장하고 번성할 때, 이 두 성례는 지역 교회의 회원 자격을 나타내는 시금석이 되었고(고전 11:23-28, 12:13, 엡 4:5) 하나님의 집에서 가족 관계를 나타내는 상징들이 되었다.

교회는 제자들이다: 비록 교회를 광범위하고 본질적인 관점에서 설명하더라도, 결국 교회는 그리스도와 함께 거하고, 서로 사랑하며, 하나님의 영광을 위하여 열매를 맺도록 부르심을 받은 제자들의 모임이다(요 15:1-16). 모든 회원들은 교회 안에서 동등한 중요성을 가지는데 왜냐하면 주님께서 각자에게 그리스도 몸 안에서 중요한 역할들을 주셨기 때문이다. 어떤 제자들은 교회 안에서 그들의 역할이 작거나 중요하지 않다고 생각할 수 있는데, 그랬다면 그들은 "만약 당신이 차이를 만들어내기

에 너무 작다고 생각한다면, 모기와 함께 닫힌 방안에서 밤을 보내 보라!"는 오래된 아프리카의 속담과 같은 생각을 가지고 있을지 모른다. 성령님께서는 각자가 몸 된 교회에서 꼭 필요하고 특별하도록 각 사람을 이끄신다. 모든 회원들이 그들의 역할을 하지 않고는 전체 몸이 잘 작동할 수 없다(고전 12: 27). 몸 된 교회는 각 회원이 성령님에 의해서 위임받은 역할을 잘 수행할 때 성장하고 번성하게 된다.

교회의 사역은 성령님을 통하여 이루어진다: 교회의 기능과 관련하여 개인의 중요성이 간과될 수는 없다. 교회 사역은 모든 회원들의 상호적인 노력을 통하여 더욱 활력을 가진다. 그럼에도 불구하고 성장을 위한 가장 주요한 요소는 바로 성령님의 능력이다. 다양한 형태의 사람들로 구성된 교회에 하나님 나라를 맡기신 것은 주님의 현명한 선택이었다고 생각한다. 각 사람은 교회의 유익을 위하여 성령님의 기쁨과 특별한 능력에 의해서 주어진 특별한 기술, 능력 그리고 은사를 받았다(엡 4:7). 교회는 성령님께서 부르신 각 사람들에게 그 역할을 위해 은사를 주실 때, 교회는 주님의 일을 이루어가기 위해 함께 연합한다. 고린도전서 12장 1-13절에서 바울은 영적인 은사의 개념에 대해서 소개했다. 이 은사들은 성령님께서 교회 안에서 사용하도록 주신 것이다. 예수님의 모든 제자들은 성령님께로부터 하나 또는 그 이상의 은사를 받았다(자비함, 믿음, 가르침, 봉사, 지혜, 지식, 다스림, 분별함 등). 교회는 모든 구성원들이 교회의 선을 위하여 그들의 은사를 사용할 때 살아있고 활력이 있다. 모든 은사는 동일하게 중요하고 유용한데, 그 이유는 그것이 제자의 삶 속에서 성령님의 임재하심을 드러내기 때문이며, 성령님의 역사에서 더 중요하거나 덜 중요한 것은 없기 때문이다(고전 12:24-25).

교회는 가족으로서 일한다: 가족이라는 용어는 복음서와 서신서에서 곳곳에서 나타난다. 예수님께서는 중생을 설명하심으로 구원의 과정을 알려주셨다(요 3: 5-8). 중생의 때에 성령님께서 그리스도에 대한 믿음을 소유한 자들에게 오셔서 내주하시고, 그래서 그들이 하나님의 자녀가 되는 권세를 가지며(요 1:12), 결국 하나님께서 그들의 아버지가 되신다(롬 8:15). 신자들은 서로 형제요 자매가 된다(행 15:36, 딤전 5:2). 새롭게 초대교회가 형성된 후, 성도들은 즉시 그들에게 주어진 영적 가족으로서 새로운 정체성을 가지고 살기 시작했다. 그들은 함께 식사했고, 필요로 하는 자들을 위하여 그들의 소유를 공유하고 내어 놓았으며, 함께 예배했고, 하나님의 가족을 위해서 새로운 영적 자녀들을 출산했다(행 2:42-47).

예수님께서는 가장 도전적인 문장들 중 하나를 말씀하심으로 영적인 가족이 되는 것의 중요성을 표현했다. 이 땅의 가족들이(역자 주 - 어머니 마리아와 예수님의 형제들) 하늘의 아버지께 순종하는 예수님을 데려오려고 했을 때, 예수님께서는 그들의 요청을 거절했다. "누가 내 어머니이며 내 동생들이냐?" 그리고 예수님께서는 그의 손을 제자들에게 펼치시면서 말씀하셨다. "나의 어머니와 나의 동생들을 보라. 누구든지 하늘에 계신 내 아버지의 뜻대로 하는 자가 내 형제요 자매요 어머니이니라 하시더라"(마 12:48-50). 주님께서 이렇게 말씀하심으로 이 땅의 어머니와 형제들을 배척하신 것은 아니다. 그는 지속적으로 그의 가족들과 관계를 유지하셨고, 심지어 십자가에서까지 그의 어머니를 생각하며 돌볼 것을 요한에게 말씀하셨다(요 19:26-27). 그럼에도 불구하고, 예수님께서는 그를 따르는 자들을 하나님의 가족의 다른 구성원과 새로운 관계를 맺도록 초대하고 있었다.

교회는 선교의 사명을 가지고 있다: 교회의 사역은 간단명료하다. 복음을 가지고 땅 끝까지 가서 예수 그리스도에 대한 믿음을 고백하는 모든 사람들을 제자로 세우는 것이다(마 28:18-20). 이것은 우리의 사명이기도 한데, 신학자 레슬리 뉴비긴Lesslie Newbigin도 다음과 같이 설득력 있게 표현했다.

"복음 전도는 교회에 부여된 한 가지 짐이 아니다. 그것이 교회에 부여된 선물이요 약속이라는 사실은 변함이 없다. 그 명령은 예수님의 선물과 함께 주어진 것이다. 예수님께서 통치하시며, 하늘과 땅의 모든 권세가 예수님께 주어졌다. 우리가 그것을 이해할 때, 우리는 선교하게 해달라고 말할 필요가 없다. 오히려, 우리는 침묵할 수 없을 것이다."[38]

우리의 사명은 먼저 선포하는 것이다. 우리가 단순히 그리스도인으로 살아가면서 우리의 사명을 완수할 수 있을 것이라고 말하는 것이 좋아 보이지만, 그런 태도는 하나님께서 그의 일을 이루시기 위해서 선택하신 방법은 아니다. 세상을 향한 우리의 메시지는 복음과 함께 시작된다. 그리스도와 우리의 관계에 대하여 그리고 복음을 알지 못하는 자들에게 예수님이 꼭 필요함을 증거하는 것이다(마 16:15, 행 1:8). 복음 전도는 진리를 증거한다는 것을 의미한다. 그러므로 우리의 증언은 예수 그리스도의 진리여야 한다. 즉 예수님이 하나님의 유일하신 아들이시며, 그가 죄사함을 위해서 십자가에 못박히셨고, 그가 생명과 죽음을 다스리시는 능력이 있음을 증명하기 위해서 사흘 만에 부활하셨다는 것을 전하는 것이다. 예수님께서는 모든 사람들이 그들의 죄를 회개하고 순종함으로 주님이시요 구원자로서 자신을 따르도록 요청하신다. 예수님의 초대에 응답하는 모든 사람은 풍성하고 영원한 생명을 경험하게 될 것이다.

사명의 두 번째 부분은 순종을 가르치는 것이다. 일반적으로 말하여, 제자훈련을 하는 것이다. 교회는 제자훈련을 위해서 디자인되어 있는데 그 이유는 교회의 모든 실천들(예배, 복음전도, 사역, 교제, 교육)이 순종하는 제자로 세우기 위한 완벽한 수단들이기 때문이다.[39] 또한 교회 안에는 새로운 신자들을 위해서 그들의 삶을 투자할 수 있는 성숙한 제자들이 모여 있다. 가정은 확장된 교회의 한 부분으로서 부모들이 자녀들에게 주님에 대해서 증거할 주요한 사명을 가지며, 예수님께서 그들에게 행하도록 명령한 모든 것에 순종하도록 자녀들을 가르쳐야 한다.

교회와 가정의 사명은 분리할 수 없다. 하나님께서 가정을 만드셨을 때, 하나님께서는 그 가정에 창조와 번성을 명령하셨다. "생육하고 번성하여 땅에 충만하라 땅을 정복하라"(창 1:28). 예수님께서 교회에 위임하실 때, 예수님은 그의 제자들이 창조하며 확장하도록 세상에 보내셨다. "그러므로 너희는 가서 모든 민족을 제자로 삼아"(마 28:19). 하나님께서는 그의 나라를 성취하도록 교회에는 가정을 주셨고, 가정에는 교회를 주셨다.

세 번째 기둥: 사역

몰리 메이날드 Morley Maynard라는 학자는 기독교적인 관점에서 사역을 정의했다. 사역은 "모든 사람들의 필요에 대해서 예수님 안에서 사랑으로 응답하는 것이고, 또한 교회가 그리스도의 이름으로 인간의 필요를 채워주기 위한 구체적인 행동을 하는 것이다."[40] 신약 성경에 나타난 교회에 기반을 둔 사역들의 예는 그리스도의 몸 안과 밖에 있는 자들의 필요를 제공하기 위해 공동체적인 노력의 중요성을 강조한다. 성경은 일반적인 측면에서 사역의 종류를 설명한다.

사역은 봉사이다: 일반적으로 신약성경에서 사역으로 번역된 그리스어 디아코니아^{diakonia}의 의미는 "적극적인 섬김, 의지를 가진 태도로 행함"이라는 뜻을 가지고 있다.[41] 예수님께서는 사역과 관련한 자신의 사명을 이렇게 선포하셨다: "인자가 온 것은 섬김을 받으려 함이 아니라 도리어 섬기려^{διακονηθῆναι} 하고 자기 목숨을 많은 사람의 대속물로 주려 함이니라"(막 10:45). 예수님은 복음을 선포하고, 육체적으로 그리고 영적으로 아픈 사람들을 치료함으로써 그의 제자들에게 사역의 모범을 보이셨다. 초대 교회가 리더십 기반을 확장할 필요가 있을 때, 어려움을 겪었던 과부들을 섬길 일곱 명의 사람들을 선택했고, 그래서 사도들은 오직 기도와 말씀을 전하는 사역에 전념할 수 있었다. 바울이 갈라디아 교회에 서로 섬길 것을 권할 때, 그가 사용한 단어는 '둘루테'라는 단어인데, 자원하여 종이 된 자나 빚으로 종이 된 자의 역할을 설명할 때 사용되었다. 또한 사도 바울이 로마서 1장 1절에서 그리고 고린도후서 4장 5절에서 스스로를 언급할 때 사용한 표현이기도 했다.

사역은 다양하다: 성경에서 적합한 사역이라고 정해진 섬김의 종류는 무엇인가? 신약성경은 승인된 사역의 기회들에 대한 목록을 제공하지는 않는다. 그러나 성경은 사역으로 일컬어질 만한 활동들에 대해서 언급하는데 그 활동은 다음과 같다. 제사장적인 리더십(눅 1:23, 히 9:6), 과부들에게 음식을 제공하고 돌보는 것(행 6:1-3), 설교하는 것(행 6:4), 복음 전도(행 20:24, 고후 5:18, 딤후 4:5), 가르치는 것(롬 1:13), 물질적인 헌금을 드리는 것(고후 8:4, 고후 9:1, 12), 그리고 교회 리더십으로 섬기는 것(고후

10:15-16) 등이다. 이러한 목록 외에도 신약성경은 그리스도의 몸을 위해서 드린 희생적인 봉사의 예들을 풍성하게 담고 있다. 다양한 영적 은사들(롬 12장, 고후 12장)은 다양한 사역의 기회들을 암시한다. "무엇이든지"라는 현대에도 구호로 사용되는 문구는 사역의 기준을 정의하는 데 사용되었다. 즉, 사역이란 하나님께서 그의 영광을 위해서 사용하시는 것, 그것이 교회 안과 밖에 있는 사람들의 영적, 물질적, 사회적, 정서적인 필요를 채울 수 있는 것이라면 무엇이든지 섬기는 것을 말한다.

- 예수 그리스도에 대한 복음을 전하는 것은 잃어버린 자들을 향한 사역이다.
- 음식, 의류, 재정을 공급하는 것은 가난한 자들을 위한 사역이다.
- 말씀을 가르치고 노래하며 주님을 찬양하는 것은 제자들을 세우는 사역이다.
- 병원과 요양원을 방문하는 것은 병들고 연로한 자들을 위한 사역이다.
- 영적인 리더들이 되도록 부모들을 훈련하는 것은 가정을 위한 사역이다.

사역은 공유된 것이다: 내가 섬기던 교회에서 사역하신 한 목사님은 규칙적으로 회중들에게 흥미로운 요청을 제안했다. "만약 하나님께서 당신의 인생 가운데 어느 정도 시간과 어떤 사역에 대해서 당신을 부르셨다는 것을 믿는다면 손을 들어보십시오." 처음에 그가 이 질문을 했을 때, 단지 몇몇 사람들, 신학생들이나 목회자들이 손을 들었습니다. 그 목사님은 사역에 대한 성경적인 관점을 나누면서 다음과 같이 전했다.

"그리스도의 몸의 모든 구성원들은 사역자입니다. 사실 목회자와 교회의 직원들은 성경공부 모임에서 성경을 가르치거나, 성가대에서 찬양하거나, 음식 나눔을 섬기거나, 그들의 이웃들에게 복음을 증거하거나, 또는 슬퍼하는 과부들을 위해서 기도하는 바로 그 사역자들 옆에서 섬기는 사역자들인 것입니다."

수년간 지속적으로 가르치고 또 이를 정기적으로 상기시킨 후에, 그가 같은 질문을 했을 때 방문자들과 가끔 출석하는 사람들만 손을 내리고 있었다.

사역은 사례를 받는 직원들이나 집사들만의 책임이 아니라 교회의 모든 성도들에게 공유되어야 한다. 성령님께서는 은사가 있는 리더들을 보내주시고(엡 4:11-16), 또한 성령님께서는 모든 성도들이 영적인 은사를 가지고 교회의 다양한 측면의 사역을 행하도록 그들을 준비시키신다. "이는 범사에 예수 그리스도로 말미암아 하나님이 영광을 받으시게 하려 함이니"(벧전 4:10-11). 성경에 나오는 구체적인 예들은 사역의 공유된 특성을 강조한다. 일곱 명의 사람들이 과부를 섬기는 사역을 담당하도록 선택되었을 때, 예루살렘 교회는 회중 가운데 봉사의 은사를 통하여 과부들의 필요를 향하여 채워주는 사역을 했다. 섬김을 받았던 사람들은 다음에 섬기도록 권면을 받았다. 디모데전서 5장 9-10절에서, 바울은 교회를 통해서 섬김을 받은 과부들이 "모든 선한 일을 향하여" 헌신한 자들이었음을 설명했다. 이와 비슷하게 바울이 예루살렘에 있는 성도들을 위해서 모금했을 때, 그는 다른 교회의 협력과 함께 어머니와 같은 예루살렘 교회의 재정적인 필요를 향하여 채우는 사역을 했다(고후 8, 9장). 가정 사역은 교회 안에서 가정을 통하여, 가정과 함께, 가정을 향하여 사역하는 모델을 따라야 한다.

네 번째 기둥: 제자

제자란 무엇인가? 가정 사역의 체계에서 마지막 기둥은 바로 제자이다.[42] 제자를 세우는 것은 교회의 사명이고(마 28:18-20), 필연적으로 가정에서의 영적인 리더들의 책임이기도 하다(신 6:7, 엡 6:4). 교회 사역을 위해서 건강하게 훈련받고 준비된 부모들은 자녀들을 제자로 만드는 주요한 제자훈련가들이 된다.

문자적으로 제자란 배우는 자이다. 그리스어로 제자mathetes라는 단어는 수학mathematics과 관련되는데 이것은 "노력을 동반한 사고"라는 의미를 가지고 있다.[43] 제자들은 사고하고 배우고, 또한 배운 것으로부터 행하는 것으로 성장한다. 예수님의 시대에도 일반적으로 제자들의 수가 학교에서 배우는 학생들보다 더 많았는데, 스승이 행하는 일을 그대로 따라서 배우는 견습공처럼 배웠다.[44] 제자들은 그들의 스승과 시간을 많이 보냈고, 스펀지처럼 스승의 가르침과 보여준 모범들을 흡수하여 배웠다. 하나님 아버지께로 승천하시기 전에, 예수님께서는 제자들(사도들)에게 그가 행했던 것처럼 가서 제자를 세우라는 책임을 주셨다. 시간이 지남에 따라서 참된 제자에 대한 자질들은 다음과 같이 나타났다: (1) 예수님을 메시야로 고백하는 믿음(요 2:11, 6:68-69), (2) 세례(침례)를 통하여 주님과 하나되는 신앙고백(마 28:19), 그리고 (3) 예수님의 가르침에 대한 순종과 주 되심에 대한 복종(마 19:23-30, 눅 14:25-33).[45]

제자훈련이란 무엇인가? 예수님을 따르는 자들은 제자훈련을 통하여 그들을 향한 부르심을 이룬다. "제자훈련은 예수님을 따르는 과정이다."[46] 신약성경에서 제자훈련이라는 특정 표현이 등장하지 않는다고 하더라도 제자훈련에 대한 개념은 제자를 세우라는 대*사명(역자 주-the Great

Commission. 마태복음 28장 18-20절에 기록된 예수님의 마지막 명령) 안에 있는 주님의 명령 전체에 함의되어 있다. 디사이플십^{Discipleship}에서 접미어 십^{ship}은 고전 영어 scipe에서 기인하였는데, "어떤 상태의", "포함하고 있는", 또는 "조건" 등을 의미한다.[47] 사실 제자훈련은 제자가 존재하는 상태 그대로를 말한다. 즉, 우리는 예수님을 따르는 자들로서 항상 제자 됨의 상태, 즉 주님을 사랑하고 순종하는 바로 그 상태 가운데 있는 것이다. 이 접미사를 통해 표현되는 다른 의미는 "예술, 기술, 만듦" 등이다.[48] 제자훈련은 성도의 내적인 상태를 말하며 또한 제자훈련에는 예수님과의 관계에 대한 두드러진 표현들이 포함된다.

결론: 가정 사역의 틀 세우기

가정 사역의 큰 체계를 세우는 것은 네 개의 핵심 기둥들에 대해서 설명하는 것으로부터 시작한다. 가정을 이해하는 것은 반드시 성경을 의지해야 하고 다양한 가정의 구조들에 성경이 적용되어야 한다. 둘째, 영적 가정인 교회의 역할을 세우는 것은 몸 된 교회의 다른 회원들과 긴밀하게 연결하는 것을 필요로 한다. 셋째, 사역은 부모들이 제자훈련가로 준비되는 통로이고, 어려운 가정들의 필요가 논의되고 해결되어야 할 통로이다. 사역을 자동차에 비유한다면, 가정 사역은 모든 가정과 지역 교회와 같은 목표를 위해서 협력하는 사람들의 은사에 의해서 기름을 공급받는 것과 같다. 네 번째 핵심 기둥은 제자훈련인데, 이것이 가정 사역의 궁극적인 목표이다. 예수님께서 교회에 유일하게 한 가지를 위임하셨는데, 그것은 다른 사람들을 제자로, 참 제자들로 세우라는 것이다. 가정 사역의 성공과 대사명의 성취는 교회와 가정에서 제자훈련의 효율성에 달려 있다. 가정 사역이 이러한 네 개의 기둥들 위에 세워지게 될 때, 하나님 나라의 진보를 위하여 제자를 세우는 사역의 정신을 가지고 교회와 교회에 속한 가정들이 연결될 수 있다.

토론 주제
DISUCSSION GUIDE

1. 영적인 가족이 되기 위해서 교회가 현재 직면하고 있는 도전들은 무엇인가?

2. 한 가정이 가족된 교회보다 더 중요하다고 생각하는가? 아니면 반대로 생각하는가? 어떻게 이 관계 속에서 균형을 유지해야 하는가?

3. 교회의 모든 프로그램과 사역들이 가정에 대해서 영향을 미치는 것과 관련하여 평가될 필요가 있다고 생각하는가? 당신의 의견을 설명해 보라.

4. 연령대별로 분리하여 부서를 운영하는 것이 교회의 가정들에게 유익한가 아니면 그렇지 않은가?

5. 당신의 교회가 가족된 관계를 강화하고 가정의 필요를 논의하기 위해 실행할 수 있는 구체적인 방법은 무엇인가?

6. 당신의 교회가 부모들이 가정에서 영적인 지도자들이 되도록 준비시킬 수 있는 방법은 무엇인가?

7. 실천적인 측면에서, 당신은 어떻게 가정을 향하여, 가정과 함께, 가정을 통하여 사역을 행할 수 있는가?

8. 가정을 향한, 가정과 함께하는, 가정을 통한 사역을 위해 목회자들과 부서 사역자들을 포함한 교회 직원들의 역할은 무엇이라고 생각하는가?

참고 도서

- Balswick, Jack O. and Judith K. Balswick. *The Family: A Christian Perspective on the Contemporary Home*. Grand Rapids, MI: Baker Academic, 2014.
- Kimmel, Tim. *Connecting Church & Home: A Grace-Based Partnership*. Nashville, TN: Randall House, 2013.
- 안드레아스 쾨스텐버거, 데이비드 존스, 『성경의 눈으로 본 결혼과 가정』, 윤종석 역, 서울: 아바서원, 2016.

2장

가정에게는 교회가 필요하다:
가족으로서 교회에 대한 신학

크리스 셜리(Chris Shirley)

사역자인 카메론은 최소한 일 년에 두 번씩 각 가정을 심방을 할 수 있었다. 중·고등부 아이들 중에서 한 남자아이의 어머니가 자녀의 영적인 방황에 대해서 걱정하고 있어서, 그 어머니와 대화하기 위해서 약속을 잡았다. 그 아이의 영적 방황의 내용은 집에서 반항적으로 행동하고, 학교에서 문제를 일으키고, 교회에 참여하는 것에는 흥미가 부족하다는 것이었다. 카메론은 교회의 다른 가정들과 함께 고민을 공유했고, 힘들어하는 학부모들을 섬기기 위해 함께 일할 수 있는 방법들에 대해서 항상 고민했다. 그러나 그 문제의 본질은 그가 조절할 수 있는 능력의 범위 밖에 있었다. 아담스 부인이 아들 제이콥에 대한 걱정을 털어놓았을 때도 다르지 않았다.

아담스 부인: "저는 제이콥이 왜 교회 오는 것을 그렇게 싫어하는지 이해할 수가 없어요. 다른 가족들이 교회에 항상 있고 싶어하는

것과는 달라요."

카메론: "제가 알기에 제이콥은 한 달이 넘도록 소그룹 모임에 오지 않았고, 리더가 지난 달에 문자를 몇 번 보냈지만 제이콥이 답하지 않았습니다. 집에 무슨 문제라도 있었나요?"

아담스 부인: "아니요. 전혀요. 우리는 두 주 동안 호수를 끼고 있는 우리 집에서 나와서 출타했습니다. 사실 제 남편이 집안 사무실에서 야근을 했거든요. 남편은 모든 일을 처리할 시간이 충분하지 않아 보였어요. 우리가 휴식을 취하고 가족과 시간을 보낼 수 있는 유일한 날은 주일 뿐이었어요."

카메론: "만약 주일에 교회에 오는 것이 어렵다면, 어머님과 남편 분이 제이콥을 데리고 수요일 저녁에 올 수도 있습니다. 저희 교회의 주중 프로그램은 제이콥이 다니는 학교 학생들에게도 인기가 있고요. 저희는 가정에서 청소년들을 어떻게 제자훈련을 할지 배우는 부모들을 위한 소그룹 모임도 운영하고 있습니다."

잠시 침묵이 흐른 후, 아담스 부인이 대답했다.

아담스 부인: "음, 그건 저희들에게 맞지 않을 것 같아요. 제이콥이 그 학교에 다니는 우리 교회 아이들이 모두 위선자이고 얼간이들이라고 말했어요. 저는 우리 아이가 그 학교에서 몇몇 좋은 크리스천 친구들을 만나기를 바랐지만, 그 아이는 지금 공원에 가서 스케이트 타는 아이들과 어울리고 있어요. 그리고 저와 제 남편은 믿음 생활에 대해서 개인적인 성향을 가지고 있어요. 이런 상황 속에서도 저는 신학교에서 훈련 받으시고, 우리 아들을 훈련시

키는 사역자님께 깊이 감사하고 있답니다."

카메론: "어머님은 주일 성경공부 클래스에 참석하셔서서 다른 부모들과 그들이 집에서 어느 정도 비슷한 어려움들을 겪고 있는지 대화할 수 있습니다.

아담스 부인은 재빠르게 반대하며 말했다.

아담스 부인: "아니요! 저는 제가 잘 모르는 사람들에게 제 문제를 나누는 것에 무척 서툰 편입니다. 게다가 제 남편과 저는 여전히 우리가 편안함을 느끼는 성경공부 그룹을 찾고 있는 중이거든요. 우리는 거의 3년 동안 시도했지만, 우리에게 잘 맞는 소그룹을 찾을 수가 없었어요."

그렇게 이렇다 할 해결점 없이 한 시간이 지난 후, 카메론은 솔직하게 그 문제에 대해서 터놓고 대화해 보기로 결심했다.

카메론: "아담스 부인, 저는 제이콥이 가정에서 신앙의 모범을 눈으로 보지 않는다면 신실한 믿음을 가질 것이라고 확신할 수가 없습니다. 교회와 모든 리더들은 기꺼이 제이콥의 인생이 달라지도록 부인과 협력할 것이지만 부인과 남편 분이 가족들을 위해 시간을 투자하고 집중하는 것이 필요합니다."

그의 솔직한 제안에 깜짝 놀란 아담스 부인은 쏘아붙이며 말했다.

아담스 부인: "이 교회는 다른 교회들과는 좀 다르군요. 사실 당신이 아이들을 돌보아야 하는데, 당신은 우리가 당신의 일을 하도록 처리하는 군요! 우리가 무엇을 위해서 당신에게 월급을 주는데요? 제가 생각하기에 저희 문제들에 대해서 실제로 잘 도와줄 수 있는 교회를 찾아봐야겠네요."

교회는 가정이다

지난 오십 년 동안에 있었던 흥미로운 교회론적인 현상들 중 하나를 '교회 쇼핑'이라고 부를 수 있다. 예를 들어 성숙한 신자들이 더 나은 설교자를 찾고, 더 흥미로운 중·고등부 사역 프로그램을 찾고, 어린이들에게 재미있는 활동을 제공하고, 가장 최근에 나온 예배 음악이나 전통적인 예배 음악을 제공하거나, 더 친절한 사람들이 있거나, 또는 다른 많은 개인적인 이유들로 수년마다 교회를 바꾸는 현상을 말한다. 몇 년 전에는 교회를 선택하는 것이 제한되었고, 그리스도인들은 집에서 가까운 교단의 교회에 출석하는 경향이 있었다. 성도들이 거주하는 지역별로 구분하여 관리하는 교구 모델을 가진 교회들은 대부분 여러 세대들로 이루어진 가족들로 의해서 구성되었고, 그들은 좋을 때든지 안 좋을 때든지 교회의 가족으로서 신실하게 교회에 출석했다.

20세기 후반에 대형 교회들이 위성 교회들을 운영하면서 교회의 크기를 확장했고, 이러한 교회 성장운동은 교회 안에서 성도들의 이동성과 다른 기술적이고, 사회적인 요인들을 향상시켰다. 이러한 현상은 교단에 속해 있거나 교단에 소속되어 있지 않아도 성도들이 운전하기에 적당한 거리에 있는 다양한 교회들을 빈번하고 자유롭게 선택할 수 있는 기회를 제공했다. 교회의 숫자가 적은 교외 지역에 있는 많은 기독교 가정들도 이제는 그들의 정서적인 필요를 따라서 이 교회에서 저 교회로 이동하고, 또한 패스트 푸드 식당과 휴가지(역자 주 - 패스트 푸드보다는 조금 더 오래 머무르는 장소로서 휴가지를 의미) 중에서 하나를 선택하는 것처럼 교회 등록을 생각하는 명민한 종교 소비자들이 되었다.

하나님 나라라는 큰 개념 안에서 생각할 때 선택할 수 있는 교회가 늘어난 것은 확실히 목표했던 것들을 많이 이루었다고 말할 수 있지만, 한 가지 의도하지 않았던 단점이 있는데, 지역 교회 안에서 가족의 구조적인 유대가 약화된 것이다. 교회가 헌신이 아니라 상품으로 인식될 때, 특별한 영적 가족으로서 헌신, 기독교적 형제 자매 됨에 대한 책임감, 그리고 그리스도의 몸 안에 있는 다른 지체들에게 따뜻하고 희생적인 사랑을 표현하는 것들에 어려움이 생겼다. 효과적인 가정 사역은 교회와 가정이 서로에게 모델이 되는 과정에 달려 있다. 즉, 교회는 가정을 위한 모범을 보여야 하고, 가정은 교회의 모범을 가정 안에서 반영해야 한다. 즉 교회 안에서 가정은 (1) 헌신, 책임, 사랑에 대한 하나님의 계획을 경험할 수 있고, (2) 이러한 세 특성들을 가정 안에서 실천할 수 있으며, (3) 다른 가족들과의 관계를 풍성하게 하여 하나님의 백성이 돌이킬 수 있는 곳이다.

성경에 기록된 하나님의 가족

구약성경에 기록된 가정

가족 같은 교회를 위한 하나님의 계획은 성령님께서 강림하셨던 오순절이 아니라 창조 때부터 시작되었다. 하나님께서 첫 번째 가정을 세우셨을 때, 하나님은 그 가정 안에 하나님의 관계적인 속성을 의도적으로 반영하여 예를 제시했다. "우리의 형상을 따라 우리의 모양대로 우리가 사람을 만들고"(창 1:26) 그리고 그들로 하여금 하나님의 복과 영광이 결국 세상에 퍼져 나가는 통로가 되게 하셨다. "생육하고 번성하여 땅에 충만하라, 땅을 정복하라"(창 1:28)는 명령은 그들의 사명이었다. 가정의 사명은 궁극적으로 "모든 민족으로 제자를 삼아 … 세례를 베풀고, … 가르쳐 지키게 하라"(마 28:19-20)는 교회의 대*사명의 원형으로부터 시작되었다.

심지어 타락한 후에도 하나님은 세상에 복주시기 위한 도구로 사용하시기 위해 그 가정을 굳게 선택하셨다. 하나님께서는 뱀의 머리를 상하게 할 자(창 3:15)가 아담의 가족(씨, the seed)으로부터 나올 것과 그가 인류에 대한 죄의 저주를 멸할 것을 예언하셨다. 몇 세대가 지난 후, 하나님께서는 아브라함이 여러 민족의 아버지(창 17:4)가 되도록 선택하셨고, 아브라함에게서 아들이 태어나는 것을 시작으로 하나님의 복을 세상에 나타내셨다. 아브라함의 손자인 야곱은 아들들과 손주들을 통해서 하나님의 약속의 결실을 맺었는데, 결국 그 아들들이 가족들과 부족들로 이루어진 한 나라의 조상들이 되었다. 야곱의 아들인 유다의 가계를 사용하신 하나님께서는 이스라엘 민족이 다윗과 그의 아들인 솔로몬의 리더십 아래 번창하도록 인도하셨다. 그 후에 하나님께서는 역대상 17장 14절에서, 다윗에게 그의 가계가 한 왕을 배출할 것인데 "그의 왕위가 영원히 견고"할 것을 약속하셨다. 바로 그 왕으로 오신 구원자 예수님은 마태복음 1장 1절에서 "아브라함과 다윗의 자손"으로 선포되었다. 누가복음 3장 23-38절에서는, 예수님의 계보가 요셉으로부터 거슬러 올라가서 다윗의 계보를 통하여 아브라함에게로 이어지고 첫 번째 사람인 아담에게까지 이른다. 이것을 통해서 우리는 하나님께서 세상에 하나님의 복과 영광을 나타내기 위해서 의도적으로 가정을 사용하시려는 계획을 나타내셨다는 것을 알게 된다.[1]

하나님은 세상을 위한 그의 계획을 실행하기 위해서 물리적으로 특정한 가족을 사용하시기도 하지만 동시에 가장 핵심적인 하나님의 특성을 강조하시기 위해서 이스라엘과의 관계를 사용하신다. 구약성경에는 이스라엘의 아버지로서 하나님에 대한 표현들이 여러 곳에서 나온다. 신명기 32장 6절은 하나님이 아버지로서 표현된 첫 번째 기록이다.

"그는 네 아버지시요 너를 지으신 이가 아니시냐 그가 너를 만드시고 너를 세우셨도다."

말라기 2장 10절에 언급된 대로, 아버지로서 하나님에 대한 이미지는 바벨론 유수 이후에도 지속되었다.

"우리는 한 아버지를 가지지 아니하였느냐? 한 하나님께서 지으신 바가 아니냐?"

구약성경이 여러 책들에서 직접적으로 하나님을 아버지로서 표현한 기록들은 아버지로서 하나님의 속성들을 나타냈다(출 4:22-23, 시 103:13, 렘 3:22). 구약성경에서 언급된 하나님의 부모로서의 역할은 성별과 관련해서는 배타적이다. 즉, 이사야 66장 12절에서 13절과 호세아 11장 1절에서 4절의 내용을 포함하여, 하나님의 모성적인 특성에 대한 몇몇 표현들도 있지만, 하나님께서 어머니로서 언급된 것은 전혀 없다. 찬Chan이라는 학자에 따르면, 하나님과 이스라엘의 관계는 독특하게도 남성적이다.

> "이러한 현상은 성경의 원 저자들의 주변 문화들과 비교해볼 때 특이하다. 대부분의 고대 근동의 사회는 주요한 제사의 형상으로서 여신이 있거나 또는 최소한 남성 신을 보완하기 위해서라도 여신이 있었다. 가나안의 아세라Asherah, 이집트의 이시스Isis, 바벨론의 이집트에서의 티아마트Tiamat 신이 그 예들이다."2

하나님의 자녀로 언급된 야곱의 자손들은 공동체적인 언약에 참여한 자들이었고, 이스라엘의 각 구성원들은 "나의 장자" 아들로 언급되었고(출 4:22), 하나님께서 "애굽에서 불러낸" 사랑하는 아들로 언급되었다. 심지어 이스라엘 백성들이 그들의 아버지이신 하나님께 불순종하고 거부할 때에도 하나님은 그들을 사랑하는 것을 지속했고, 그들이 돌아오도록 요구했다(사 63:16). 성경은 또한 하나님께서 하나님의 영적인 가족들 한 사람 한 사람과 가지고 있는 친밀한 관계에 대해서 증언한다.

> "그러나 이스라엘 자손의 수가 바닷가의 모래같이 되어서 헤아릴 수도 없고 셀 수도 없을 것이며…그들에게 이르기를 너희는 살아계신 하나님의 아들들이라 할 것이라"(호 1:10)

신명기 8장 5절과 시편 103편 13절은 하나님의 자녀들에게 하나님의 훈련과 긍휼에 초점을 맞추어 설명한 많은 구절들 중에 대표적인 구절들이다. 또한 결혼은 하나님께서 그의 백성들과 가족 관계임을 정의하시기 위해서 사용한 모티브이다. 하나님께서 신랑이 되시고 이스라엘 백성이 신부로 언급된 이사야 61장 10절과 요엘 2장 16절을 보면, 결혼 잔치의 큰 기쁨이 드러난다. 이사야 54장 5절은 영적인 결혼 관계에서 하나님의 역할에 대한 분명하게 언급한 말씀이다.

"이는 너를 지으신 이가 네 남편이시라. 그의 이름은 만군의 여호와이시며 네 구속자는 이스라엘의 거룩한 이시라 …"(사 54:5)

불행하게도 이러한 영적 결혼과 관련된 대부분의 구절들은 이스라엘 백성들을 신실하지 않은 신부로 기술했다. 예레미야 3장 1-10절에서 하나님께서는 멸망과 포로로 이스라엘을 이끄심으로 북 왕국 이스라엘의 성적 행동들을 지적했고, 결과적으로 이혼을 생각했다. 또한 주님께서는 돌들과 나무들을 섬김으로 음행을 행한 유다를 기소했다. 호세아 선지자와 그의 음란한 아내 고멜의 관계는 제멋대로인 아내를 사랑하시는 하나님의 끝없는 사랑에 대한 생생한 예시 교육이었다. 바벨론 포로 동안에 에스겔은 하나님께서 그의 아내가 된 이스라엘의 매춘에 대해서 심판할 것을 선언했고, 동시에 '영원한 언약'everlasting covenant으로 그들을 회복시킬 것에 대해서 약속했다(겔 16장).

신약성경에 기록된 가정

하나님께서는 다윗의 가계를 통해 세상에 그의 독생자 예수 그리스도를 보내셔서 에덴 동산에서 시작했던 그 계획을 완성하고자 하셨다(요 3:16). 이 계획은 죄로 인하여 깨진 하나님과 세상의 관계를 회복하고(고후 6:16-21), 제멋대로 행하는 자녀들을 모아서(눅 13:34), 하나님의 신부 된 그의 백성들과의 관계를 영원 가운데 완성하는 것이었다(계 19:7). 가정은 여전히 구원을 위한 하나님의 도구요 수단이지만, 가정은 성장과 구성에서 특별함을 가지고 있다. 교회는 이제 하나님의 가정이 되었고, 교회를 통하여 하나님의 축복이 이 세상에 전해진다.[3]

이러한 새로운 계획의 첫 번째 힌트는 누가복음 2장 49절에 기록되어 있다. 열두 살 된 예수님이 땅의 부모에게 "어찌하여 나를 찾으셨나이까? 내가 내 아버지 집에 있어야 될 줄을 알지 못하셨나이까?"(눅 2:49)라고 말씀하심으로 하나님의 가족의 우선순위를 드러내셨다. 공생애 사역을 시작하실 때, 예수님은 제자들을 불러 모았는데, 그들은 예수님을 따르는 가족이 되었고, 예수님은 그들을 "내 형제요 자매요 어머니"라고 불렀다(마 12:46-50). 주님은 그의 영적인 가족들로 하여금 혈연적인 가족과 다른 충성의 대상들을 내려놓도록 요구했다. 다른 말로 하면, 예수님과의 관계나 하나님 아버지의 나라에서 중요한 일들보다 더 우선순위를 두는 모든 것을 포기할 것을 요구한 것이다(눅 14:26, 마 10:32-39). 그러나 동시에 예수님은 땅 위의 가족들에게 충성과 공경의 본을 보이셨는데, 부모에게 순종함을 통해서(눅 2:51), 어머니의 소원을 들어 드림으로(요 2:1-11), 그리고 가족들의 의심에도 불구하고 그 가족들과 관계를 지속하심으로(요 2:12, 7:1-9) 그 모범을 보이셨다. 예수님께서 십자가에 달리셨을 때, 예수님은 사도 요한에게 어머니 마리아를 돌볼 것을 말씀하심으로 큰 아들로서 그의 책임을 다하셨다(요 19:26-27). 그렇게 함으로써 예수님은 인간의 상호 관계성과 영적 가족됨을 존중하셨다.

예수님께서 그의 부모님과 형제들과 깊은 관계를 유지했던 것 이외에도, 복음서는 결혼과 가족의 중요성을 지지하는 예수님의 사역 활동에 대하여 기록했다. 예수님의 첫 번째 기적은 결혼식에서 일어났다. 그후에,

예수님은 베드로의 병든 장모를 치유하는 데 기적적인 능력을 보여주셨고(마 8:14-15), 죽은 아들로 인해 탄식하는 어머니를 위해서 그 죽었던 아들을 살려 주셨고(눅 7:11-17), 고통받는 부모를 위해 잠자는 딸을 살려 주셨고(막 5:21-43), 그리고 무덤에 있던 나사로를 일으키셔서 마리아와 마르다 자매들과 다시 만나게 해주셨다(요 11:28-44).

예수님의 가르침의 내용은 결혼과 가정 생활에 대한 언급들로 가득차 있다. 바리새인들이 이혼에 대한 예수님의 입장에 대해 의문을 제기했을 때, 예수님은 결혼의 거룩한 본질과 결혼 서약의 영속성을 선언하셨다(마 19:1-9). 예수님은 어린이들을 소중히 여기셨고, 하나님의 가족이 되기를 원하는 자들에게 하나님의 요구를 설명하기 위해서 어린이의 특성을 사용하셨다(마 19:14, 막 10:15). 또한, 예수님은 결혼, 가정, 그리고 가족을 비유의 주제로 사용하셨다. 탕자의 이야기는 1세기 당시 한 유대인 가정을 배경으로 하고 있는데, 그것은 하나님의 세계적인 영적 가족 안으로 이방인들이 들어오는 것을 반갑게 맞아 주시는 넘치는 하나님의 은혜를 설명하기 위함이었다. 마찬가지로, 회개하는 한 사람의 가치를 설명하기 위해서 예수님은 잃어버린 동전을 찾기 위해 집을 자세히 살피는 한 여인의 비유를 사용하셨다(눅 15:8-10). 여기에 더하여, 예수님은 혼인 잔치에 대한 두 비유를 언급하여 그의 궁극적인 재림 준비의 긴급함을 설명하셨다(마 22:1-14, 25:1-12).

오순절에 하나님께서 성령님을 모든 믿는 자들에게 부어 주시고, 그리스도의 몸으로 하나되게 하였을 때, 교회는 하나의 참된 영적 가족이 되었다. 초대교회는 성도들이 이렇게 가족 관계로 살아가는 방식을 통해서 연합하는 가족의 예를 보여주었다. 사도행전 2장 44절에서 47절의 말씀은 가족과 같은 교회의 삶에 대해서 그림 언어를 사용하여 표현한 구절이다.

사도행전 2:44-47

44. 믿는 사람이 다 함께 있어 모든 물건을 서로 통용하고

45. 또 재산과 소유를 팔아 각 사람의 필요를 따라 나눠 주며

46. 날마다 마음을 같이하여 성전에 모이기를 힘쓰고 집에서 떡을 떼며 기쁨과 순전한 마음으로 음식을 먹고

47. 하나님을 찬미하며 또 온 백성에게 칭송을 받으니 …

예루살렘 교회가 소유를 나누고, 가정에서 모이며, 함께 음식을 먹었던 구체적인 행동들보다 더욱 중요한 것은 교회가 서로에게 대했던 헌신, 연합, 관계 속에 드러난 배려와 같은 태도였다. 성령님께서 능력으로 역사하셔서, 교회가 참된 영적 가족으로 살도록 했다. 사도행전 4장 32절은 "믿는 무리가 한마음과 한 뜻이 되어"라고 기록되어 있는데 이것은 교회의 연합된 깊이를 설명해 준다.

신약성경에서 교회를 설명하기 위해서 사용된 용어들은 가족으로서 교회의 정체성을 확증해 준다. 그 용어들 중 하나는 오이코스oikos인데 신약성경에서 대부분 "권속"으로 번역되었다. 콕스Cox라는 학자는 오이코스라는 단어가 "현대의 핵가족 형태와 가장 유사한 개념"이라고 설명한다.[4] '권속'이라는 말은 아버지, 어머니 자녀를 포함할 뿐 아니라 종들, 자손들, 그리고 모든 재산까지도 포함했다. 오이코스라는 말은 사회의 근본을 이루는 단위이다.[5] 직설법과 비유법적으로 교회는 하나된 권속의 부분이었다. 신약 시대에 그리스도인들은 성도들의 집에서 모였고, 교회는 "하나님의 권속"이라고 불렸다(엡 2:19, 갈 6:10). 성경에서 교회 안에 있는 가족 구성원의 역할과 책임은 각 가정에서의 역할 및 책임과 일치하였다. 예수님은 그를 따르는 자들에게 예수님이 기도했던 것처럼 아버지께 기도할

것을 가르치셨다(마 6:9). 복음의 메시지는 하나님의 독생자이신 예수 그리스도를 믿는 것이다(요 3:16). 아들을 통하여 아버지께 나아오는 자들은 하나님 아버지께서 보시기에 양자들이요 사랑받는 자녀들이며 하나님 나라의 가족 구성원이다(갈 4:5-7, 엡 1:5).

성도들은 그리스도를 통하여 하나님과 사귈 뿐 아니라 성령님을 통해서 서로서로 사귀게 된다(엡 4:4). 교회의 가족 관계에 수평적인 차원이 있는데, 그리스도의 몸 안에 있는 구성원들이 형제들 또는 자매들로 서로를 부른다거나, 나이가 많은 구성원이 영적인 부모처럼 어린 자녀들을 믿음 안에서 섬길 때이다. 디모데전서 5장 1-2절에서 사도 바울은 이러한 가족의 구조를 언급한다.

> 디모데전서 5:1-2
> 1. 늙은이를 꾸짖지 말고 권하되 아버지에게 하듯 하며 젊은이에게는 형제에게 하듯 하고
> 2. 늙은 여자에게는 어머니에게 하듯 하며 젊은 여자에게는 온전히 깨끗함으로 자매에게 하듯 하라

결혼은 신약성경의 저자들이 그리스도와 교회 사이의 긴밀한 관계를 설명하기 위해 공통적으로 사용한 비유이다. 바울에 따르면, 그리스도께서 교회를 거룩하게 하시고 교회를 위해서 자기 자신을 내어주심과 같이, 남편도 아내를 사랑하고 아내의 영적, 육적인 필요를 돌보아야 한다. 그에 대한 응답으로 교회의 몸 된 구성원들이 그리스도께 대하는 것처럼 아내도 남편을 존경하고 복종해야 한다. 즉, 결혼은 그리스도와 교회 사이의 이타적인 또는 희생적인 내어줌에 대한 이 땅의 묘사라고 할 수 있다.

베드로도 "이와 같이"라는 문구와 함께 남편 되신 예수님의 예를 언급함으로 거룩한 결혼에 대해서 설명했다.

> 베드로전서 2:23-24
> …오직 공의로 심판하시는 이에게 부탁하시며 친히 나무에 달려 그 몸으로 우리 죄를 담당하셨으니 이는 우리로 죄에 대하여 죽고 의에 대하여 살게 하려 하심이라…

베드로는 아내가 남편을 위해 "온유하고 안정한 심령"을 보여야 하고 남편은 배우자에게 은혜와 지식으로 반응해야 한다고 말했다(벧전 3:1-7). 요한계시록은 천국 환상에서 그리스도와 교회의 결혼의 절정에 대해 설명한다. 요한계시록 19장 7절은 새 하늘과 새 땅에서 열리는 혼인 잔치에 대해서 기록했는데, 승리하신 신랑이 그의 신부를 이끌고 둘이 영원히 연합한다. 에덴에서 그 가정(역자 주 - 아담과 하와 가정)과 함께 시작되었던 하나님의 계획이 천국에서 새로운 가족의 형성으로 완성되는 것이다.

가정의 모델로서 교회

지역 교회는 확장된 가정임과 동시에 모든 연령과 상황 가운데 있는 하나님의 자녀들을 위한 더 큰 영적 가정이다. 교회의 일원이 됨으로서, 집에서 모이는 한 가정이 교회에 속하게 되고, 이 확장된 가족에 의해서 각 가정은 더욱 부요하게 된다. 다른 말로 하자면, 교회는 하나의 가족이 되기 위해 하나님의 방법을 배우는 장소이다. 그러므로, 하나님께서 창조하신 모범적인 가정이 되기를 갈망하는 교회는 성경에서 발견되는 가족의 속성을 이루어가는 방법을 배워야 한다.

헌신

교회 안에는 언약적인 관계가 있는데, 이는 교회의 구성원들이 하나님 안에서 그리스도의 영을 통하여 서로에게 연합되어 있다는 것이다. 베드로가 설명한 대로 이 언약은 먼저 하나님께서 이스라엘 자손들에게 세우셨고 "택하신 족속이요 … 그의 소유된 백성이요, 하나님의 백성"인 교회를 통하여 지속되었다(벧전 2:9-10).[6] 학자 하메트Hammett는 이렇게 설명한다. 아브라함을 부르실 때부터 하나님은 아브라함을 한 민족으로 부르시고 그 목적을 이루고자 했다. 아브라함이 하나님의 부르심을 받고 응답했을 때, 이미 그 백성이 잉태된 것이다. 그 백성은 결국 이스라엘 민족으로 발전하였고, 특별하고 거룩한 백성들로 부르심을 받았다. 그러나 이스라엘 백성들의 실패는 새로운 언약 선언의 시작을 요구했는데, 그 새 언약은 "나는 그들의 하나님이 되고 그들은 나의 백성이 될 것이라"라는 처음 약속을 다시 언급한 것이다.[7]

하나님의 백성들에게 새 언약은 사람의 형태 즉 예수 그리스도를 통하여 주어졌다. 사람들이 하나님의 독생자와 구원의 관계 속으로 들어올 때, 그들은 하나님의 백성 된 교회라고 불리는 큰 언약 공동체의 일원이 된다. 데버Dever라는 학자에 따르면, 교회 안에 있는 가족적인 유대는 그리스도와 그리스도인들 사이의 언약적인 연합에 기초한 것이다.[8]

쾨스텐버거Kostenerger는 언약을 "하나 또는 언약을 맺는 주체들 모두가 맺은 약속들 또는 의무들을 보증하는 엄숙한 서약"으로 정의한다.[9] 이 정의의 속성은 헌신이다. 예수 그리스도의 제자들은 그들의 전부를 예수님의 영광을 위하여 헌신했고, 또한 순종하는 사랑으로 예수님을 따르는 것에 헌신하였다. 제자들을 위한 예수님의 헌신은 더 깊고 견고했다. 예수님은 영원한 안전과 흔들리지 않는 사랑을 주셨다(요 10:28, 롬 8:38-39). 이처럼 한 가정의 남편과 아내가 언약적 관계 안에서 서로에게 연합하는 것처럼, 그리스도께서도 언약적 관계 안에서 교회와 연합하시는 것이다. 물론 결혼 서약은 하나님의 영적인 약속에 대한 일시적인 그림자이지만, 그리스도인 남성과 여성이 주고받은 서약은 두 사람의 관계에서 맺은 언약에 대해서 헌신할 것을 의미한다. 그리고 두 사람이 맺은 언약은 그리스도와 맺은 언약 안에 있는 같은 특성들을 가지고 있다.[10]

- **영속성**: 영원한 안전은 예수 그리스도에 대한 헌신의 특징이다. 그리스도께서 영원한 사랑으로 우리를 보호하신 것처럼, 결혼은 땅에서 영원한 관계가 되도록 의도된 것이다. 예수님께서 바리새인들에게 말씀하셨을 때, 예수님은 "하나님이 짝지어 주신 것을 사람이 나누지 못할지니라"(마 19:6)는 말씀을 언급하심으로 결혼에 대한 하나님의 처음 품은 뜻을 일깨워 주셨다.
- **거룩함**: 에베소서 5장 31-32절에서 바울은 결혼과 그리스도 그리고 교회의 거룩한 관계를 비교하였다. 이와 비슷하게 남자와 여자의 연합은 거룩한데 그 이유는 결혼이 하나님에 의해서 창조되었고(창 2:21-25) 또한 하나님의 권위 아래에서 확정되기 때문이다.
- **친밀성**: 예수님은 반복적으로 제자들에게 예수님 안에서 거주하고 머무를 것을 요청하셨다(요 15:1-11). 이렇게 그리스도와의 친밀한 관계는 성령님의 내주하심을 통해서 가능하다. 하나님께서는 남자와 여자가 한 몸이 되어 친밀한 연합을 이루도록 결혼을 창조하셨고, 이

것은 하늘에서의 관계를 땅 위의 관계로 나타내신 것이다.

- **상호성**: 그리스도와 그를 따르는 자들 사이에 있는 언약은 내어주는 희생의 예를 통해서 분명하게 드러난다. 요한복음 3장 16절과 로마서 12장 1절은 상호 배려의 측면을 표현하고 있다. "하나님이… 그의 독생자를 주셨으니"라는 표현은 예수님을 믿는 모든 자들에게 구원을 제공하는 것을 의미한다. 이와 같이 믿는 자들은 "너희 몸을 하나님이 기뻐하시는 거룩한 산 제물로 드리라"는 부름을 받았다. 이렇게 아내와 남편 사이에 나누는 상호적인 사랑은 부부가 상대방의 유익을 위해서 가장 좋은 것을 줌으로 서로에 대한 희생을 촉진한다.
- **배타성**: "너는 나 외에는 다른 신들을 네게 두지 말라"는 제 일 계명은 하나님과 그의 백성 사이에 있는 배타적 관계를 규정한다. 예수님은 요한복음 14장 6절에서 "나로 말미암지 않고는 아버지께로 올 자가 없느니라"라고 말씀하심으로 배타성에 대한 요구를 보이셨다. 같은 방식으로 남자는 그가 이전에 속했던 가족과 친구들에 대한 헌신을 떠나서 그의 아내와 연합한다(창 2:24). 부부는 정서적, 성적인 측면에서 신뢰를 가짐으로 서로에 대한 배타적 헌신에 대해서 증명할 수 있다(출 20:14).

교회는 건물과 프로그램만 있는 움직이지 않는 조직이 아니라 육체와 영혼이 함께 살아있는 관계를 가지고 있다. 우리가 그리스도를 믿을 때, 그리스도께서 우리 안에 성령님을 두심으로 우리는 서로에게 영적인 친척들이 된다. 헌신에 대한 서약(역자 주—교회 등록 또는 멤버십)은 그리스도의 몸에 가입하는 것을 나타내고, 또한 교회와 우리의 관계를 유지시킨다.

교회에 대한 헌신의 모범 보이기

교회 지도자들은 의도된 방향을 가지고 각 가정이 헌신에 대해서 배우며 나아가도록 회중들과 함께 협력해야 한다. 이 목표를 이룰 수 있는 방법들이 다양하지만, 그 가운데 가정이 교회에 헌신하는 것에 대해서 중요한 교훈을 배울 수 있는 몇 가지 실천적이고 중요한 방법들이 있다.

의미를 가진 교회 등록: 지역 교회에 등록하는 것은 한 사람이 특정한 신자 공동체에 헌신하기 위해 필요한 공적, 개인적인 방법이다. 비록 신약성경이 구원받은 이후 재생산까지(역자 주 – 제자훈련을 통한 재생산을 의미) 나아가는 과정에서 교회 등록에 대해서 구체적인 지침을 제공하는 것은 아니지만, 성경은 지역 교회의 구성원들이 그 공동체 안에서 강한 정체성과 의무감을 가지는 것에 대해서 분명하게 묘사하고 있다. "만약 신자의 공동체에서 상호적인 의무에 대한 몇몇 형태의 헌신이 요구되지 않는다면, 교회 정치에 대한 신약성경의 가르침은 … 의미가 없어진다."[11]

간단하게 보이지만, 신자를 교회 회원으로 부르는 것은 참된 헌신의 분위기를 만드는 유익한 한 방법이다. 교회 등록에 대한 거부는 젊은이들이 삶의 깊은 헌신을 피하는 시기에 일어날 가능성이 높다. 그럼에도 불구하고 영적인 가족으로 함께하도록 신자들에게 결단을 촉구하는 데서 오는 유익들은 잠깐 지나가는 어떤 어려움보다 더 많다.

초기 등록 과정은 (1) 신앙 상담, (2) 새가족 오리엔테이션, (3) 사역배치 안내, 그리고 (4) 교회의 질문들에 답하는 것과 교회에 대한 기대를 분명하게 표현하는 사후조치 등을 포함해야 한다. 각 단계에서 영적인 가족과 더 깊은 관계를 형성하기 위해 필요한 헌신들을 강조해야 한다. 그 헌신의 종류는 제자훈련을 통한 예수 그리스도에 대한 헌신, 소그룹 참여를 통한 다른 신자들에 대한 헌신, 사역에 참여하는 것을 통한 교회의 성장에 대한 헌신, 그리고 가정, 직장, 학교 등 주님께서 이끄시는 곳이 어디든지 선교적 삶을 살아가는 것에 대한 헌신들이다.

교회 언약: 성경적으로 신약성경에서 언약이 요구되거나 기술되지는 않았지만, 교회는 역사 속에서 성경에 기초한 선언들에 참여하였는데, 그 선언들은 교회 회원들이 자발적으로 하나님께 드린 선언이었고 또한 서로에게 고백한 선언들이었다. 이 선언들은 근본적인 도덕적 헌신들, 영적 헌신들, 그리고 신앙의 실천을 포함하여 만든 것이었다.[12] 이러한 언약들은 회중에 의해서 규칙적으로 재확인되었다.

교회 성장 운동으로 인해서 언약이 효력을 잃어 왔지만,[13] 지난 수십 년 동안 특정한 공동체들 사이에서 언약적 헌신이 다시 일어나는 현상이 있었다. 한 가지 예는 북 텍사스에 위치한 빌리지교회 The Village Church 인데, 등록과정에서 새로운 신자들은 언약 동의서에 반드시 서명해야 한다. 그 언약 동의서의 세 가지 목적은 "장로들과 몸의 각 회원들의 성경적 의무와 기대를 분명하게 하는 것과, 그 공동체의 가르침과 교리적인 기준들을 세우는 것과, 거룩함을 삶에 반영하고 성장하기 위한 도구로서 돕기 위함이다."[14]

남편과 아내가 서로에 대한 헌신을 공적으로 증명하기 위해서 결혼 서약을 선포하는 것처럼, 교회 구성원들도 그리스도께, 그분의 말씀에 대하여, 그리고 서로에게 신실하게 살아갈 것을 다짐하는 공동의 약속을 통해 서로의 관계를 공적으로 선포해야 한다. 이 언약을 정기적으로 재확인하는 것은 교회의 회원들에게 교회에 대한 책임감을 상기시키고, 가정에서 그 헌신의 모델이 뿌리내리게 한다.

세대통합에 대한 집중: 연령별 구분은 오늘날 교회에 있는 주요한 문제들 중 하나이다. 사역의 사일로(역자 주 - 사일로^{Silo}는 목초를 저장 및 발효시키기 위해서 길게 세운 원통 모양의 저장소들로 보통 따로 떨어져 있는데, 본문에서는 교회 안의 부서들이 각자 사역을 개발하는 모습을 비유함)들은 부모와 자녀들을 분리하고 젊은 세대로부터 나이 든 세대를 분리한다.[15] 특정 연령대를 대상으로 한 제자훈련 활동들에 타당한 유익이 있지만, 세대들이 분리되어 보내는 시간은 세대들이 함께 교제하는 시간보다는 적어야 한다. 교회는 세대 통합적인 공동체이다. 교회의 지도자들이 의도적으로 세대들이 함께 시간을 가지도록 노력할 때, 교회에 대한 헌신과 서로에 대한 헌신은 향상된다.

가정 사역에 초점을 둔 교회들에서 어린이 부서는 논쟁의 여지를 가지고 있다. 어떤 사람들은 학령기 전의 아이들을 위해서 돌봄 프로그램이나 예배 활동을 제공하는 것에 특별한 유익이 있다고 믿는다. 다른 교회들은 청소년들을 통해서 초등학생들을 위한 대안적인 예배를 제공하기도 한다. 한편, 가정 통합 사역을 하는 교회들은 가족들이 함께 예배를 드려야 하는 성경적인 책임을 가지고 있다고 하는 신념에 기초하여 어떤 종류의 연령별 선택 프로그램도 제공하지 않고 있다. 이러한 논쟁에서 교회가 어떤 입장을 가지든지 교회 지도자들은 세대 통합을 저지하기보다는 촉진시켜야 한다. 교회에서 함께하면서 모범적인 가정의 모습을 볼 때, 각 가정들은 집에서 함께 예배하도록 잘 준비될 수 있다.

"예배는 교회가 전체적으로 가정을 목양할 수 있는 중요한 순간이다."[16]

세대를 연결하는 것의 가장 큰 장점 중 하나는 젊은 세대들이 어른들의 헌신하는 모습들을 보고 그들과 관계를 가질 수 있다는 점이다. 하나님께서는 어른 세대들이 가지고 있는 경험을 나누고 믿음의 유산을 전수하도록 명령하셨다. 반대로, 젊은 세대들은 연장자의 말을 듣고 배울 의무가 있다. 이러한 교회가 당면한 도전에 대해서 세대 통합적 성경 공부 그룹, 멘토링 프로그램, 예배 참여, 선교 여행, 그리고 다른 특별한 기회들을 통해서 응답하는 교회들이 있다.

연합

초대 교부 보니페이스Boniface는 다음과 같이 말했다. "다양한 유혹의 파도에 휩싸인 가운데 이 세상이라는 바다를 통과하는 교회는 아직 버려지지 않았고, 여전히 다스림을 받고 있다."17 가정과 교회가 모두 심각한 공격을 받고 있는 시대에 살고 있기 때문에, 가정을 향해서도 위와 같은 문장이 적용될 수 있다. 교회는 가정을 제외한 공동체들 중 가장 강력한 공동체이다. 그러나, 일반적으로 교회에 대해 평가할 때 불일치, 불화, 분열 중 하나가 언급된다. 교회에 영향을 미쳤던 사회의 압력들이 유사하게도 가정의 화합력도 악화시켰다. 그러나 교회와 가정은 모두 그리스도 안에서 연합하도록 만들어졌으며, 세상 앞에서 우리는 가장 분명하게 예수님을 묘사한 그림을 가지고 있는데, 바로 연합이다. 교회의 연합과 가정의 연합은 같은 근원에서 나오고 비슷한 도전들에 영향을 받는다. 헌신이 가정에 필수적인 특징인 것처럼 연합함도 가정에 꼭 필요한 요소이다. 연합은 우리가 그리스도의 몸에 참여하는 것을 풍성하게 하며 그리스도의 몸 안에 있음을 증명한다.

연합을 향한 부르심은 예수님께서 직접 주신 것이고, 연합에 대해 우리가 가지고 있는 실례는 삼위일체 하나님께로부터 온다. "우리가 하나가 된 것 같이 그들도 하나가 되게 하려 함이니이다"(요 17:22)라는 말씀에서 볼 수 있는 것처럼 삼위일체 하나님께로부터 온 것이다. 연합은 세상이 알 수 있는 교회의 분명한 흔적이다.

> 요한복음 17장 23절
> … 그들로 온전함을 이루어 하나가 되게 하려 함은 아버지께서 나를 보내신 것과 또 나를 사랑하심 같이 그들도 사랑하신 것을 세상으로 알게 하려 함이로소이다.

이 기도에서 예수님은 제자들을 위해서 기도하셨고 또한 앞으로 오는 시대에 교회를 이룰 미래의 제자들을 위해서도 기도하셨다. 예수님께서 기도하신 이 연합의 핵심은 무엇인가? 예수님은 하나님께서 자신에게 주신 영광을 제자들에게 주었고 그래서 그들이 완벽한 연합을 가져올 수 있을 것이라고 말했다(요 17:22, 23). 이 영광은 제자들 안에 있는 그리스도의 임재로서 성령님을 통해서 나타났다. 신자 속에 그리고 교회 안에 계신 하나님의 영이 바로 연합의 핵심인 것이다. 예수님은 세상에 대한 증거로서 두 가지 연합의 결과를 언급했다. 첫째, 제자들의 연합은 예수님의 임재에 대한 증거가 될 것이다. 둘째, 연합은 세상을 사랑하시는 하나님의 사랑에 대한 증거가 될 것이다(요 17:23). 연합은 그리스도께 대한 헌신 그리고 성도들 사이에 서로에 대한 헌신에 대한 외적, 시각적인 표현이다.

연합은 헌신됨과 성숙함을 증명한다. 연합된 교회는 성숙한 교회이다. 에베소서 4장 11-13절에서 바울은 성령님께서 교회 지도자들을 교회로 보내셨고, 그들로 그리스도의 모범을 따라서 성숙함을 이루기 위해서 믿음 안에 연합을 이끌어가도록 하셨다고 설명한다. 이 구절은 성숙함을 향해 나아가는 진행과정을 보여준다. (1) 그리스도의 영이 은사를 가진 지도자들을 교회에 보내신다. (2) 지도자들은 제자들로 하여금 교회 봉사를 위해서 은사를 사용하도록 제자들을 준비시킨다. (3) 제자들이 하나님의 목적을 이룰 때, 교회는 연합된 가운데 성장한다. 그리고 (4) 연합된 교회는 성숙해지고 그리스도를 닮아간다. 바울이 에베소서 5장 22절부터 6장 4절에서 보여준 것처럼, 기독교 가정들은 위와 같은 비슷한 과정 가운데 하나됨을 이룬다. 하나님께서는 가족 구성원들에게 행해야 할 역할과 책임을 세우셨다. 특별히 하나님께서는 부모를 가정에서의 전도자, 목회자, 교사의 역할을 하도록 정하셔서 자녀들을 그리스도께 이끌고 주님을 섬기도록 구비하게 하셨다. 가족의 구성원들이 역할과 책임을 다할 때, 하나님의 목적이 성취되고 가정은 연합하고, 성숙하며, 그리스도를 닮음으로 성장하게 된다.

    에베소서에 나타난 바울의 설명이 쿰바야 교회 연합 정신을 의미하는 것은 아니다(역자 주 - 쿰바야는 '여기에 오세요' 라고 직역될 수 있으며, 순진하고 비현실적인 평화, 조화, 협력을 표현할 때 사용하는 말이다). 바울이 말하는 연합은 그리스도 안에서 공통된 믿음을 가지고 깊이 있게 연합하는 것이고, 그리스도 안에서 공통된 경험을 가지는 것이다. 이러한 영적인 연합과 병행되어야 하는 것은 우리가 가지고 있는 정통 신앙의 경계이다. 우리는 이러한 정통 신앙과 교리적인 경계선을 어디까지 정해야 하는가? 성도들이 그리스도의 몸 안에서 함께 가지고 있어야 하는 근본적인 믿음은 무엇인가? 우리는 그 기준을 바울이 가장 중요한 메시지라고 표현한 고린도전서 15장 1-5절에서 발견할 수 있는데, 그 내용은 모든 성도들이 하나님의 말씀의 진리를 확정하는 것이고("성경대로"), 오직 십자가를 통해서

만 구원받으며("그리스도께서 우리 죄를 위하여 죽으시고"), 몸의 부활("장사 지낸 바 되셨다가… 사흘만에 다시 살아나사… 보이시고…")을 믿는 것이다. 복음에 대한 이러한 직접적인 메시지가 그리스도인들의 연합을 위한 출발점이 된다. 우리는 우리가 가지고 있는 교리적인 입장들과 다른 그룹들과 때때로 협력할 수도 있지만, 참된 영적인 연합은 공통된 신앙고백의 산물이다.

바울은 가정에서 영적인 연합의 중요성을 인식했다. 바울은 그리스도와 교회의 연합을 결혼이라는 상징을 통해 설명했을 뿐 아니라 결혼과 양육에 대한 실제적인 지침들도 제공했다. 고린도전서 7장에서 바울 사도는 영적으로 분리된 결혼의 문제에 대해서 중요하게 다룬다. 그는 이혼을 조장하지 않은 반면, 만약 믿지 않는 배우자가 결혼 관계를 유지하기를 원하지 않는다면, 가정의 평화를 위해서 그 배우자가 떠나는 것을 신자들에게 허용했다(고전 7:15). 고린도후서 6장 14절에서도, 바울은 "믿지 않는 자와 멍에를 함께 메지 말라"라고 말함으로 신자들의 적극적인 자세를 권했다. 여기에 암시된 메시지는 데이트와 결혼을 포함하여 성도들이 비기독교인들과 가깝게 얽히는 것을 피하는 것이다. 연합은 가정의 힘을 위해서 필수적인데, 가정의 힘이란 오직 그리스도 안에서 공통된 믿음을 공유하고, 그리스도 안에서 자라는 가족 구성원들 사이에서만 생기는 힘이다. 교회는 가족의 하나됨이 그리스도의 몸인 교회의 모범을 통해서 자라날 수 있는 토양과 같다.

가족 같은 교회 안에서 연합의 모범을 보이기

소그룹: 교회는 소그룹을 통해서 참된 교회로 변해간다. 사도행전에서 교회의 성도들은 각 가정과 성전 뜰에서 모였고, 소그룹 생활이 교회의 가족들을 통합하고, 각 가정들의 필요를 도와주었다. 모든 회중들을 하나

로 묶기 위해 오직 예배에만 의존하고 있는 교회들은 연합이라는 어려운 문제를 가지고 있다. 그러나 예배는 오직 주님께 초점을 맞추는 것이고, 그렇게 되어야만 한다. 예배는 오직 하나님의 시간이다. 심지어 실천적인 관점에서도, 일주일에 한 번, 다른 사람의 뒤통수만 바라보고 있어야 하는 신자들이 하나되는 것은 어렵다. 소그룹에 포함된 사람들은 얼굴과 얼굴을 맞대고 서로 연결되어 영적인 한 가족이 될 수 있다. 이러한 소그룹의 영향력은 전체적으로 몸 된 교회 안에서 통합의 환경을 만든다.

소그룹의 기본적인 활동들 즉, 성경공부 그룹들, 가정 모임 그룹들, 성경적 교제 그룹들이나 어떤 다른 형태의 소그룹 모델들은 결국 연합을 촉진시키기 위해서 디자인되었다. 각 그룹들이 하나님의 말씀을 연구할 때, 성령님께서는 많은 사람들에게 성경의 목소리를 듣게 하신다. 가정과 교회 그리고 하나님의 일을 위해서 서로 기도하는 것은 그룹의 구성원들 사이에서 친밀함과 투명한 소통이 일어나게 한다. 각 사람의 개인적이고 가정적인 필요는 '신자의 공동생활'의 실재를 보여준다. 함께 시간을 보내고 깊은 우정을 쌓는 것은 소속감이라는 모든 사람의 근본적인 필요를 충족시킨다. 이러한 활동들은 가정에서 부모들이 그리스도 안에서 가족의 연합을 위해서 사용할 수 있는 성경공부, 기도, 봉사, 교제 등으로 쉽게 연결될 수 있다.

공유된 사역: 그리스도의 몸의 구성원들이 사역의 일들을 공유하고 하나님의 영광을 위하여 그들의 은사를 사용할 때, 교회는 더욱 강해지고 하나가 된다(엡 4:1-16). 공유된 사역은 교회의 연합을 위한 하나님의 계획 안에 항상 존재했다. 불행하게도, 교회의 전문가들과 교수들이 활동하는 이 시대에는 사역의 근본적인 틀을 잃게 되었다. 성경은 모든 신자들

이 은사를 받았고, 교회의 몸의 필수적인 부분이라고 가르친다. 심지어 한 구성원의 은사가 사용되지 않을 때, 그리스도의 몸은 분리되고 비효율적이 된다고 할 수 있다.

교회 지도자들이 몸 된 교회의 연합을 이룰 수 있는 가장 큰 공헌은 바로 구성원들이 은혜로 받은 은사들을 사용하도록 격려하고 훈련하는 것이고 그 후에는 그들이 섬기도록 길을 열어주는 것이다. 진정한 공유 사역은 교회 지도자들과 성도들이 지도자의 철학에 대해서 방향을 재조정하는 것으로부터 시작된다. 이러한 성경적인 사역의 형태를 설교와 가르침을 통해서 지속적으로 상기시킬 뿐 아니라, 교회의 모든 사역적 필요들을 위해 일관된 봉사자 모집, 봉사자 배치, 훈련, 그리고 인사관리가 요구된다. 모든 연령대의 구성원들이 자신의 은사를 발견하고 그것을 사용하여 하나님 나라에 영향을 미칠 때, 교회는 참된 연합의 몸처럼 기능하게 된다.

숙고해야 할 과제

라이프웨이^{LifeWay} 기독교 출판사의 대표인 톰 라이너^{Thom Rainer}는 최근에 사람들이 교회를 떠나는 주요한 이유들에 대해서 언급했다.

"나 자신을 포함해서 내가 알고 있는 모든 연구들은 교회 성도들이 교회를 나오지 않는 현상을 설명하기 위해 한 가지 주요한 주제에 대해서 살펴보고 있는데 그것은 필요가 채워지지 않고 있다는 느낌이다. 다른 말로 하면, 교회 구성원들은 지역 교회의 사람들이 그들을 위해서 어떤 것을 제공해야 한다는 생각을 가지고 있는데, 그러한 공급이 충족되지 않기 때문에 떠난다는 것이다. 그러므로 나는 사람들이 교회를 떠나는 주요한 이유가 섬김의 정신보다는 권리를 요구하는 정신을 가지고 있기 때문이라고 제안한다."[18]

충족되지 않은 기대는 관계에 독이 된다. 개인적인 욕구들이 충족되지 않을 때, 결혼한 부부들은 별거하거나 이혼하고, 형제들도 싸우고 서로에게 적대시하며, 친구들도 다투고 결별한다. 톰 라이너 대표가 관찰한 것은 교회에만 국한된 것은 아니다. 즉, 교회 성도들의 행동은 사회적 기호가 반영된 것이다. 즉, 이기심과 개인적인 만족 추구가 결혼, 자녀양육, 친구관계, 직장, 그리고 물론 교회에 대한 헌신에도 지배적인 영향력을 미치게 될 것이다.

이것은 갑자기 새롭게 나타난 문제는 아니다. 첫 번째 죄도 하와가 뱀의 메시지 즉, "나아가서 그 열매를 먹어라. 너는 그것을 먹을 자격이 있어. 너는 그것을 가질 자격이 있어. 하나님은 네가 행복해지고, 성취하는 것을 막으려고 노력하고 있어"라는 말을 따랐을 때 일어났다. 모든 죄의 근저에는 자기 중심적인 권리의식이 있다. 아마도 이것은 예수님께서 직접적인 명령법으로 요한복음의 두 장 안에서 다섯 번이나 반복하셨던 "서로 사랑하라"는 예수님의 가르침의 이유일 것이다(요 13:34, 13:35, 15:12, 15:17). 교회의 연합과 생존은 주님께 헌신한 제자들, 그리고 "각각 자기보다 남을 낫게 여기고 각각 자기 일을 돌볼 뿐더러 또한 각각 다른 사람들의 일을 돌보는"(빌 2:3-4) 제자들에게 달려 있다.

바울이 빌립보서 2장 3절에서 사용한 "여기라"hegiomai라는 용어는 교회와 가정에서의 성공적인 관계의 열쇠이다. 제임스 스트롱 James Strong에 따르면, 여긴다는 것은 어떤 한 사람이 지도자 또는 존경받는 공직자인 것처럼 서로를 존경하고 명예롭게 대한다는 것이다.[19] 결과적으로 빌립보 교회에 대한 바울의 메시지는 다른 사람의 필요를 더 중요하게 바라보고, 자신을 최우선으로 삼는 것을 덜 중요하게 바라보라는 것이다. 사람들이 서로 배려하는 환경에서 관계를 맺을 때, 자기 만족적인 태도나 행동을 추구하지 않더라도 기본적인 욕구들이 충족된다.

'서로'라는 표현은 신약성경에서 50회 이상 기록되어 있다. 각각의 명령들은 교회 안에서의 관계적인 행동들에 초점을 맞추고 있으며, 그 명령들을 취합하면 기독교 가정에서의 생활에 대한 청사진을 보여주는 역할을 한다. 당연히, 가장 많이 반복된 명령은 서로 사랑하라는 명령이고, 열일곱 번 기록되어 있다. 모든 다른 명령들도 사랑 안에서 발견되고, 사랑으로부터 나오며 이러한 사랑을 설명하고 있기 때문에, 사랑은 모퉁이돌(역자 주 -성경 안에서 건물의 근본적인 초석)과 같다. '서로'라는 표현이 있는 각 상황은 사랑의 태도 및 행동과 관련된다.

서로 격려하라: 이 명령은 네 번 기록되어 있는데, 파라칼레이테 parakaleite라는 그리스 동사를 사용하였고, 뜻은 '변호자로 옆에 서 있다', '위로하다', 또는 '돕다' 라는 의미를 가지고 있다(살전 4:18, 5:11, 히 3:13, 10:25). 이것은 우리의 위로자, 상담자, 또는 돕는 자이신 성령님께 맡겨진 사역을 의미한다(요 14:16, 역자 주 - 성령님은 킹제임스 성경KJV에서는 위로자로, 새 미국 표준 성경NASB에서는 상담자로, NIV 성경은 돕는 자로 번역되어 있다). 하나님께서 그의 영과 그의 말씀을 통하여 우리를 사용하시도록 맡겨드릴 때, 교회 안에서 여러 격려하는 모습이 나타나는데, 다른 사람들에게 용기와 확신을 주고, 그리스도 안에 거하도록 돕고, 삶 속에서 하나님의 뜻을 이룰 수 있는 영감을 제공하게 된다.

서로를 용서하라: 에베소서 4장 32절과 골로새서 3장 14절에서 바울은 서로 용서하는 사역을 실천할 것을 권면하고 있다. 흥미롭게도 사도 바울이 두 본문에서 사용한 카리조마이charizomai라는 단어는 카리스chris 또는 은혜라는 단어에서 기인한 것이다.[20] 이러한 용서의 형태는 하나님의 은혜에 기초하고 있다. 즉, 충분한 은혜는 관계를 회복하려는 마음을 가지고 자유와 사랑을 주는 것이다. 교회 안의 가정들과 각 가정의 구성원들은 모든 죄에 대해서 진실하고 경건한 마음을 가지고 용서함으로 사랑을 표현한다.

서로 받아주고 서로 인내하라: 수용과 용납은 어떤 사람이 다른 사람들에 대해서 용납할 수 있기 전에 반드시 먼저 그들을 마음으로 받아들여야 한다는 점에서 연관된 표현들이다. 수용은 다른 사람에 대해서 특별한 관심을 가지고 받아주고 환영한다는 것을 의미한다. 그리스도께서 너희를 받으심 같이… 너희도 서로 받으라(NIV 성경)고 기록된 로마서 15장 7절은 유대인들과 이방인으로 나누어진 로마에 있는 교회가 사회적 또는 종교적인 배경이 아닌 그리스도 안에서 동등한 위치를 따라서 서로의 가치를 판단하도록 한 바울의 간청이다. 서로 용납하는 것을 실천하는 것은 상황에 따라서 많이 영향을 받는다(엡 4:2, 골 3:13). 서로를 용납한다는 것은 그리스도 안에서 한 형제 자매의 다른 태도, 습관, 특이한 점에 대해서 인내하고 관용하는 것, 심지어 죄악 된 행동에 대해서 용서하는 지점에 이르는 것을 의미한다. 가정과 교회가 진정한 공동체가 되는 여부는 수용의 정신과 우리의 기대에 미치지 못하는 사람들을 기꺼이 세워주려는 정신에 달려 있다.

서로 섬기라: 바울이 갈라디아 교회에게 사랑으로 서로 종 노릇하라고 명령할 때, 편안한 사역으로 그들을 부르고 있는 것은 아니었다. 오히려 그는 각 사람이 서로에게 대해서 종douleuó이 되라고 강권하고 있다. 이 표현은 바울이 로마서 1장 1절에서 자신을 노예 또는 종으로 언급했을 때의 단어와 같다. 또 다른 예는, 예수님이 "자기를 비워 종의 형체를 가지사"라는 표현이다(빌 2:7). 이렇게 가정의 구성원들이 기꺼이 자신을 부인하고 다른 사람들의 필요를 섬기려는 자원하는 마음으로 예수님께 대한 신앙을 증명해 보일 때 이기심은 뒤로 사라지게 된다.

서로 복종하라: 종이 된다는 것은 복종과 겸손을 요구한다. 에베소서 5장 1절에서 바울이 복종이라는 의미로 사용한 단어는 휘포타소hupotassó라는 그리스어는 자발적으로 명령권자의 권위 아래에 자신을 두는 군인을 설명하는 군사 용어였다.[21] 서로에게 복종하는 것은 하나의 선택이다. 개인적인 소원이 아니라 주님께 대한 헌신인 것이다. 그리스도의 몸의 지체들은 다른 사람들을 자신들보다 더욱 소중하게 생각함으로써, 자존심을 묻음으로써, 그리고 교회의 유익을 위하여 주 예수님께 복종함으로써 서로에 대한 사랑을 보여 준다(빌 2:3).

서로 가르치고 훈계하라 또는 서로 권하라: 교회 안에서 가르침은 일반적으로 목회자와, 직원, 그리고 훈련받은 교사들이 담당하지만 초대 교회는 사람과 사람 사이에서 서로 가르치는 것의 중요성으로 이해했다. 이러한 추측은 로마서 15장 14절에서 암시되었는데, 바울은 신자들이 서로 가르치는 능력을 가지고 있다는 확신을 표현했다. 골로새서 3장 16절에서 가르침didaskó의 행위는 지식을 전하는 것, 특별히 성경에 대한 지식을 전하는 것이다. 권하는 것^{noutheteó}은 상담이나 교정에 강조점을 두고 가르치는 형태이다. 성경은 가르칠 수 있는 내용들이 함축되어 있다.[22] 오늘날 우리는 이러한 가르침의 형태를 제자훈련으로 표현한다. 부모님이 집에서 자녀를 훈육하는 것처럼, 교회의 지체들도 하나님의 말씀을 사용하거나 삶의 모범을 사용하여 서로 가르쳐야(제자훈련) 한다.

서로 기도하라: 중보기도는 특별한 방법으로 신자들을 하나로 묶어준다. 신자들이 마음 깊이에 있는 시험이나 고통스러운 염려를 나누거나(고후 1:10-11), 서로에게 죄를 고백하거나(약 5:16), 상호간의 사역에 대한 노력을 강화시키고(살후 3:1), 영적인 성장의 파트너가 될 때(골 1:9), 서로를 위한 기도는 관계적인 측면에서 깊은 친밀함을 가져다 준다. 성도들이 "모든 기도와 간구를 하되 항상 성령 안에서 기도하고 이를 위하여 깨어 구하기를 항상 힘쓰며 여러 성도를 위하여"(엡 6:18) 구할 때 사랑이 자라나고 그리스도의 몸과 가정들 안에서 관계가 풍성해진다.

서로 친절하게 하고 불쌍히 여기라: 친절함과 불쌍히 여김을 단순히 다른 사람에 대해서 좋게 대하는 것과 같다고 생각하는 사람들이 있다. 그러나 성경적인 관점에서 이 두 가지 특성은 훨씬 복잡하다. 바울이 성도들에게 "서로 친절하게 하며 불쌍히 여기며"(엡 4:32)라고 격려할 때, 그는 이러한 특성들을 참된 용서 전에 나타나는 현상으로 사용했다. 친절^{Chrēstoi}은 적합하거나 유용한 것을 제공한다는 것을 의미하는 단어로부터 유래한다.[23] 다른 말로 하면, 적절한 시기에 적절한 것을 행하는 것이다. 새 미국 표준 성경^{NASB}에서 부드러운 마음으로 번역된 연민은 동정의 감정을 설명하는 용어이다.[24] 그러므로 친절하게 하고 불쌍히 여기는 것은 다른 사람들의 필요를 개인적으로 분명히 알고, 적절하고 사랑스러운 반응으로 채워주는 것이다. 이러한 반응은 야고보서 2장 15-16절에서도 암시된 것이다.

> 야고보서 2장 15-16절
> 15. 만일 형제나 자매가 헐벗고 일용할 양식이 없는데
> 16. 너희 중에 누구든지 그에게 이르되 평안히 가라, 덥게 하라, 배부르게 하라 하며 그 몸에 쓸 것을 주지 아니하면 무슨 유익이 있으리요.

사랑으로 소통하라: 신약성경에 있는 서신서들은 성도들 간 내부적인 소통에 대한 다양한 구체적 지침들을 포함하고 있다.

- 시와 찬송과 신령한 노래들로 서로 화답하며(엡 5:19)
- 서로 거짓말을 하지 말라(골 3:9)
- 서로 비방하지 말라(약 4:11)
- 서로의 발을 씻어주라(요 13:14)
- 서로 원망하지 말라(약 5:9, 교회에 있는 지체들과 가정의 구성원들이 상처주기보다는 세워 주기 위한 언어를 사용할 때, 사랑의 관계가 세워진다)
- 너희가 거룩하게 입맞춤으로 서로 문안하라(롬 16:16, 고전 16:20, 고후 13:21, 벧전5:14)
- 그런즉 내 형제들아 먹으러 모일 때에 서로 기다리라(고전 11:33)
- 서로 대접하기를 원망 없이 하고(벧전 4:9)

이러한 정확한 지침들은 상황과 문화적인 관습과 관련이 있지만, 그 명령의 정신은 시대에 관계없이 적용된다. 성도들 사이에 있는 간단한 예의와 배려는 바로 말을 넘어서는 사랑의 언어이다.

교회의 가족 안에서 고려할 모범

교회의 권징: 모순이 되는 것처럼 보이지만, 교회의 권징은 몸 된 교회에서 사랑과 배려를 증명하는 가장 효과적인 수단들 중 하나이다. 심지어 세속적인 세상도 자유 방임은 권위있고 사랑스럽게 자녀들을 훈육해야 하는 부모의 책임을 포기하는 방식으로 이해한다. 가정과 같이 교회도 교회의 지체들에게 권징과 책임을 적용함으로써 참된 관심을 표현하였다. 그러나 불행하게도 현재는 교회와 가정이 이러한 일들을 방기하고 있다. 존 하메트(John S. Hammet)에 따르면, 교회의 권징은 모든 권한을 가지고 있지만 사라져 버렸다. 교회의 권징은 미국 사회의 총체적인 세속화, 개인주의, 판단자처럼 보이는 것에 대한 두려움, 그리고 수적 증가에 대한 욕망과 함께 지난 세기에 사라져 버렸다.[25]

책임감은 교회 안에서 사랑을 강하게 만든다. 성경에서 서로에 대한 명령들은 중요한데 만약 성도들이 순종적으로 반응하지 않거나 지속적인 불순종에 대해 어떤 처벌이 없다면, 그 명령은 무용한 것이 되고 만다. 헌신과 연합은 사랑으로 행하는 권징을 위한 전제 조건이다. 회원에 대한 기대치, 언약에 대한 서약, 세대 간 관계, 소그룹 생활과 공동 사역 책임을 포함하여 기존에 있던 권면들 중 상당수가 효과적으로 적용되고 있어야 한다. 교회가 가족과 같은 기능을 할 때만 합법적으로 권징을 시행할 수 있고, 원하는 결과인 회복을 이룰 수 있다.

교제의 기회들: 사랑은 멀리 떨어져 있을 때 생기는 것이 아니라 서로 가까울 때 생긴다. 그래서 교회의 지체들이 서로 사랑을 실천할 수 있는 환경이 되도록 정기적인 교제의 기회가 있어야 한다. 이러한 교제의 경험들의 대부분은 소그룹, 교회 내에서의 대화, 그리고 사역과 선교를 섬기는 가운데 자연스럽게 교회 안에서 일어난다. 또한 계절별 만찬, 소풍, 스포츠, 레크리에이션, 그룹 여행과 연휴 행사를 포함한 정기적으로 예정된 기회들이 계획되어야 한다.

이러한 제안들이 단순해 보일 수 있지만 친교 행사에서의 잠재적인 영적 성장을 인식하지 못하는 지도자들도 많이 있다. 대부분의 교회에서는 예배 드리기, 성경공부, 제자훈련 수업, 회의 또는 기도회 모임 등과 같이 방향성이 없거나 또는 지나치게 과업 중심적이다. 너무 많은 교인들이 하나님의 말씀을 살아내는 것보다 그저 배우는 데 많은 시간을 보낸다. 비록 레크리에이션 행사들이 교회의 사명은 아니지만, 그 행사들은 서로가 즐기고 그리스도 안에 있는 관계를 축복함으로 몸 된 교회의 연합을 위해 중요한 기능을 한다. 또한 이러한 활동들은 교회의 가족들로 하여금 함께 시간을 보내는 것에 대한 중요성을 상기시킨다.

지도자들의 모범: 지도자들의 모범을 언급하지 않고 교회 안의 사랑의 관계에 대해 논의한다면 불완전한 논의가 될 것이다. 만약 목회자, 직원들, 집사, 장로, 그리고 다른 사역의 지도자들이 배려와 책임의 모델이 되지 않는다면, 교회의 성도들도 마찬가지로 행동할 것이다. 지도자 그룹은 그들의 대인 관계에서 성경적인 모델을 모범적으로 보여주어야 한다. 목회자, 집사, 장로, 직원들이 서로 사랑함의 중요성을 가르치고 설교하면서, 적대적인 관계를 가질 수는 없다. 교회에서 인정받는 지도자들에게서

는 높은 수준의 책임감과 눈에 보이는 교제의 증거들이 있어야 한다.

교회 지체들과 지도자들의 관계는 위에서 설명한 것처럼 배려의 원리가 증명되어야 한다. 공개적으로 화를 내는 목회자, 성경공부 그룹 안에 있는 개인적인 필요들을 무시하는 교사들, 또는 성탄절과 부활절 예배 때만 참석하는 집사들은 하나님의 말씀에 불순종하면서 교회의 통합을 파괴하고 있는 것이다.

가장 중요한 것은 가정에서 그 지도자의 모범이다. 심지어 그가 지도자 모임 안에서 그리고 교회의 회중들과 사랑의 관계를 증명해 보였다고 하더라도, 만약 그가 가정에서 일관되게 그 모범을 행하지 않는다면, 그가 보여준 예는 타당하지 않다. 바울이 디모데에게 언급한 것처럼 "사람이 자기 집을 다스릴 줄 알지 못하면서 어찌 하나님의 교회를 돌볼 수 있겠는가?"(딤전 3:5)

결론

복음서들과 서신서들에서는 가정과 영적인 집의 책임을 동의어로 표현하였다. 지역 교회는 모든 연령대와 모든 삶의 상황 가운데 있는 하나님의 자녀들을 위한 확장된 가족이기도 하고 또한 더 큰 영적 가족이기도 하다. 하나님이 창조하신 참된 가정이 되기를 갈망하는 교회들은 성경에 나오는 가족의 속성들을 모델로 삼는 방법을 배워야 한다. 첫째는 교인 등록을 통한 헌신이다. 교회는 성도들이 성령님을 통해 하나로 묶이는 연합의 정신으로 살아가는 언약적인 관계를 나타낸다. 그러므로 교회 등록은 교회에 들어가기 위한 가벼운 절차가 아니라 의미 깊고 중요한 관계가 되어야 한다. 둘째는 연합이다. 우리 모두가 하나님의 가족의 구성원들이기 때문에 우리는 서로서로에게 책임을 가지고 있다. 셋째는 배려이다. 신약성경 안에 기록된 '서로'에 대한 많은 명령들이 교회에서 관계를 맺는 행동들에 초점을 맞추고 있다. 몸 된 교회 안에서 이러한 위의 특성들을 설교하고 가르치고 모범을 보이는 것은 가정에서 가족들의 관계에도 중요한 영향을 줄 것이다.

토론 주제
DISUCSSION GUIDE

1. 저자는 태초부터 하나님께서 세상에 복을 주시기 위해서 가정을 사용하셨음을 언급하였고, 이제 바로 교회가 하나님께서 그의 계획을 수행하시는 가족이라고 설명했다. 이 설명에 대해서 당신은 동의하는가? 또는 동의하지 않는가? 당신의 입장을 설명해 보라.

2. 당신의 교회가 어떻게 가족처럼 기능하고 있는지 세 가지 예를 들어서 설명해 보라.

3. 당신의 교회에서 일반적인 헌신의 부족, 특히 가족적인 헌신에 대한 증거를 보았다면 설명해보라.

4. 이 장에 제공된 예 외에 교회가 헌신의 모델로 삼을 수 있는 방법들은 무엇인가?

5. 당신은 교회 언약이 필요하다고 믿는가? 동의하는 이유와 동의하지 않는 이유는 무엇인가?

6. 이 장에 제공된 예 외에 교회가 연합의 모델로 삼을 수 있는 방법들은 무엇인가?

7. 교회의 권징을 정하고 시행하는 것이 왜 어려운가?

8. 이 장에 제공된 예 외에 교회가 사랑하는 배려의 모델로 삼을 수 있는 방법들은 무엇인가?

참고 도서

- Freudenburg, Ben F. *The Family-Friendly Church.* Colorado Springs, CO: Group, 2009.
- Hellerman, Joseph H. *When the Church Was a Family: Recapturing Jesus' Vision for Authentic Community.* Nashville, TN: B & H Academic, 2009.
- Rienow, Rob. *Limited Church, Unlimited Kingdom: Uniting Church and Family in the Great Commission.* Nashville, TN: Randall House, 2013.

3장

교회에는 가정이 필요하다:
가정의 필수성

크리스 셜리(Chris Shirley)

신학교를 졸업한 후, 사역자 마크Mark는 자신의 삶에 주어진 하나님의 소명이라고 믿었던 사역, 즉 대학가에서 교회 개척자가 되는 꿈을 이루기 위해 사역을 시작하였다. 마크와 그의 아내인 헤더Heather는 가장 큰 주립 대학 캠퍼스 바로 옆에 있는 아파트로 이사하였고, 관심을 가지고 찾아온 소수의 학생들과 매주 성경 공부를 시작했다.

첫 학기가 끝날 무렵, 마크는 열두 명 이상의 학생들을 제자훈련하고 있었고, 성경 공부는 아파트 클럽 하우스(역자주 – 아파트 입주민들이 자유롭게 사용할 수 있는 공용 모임 공간) 모임에서 매주 드리는 예배로 바뀌었다. 교회는 빠르게 발전했고, 사역의 필요도 증가했다. 그러나 마크는 대학에 다니는 학생들이 사역자의 재정적인 필요를 충분히 제공할 수 없다는 것을 알았다. 그래서 마크와 헤더는 대학가에서 생활하고, 교회의 재정적 유지를 위해 필요한 비용을 지불하기 위해 전임 직업을 가지고 일했다. 일주일에 40 시간 이상 일하고, 또한 사역을 이끌면서 두 사람의 시간을 거의 보낼 수 없었다. 남는 시간은 일반적으로 대학생들을 상담하는 데 사용하였는데 그들은 관계적, 재정적, 정서적 또는 영적 문제를 가지고 있었다.

마크는 교회에서 혼자서 복음을 전하고 정기적으로 학생들을 심방했다. 헤더는 밤에 일을 했고 낮에는 수면을 취했다. 교회의 구성원들은 항상 학교 활동과 공부로 바빴다. 마크의 신학교 친구 중 한 명이 그에게 권면했다. 그 내용은 그 교회를 지원해 줄 교회를 도시에서 찾아볼 것과, 새로 시작한 사역에 함께 참여하고 심방의 짐을 나눌 수 있는 연륜 있는 부부를 찾아보라는 조언이었다. 마크는 지역에 있는 교회들을 몇 차례 방문했지만 대부분의 목회자들은 마크를 돕기에는 자기 교회의 필요들을 살피느라 너무 바빴다. 한 목사는 마크에게 그 교회의 대학부에 들어와서 사역자가 되고, 대학가에서 섬기는 그 교회를 큰 교회의 위성 교회로 전환하는 것에 대해서 물었다. 마크는 바로 그 제안을 거절했다. 그는 이미 대학 교회의 담임 목사였고 더 큰 교회의 부속품이 되고 싶지 않았다.

학기가 끝나는 5월이 되자, 교회의 모든 것들이 끼익하고 급제동이 걸렸다. 교회에 출석하던 대부분의 학생들은 여름에 고향으로 돌아갔다. 남아 있던 학생들은 휴가 기간에 종종 다른 도시들을 여행했다. 마크와 헤더는 여름 동안에 교회를 재정비하고 가을 사역을 위해 계획을 세우기로 결심했다. 그런데 8월이 되자, 지난해에 교회에 출석하던 학생들이 절반만 돌아왔다. 교회를 개척하는 과정을 다시 시작하는 것처럼 느꼈다. 그러나 이번에는 마크와 헤더가 지쳐 있었고, 동기부여도 거의 되지 않았다. 그럼에도 불구하고 그들은 몇몇 새 신자들과 추가로 합류한 소수의 예배자들을 위해서 기도하고 노력을 기울였다.

3월이 되자 교회는 두 가지 큰 타격을 입었다. 봄 방학 후에 수업이 다시 시작되었을 때, 교회의 출석 교인 수가 바닥을 친 것이다. 마크는 규칙적으로 출석하던 몇몇 학생들에게 문자 메시지를 보냈고, 결국 그 도시에서 가장 큰 교회들 중 한 교회가 목요일 밤에 대학부를 위한 예배를 시작했다는 사실을 알게 되었다. 얼마 지나지 않아 그 교회는 마크에게 그 도시 교회의 사역자가 되는 것에 대해서 제안했다. 그 교회의 많은 수의 사람들과 예배를 인도하는 찬양팀은 도시 전체에 있는 학생들을 끌어 모으고 있었다. 두 주 후에 헤더는 자신이 첫째 아이를 임신하고 있다는 것을 알게 되었다. 이 부부는 앞으로 그들이 어떻게 한 아이를 돌보고, 풀타임으로 일을 하고, 대학생들을 제자훈련하고, 교회를 이끌어 갈 수 있을지에 대해서 생각하면서 힘들어했다. 마크의 목회적인 비전은 대학생 회중들을 세우는 데에서 만난 많은 도전들, 즉 적은 봉사자, 부족한 재정적 자원, 늘어난 요구들 속에서 그만 사그라지고 말았다.

마크의 대학 교회는 니츠 마케팅Niche Marketing, 즉 특정한 그룹이 느끼고 있는 필요를 공략하는 마케팅으로 알려진 교회 성장 전략의 희생이 되고 말았다. 교회에서의 니츠 마케팅 대상은 세대별 집단(밀레니얼 세대, X세대), 친교 그룹(카우보이, 오토바이 애호가, 최신 유행 추종자), 사회 경제적인 계층들(아이가 있는 고소득자, 도시의 독신 성인들)들을 포함했다. 이러한 사역은 많은 사람들을 그리스도께로 인도하고, 하나님 나라의 진보에 기여했지만 장기적인 효과에 대해서는 논쟁의 여지가 있다. 1990년대 초, 교회 성장 운동이 절정에 이르렀을 때, 남침례 교단에서 개척 교회들을 연구했던 연구자들은 '새로운 교회들은 니츠 마케팅을 무시하고 지역 사회에 더 넓게 다가감으로써 더 큰 수적인 성장을 달성하는 것처럼 보인다'는 사실을 발견했다.[1] 이 사실을 지지하며, 밥 화이트셀Bob Whitesel이라는 학자는 "모든 사람들이 집처럼 느낄 수 있는 곳으로 교회를 만들어 가는 것이 더 나을 수 있다"고 주장했다.² 다른 말로 하자면, 건강한 교회 성장은 모든 연령과 그룹들이 있는 가정이 있어야 성취될 수 있다는 것이다. 가정이 잠재력을 가지고 영적으로 성장하기 위해서 교회가 꼭 필요한 것처럼, 교회도 같은 성장을 위해서 가정이 필요하다.

가정에 대한 지도자들의 관점들

교회의 지도자들은 여러 방식으로 가정을 인식하고 가정에 대해서 응답하는데, 지도자들의 결혼 여부나 자녀의 유무 여부가 꼭 그 지도자들의 관점을 주도하는 것은 아니다.

- **비가시적 특성**: 일부 지도자들은 쉽게 가정을 무시해 버린다. 위 이야기에서 나온 마크처럼 특정 그룹에 초점을 맞춘 목회자들이나, 영적인 가족으로서 교회의 우선성을 과도하게 강조해버린 목회자들, 또는 가정에 미치는 영향에 대한 어떠한 고려 없이 사역의 방향을 결정해 버리는 목회자들이 있다.³

- **도구적인 특성**: 가정을 목적의 수단으로 여기는 다른 지도자들도 있다. 기업의 임원처럼 이 목회자들은 가정을 오직 교회 성장 전략을 위한 실행점으로, 사역을 위한 잠재적인 봉사자 자원으로, 또는 예산을 채워줄 주요한 자원으로만 보는 것이다.

- **우상숭배적인 특성**: 교회의 모든 다른 사람들보다 가정을 과도하게

우러러 숭배하는 지도자들도 증가했다(예를 들어 집에서 어린아이들을 양육하고 있는 현대의 어머니와 아버지의 경우). 이런 교회에서 가정은 가장 주요한 고려 대상이고 모든 사역의 결정이 가정에 대한 잠재적인 영향을 고려하여 이루어진다.[4]

- **통합적인 특성:** 현명한 지도자는 교회의 지속적인 사명 가운데 가정 역할을 인식하고, 교회의 활력과 생존을 위해 가정의 중요성을 비중 있게 받아들이고, 동시에 회중 내에 있는 핵가족이 다른 그룹과 관련하여 가지고 있는 역할의 중요성도 이해하는 사람이다.

오늘날 '가정 속의 가정'으로서 교회를 설명하는 가정 통합 교회 운동에 속한 사람들이 있다.[5] 그 표현은 가정 중심적인 사역을 보여주는 흥미로운 서술 방법이기는 하지만, 그 정의는 교회의 복잡한 본질을 포함하여 정의를 내리는 데는 부족하다. 만약 가정의 정의가 결혼 이후에 함께 거주하는 생물학적이거나 법적인 집합이라는 인식을 갖는다면 교회 안의 성도들 대부분이 포함되겠지만 교회의 모든 회중을 포함하는 것은 아니다. 교회는 머리되신 그리스도의 다스리심 아래 한 몸으로서 연합하는 중생한 성도들로 구성된다. 이들 성도들은 집에서 자녀를 양육하는 결혼한 부부들, 자녀가 없는 부부들, 아이가 없고 미혼인 어른들, 아이가 있는 한부모 가정들, 부모가 없는 어린이들과 청소년들, 자녀들이 모두 출가한 노부부들, 그리고 혼자 살고 있는 과부들 또는 홀아비들도 포함된다. 핵가족 또는 소위 부모가 있는 온전한 가정이 교회의 중요한 부분이기는 하지만, 그것이 몸 된 교회 전체를 구성하는 것은 아니다.

그렇다고 해서 가정이 교회의 사역과 관련이 없는 것은 아니다. 가정은 단순히 교회 성장만을 위한 전략은 아니다. 오히려 가정은 교회의 건강함과 미래에 필수적이다. 앞 장에서 표현했던 것처럼, 교회는 가정을 위한 신학적인 거울이고, 두 기관 사이에는 공생적 관계가 있다. 가정은 교회의 내적인 구조를 함께 붙들어주는 접착제와 같은 역할을 하도록 독특하게 설계되었다. 뿐만 아니라 가정은 지역 공동체에서 교회의 사역을 위해 선교적 팀으로 역할을 하는 '담장 밖에 있는 교회'로서 디자인 되어 있다. 교회는 가정이 필요하다.

가정의 역할에 대한 성경적인 기초

교회 회중에게 가정이 중요하다는 주제는 신약성경에서 언급된 첫 번째 가족(마리아, 요셉, 그리고 예수님)과 함께 시작되었다. 예수님 탄생 기사에 따르면, 복음서 저자인 누가는 성전에서 보이신 예수님에 대해서 자세하게 기술했다(눅 2:1-20). 요셉과 마리아는 "처음 난 남자를 … 주께" 드리는 것, 즉, 아기 예수님의 유익을 위하여 제사를 드림으로 하나님께 대한 그들의 신실함과 믿음의 공동체에 대한 그들의 헌신을 증명했다(눅 2:23-24). 이 사건에 이어서 누가는 요셉 가족과 연로한 두 성도 사이에 있었던 세대 간의 만남에 대해 묘사한다. 시므온은 아기를 안고 **"이방을 비추는 빛이요 주의 백성 이스라엘의 영광이니이다"**(눅 2:32)라고 말하며 예수님의 운명에 대해서 예언했다. 마찬가지로, 팔십사 세의 안나라고 불리는 여선지자도 이 가족에게 다가와서 예수님을 약속된 메시아로 선포했다.

이스라엘은 처음부터 가정의 신실함을 중요하게 여기고, 가정에 의존하는 민족이었다. 열두 지파는 사회적 안전과 경제적인 성장뿐 아니라 신앙 공동체의 생존을 위해서도 서로 의존했다. 십일조는 레위 지파의 지도자들에게 공급되었고, 성막의 유지를 위하여, 나중에는 성전을 유지하기 위해서 구별되었다(민 18:24). 과부들과 궁핍한 자들을 위해서 사용된 특별한 헌물들도 있었다(신 26:12). 하나님께서는 부모가 맏아들을 하나님께 드릴 것에 대해서 명령했고(출 13:2), 은 다섯 세겔로 맏아들을 속량(하나님께 맏아들의 생명을 지불하는 것)하라고 명하셨다. 이러한 헌물들이 신앙 공동체를 지원하기 위해 사용되었다. 요셉과 마리아가 성전에 가서 예수님을 보였을 때, 두 사람은 하나님의 명령에 대한 순종과 신앙 공동체에 대한 헌신을 증명한 것이다. 오늘날 순종하는 가정들이 교회의 사역을 위한 재정적, 인적 자원들을 제공하는 것처럼, 성전과 그 지도자들의 생존은 하나님의 명령에 순종하는 신실한 가정들의 참여함에 의존했다.

안나와 시므온과의 만남은 하나님의 가족 안에 세대적 연결의 중요성을 나타낸다. 시므온은 그 배경이 알려지지 않은 반면, 누가는 안나의 삶에 대한 단편적인 설명을 제공했다. 어린 나이에 남편과 사별했던 안나는 남은 생애를 성전에서 "금식하며 기도"하는 데 헌신했다(눅 2:37). 안나는 수년 간 사역하는 동안 성전에서 헌신된 수많은 어린아이들의 영적인 할머니였을 것이다. 안나 또는 시므온과 같은 연로한 성도들은 하나님의 권속 안에 믿음의 유산이 한 세대에서 다음 세대로 전해지는 것을 대표적으로 나타냈다. 마찬가지로, 교회 안에서 가정들의 지속적인 참여가 없다면, 교회는 공동체를 풍요롭게 하고 신실한 전통을 지속하게 하는 세대 간의 친밀한 관계성을 잃을 것이다.

예수님께서 가정에 대해서 광범위하게 가르친 것은 아니었지만, 예수님의 가르침이 가정과 신앙 공동체의 관계에 분명하게 적용되는 경우들이 있다. 한 가지 예로, 제자들이 자녀들을 예수님께로 데리고 오는 엄마들을 막았을 때, 예수님은 제자들을 꾸짖으셨다. 예수님은 "어린아이들이 내게 오는 것을 용납"하라고 명령했다. 더 넓은 측면에서의 예수님의 교훈은 어린아이들처럼 하나님께 나아가라는 교훈이었지만, 그럼에도 불구하고 예수님은 아이들을 반갑게 맞아주고, "팔로 안아주고 … 축복"했다(막 10:13-16).

사도행전은 교회의 성장에서 가정의 중요성을 강조한다. 사도행전 10장에 기록된 첫 번째 예는, 로마 백부장이었던 고넬료라는 한 이방인 가정의 회심과 관련한 내용이다. 하나님께서는 강렬한 환상을 사용하셔서 고넬료의 가정에 복음을 전하도록 사도 베드로를 보냈다. 천사의 방문을 통해서 이미 준비되어 있던 "고넬료가 그의 친척과 가까운 친구들을" 불러 모았다(행 10:24). 성령님께서 그날 "말씀 듣는 모든 사람에게" 권능 가운데 임재하셨다(행 10:44). 고넬료의 활동은 가족들과 이웃들에게 복음을 전하는 데 있어서 가장의 영향력을 증명해 준다.

사도행전 16장은 바울의 두 번째 선교 여행 중 가족 전도에 대한 별도의 기록을 담고 있다. 빌립보에 도착한 바울은 루디아와 그녀의 가족들이 예수님을 믿도록 복음을 전할 기회를 가졌다. 루디아의 가족은 직계 가족과 하인들을 포함했을 것이다.[6] 부유했던 루디아와 그녀의 가족은 빌립보에 있는 새로운 교회 개척의 씨앗이 되었다. 오늘날 우리는 빠른 복음 전파를 위해 소셜 네트워크의 전략적 중요성을 항상 염두에 두어야 하는데, 그 이유는 다양한 형태의 가정들이 회심함으로 복음주의 운동이 눈덩이처럼 불어날 수 있기 때문이다.[7] 이 이야기의 또 다른 중요한 측면은 루디아가 바울과 실라를 집에 초대하여 보여준 환대인데, 이 환대는 확장된 교회로서 가정 기초 사역의 예이다.[8]

루디아가 개종한 지 얼마 되지 않아 바울과 실라는 부당하게 체포되어 빌립보 감옥에 갇혔다. 기적적인 지진이 두 사람의 예배(찬양) 중에 일어났을 때, 바울은 절망하는 간수에게 복음을 증거한다. "이르되 주 예수를 믿으라 그리하면 너와 네 집이 구원을 받으리라"(행 16:31). 다시 한 번, 이 이야기의 끝부분에서 누가는 간수가 바울과 실라를 그의 집에서 환영하고, 가족 식사를 했다는 그리스도인의 환대에 대한 예시를 언급했다(행 16:34).[9]

사도행전 18장 8절은 가정에서 일어난 회심의 또 다른 예이다. 고린도에 있는 동안 바울은 유대인들의 극심한 반대에 직면했고, 또한 자신의 사역을 이방인에게만 집중하겠다는 의사를 밝혔다. 역설적으로, 다음에 기록된 회심 사건은 "온 집안과 더불어" 구원을 받은 그리스보라는 회당장의 가정에 대한 기록이었다. 8절 마지막 문장에서 이 가정의 회심은 "수많은 고린도 사람도 듣고 믿어 세례(침례)를 받은" 촉매제로 기록되었다. 그리스보 가정과 이전에 언급했던 예들을 통해서, 우리는 가정의 복음 전도와 관련한 분명한 교훈을 얻을 수 있다. 즉, 가족이 예수 그리스도께 헌신할 때, 그 가족들은 공동체에 있는 다른 가족들에게도 영향을 미칠 수 있다는 것이다. 교회는 다른 가족들에게, 이웃들에게, 그리고 친구들에게 다가갈 수 있는 가정이 필요하다. 신약성경은 확장된 교회의 역할을 수행할 가정들의 예시를 제공한다. 고린도 교회의 설립에 있어서 바울과 협력했던, 아굴라와 브리스길라 부부는 복음 사역에 함께 참여한 예로 기록되어 있다. 고린도 교회는 가정 집에서 모였을 뿐 아니라(고전 16:19), 바울이 살 수 있는 장소를 제공하고 바울과 함께 텐트 제작 사업을 동업함으로써 바울을 지원했다(행 18:3). 또한 이 부부는 아볼로에게 관심을 가지고 "데려다가 하나님의 도를 더 정확하게 풀어" 주었다(행 18:26). 예루살렘으로의 마지막 여행에서, 바울은 초대 교회를 섬기도록 선택 받은 일곱 명의 지도자들 중 한 명이었던 가이사랴의 빌립의 집에 잠시 머물렀다(행 6 장). 사도행전 21장 8-9절에서, 누가는 "그 전도자"에게는 "딸 넷이 있으니 처녀로 예언하는 자라"고 말하는데, 이는 교회에서 빌립의 신실했던 지도력이 그의 가정에도 반영되었음을 나타낸다. 위 두 가지 예들은 모두 교회의 사역이 공동체 전체로 퍼져 가는 데 있어서 가정의 중요한 역할을 보여준다.

성경에 따르면, 교회는 모든 세대의 가족들이 함께 참여함으로써 유익을 얻을 수 있다. 디모데전서 5장 10절에서 바울은 연로한 과부가 "나그네를 대접하며 혹은 성도들의 발을 씻으며 혹은 환난당한 자들을 구제하며 혹은 모든 선한 일을 행한 자"들처럼 사역의 모델이 될 것이라고 가정한다. 마찬가지로 바울은 디도에게 연로한 남녀 어른들이 교회의 젊은 성도들에게 미치는 영향을 가르치라고 기록했다.

디도서 2:2-5

2. 늙은 남자로는 절제하며 경건하며 신중하며 믿음과 사랑과 인내함에 온전하게 하고

3. 늙은 여자로는 이와 같이 행실이 거룩하며 모함하지 말며 많은 술의 종이 되지 아니하며 선한 것을 가르치는 자들이 되고

4. 그들로 젊은 여자들을 교훈하되 그 남편과 자녀를 사랑하며

5. 신중하며 순전하며 집안 일을 하며 선하며 자기 남편에게 복종하게 하라 이는 하나님의 말씀이 비방을 받지 않게 하려 함이라.

모든 연령대의 가족들로 이루어진 가정들이 교회의 영적, 사회적, 윤리적 건강을 위해 꼭 필요하다. 젊은 세대가 교회의 미래를 이루어 가겠

지만, 더 나이 든 세대들은 오랜 경건의 모범으로서 그리고 신앙과 삶을 안내하는 실례로서 교회에 꼭 필요하다.

지역교회에서 가정의 중요성

가정 사역은 '지역 교회의 모든 제자들이 함께 섬김에 참여하는 것'이기 때문에 회중에 속한 모든 가족들의 사역 참여 여부가 그 성패에 영향을 미친다. 교회가 '가정에서, 교회로서, 그리고 전 세계에서 그리스도의 제자를 세우기 위해 가족들을 강하게 하고 준비'시키기 위해서 가정이 필요하다는 것은 자명한 이치이다. 그러나 가정 사역이 오직 한 방향으로만 흘러가는 것은 아니다. 교회가 가정이 되는 사역만큼, 가정이 교회가 되도록 사역하는 것도 중요하다. 가정은 (1) 관계 전도를 위한 장으로서, (2) 변화시키는 제자훈련의 기지로서, (3) 세대 간의 관계를 위한 근원으로서 (4) 사역의 확장을 위한 위성교회로서 역할을 함으로써 교회 사역을 공동체 전체에 확장시킬 수 있다.

관계 전도를 위한 장

복음주의 교회들에서 세례(침례)의 수치가 급락하고 있다. 미국 내 가장 큰 개신교 교단인 남침례교 내에서 연간 세례(침례)자 수는 1948년 이후 최저 수준으로 떨어졌다. 예배 참석과 교회 등록도 지속적으로 감소하고 있다.[10] 이러한 감소에 대한 많은 사회적, 교회적인 이유들이 있겠지만 근본적인 문제는 신자들이 친척, 이웃, 친구 및 직장 동료에게 복음을 전하지 않는다는 것이다. 또한 목회자들은 각 가정이 선교사가 되거나 주변 관계에서 제자훈련가가 되도록 준비시키기보다 오히려 다른 사람들을 교회에 초대하여 교회에서 복음을 듣도록 하는 초청 복음전도의 중요성을 과도하게 강조해왔다. 이는 앞에서 언급한 것처럼 복음을 전하지 않는 행동을 조장하고 있다. 이러한 필요에 대한 대응으로써, 교단의 지도자들은 목회자들이 '영적인 각성을 위해서 기도할 것, 개인 전도와 제자훈련의 모델이 될 것, 부모들과 교회 지도자들이 신앙을 자라나는 세대에게 온전히 전하도록 준비시킬 것'을 요청하고 있다.[11]

세례(침례)와 교회 출석이 전반적으로 감소한 데에는 많은 이유들이 있지만, 주요한 원인은 전도의 부족이다. 복음의 메시지는 회심과 교회 성장의 원동력이다. 전도는 그리스도를 위한 제자를 세우고 양육하라는 더 넓은 소명과 분리할 수 없는 요소이다. 전도와 제자훈련은 동전의 양면과 같고, 두 실천은 교회의 책임이다. 교회 지도자들은 복음을 전하고 제자훈련하는 것에 모범이 되어야 한다. 교회 사역도 동일한 우선순위를 가지고 세워 나가야 한다. 모인 공동체로서 교회는 대*사명(역자 주 - the Great Commission, 마태복음 28장 18-20절에 기록된 예수님의 마지막 명령)에 책임을 가지고 있으며, 이 의무는 모든 실천과 프로그램에 반영되어야 한다.

흩어진 공동체로서 가정도 다른 사람들이 복음을 전할 수 있도록 하는 대리 전도가 아니라 직접 전도할 책임을 가지고 있다. 교회에 속한 모든 가정은 세상 속에서 교회를 대표한다. 모든 가정은 전도를 실습하는 장소이다. 지역 교회는 현장에서 복음을 전하고, 사람들을 그리스도께로 인도하며, 새 신자들을 교회의 다른 제자들과 관계를 맺도록 인도하는 "현장에 있는" 가족들이 되어야 한다. 오스카 톰슨Oscar Thompson은 "하나님께서는 그분이 우리의 영향력 안에 두신 사람들에 대한 책임을 우리에게 물으신다."라고 말했다.[12] 톰슨은 각 개인의 영향력이 미치는 범위들을 설명하기 위해서 '관심의 동심원들'(직계가족, 친척, 가까운 친구, 이웃들, 그리고 지인들)이라는 원리를 개발했다.[13]

가정의 복음 전도 사명은 집에서 부모들이 제자훈련가로서 그리고 자녀들의 영적인 지도자로서 자신의 역할을 진지하게 받아들일 때 시작된다. 부모들은 자녀들에게 복음을 전할 책임이 있고, 하나님께서 부모의 삶 속에서 일하신 것처럼 자녀들을 그리스도와의 구원받은 관계로 인도할 책임이 있다. 이러한 책임은 부모가 교회의 지원과 함께 자녀들이 지속적으로 영적인 발전을 이룰 때까지 계속된다.

가정 사명의 영역은 주변에 있는 가족들을 포함한다. 예수님을 믿지 않은 남편, 아내, 아버지, 어머니, 조부모, 삼촌, 숙모, 사촌, 재혼한 가족들, 그리고 다른 친척들 모두가 이러한 복음의 대상에 포함된다. 가족에게 복음을 증거하는 데 수반되는 분명한 어려움들이 있을 것이다. 한 집에 사는 가족들은 각자의 가장 좋은 모습과 가장 나쁜 모습 모두를 알고 있기 때문이다. 어떤 사람은 위선자라고 불리는 것을 피하기 위해서 복음 전도를 옆으로 밀쳐 두기도 한다. 또한 정서적인 긴장이 있는 모임은 종종 가족 모임에서 분열을 증가시킬 수 있다. 많은 가족들이 연례 모임, 명절 연휴, 생일이나 다른 이벤트에서 복음과 관련하여 대화할 가능성을 제한하고, 어떤 희생을 치르더라도 평화를 유지하고, 갈등을 피하는 것으로 사랑을 정의하는 실수를 범하고 있다. 그럼에도 불구하고, 랜디 뉴먼Randy Newman 에 따르면 가족에게 복음을 전하는 영원한 유익은 어떤 순간적인 도전들보다 중요하다.

성경은 우리에게 그 가정이 설령 최악의 가정이라고 할지라도 포기하지 말라고 가르친다. 구원을 주시는 복음의 능력은 가족의 어떤 죄의 깊이보다 더 크다. 허물과 죄 때문에 죽었고, 하나님의 진노의 대상이었던 당신도 주님께 나아갈 수 있었다면, 추수감사주일(역자 주 - 미국의 가장 큰 명절들 중 하나)마다 당신이 인내해야만 했던 어떤 포악한 친척도 역시 그렇게 될 수 있다.[14]

가족을 대상으로 하는 복음전도의 동심원들은 학교, 직장 그리고 공동체에서의 친구나 지인의 관계망으로 구성된다. 학령기 자녀를 둔 부모는 학교의 프로그램, 스포츠 행사, 학급 파티 및 자원 봉사를 할 때 자녀의 친구들과 그들의 부모들을 지속적으로 만나는 기회를 가질 수 있다. 어린이들은 하루 중 더 많은 시간을 학교에서 친구들과 사귀면서 시간을 보낸다. 심지어 홈스쿨을 하는 가족들도 같은 생각을 가진 다른 부모를 만나며, 자녀들이 협동하여 배우고 교제하는 가운데 만난다. 집 밖에서 일하는 부모도 평일에 다양한 배경을 가진 모든 연령대의 성인들 속에서 많은 시간을 보낸다. 가정이 선교해야 하는 영역에는 이웃 친구, 청소년 및 성인 스포츠 리그의 코치 및 팀원, 시민 단체의 동료 구성원, 그리고 그들이 만나는 다른 어떤 믿지 않는 자들도 포함된다. 일반적인 한 가족은 수천 명은 아니라고 할지라도, 1년 동안 수백 명의 불신자들을 만나게 된다.

오늘날 교회에서 '선교적'이 된다는 것은 교회 건물 벽 밖으로 그리스도의 몸 된 교회가 나아가고 공동체가 복음으로 사로잡히는 것을 의미한다. 알란 히르츠Alan Hirsch는 선교적이라는 단어를 정의하면서 추가적으로 다음과 같이 설명했다. 선교적이라는 말은 "모든 신자들의 삶 전체에 적용된다. 모든 제자들은 하나님 나라의 대사가 되어야 하고, 또한 삶의 모든 영역에서 하나님의 선교를 시행해야 한다. 우리 모두는 비기독교적인 문화 속으로 보내심을 받은 선교사들이다."[15] 대大사명에 순종하기 위해서 가정을 준비시키는 것이 중요한 이유는 가정이 가지고 있는 증식하는 잠재력에 있다. 응집력을 가진 부서들이 함께 일하면 전체가 더 강해지는 것처럼, 가족과 같이 응집력이 있는 그룹이 노력하면 시너지 효과를 가져온다. 믿음의 가정들이 사람들을 그리스도에게로 인도하고 교회로 데려오기 위해 함께 일할 때 그리스도의 몸은 확장되고 더 강해진다.

우리는 가족이 관계 전도를 위한 장이 되도록 어떻게 준비시키고 힘을 실어줄 수 있을까? 우리는 가정들이 교회 건물에서 나와서 그들의 일상생활에 복음의 메시지를 전하도록 어떻게 준비시킬 수 있는가? 먼저 지도자들이 선교적인 행동들을 고취할 수 있는 가장 중요한 방법은 모델을 제시하고 가정들이 변화하도록 집중적으로 기도하는 것이다. 또한 교회 지도자들이 가정들로 복음주의적 인식을 가지게 하고, 실천하도록 돕는 실재적인 방법들이 많이 있다.

복음을 설교하고 가르치라: 사람들은 복음을 다른 사람들에게 전하기 전에 반드시 복음 자체를 알아야 한다. 예수 그리스도의 복음의 기본을 설교하고 가르칠 뿐 아니라 효과적인 형태로 복음의 메시지를 소통하는 방법을 교인들에게 가르치는 것은 가족 된 교회의 구성원들에게 자신감을 가진 증인이 되도록 도울 것이다.

가족들을 복음 전도에 참여시키라: 복음 증거에 대한 경험들은 전도에 대한 열망을 일으킨다. 선교 여행, 지역사회 사역, 복음 증거 훈련들, 이웃 방문을 포함하여, 교회 성도들이 실제로 복음을 전하는 것을 관찰하게 하고, 그들도 복음 전도의 방법을 개발하도록 교회의 프로그램들 안에서 다양한 기회를 제공하라.

가족들이 주님을 필요로 하는 사람들을 인식하도록 도우라: 소그룹이나 회중 전체에 복음 전도를 강조하는 한 방법으로, 성도들에게 삶의 '동심원' 안에 있는 복음 전도의 가능성을 어떻게 파악할지 가르치라.

집이나 현장에서 사용할 자료들을 제공하라: 각 가정이 이웃들, 친구들, 같은 반 친구들, 직장 동료들, 친척들에게 사용하도록 연령에 적절하게 제작된 복음 전도 소책자들과 출력물 또는 온라인 자료들을 추천함으로써 복음을 전하기 위해서 노력하는 가정들을 지원하라.

가정들이 그들의 복음 전도의 경험을 간증하도록 하라: 가족이 복음을 전하면서 만난 사람들에 대해서 현장에서 또는 온라인으로 정기적인 간증할 수 있는 일정을 정해보라. 다른 성도들의 성공에 대해서 듣는 것은 다른 가정들로 하여금 선교적인 여행에 동참하도록 영감을 주고, 격려하고, 동기를 부여할 것이다.

변화하는 제자훈련을 위한 본부로서 가정

라이프웨이(역자 주 - LifeWay, 남침례 교단 내 연구기관 및 출판기관)는 칠천 개의 교회에서 현재 출석하고 있는 성도 사천 명에게 설문 조사를 실시하여, "성숙한 신자의 삶에 일관되게 나타나는 8가지 성경적 요소"를 밝혀냈다.[16] 제자훈련 특성의 목록은 다음과 같다.

- 지속적인 성경읽기
- 자기를 부인하고 하나님을 섬김
- 하나님과 다른 이웃을 섬김
- 그리스도를 전함

- 믿음을 훈련함
- 하나님을 찾음
- 관계를 세워감
- 부끄럽지 않는 투명함을 가짐

성숙한 신자에게 나타나는 이러한 특성들은 그리스도와 함께 거하고, 다른 제자들을 사랑하고, 교회와 세상에서 하나님을 섬기는 가운데 열매로 드러난다. 교회와 가정은 제자훈련을 실시하고, 지속적인 영적 성장을 위한 기초를 유지하는 데 책임을 가지고 있다. 교회와 가정의 지도자들이 삶 속에서 전도, 가르침, 예배, 교제, 봉사와 같은 필수적인 제자훈련을 실천할 때 제자를 세우는 일이 일어난다.

제자도는 우리가 예수님과 함께하며, 그분이 사랑하는 사람들과 함께 하는 여행이다. 제자도에 대한 이 정의에는 의미 있는 순간들과 공동체가 있다. 제자도의 여정은 주일 아침이나 수요일 밤에 한두 시간이 아니라 매 순간마다 일어난다. 특히 어린이들에게 제자훈련은 가정, 학교, 이웃에서 일어난다. 그 공동체는 교회 건물에 제한되지 않는다. 이 여정에 함께하는 사람들은 모든 생활에 함께 존재한다. 부모는 주요 안내자 역할을 하며 가정은 영적 성장의 핵심 연결점이다. 교회의 지도자들은 어린이의 신앙 발달에 중대한 영향을 미칠 수 있고 또 그래야 하지만, 제자도를 위한 가장 효과적이고 지속적인 전초기지는 바로 가정이다.

자녀들의 제자훈련가로서 부모들은 그리스도 안에서 삶을 충분히 개발하는 모델이 됨으로써 자녀들에게 가장 큰 영향을 미칠 수 있다. 자녀들은 부모들과 함께 살면서, 주님께 대한 부모의 헌신, 영적인 훈련, 그리고 개인적인 경건의 습관을 관찰한다. 또한 부모가 교회와 삶의 다른 영역들 속에서 성령님의 열매를 맺는 모범을 보여줌으로써 자녀들은 그리스도인들의 사랑의 모델을 직접 볼 수 있다.

지속적인 성경읽기: 하나님의 말씀을 읽기, 공부하기, 적용하기, 순종하기

자기를 부인하고 하나님을 섬김: 하나님께 순종하는 삶의 모범이 되고, 자녀들이 하나님의 말씀과 그분의 뜻에 기초하여 모든 결정을 내리도록 지도하기

그리스도를 전함: 평범한 일상의 삶에서 사역하며 살고, 자녀들도 주님을 섬기기 위한 사역의 은사를 발견할 뿐 아니라 자신의 능력을 사용할 기회를 발견하도록 돕기

믿음을 훈련함: 믿지 않는 가족들, 친구들을 위해서 기도하고, 자녀들로 하여금 복음을 전하도록 가르치며, 복음적인 삶의 본보기가 되기

하나님을 찾음: 가정과 교회에서 가족들이 주님을 예배하도록 이끌기

관계를 세워감: 하나님의 사람들과 긴밀한 친구관계를 세움으로써 진정한 성도의 교제를 가지기

부끄럽지 않는 투명함을 가짐: 가정의 문제들에 대해 가족들과 함께 정직하고 열린 마음을 가지고 적절하고 건설적인 방법으로 처리하기

가정에 기초한 제자훈련의 영향은 여러 면에서 교회에 유익을 준다. 부모가 자녀를 제자로 훈련할 때, 교회 지도자들은 가정에서 영적 도움이 없는 사람들에게 더 많은 시간과 자원을 투입할 수 있다. 또한 가정에서 제자훈련하는 부모들은 교회에서 자신의 역할과 목적을 이해한 미래의 제자훈련가를 훈련하고 있는 것이다. 가장 중요한 것은 가정이 제자훈련의 기지가 될 때 교회의 영적 건강과 영향력이 확대된다는 것이다.

교회에 만연한 문제 중 하나는 교회 지도자들이 부모들로 하여금 제자훈련을 위해 준비하도록 지원하기보다 감독하는 경향이 있다는 것이다. 부모가 진정으로 자녀를 인도하도록 부름을 받았다면, 지도자는 부모보다 앞서가기보다는 부모의 옆과 뒤에서 걷는 법을 배워야 한다. 이러한 섬세한 균형은 지도자들이 부모의 노력에 대해 다음과 같이 지원함으로 유지될 수 있다.

교회를 통한 의도적이고 체계적인 제자훈련 과정을 제공하기: 제자훈련을 받지 않은 부모는 가정에서 효과적인 제자훈련가가 될 수 없다. 그러므로, 모든 교회는 성숙한 지도자들이 교회에서의 사역과 가정에서의 제자훈련하도록 준비시키기 위해서 장년을 대상으로 한 제자훈련에 우선순위를 두어야 한다.

교회에서 자녀들과 함께 실제 지도력을 발휘하도록 부모들을 참여시키기: 부모들에게 주일학교, 여름성경학교 및 기타 제자훈련의 경험을 이끄는 데 직접 참여하도록 격려함으로써(어떤 경우에는 요구하기도 함) 영적 지도자가 되는 경험을 제공해 보라.[17]

가정에서 가족들을 위해서 사용할 수 있는 자료들을 제공하기: 인쇄된 자료를 제공하고 부모가 자녀를 제자훈련하는 데 사용할 수 있는 유용한 온라인 자료들을 추천해 보라.[18]

후속 조치를 통해 부모의 노력 지원하기: 교회 사역 프로그램(주일학교, 소그룹, 주중 활동 등)을 사용하여 제자훈련을 위해 노력하는 부모를 지원하고, 가정에 영적인 인도자가 거의 또는 전혀 없는 사람들을 제자들로 삼으라.[19]

부모가 다른 부모에게 간증을 나누고 훈련하도록 허용하기: 교회 지도자로서 모든 워크숍과 훈련 행사에서 '전문가'가 되려는 유혹을 물리쳐야 한다. 자신의 경험을 사용하여 가르칠 부모, 조부모 및 기타 가족 구성원들을 모집해보라.

세대 간 관계의 근원으로서 가정

풀러 청소년 센터Fuller Youth Institute의 설립자이자 이사인 카라 포웰Kara Powell에 따르면, 교회에서 세대 간 관계를 가진 십대들은 졸업 후에도 교회에 신실하게 잔류할 가능성이 더 높다고 한다. 파웰은 다음과 같이 말했다.

"또한 우리는 십대들이 고등학교를 졸업할 때, 어린아이들을 섬기는 십대들과 그들의 신앙 성숙도 사이의 관계를 발견하고 있다. 십대들은 사역의 대상일 뿐만 아니라 또한 사역의 주체가 되어야 한다. 66세 어른, 6세의 어린이와 관계를 맺고 있는 16세 청소년은 졸업 후에도 신앙 공동체에 계속 참여할 가능성이 더 높다."[20]

이 책의 2장에서, 교회는 가장 어린 유아들로부터 가장 나이 많은 조부모에 이르기까지 여러 세대의 태피스트리(역자 주—다양한 무늬를 가진 양탄자로 다양한 세대로 구성된 조합 또는 조화를 의미)로 묘사되었다. 그리스도의 몸의 지체들은 서로 다른 시대, 태도, 배경을 가지고 있지만, 그들 모두는 "한 주요, 한 믿음이요, 한 세례"를 통해서 연결되어 있다(엡 4:5). 모든 세대들 가운데 백성들을 한 가족으로 모으시는 하나님의 지혜로우심은 가정의 아름다움에 반영되어 있다. 교회의 각 세대가 공헌함으로 하나님께 영광을 돌리고 그의 목적을 성취하기 위해 함께 일할 때 가족 됨은 올바르게 반영된다.

가족 외에 다양한 세대가 모여서 교제하는 곳은 교회밖에 없다. 시민 단체들과 지역 사회 단체들은 중년들과 노인들이 대부분이다. 스포츠 무대는 어린이, 청소년 및 그 부모들이 주를 이룬다. 가정과 마찬가지로 하나님의 가정인 교회는 남자와 여자, 소년과 소녀, 부모와 조부모, 기혼자와 독신자를 불러서, 성령으로 연결된 성도들의 사랑의 공동체로 연합하게 한다.

가족이 없다면 교회는 어떻게 될까? 가족이 없다면 교회는 풍성한 세대 간의 교제, 영적 유산을 물려줄 기회, 세대 통합적인 풍성한 영적 가족이 되는 경험을 놓치게 될 것이다. 모든 세대는 특별한 공헌을 한다. 모든 연령대의 어린이들은 교회에 활력과 에너지를 더하고, 회중들에게 "가장 작은 자"를 섬길 책임이 있음을 상기시키며, 예수님을 따르는 모든 사람들이 "어린아이처럼" 그분께 나아오라는 예수님의 요구 사항에 대한 시각적 말씀을 제공한다. 다양한 삶의 과정에 있는 부모는 책임을 공유하는 환경을 만든다. 어린 자녀를 둔 부모는 좀 더 나이가 있는 부모의 지혜와 경험을 필요로 한다. 조부모와 노인들은 가족의 영적 역사와 유산을 인식하도록 도울 수 있다. 기성 세대는 하나님의 신실하심에 대한 간증을 가지고 있는데, 이것들은 젊은 사람들로 하여금 삶의 중요한 초점을 발견하도록 돕고, 젊은이들에게 영감을 준다.

가정 사역의 지도자들은 그리스도의 몸 된 교회 안의 연령별 분리의 문제에 대해서 지적해 왔다. 가정 통합 운동 모델을 따르는 교회들은 모든 종류의 연령별 분류가 비성경적이고 파괴적이라고 비판한다. 한편, 가정 기초 사역 모델과 가정 구비 사역 모델을 지지하는 사람들은 연령별 구분의 약점들을 인정하지만, 부모들이 영적 지도력을 발휘하도록 준비시키고 같은 세대들을 하나로 묶기 위해서 연령에 초점을 둔 사역의 강점을 사용하는 해결점을 제공한다. 심지어 긍정적인 지도자들 사이에서도 의견의 불일치가 있지만, 대부분은 교회가 세대를 서로 분리시키는 전통적인 벽을 제거해야 한다는 데 동의할 것이다. 문제는 모든 벽을 허물어 버려야 하는지 아니면 교회에 각 연령층을 대상으로 한 교육 장소를 남겨 두는지 여부이다.

가정이 교회로부터 참된 가정이 된다는 것의 의미를 많이 배우는 것처럼, 교회도 세대를 아우르는 사역을 지원함으로써 참된 가정의 의미에 대해서 배운다. 교회의 지도자들은 다음과 같이 함으로써 세대들을 하나로 묶을 수 있다.

세대들이 공존하는 소그룹 또는 성경 그룹들 만들기: 여러 세대들이 서로 관계를 세우고, 제자훈련을 하는 데 의도적으로 초점을 맞춘 새로운 교회 현장의 모임을 만들거나 또는 가정에서의 그룹을 만든다. 일부 교회들은 몇몇 가정들로 구성된 모임을 집에서 가짐으로 이 목표를 이루는데, 그 모임에서는 연령에 중점을 두는 것이 아니라 가족들이 함께 배우고 성장하는 데 초점을 둔다. 다른 교회들은 성인들을 위해서 세대들이 공존하는 주일 성경 공부(남녀로 구분되거나 남녀 모두 포함되는) 수업들을 제공하기도 한다.

주일 아침 봉사에 다른 세대들이 참여하도록 돕기: 주일 아침에 봉사하는 것, 즉, 방문자들을 위해서 교회 입구에서 환영하는 것, 주보를 나누어 주는 것, 헌금을 정리하는 것 등의 일을 하도록 모든 세대의 사람들을 참여시켜 보라. 음악과 영상 사역, 기도와 하나님의 말씀을 공적으로 읽는 것에서 모든 연령 그룹의 사람들과 함께하여, 모든 세대들이 참여하는 예배의 경험이 되도록 초점을 맞춘다.

세대를 아우르는 교제를 위한 의도적인 행사 계획하기: 연중 다양한 시점에 연령별로 구분된 사역들이 서로 연합하도록 조정해 보라. 그 중 한 가지 예는 대학생들과 자녀들을 모두 출가시킨 부부들이 함께 게임의 밤을 가지는 것이다. 다른 예는 나이가 든 어른들과 고등학생들이 한 자리에 모여서 서로 다른 관점들과 삶의 경험들에 대해서 대화를 나누는 것이다. 세대 간의 멘토링이 세워지도록 이러한 이벤트들을 사용해 보라.

교회 안에 있는 모든 세대의 성도들이 사역에 참여하도록 독려하고 촉진시키기: 같은 성령님께서 모든 연령대의 각 성도들 안에 내주하시기 때문에, 성령님께서 성도들이 은사를 사용하여 하나님을 섬기도록 준비시킨다. 교회에서 하나님을 섬기고 성도들이 서로 섬기도록 모임을 구성하고, 훈련하도록 하라. 가장 어린 성도들부터 가장 나이가 많이 든 성도들을 위해서 나이와 경험에 적합한 사역들을 파악하고, 교회에서 다양한 세대가 참여하는 건강한 사역이 되도록 다양한 세대들을 모집해보라.

사역의 확장을 위한 전초기지로서의 가정

블로거이자 가정주부인 스테파니 랑포드^{Stephanie Langford}는 전초기지로서 가정의 역할을 완벽하게 표현했는데, 교회가 가정을 통해서 이웃, 도시, 주, 그리고 세계를 섬긴다는 것이다.

"첫째, 나는 아직은 예수님을 알지 못하지만 나와 가까이에 있는 사람들, 즉 하나님께서 나에게 보내주신 확실한 하나님의 사람들을 신실하게 섬길 수 있다. 내가 인생에서 가장 큰 영향력을 행사할 수 있고, 가장 큰 책임을 지고 있는 이 작은 아이들을 남겨두고, 다른 사람들에게 증거하는 것을 어떻게 정당화할 수 있겠는가? 나는 여전히 잃어버린 자들과 가난한 자들, 병든 자들과 도움이 필요한 자들을 섬기도록 부름을 받았다. 그것을 어떻게 할 수 있는가? 바로 나의 가정과 가족들을 통해서 할 수 있다! 가정은 우리 사역의 중심이 되어야 한다. 즉, 환영을 위한 장소, 잃어버린 자들에게 따스함과 친근함을 전하는 장소, 병든 자와 도움이 필요한 자를 돌보는 장소, 주변 사람들에게 관대하게 나누는 장소, 결혼 생활을 통해서 그리스도의 사랑을 나타내는 장소, 그리고 우리의 화살들인 자녀들이 우리 가족을 대신하여 다른 사람을 섬기도록 파송하는 장소가 바로 가정이 되어야 한다(시 127:4)."[21]

"아웃리치"(기독교적 관점에서)라는 단어는 일반적으로 잃어버린 사람들에게 복음을 전하거나 지역 사회 사람들의 특정한 필요를 돌볼 목적으로 목사나 교회의 다른 지도자들이 조직하고 이끄는 행사를 떠올리게 한다. 일반적으로 교회는 행사에 참여한 사람의 수, 사역에 참여하는 사람들의 숫자, 또는 교회 등록에 대한 영향을 분석하여 사역의 성공 여부를 측정한다. 그러나 분산된 아웃리치라는 관점은 집안의 가장이 조직하고 이끌며 가족들이 매일 접촉하는 사람들, 즉 대부분 나중에 교회의 구성원이 될 사람들을 도움으로써 가정이 위성 교회처럼 사역의 기능을 수행하기를 요구한다. 그러므로 교회의 지도자들은 가족들이 가정에서 '아웃리치 사역을 행하도록' 준비시킬 필요가 있다. 그러한 가족들에 대한 영적인 상급은 측정할 수 없이 크고, 그 유익들은 교회로 돌아올 것이다.

교회가 어떻게 효과적으로 공동체 안에 있는 가정들에게 다가갈 수 있을지에 대해서 리더들이 고민할 때, 그 답이 가까이에 있는 것을 발견할 수 있을 것이다. 가정은 다른 가정을 섬기기 위해서 가장 잘 준비된 통로가 될 수 있다. 가정을 강화하고 제자훈련하는 것에 의도를 가지고 노력하는 교회는 모든 부모 또는 보호자, 조부모, 아들, 딸, 숙모, 삼촌, 사촌이 세상에서 다른 가정을 섬기도록 부름받은 사역자라는 사실을 인식해야 한다. 삶의 모든 단계에 잘 맞추어져 있고, 집중적이고 의도적으로 제자훈련을 하는 것은 제자훈련가를 계발하기 위한 핵심 목표인데, 이들은 교회 담장을 넘어서 섬기기 위해 준비된다. 가정이 주변의 다른 가정들을 섬길 때 교회 사역의 영향력이 커지고 지역 사회에서 교회의 영향력이 확대된다. 더그 필립스Doug Phillips가 강조한 것처럼, 한 가정이 그 역할을 다할 때, 지역 교회의 영향력이 증대된다.

"우리의 가정은 서로 함께하고 환대하라는 하나님의 무조건적 명령에 순종할 플랫폼을 우리에게 제공하고 또한 그리스도인의 훈련소인 가정은 전도와 제자훈련을 위해서 가장 강력한 훈련의 장이 되도록 디자인되었다."[22]

교회의 지도자들은 가정을 통한 사역의 확장을 독려하기 위해서 다음과 같이 할 수 있다.

사명 중심의 삶을 살도록 가정들에게 설교하고 가르치고 격려하기: 가정에 기초한 교회의 위성 사역으로서 가정의 역할과 관련된 설교 시리즈와 성경공부를 기획해보라.

가정의 의견과 피드백을 바탕으로 사역의 우선순위와 프로그램 개발하기: 먼저 교회 내의 가정들을 조사하고, 그 정보를 사용하여 지역 사회의 가정들의 필요를 조사해보라. 또한 실습, 회의, 강의들, 자선 사역들, 물질 나눔을 통해서 지역 사회 가정들의 필요를 조사할 프로그램을 계획해 보라.

가정들이 이웃들 또는 친구 관계에서 다른 가정들을 섬기기 위한 재료들 제공하기: 각 가정들이 그들의 친구들과 이웃들에게 배포할 수 있는 성경, 책, 안내지, 다른 사역 안내 등 도구들을 제공해보라.

이웃, 아파트단지, 주민센터, 지역의 학교들, 스포츠 대회 등을 통해서 사역할 기회들 조직하기: 다음과 같은 외부 사역을 위해서 가정들을 모집하고 권한을 부여해보라. 성경공부 클럽, 스포츠 캠프, 방과 후 학교, 노년을 위한 활동들, 집 주변 지역에서 음식과 옷 나누기 등.

결론

가정이나 교회 둘 중 하나만 필요하다고 말하는 것은 어렵다. 현실적으로 성장하기 위해서는 교회와 가정 모두 서로를 필요로 한다. 가정이 없다면, 교회는 대사명 the Great Commission 을 성취하기 위한 가장 풍부한 자원을 잃게 될 것이다. 다양한 형태와 규모를 가진 가정들은 사람들이 예수 그리스도께 다가가고, 새로운 제자를 만들고, 그리스도의 몸의 특별한 섬김으로 도움이 필요한 사람들에게 응답할 수 있다. 다양한 형태의 가정들은 주변의 가정, 이웃, 지역 사회를 섬길 수 있는 가능성을 제공한다. 가정은 교회가 신앙의 유산을 미래의 세대들에게 확장하기 위해서 세대를 아우르는 강한 유대감을 형성하도록 세대 통합적 관계를 교회 내에 만든다.

토론 주제
DISUCSSION GUIDE

1. 99-100쪽에 기록된 가정에 대한 관점들 중 어느 것이 당신의 교회와 관련이 있는가? 그 이유는 무엇인가?

2. 당신은 교회가 가정들의 가정이라는 사실을 믿는가? 왜 그렇게 생각하는가? 또는 왜 그렇지 않다고 생각하는가?

3. 어떻게 가정이 교회를 개선하고 향상시킬 수 있는가?

4. 이웃들이나 친구들을 위해서 교회는 할 수 없지만 가정이 할 수 있는 것은 무엇인가?

5. 가정이 이웃, 친구, 친척들에게 복음을 증거하지 못하게 하는 장애물은 어떤 것들이 있는가? 교회 지도자들은 가정들이 이러한 방해 요소들을 극복하도록 어떻게 도울 수 있는가?

7. 다양한 세대가 함께하는 소그룹이나 주일 성경공부의 장점은 무엇인가? 혹은 어려운 부분은 무엇인가?

참고 도서

- 케빈 하니, 『원스텝 체인징』, 권희정 역 (서울: 하네온, 2007).
- Jones, Timothy Paul and Mark DeVries. *Family Ministry Field Guide: How Your Church Can Equip Parents to Make Disciples.* Indianapolis, IN: Wesleyan Publishing House, 2011.
- Allen, Holly Catterton and Christine Lawton. *Intergenerational Christian Formation: Bringing the Whole Christian Community Together in Ministry, Community, and Worship.* Downer's Grove, IL: IVP Aca demic, 2012.

4장

모든 성도를 구비시키는 가정 사역

크리스 셜리(Chris Shirley)

센터포인트CenterPointe Christian Church교회에서 결혼과 가정에 대한 연례적으로 열리는 봄 행사를 위한 준비가 진행되었다. 브라이언Brian 담임목사는 5월 내내 '세속적인 세상에서 경건한 자녀 키우기'라는 시리즈로 설교할 것이다. 또한 교회 지도자들인 집사들은 사역자들에게 성도들의 의견을 전달하기 위해서 정기 심방을 할 것이고, 사역자들은 가정에서 실행할 가정 사역의 목표를 개발하게 될 것이다. 5월의 매주 수요일에는 가정예배와 관련한 이벤트들 즉, 체육관에서 영화보기, 가정의 탤런트 쇼, 가족 만찬, 그리고 이웃들과 함께하는 축제를 가질 것이다. 이것은 교회 역사상 가장 야심차고 흥미로운 가정 행사가 될 것이다. 겨울 내내 사역자들은 자원하여 섬길 봉사자들을 모집했다. 사역자들은 5월에 있을 행사들을 위해 봉사자들을 모집해야만 했고, 또한 가을의 행사들을 위해서 교사 및 위원회로 섬길 사람들을 찾고 있었다. 센터포인트교회는 어린이와 청소년을 위한 흥미 있는 사역과 혁신적인 가정 사역 프로그램으로 유명했다. 그러나 풍성한 프로그램을 위해서 정말 많은 수의 자원 봉사자가 필요했다.

3월 하순에 있었던 교역자 회의에서 브라이언 목사는 각 연령을 담당하는 사역자들에게 자원 봉사자 모집을 위해 노력한 것에 대해서 보고할 것을 요구했다. 브라이언 목사의 요구에 대해서 사역자들의 불편한 침묵이 이어졌다. 10초가 10시간처럼 느껴졌다. 부목사였던 마이클[Michael]이 다음과 같이 말하며 침묵을 깼다. "올해 우리 팀은 모집을 위해서 정말 노력하였습니다. 항상 어려운 과제였지만 올해 봄 가정 이벤트를 추가하면서 사람들의 수보다 봉사할 자리의 수가 더 많아진 것 같습니다." 학생을 담당하던 사역자였던 다리엔[Darien]이 끼어들어서 말했다. "저는 목록에 있는 모든 부모들께 연락을 했는데, 대부분이 이미 봉사하고 있습니다. 많은 부모들이 두세 가지 사역에 헌신하고 있었습니다"라고 덧붙였다. 풀이 죽은 다리엔을 이어서 어린이 담당 사역자인 다나[Dana]가 말을 이었다. "부모들은 제가 담당하는 사역의 모든 측면에서 이미 참여하고 있습니다. 부모들이 자녀들의 영적인 성장에 극도로 열심히 헌신하고 있지만, 부모들이 교회에 헌신할 수 있는 시간은 최대 일주일로 제한적입니다." 그녀는 지친 목소리로 "가족 행사를 계획하기 전에 우리는 이렇게 대화하는 시간을 가지는 게 필요했습니다"라고 말했다.

탁자 위에 불만만 쌓이는 것을 보고, 브라이언 목사는 해결책을 제시했다. "박스(역자 주 – 사역자들이 생각하는 범위) 바깥을 생각해보고 새로운 봉사자 자원들을 고려해보는 것이 어떻겠습니까? 저는 바로 몇몇 그룹들을 생각할 수 있습니다. 독신자들, 대학생들, 노인들은 어떻습니까? 여러분들은 우리 교회에 있는 상대적으로 조금 더 성숙한 어린이들이나 청소년들도 섬기도록 하는 것을 고려해 보셨습니까?"

다리엔이 말을 이었다. "대학생들은 정말 신뢰할 수 없습니다. 그리고 대학생들은 결혼한다는 것과 가정을 가진다는 것에 대해서 아는 것이 없습니다." 마이클이 재빨리 거들었다 "성인 독신 사역도 마찬가지입니다. 대부분이 결혼하지 않았습니다. 우리는 오늘날의 가정들이 겪는 어려움을 이해할 수 있는 사역의 봉사자들이 필요합니다." 여러 의견들이 언급된 후에, 다나가 합류하여 브라이언 목사의 제안을 밀어냈다. "우리 교회의 어린이들과 청소년들은 사역의 책임을 감당할 만큼 충분히 성숙하지 않았고요, 제가 그 아이들을 훈련할 시간이 없습니다. 저는 이미 어린이들을 훈련하는 데 대부분의 시간을 사용하고 있습니다."

브라이언 목사는 의자에 등을 기대고 한숨을 쉬며 말했습니다. "음, 사역자 팀 여러분, 5월에 가정 행사와 활동 중 일부를 취소해야 할 것 같습니다. 가정 사역이 우리 교회의 성장과 건강함을 이루는 데 필수이지만, 우리 사역자들이 이 모든 것을 할 수는 없습니다. 우리는 기꺼이 섬기기 원하는 사람들을 찾아야 합니다. 저는 단지 그러한 자원자들을 어디서 찾아야 할지 알고 싶군요."

가정 사역의 책임은 누구에게 있는가?

가정 중심 사역 교회들에 대한 전형적인 비판들 중 하나는 그 교회들이 일반적인 가정 외에 다른 사람들, 즉 독신 성인, 편부모, 자녀들을 모두 출가시킨 가정들, 그리고 노인들을 간과해 버린다는 것이다. 부모와 자녀로 구성된 온전한 가정의 부모들이 집과 교회에서 영적인 지도자들이 되도록 자녀들을 훈련시키는 것은 모든 가정 사역 모델의 핵심이다. 그러나 교회 지도자들이 만약 회중에 있는 상대적으로 소수인 위 그룹들과 영적인 자원들을 무시해버린다면 그들은 잘못된 방향으로 공동체를 이끄는 것이다.

가정 사역의 정의에서 밝힌 것처럼, 가정 사역이 하나님께 부르심을 받고, 성령님께서 은사를 주신 지역 교회의 모든 제자들이 공유하고 있는 사역이기 때문에[1], 삶의 단계나 상황에 관계없이 모든 교인들은 가정에 대해서, 가정과 함께, 그리고 가정을 통해서 사역할 수 있는 잠정적인 자격을 가지고 있다. 그들이 가정 사역에 참여하는 것에 대한 유일한 장애물이 있다면 1) 교회 지도자들이 이러한 은사와 능력을 발견하고 확인하는 것을 주저하거나, 2) 교인들이 그리스도의 몸을 섬기기 위해 그들의 은사와 능력을 사용하도록 자원하지 않는 것이다. 교회의 지도자들은 모든 성도들이 섬기도록 그들을 준비시키고, 그 후에는 사역을 위해서 기회를 제공해야 할 책임을 가지고 있다. 마찬가지로, 모든 성도들은 가정을 건강하게 하고 가정이 다른 제자를 세우는 참된 제자로 준비되기 위해서 하나님께서 주신 은사를 사용할 의무를 가지고 있다.

가정을 섬기는 것에 대한 성경적인 기초

신약성경은 성도들이 "봉사의 일"을 하도록 준비시키는 리더의 책임(엡 4:12)과 성도들이 "서로 종노릇"해야 하는 의무(갈 5:13), 모두에 대해서 증거하고 있다. 예수님은 "섬김을 받으려 함이 아니라 도리어 섬기려"고 오신 분으로서 자신의 사명을 선포하셨다(막 10:45). 당연히, 예수님을 따르는 자들의 첫 번째 반응은 섬김을 받는 것이 아니라 섬기기를 원했어야 했다(행20:35). 예수님의 모범, 예수님의 가르침, 그리고 예수님의 제자들을 통해서 예수님의 리더십을 살펴보는 것은 특별히 가정 사역과 관련하여 구비시키는 과정에 대한 근본적인 근거들을 제공한다.

예수님의 가정 사역

예수님의 모범을 통한 가정 사역: 공생애를 시작하실 때, 예수님은 제자들과 어머니와 함께 가나의 혼인 잔치에 참석하셨다(요 2:10-11). 그들 일행이 도착한 후, 마리아는 포도주가 떨어졌다는 문제 상황을 깨닫고 아들에게 다가갔다. 마리아가 염려한 것은 충분히 이해할 만한 것이었는데, 그 이유는 고대 근동지역에서 신랑이 손님들을 잘 섬기지 않으면 엄청난 수치를 당했기 때문이다.[2] 처음에 예수님은 기적을 구하는 마리아의 요청을 거절했지만, 예수님은 어머니가 의도한 요청을 존중하셨고, 물을 포도주로 바꾸셨으며 잠정적으로 예상되는 난처함과 재정적인 책임으로부터 신랑의 가족을 구했다.[3] 이 사건을 통해서 예수님은 가족들 또는 직계 가족이 아닌 사람들까지 섬기기 위해서 그의 은사를 사용하신 예를 제공하셨다.

마태복음 19장 13절부터 15절은 새로운 선생님으로 인식되었던 예수님이 이스라엘 사람들 중에 표적과 기적을 행하던 중에 있었던 내용을 기록했다. 예수님은 자녀들에게 축복해주시기를 바라는 어머니 무리로부터 둘러싸여 있었다. 제자들은 어머니들을 물리치려고 했을 때, 예수님은 제자들의 잘못된 추측에 대해서 "노"하셨다(막 10:14). 아마도 제자들은 주님께서 너무 바쁘거나 어린아이들과 노는 것보다 더 중요한 일이 많다고 생각했을지 모르지만, 예수님은 제자들에게 어린아이의 가치와 하나님의 나라와 관련성에 대해서 가르치셨다.[4] 또한 예수님은 자신의 자녀들만 돌보는 것이 아니라 모든 자녀들을 돌보는 것을 모범으로 보여주심으로써 제자들을 훈련하셨다.

예수님은 하나님의 말씀을 전하고, 병든 자들과 귀신들린 자들을 고치고, 하나님 나라의 진리에 대해서 가르치셨는데, 그 일들을 통해 예수님 자신이 이스라엘의 가족들을 돌보시는 미혼 성인의 예가 되었다. 사실 예수님은 결혼하지 않았고 자녀도 없었지만, 사역하실 때 다음과 같이 가정의 문제들에 대해서 가르치셨다.

- 예수님은 결혼에 실패하는 굴레에 갇혀 있던 우물가의 여인에게 하나님의 진리를 선포하셨다(요 4:1-26).
- 예수님은 이스라엘의 율법의 권위자들에게 결혼에 대한 하나님의 설계에 대해서 조언하셨다(마 19:11-12).
- 예수님은 마리아와 마르다 자매 사이의 다툼을 해결하셨다(눅 10:38-42).
- 예수님은 어린아이들에게 애틋한 마음을 표현하셨고, 하나님께 그들이 얼마나 가치 있는지 말씀하셨다(마 19:13-15).
- 예수님은 제자들의 가족들도 돌보셨다(마 8:14-15).

예수님의 가르침을 통한 가정 사역: 가정에 대한 예수님의 급진적인 가르침은 교회 안에 있는 가정적인 특징을 강조하고, 모든 성도들이 함께 섬길 수 있도록 준비시키는 기초를 제공했다. 마태복음 12장 50절에서 예수님은 "하늘에 계신 내 아버지의 뜻대로" 행하는 자들을 그의 형제요 자매요 어머니로 선언하셨다. "사람의 원수가 자기 집안 식구리라"라는 더 생생한 표현을 사용하셔서, 주님은 자신이 가족관계에 "검"을 가지고 오셨다고 선언하셨다(마 10:34-36). 마찬가지로 예수님은 자신을 따르는 데 드는 큰 대가에 대해서 설명하셨는데, 그것은 "자기 부모와 처자와 형제와 자매"를 미워하기까지 하는 것이었다(눅 14:26). 논쟁의 여지가 있는 예수님의 메시지는 생물학적인 가족에 대한 거부가 아니라 모든 성도들이 더 넓은 영적인 가족에 속해 있다는 내용이었다.[5] 이러한 새로운 가족, 즉 교회는 다양한 삶의 상황과 단절된 배경으로부터 교회로 찾아오는 사람들로 이루어져 있지만, 내주하시는 성령님을 통해서 서로 연결된다. 지역 교회의 모든 교인들은 공통된 영적인 가족을 이루며, 영적인 은사를 사용하여 서로 봉사하는 사역자로 함께 교회를 이끌어가도록 부르심을 받았다(고전 12:4-11).

이혼과 결혼에 대해서 묻는 바리새인들의 질문에 답하셨을 때(마 19:1-12), 예수님은 결혼의 지속성에 관한 하나님의 높은 기대를 강조하셨다. 하나님의 권위 아래에서 이루어진 결혼을 사람이 "나누지 못할지니라"라고 선언하시는 예수님의 말씀에 제자들도 놀랐다. 아마도 제자들은 "장가들지 않는 것이 좋겠나이다"라고 말하며 외쳤을지도 모른다. 특별히 종교 지도자들이 결혼에 대해서 높은 기대를 가지고 있었던 때에, 예수님의 응답은 더 급진적인 것이었다. 예수님은 미혼 성인의 대표적인 예로 고자의 경우, 선택적으로 결혼하지 않은 사람들, 강제로 미혼의 삶을 산 사람들, 그리고 하나님 나라를 위해서 결혼하지 않은 사람들에 대해서 설명하셨다. 예수님께서는 헌신된 결혼생활이 태초부터 시작된 하나님의 설계라고 분명하게 설명했지만, 주님은 또한 결혼하지 않은 자들의 소중함과 사역에서 그들의 가치에 대해서도 인정하셨다. 알버트 흐수Albert Y. Hsu라는 학자는 이렇게 제안했다.

"마태복음 19장에서 예수님의 가르침의 중요성은 … 유대교 사상과는 달리 독신들이 결혼하지 않은 사람이기 때문에 부족한 것은 아니라는 것이다. 오히려 결혼한 사람과 결혼하지 않은 사람 모두가 하나님을 동등하게 섬길 수 있다."[6]

제자들을 통한 가정 사역: 제자들을 훈련하고 준비시킨 후에, 예수님은 견습생(역자 주 - 스승과 함께 거주하며 스승으로부터 지식과 기술을 배우는 제자들)과 같은 열 두 제자들이 이스라엘의 도시를 직접 섬기도록 파송하셨다(마 10:1-14). 제자들의 사명은 하나님 나라가 임하였음을 선언하는 것과 병든 자를 고치고 악한 영들을 쫓아내는 것이었다. 예수님만을 바라보고, 예수님께서 제자들을 부르신 그대로 행함을 실천하는 것이 훈련의 내용에 포함되었다. 예수님의 사역에 있어서 또 다른 강조점은 여러 가정들이 제자들을 섬기도록 하는 것이었다. 제자들은 어디에 가든지 머물고 음식을 먹을 수 있는 집을 발견할 수 있었다. 예수님께서는 제자들이 하나님의 말씀을 전하고 상처받은 사람들의 필요를 섬기도록 준비시켰을 뿐만 아니라 제자들로 하여금 모든 도시에서 함께 동역할 자들을 모집하고, 그들로 하여금 하나님 나라의 일을 돕는 데 자원을 사용하도록 그들을 준비시켰다.

예수님께서 십자가에 달리셨을 때에도, 제자 요한에게 어머니 마리아를 돌보도록 부탁하심으로 장자로서 가족에 대한 책임을 다하셨다(요 19:26-27).

요한복음 19장 26-27절
26. 예수께서 자기의 어머니와 사랑하시는 제자가 곁에 서 있는 것을 보

시고 자기 어머니께 말씀하시되 여자여 보소서 아들이니이다 하시고

27. 또 그 제자에게 이르시되 보라 네 어머니라 하신대 그 때부터 그 제자가 자기 집에 모시니라

예수님께서 어머니에 대한 돌봄을 부탁한 것은 친족에 대한 사랑과 가정에서 책임의 중요성을 보여주셨고, 동시에 요한에게 그 책임을 맡긴 것은 당시 가정에서 가지고 있던 표준적인 관행을 깨드렸음을 나타낸다. 즉, 마리아는 장남이 아닌 아들에 의해서 돌봄을 받아야 했다.[7] 전통을 깨뜨리신 예수님은 친어머니였던 마리아를 돌보도록 새로운 가정 즉 교회의 대표적인 한 사람을 임명하신 것이다. 존 파이퍼는 이러한 사랑의 행위를 기술하면서 "예수님께서 우리에게 주신 선물들 중 하나는 사랑하고, 돌보고, 지지하고, 격려하는 가족을 넘어선 가족, 바로 교회이다"라고 말했다.[8] 예수님께서는 영적인 가족들이 다른 사람을 돌보고 섬기도록 모든 성도들을 임명하셨다.

초대 교회의 모범을 통한 가정 사역

초대교회의 발전과 확장은 공유된 사역에 의해서 촉진되었다. 성령님께서 제자들 가운데 내주하시고 그들에게 권능을 주신 후에 성도들이 새로운 가족들의 필요를 돌볼 때, 성도들 사이에 있던 경계들이 무너지기 시작했다. 사도행전 2장 44절부터 47절까지에서 이러한 상호적인 사역의 큰 그림을 묘사하고 있다.

사도행전 2장 44-47절

44. 믿는 사람이 다 함께 있어 모든 물건을 서로 통용하고
45. 또 재산과 소유를 팔아 각 사람의 필요를 따라 나눠 주며
46. 날마다 마음을 같이하여 성전에 모이기를 힘쓰고 집에서 떡을 떼며 기쁨과 순전한 마음으로 음식을 먹고
47. 하나님을 찬미하며 또 온 백성에게 칭송을 받으니 주께서 구원 받는 사람을 날마다 더하게 하시니라

이 구절에서 중요한 단어는 바로 '모두' 이다. 예를 들면 "믿는 사람이 다", "모든 물건을 서로 통용하고", "각 사람의 필요를 따라 나눠주며"에서 '모두'가 사용되었다(역자 주 - 헬라어 원어 성경에는 공통적으로 "모두"를 의미하는 단어가 세 개의 구에서 사용되었다). 성령님의 능력으로 한 주님, 한 믿음, 한 세례(침례) 안에서 그리스도의 한 가족을 만드셨을 때, 이전에 성도들을 나누어 놓았던 자연적 사회적인 장벽들, 예를 들어 나이, 재정, 성별, 직업, 사회 계층, 교육, 결혼 여부 같은 장벽들이 오순절에 가루가 된 것처럼 무너져 내렸다(엡 4:6-7).

교회에서 과부를 위한 사역과 관련하여 충돌이 있었을 때, 공유된 섬김에 대한 접근 방식이 초대 교회 공동체 내에서 시험대에 올랐다. 헬라파 유대인들은 히브리파 유대인 과부와 비교할 때, 헬라파 과부들이 공평한 몫의 음식을 받지 못한다고 불평하고 있었다. 사도들은 이 사역을 은사가 있는 교회의 성도들, 즉 "성령과 지혜가 충만하여 칭찬 받는 사람"들에게 맡김으로써 문제를 지혜롭게 해결하였다(행 6:3). 일곱 일꾼들은 한 가지 사역에만 머무른 것이 아니었다. 스데반은 교회를 섬기는 봉사자요, 신앙의 변증가요, 첫 번째 기독교 순교자가 되었다. 빌립은 선포와 전

도의 은사를 사용하여 사마리아인들과 에티오피아 내시를 포함한 비 유대인들에 대한 첫 선교사가 되었다. 이러한 초대교회의 정신을 본받아서, 우리도 모든 성도들이 예상했거나 예상하지 못했던 방식에 관계없이 섬김에 동참하고 성도들의 은사가 넘치도록 하는 새로운 노력이 교회 공동체 내에 필요하다.

영적인 은사에 대한 성경적 이해와 목적

그리스도를 따르는 모든 사람들, 즉 몸 된 교회의 모든 지체들은 사역을 위해서 영적인 은사를 받고, 하나님께서 그 교회에 주신 사역의 비전을 위해서 받은 은사를 사용하기 위해서 기꺼이 준비되어야 한다. 이것이 공유된 섬김에 대해서 바울이 로마서 12장, 고린도전서 12장, 그리고 에베소서 4장에서 말하고 있는 메시지이다. 에베소에 있는 교회에 사도 바울이 다수의 지도자 그룹에 대해서 설명했는데, 이 지도자 그룹은 사도들, 선지자들, 복음 전하는 자들, 목사들, 그리고 교사들이었으며, 그들 모두는 "성도를 온전케 하며 봉사의 일을 하게 하며 그리스도의 몸을 세우려"하는 데 책임을 가지고 있었다(엡 4:11-12).

지역교회에서 사역은 하나님의 손길에 의해서 인도를 받는데, 하나님께서는 그리스도의 몸 된 교회의 지속적인 사명을 위해서 각각의 성도들이 역할을 잘 행하도록 은사를 주신다(고전 12:4-6). 영적인 은사는 특별한 능력이나 초자연적인 능력을 말하는 것이 아니라 성령님의 표적이나 나타남을 의미한다. 하나님의 선물은 바로 그분의 성령님이시다! 바울은 카리스마타_{charismata}라는 용어 또는 "은혜의 선물들"이라는 표현으로 은사의 개념 안에 있는 값없는 특권을 설명했는데, 이 특권은 특별히 교회의 지속되는 사명에 참여하는 모든 그리스도의 제자들에게 주어진 것이다. 영적인 은사는 그리스도와 우리의 관계에 더해진 유익일 뿐 아니라 우리를 향하신 하나님의 사랑의 행위이다.[9]

로마와 고린도에 있는 교회들에게 사도 바울이 다양한 영적인 은사를 설명했는데, 각 은사는 성도의 삶에서 성령님의 나타남을 드러냈다. 그리스도의 몸의 모든 지체들은 성령님을 통해 그들에게 주어진 은사를 따라서 교회의 사역에 기여할 능력을 가지게 된다. 교회의 지도자들, 즉 성도들을 준비시키는 목회자들은 은사를 받은 종들에 대해서 명확히 설명하고, 훈련하며, 잘 배치하여, 성도들이 하나님께서 택하신 대로 그 역할을 잘 수행하도록 지도할 책임을 가지고 있다(엡 4:11-13).[10]

영적 은사와 가정 사역

성령님께서 주신 은사를 사용하는 모든 교인들은 지역 교회에서 가정을 위해, 가정과 함께, 그리고 가정을 통해서 섬길 자격을 가진다. 많은 은사들은 모든 성도들이 져야 할 책임을 나타낸다. 그 은사들에는 믿음, 자비, 섬김, 전도, 희생적인 나눔, 그리고 환대와 같은 종류가 있는데, 이 은사들은 성령님께서 임재하신다는 증거이다. 사실 성경에 언급된 영적 은사들은 그리스도의 몸을 이루는 구성원들에게 균등하게 분배되었다.[11] 아래 목록은 로마서, 고린도전서, 베드로 전서에서 언급된 대부분의 은사에 대한 내용과 가정 사역이라는 맥락에서 이 은사들의 사용에 대한 제안을 담고 있다.[12]

다스림(kubernesis - 조종하다, 안내하다, 다스리다, 선장 또는 조종사): 다스림의 은사를 가진 사람은 교회나 교회의 소그룹이 하나님께서 인도하시는 비전과 목표를 향해 나아가도록 이끄는 능력이 있다. 그들은 일반적으로 계획, 조직, 구현, 그리고 감독하는 기술들을 가지고 있다(고전 12:28). 가정 사역의 상황에서 여가 활동, 부모 교육, 명절 행사를 실행하는 가정 중심적 프로그램을 지지하는 교회들은 관리 감독하기 위해 다스리는 은사를 가진 사람들을 필요로 한다. 이 은사를 가진 자들은 행사를 기획하는 팀, 사역팀을 모집하는 팀, 활동 기획팀, 책임 분배팀, 그리고 일정과 과제를 만드는 팀을 감독할 수 있다.

분별함(*diakrisis* – 철저한 판단, 구별함, 판결함): 분별하는 은사를 가진 사람들은 성경에 기록된 하나님의 뜻을 이해하는 것을 기초로 하여 경건한 진리와 오류를 분별할 수 있다. 이들은 교회에 침투한 거짓된 가르침이나 잘못된 가르침 그리고 불경건한 행동들에 대해서 지도자들에게 경고하거나 주의를 줌으로써 교회에 기여한다(고전 12:10). 가정 사역의 맥락에서, 분별하는 은사를 가진 성도들은 결혼과 가정에 대해서 잠재적으로 해를 끼치는 교회 안팎의 불경건한 가르침에 대해서 경고하거나 조언할 수 있다.

권면함(*paraklesis* – 옆자리로의 부름): 권면하는 은사를 받은 성도들은 다른 성도들을 격려, 위로, 위안, 그리고 권면의 말로 교회의 성도들을 안내함으로써 성령님의 사역을 드러낸다. 교회 내에서 그들의 목적은 하나님의 백성들로 하여금 그들이 머무는 곳에서 하나님께서 원하시는 곳으로 인도하는 것이다(롬 1:28). 가정 사역의 맥락에서 가장 도전적인 것 중 하나는 결혼과 가정의 위기들에 대해서 가르치는 것이다. 교회에서 직접 상담, 사역자, 상담가, 일반 상담가, 또는 추천을 통해서 기독교적 상담을 제공하는 것은 결혼과 가정의 어려움들을 중재할 수 있고, 가정들에게 미래의 문제를 어떻게 다루는지 성경적인 과정들을 제공할 수 있다. 권면은 결혼 멘토링이나 개인 멘토링에서도 유익한 영적인 은사이다.

믿음(pistist - 믿음, 신뢰, 자신감): 믿음의 은사는 하나님의 뜻과 목적을 하나님의 약속과 능력으로 성취할 수 있다고 굳게 확신하는 것으로 드러난다. 믿음의 은사를 가진 사람들은 환경과 도전을 장애물이나 방해물이 아니라 하나님의 뜻을 이루어가는 수단으로 본다. 하나님께 대한 그들의 높은 신뢰와 모범적인 기도의 삶은 그리스도의 몸에 영감을 주고 동기를 부여한다(고전 12:8-10). 가정 사역의 맥락에서 가정 중심적 교회가 사용할 수 있는 가장 효과적인 사역의 도구는 믿음의 은사를 가진 기도의 용사 팀을 구성하는 것인데, 이들은 교회 공동체에 있는 가정들의 영적인 보호와 구체적인 필요를 위해서 기도할 수 있다.

구제함(metadidómi - 공유하다, 나누다, 수여하다): 사도 바울이 구제의 은사에 대해서 언급했을 때, 그는 재정적이고 물질적인 자원들을 아낌없이 그리고 희생적으로 나누는 것을 암시했다. 구제의 은사를 가지고 있는 성도는 교회와 개인의 재정적인 필요에 대해서 부담을 느끼고, 돌려받을 생각을 하지 않고, 기쁜 마음으로 베푸는 것을 특권으로 여긴다(롬 12:8). 가정 사역의 맥락에서 구제의 은사를 가진 성도들은 재정적인 어려움을 가진 가족들을 돕거나, 가정의 외부활동 프로그램과 가정 선교 여행을 지원하기 위해 자신의 자원들을 공유함으로써 교회의 가정 사역에 포함될 수 있다.

도움(*antilémpsis* – 붙들어 주다, 해결이나 도움을 주다): 성도들이 사역하는 데 편안하게 하거나 자유롭게 해주기 위해서 도움을 제공할 때, 자원함과 기쁨을 경험하는 것은 돕는 은사의 증거이다. 아래에 언급한 섬김의 은사와는 달리, 돕는 은사는 일을 하는 것보다는 사람을 섬기는 데 초점을 둔다(고전 12:28). 가정 사역의 맥락에서 돕는 은사를 가진 성도들은 다른 성도들이 가정에서 더 많은 시간을 보내도록 그 사람의 책임을 일시적으로 맡아줄 수 있다.

손님 대접의 은사(*philoxenos* – 낯선자를 사랑함): 손님을 대접하는 은사를 문자 그대로의 정의를 사용하여 설명한다면 집에서 낯선 사람을 환영하고, 받아주고, 돌보는 것을 의미한다. 그리스 로마 사회에서 여행자들을 위해서 음식과 머물 곳을 제공하는 것은 일반적인 실천이었다.[13] 현대적인 시각에서 손님을 대접하는 은사를 가진 사람들은 사역의 목적을 위해서 가정에 초대하여 섬기는 열심을 가지고 있다(벧전 4:9-10). 가정 사역의 맥락에서, 손님을 대접하는 은사를 가진 사람들은 가정 성경공부, 가정에서의 소그룹 모임을 자신의 집에서 개설하거나 또는 모이는 장소를 마련하는 데에서 재정적인 어려움을 가진 교회의 가정들을 위해서 단기간 집을 제공함으로써 가정 사역에 참여할 수 있다.

지식(*gnosis* – 경험으로 알고 있음): "이것이 그러한가 하여 날마다 성경을 상고"했던 베뢰아 사람들처럼(행 17:11), 지식의 은사를 받은 성도들은 가능한 많이 성경에 대해서 배우고 싶어한다. 이들은 성경을 깊이 알고 연구하려는 끝없는 열망을 가지고 있다(고전 12:8). 지식, 지혜, 가르침의 은사는 밀접하게 관련되어 있지만, 기능적인 측면에 있어서는 구별된다. 가정 사역의 맥락에서 지식의 은사를 가진 신자들은 가정 성경공부나 소그룹 모임을 이끄는 것, 또는 자녀를 제자훈련하는 데 사용할 성경공부 커리큘럼을 개발하는 데 참여하여 섬길 수 있다.

리더십(*proistemi* - 앞에 서다, 유지하다, 지시하다): 관리하는 은사인 다스림의 은사와 달리, 리더십의 은사는 주로 동기를 부여하는 은사와 관련된다. 리더십의 은사는 신자들로 하여금 교회의 방향에 대한 비전을 설정하고 그 목표를 성취하는 데 참여하도록 영감을 불어넣는다(롬 12:8). 가정 사역의 맥락에서, 리더십의 은사를 가진 목회자의 가장 중요한 공헌은 비전을 설정하고, 교회가 가정을 포용하여 가정과 함께, 가정을 위해, 가정을 통하여 사역하도록 격려는 것이다. 리더십의 은사를 가진 다른 성도들은 가정 프로그램, 가정 활동, 또는 다른 사역들에 방향을 제시할 수도 있다.

긍휼의 은사(*eleeó* - 불쌍히 여기다, 동정하다): 성경 말씀으로 격려하고 위로를 주는 권면의 은사와 달리, 긍휼의 은사는 주로 감성적인 은사이다. 긍휼의 은사를 받은 사람들은 "우는 자들과 함께 울라(롬 12:15)"는 말씀을 교회에 가르치고, 육체적, 정신적, 정서적, 영적으로 고통을 당하는 자들에 대해서 민감하게 반응한다. 긍휼은 "함께함의 사역"인데, 공감의 포옹, 경청하는 귀, 고통, 스트레스, 분노, 낙심의 짐들을 나누기 위해서 계획한 사랑의 행위를 하는 것을 포함한다(롬 12:8). 가정 사역의 맥락에서 긍휼의 은사를 받은 사람들은 슬픔 가운데 있는 과부들, 아프거나 병원에 입원한 자녀들이 있는 가족들, 방탕한 자녀 때문에 괴로워하는 부모들, 많은 짐을 지고 있어 쉼이 필요한 양육자들을 섬기도록 준비될 수 있다.

섬김의 은사(*diakonia* - 식당 종업원, 자발적인 종): 사람을 중심에 두는 돕는 은사와는 달리 섬기는 은사는 해결해야 할 일에 초점을 둔 은사이다. 교회 안에서 이러한 은사를 가진 사람들은 일반적으로 전면에 드러나지 않을 수 있다(롬 12:7). 섬기는 은사를 가진 성도들은 어떤 일이 이루어지기 위해서 필요한 부분을 잘 파악하고, 필요한 자원들도 잘 구할 수 있다. 가정 사역의 맥락에서, 섬기는 은사를 가진 성도들은 과부들을 위해서 섬겼던 초대교회의 일꾼들처럼 교회의 가정들을 섬길 수 있다. 구체적인 내용은 자동차 수리를 도와주거나, 아빠가 없는 엄마를 위해서 자녀를 돌보아주거나, 외부 장소에서 진행한 가정을 위한 행사 후에 자발적으로 청소해주거나, 주마다 진행하는 가정의 밤 행사를 섬기기 위해서 음식을 제공할 수 있다.

가르침(*didaskalous* - 강사, 실력자, 교사): 가르치는 은사를 가지고 있는 교사들은 적절한 방법으로 성경을 가르칠 수 있는데, 이들은 이해와 성장을 위해서 효과적으로 하나님의 말씀을 전달할 수 있다. 지식과 지혜의 은사는 가르치는 것과 밀접한 관련이 있지만 두 은사는 사역과 상황에 따라 독립적으로 기능한다(롬 12:7, 고전 12:28). 가정 사역의 맥락에서, 가르치는 은사를 가지고 있는 사람들은 가정 성경공부 그룹, 가정과 결혼 워크숍, 또는 부모를 위한 제자훈련을 위해서 교사로 섬길 수 있다.

지혜(*Sophia* - 통찰, 지능): 지혜의 은사를 가진 사람들은 성경적인 지식을 삶에 잘 적용할 수 있는데, 일상의 삶에서 영적 진리를 적절하고 실용적인 방식으로 적용하는 은사이다. 교사는 지혜의 은사를 가지고 있어야 하지만 지혜의 은사를 가진 성도들이 항상 교사가 되는 것은 아니다(고전

12:8). 성령님께서는 공동체가 협력하여 결정을 내리도록 인도하기 위해서 또는 개인이나 가정에 성경적인 충고나 상담을 제공하기 위해서도 누군가에게 더 큰 지혜를 주신다. 가정 사역의 맥락에서 보면, 디도서 2장에서 사도 바울은 젊은 목회자인 디도에게 언급하기를, 연로한 여자가 젊은 여자를, 연로한 남자가 젊은 남자를 가르치도록 상기시켰다. 지혜의 은사를 가진 사람들은 이렇게 멘토링 과정에서 특별히 유용하게 은사를 사용할 수 있다. 지혜의 은사를 가진 멘토들은 신혼 부부나 젊은 아버지와 어머니가 어리석은 선택의 함정을 피하고, 결혼생활과 가정생활에 있어서 성경적인 지혜를 통합하여 적용하도록 그들을 안내할 수 있다.

가정 사역을 위해서 영적 은사들을 확인하고 배분하기

만약 교회의 지도자들이 "봉사의 일을 하기 위해" 훈련하도록 책임을 받았다면, 어떻게 지도자들이 성도들 곁에서 가정을 섬기는 목적을 위해 영적인 은사들을 확인하고 배분할 수 있는가?

기도하기: 예수님께서는 사역의 일꾼들을 확인하고 배분하기 위해서 열정적인 기도가 필요하다는 것을 인식하고 계셨다. "그러므로 추수하는 주인에게 청하여 추수할 일꾼들을 보내 주소서 하라 하시니라"(마 9:38) 기도는 하나님 나라를 위해 섬길 일꾼들을 발견하고 준비시킬 수 있는 가장 우선적이며 분명한 전략이다. 주님은 우리의 기도를 통해서 세 가지 방법으로 일하신다. 첫째, 주님은 교회 안에 섬김을 위한 기회들을 만드신다(엡 2:10). 둘째, 주님은 사역의 과제를 위해서 사람들을 부르시고, 섬김을 위해서 그들 안에 열정을 불어넣으신다(딤후 1:6). 셋째, 주님은 교회의 지도자들에게 통찰을 주셔서 성령님의 인도하심에 따라 교회 안에서

그 은사들을 사용케 하신다(고전 12:11).

교역자 회의에서 실망감을 느낀 후에, 아침에 조용한 시간을 가진 브라이언 목사는 가정의 달을 위해서 교역자들이 은사를 가진 일꾼들을 모집하도록 해야 하는 그의 리더십 역할에 대해서 깨달았다. 주님께서는 특별히 브라이언 목사가 하나님과의 깊은 상의 없이 모든 계획을 세웠음을 깨닫게 하셨다. 다음 회의에서 브라이언 목사는 돌아오는 주에 "기도의 날"을 선포하였고, 그때 목회자들이 함께 주님 앞에 나아가서 기도하지 않았던 죄를 고백하고, 다가오는 가정의 달을 계획하기 위해 하나님의 인도하심을 위해 기도해야 할 때임을 고백하게 되었다. 행사를 위해서 기도하는 것과 함께, 사역자 팀은 주님께서 하나님의 계획을 이루시기 위해서 은사를 받은 일꾼들을 보내주시기를 기도했다. 하나님의 인도하심을 구하며 간구했던 결과, 센터포인트교회의 사역자들은 여러 계획들을 수정했다. 설교 시리즈, 가정에서 모이는 소그룹을 위한 가정 중심적인 성경공부시리즈, 두 교회가 참여하는 활동을 네 개가 아니라 두 개로 수정하는 등 계획을 변경하였다. 또한 사역자 팀은 몸 된 교회의 거의 모든 부서들을 대표하는 잠재적인 일꾼들의 목록을 만들었다. 브라이언 목사는 부교역자들이 사무실로 돌아가서 다른 사람을 접촉하기 전에 그 목록에 있는 사람들을 위해서 기도할 것을 지도했다. 그리고 한 달 안에, 가정의 달을 위해 필요한 모든 일꾼들이 모집되었고, 가을에는 거의 모든 봉사자들이 채워졌다.

관찰하기: 영적인 은사는 사용할 때 비로소 효력이 있다. 단순히 당신이 영적인 은사를 가지고 있다고 믿는 것으로는 영적인 은사를 사용할 수

없다. 은사는 오직 행동으로 옮기고 하나님의 영광을 위해서 사용할 때에만 참된 영적 은사로 드러난다. 개인적인 관찰은 은사를 확인하는 하나의 좋은 방법이다. 하나님의 일하심과 우리의 섬김을 통해 그리스도께서 영광 받으시는 것을 우리가 볼 때, 성령님께서 사역을 통해 은사를 드러내고 계신다는 것을 알 수 있다. 또한 우리가 하나님의 부르심에 순종할 때, 우리는 하나님의 기쁨을 느낄 수 있고, "하나님께서 우리에게 은사와 함께 그에 맞는 열정을 주신다"는 것을 경험할 수 있다.[15] 하나님의 열망은 우리의 열망이 될 것이다. 주의할 점은 개인적인 관찰은 주관적일 수 있고, 자기 자신을 만족시키는 쪽으로 생각하기 쉽다. 우리는 하나님께서 우리에게 주시지 않은 은사를 갈망할지 모른다. 동시에 우리는 하나님께서 분명하게 주신 은사를 보지 못할 수도 있다. 그러므로 우리는 그리스도의 몸으로부터 인식하는 과정이 필요하고, 하나님의 말씀으로부터 확인이 필요하며, 우리가 개인적으로 관찰하며 기도할 때 주시는 성령님의 확신케 하심이 필요하다.[16]

어린이 담당 사역자인 다나Dana는 가정 전도 축제의 리더로 누구를 선택해야 할지 고민하고 있었다. 기도한 후, 에스더Ester, 헤더Heather, 케빈Kevin이 떠올랐다. 에스더와 헤더는 여름성경학교에서 다과 위원회the refreshment committee로 섬긴 것이 유일한 사역 경험이었지만, 두 사람은 최근 성경공부에서 시행된 영적 은사 조사 결과, 리더십 영역에서 높은 점수를 받았다. 에스더와 헤더는 모두 어린 자녀를 둔 엄마들이었다. 이 두 여성들 중 한 명은 준비가 되어 있을 것이라고 생각했다. 그런데 세 번째 사람이 예상 밖이었다. 케빈은 지역에 있는 고등학교의 수학 교사였지만, 케빈과 그의 아내는 결혼 후 20년이 지났는데도 아직 자녀가 없었다. 그래서 다나는 케빈이 어린이를 깊게 이해할 것이라고 생각하지 않았다. 다나는 자신이 가지고 있는 목록에서 케빈의 이름에 선을 표시하고, 케빈에게 먼저 전화했다. 다나는 자신을 소개하고 그녀가 전화한 목적을 설명한 후에 케빈에게 물었다. "이전 교회에서 어떤 사역의 경험을 가지고 있으세요?" 케빈은 그가 가정 지원 사역의 책임을 맡은 적이 있다고 설명했다. 다나는 마음이 끌려서 물었다. "정확하게 어떤 일들을 하셨나요?" "음, 한 달에 한 번씩 저희는 지역 사회에 있는 약 200여 가정에 음식과 옷을 나누어 주곤 했습니다. 제가 그 가정들과 직접적으로 관계를 가지지는 않았지만, 저는 봉사자들을 모집했고, 일정을 조정하고, 음식을 배분하는 것을 감독했습니다." 다나가 말했다. "피곤하셨을 것 같아요." 그때 케빈은 열정을 가진 목소리로 재빨리 대답했습니다. "그렇지 않습니다. 그것은 정말 기쁨이 있는 일이었어요! 물론 하루가 끝나면 피곤한 상태로 집에 가겠지만 기분 좋은 피곤함이었어요. 저는 제가 주님께서 원하시는 일을 정확히 하고 있다는 것을 알았습니다. 저희는 사람들의 육체적인 필요를 돌볼 뿐만 아니라 거의 매달 사람들과 복음을 나누고 사람들이 그리스도를 믿도록 인도할 기회를 가졌습니다!"

다나는 필요한 내용을 모두 들었다. 다나는 가족 전도 축제를 이끄는 것에 대해 대화를 계속하기 위해서 주말에 케빈을 교회로 초대했다. 그들이 만나기 전까지, 다나는 케빈이 같은 팀에 합류하는 것을 결정하기 위해서 함께 기도하자고 부탁했다. 케빈은 열정적으로 동의하며 기도하겠다고 약속했다. 다나는 전화를 끊은 후, 목록에 있던 다른 두 사람의 이름을 지웠고, 주님께서 자신을 적절한 사람에게 인도했다는 것을 확신하게 되었다.

확인하기: 하나님께서는 성령님의 은사를 확증하시기 위해서 교회를 통해서 말씀하신다. 하나님께서 행하시는 한 가지 방법은 한 성도가 다른 성도에게 특정 사역에서 섬기도록 격려하는 것이다. 하나님께서는 이런 순간들을 사용하셔서 순종하는 자들이 은사를 가지고 섬기는 자리로 나아가도록 인도하신다. 또 다른 방법은 하나님께서 은사를 확인하기 위해서 교회를 사용하시는 것인데, 주변 성도들이 다른 사람의 사역을 보고 증언할 때이다. 지도자들은 교회 성도들과 영적인 은사에 대해 관찰하고 깨달은 통찰에 대해서 공유해야 한다. "은사를 세우는" 사역은 교회 지도자들이 "몸 된 교회 성도들에게 주어진 성령님의 은사가 잘 드러나도록, 그리고 성도들이 그 은사들을 맡은 청지기가 되도록 도전하는 것"이다.[17]

여름이 끝나가고 새로운 중학생들이 중·고등부에 올라오기까지 약 3주 남았을 때, 다리엔Darien은 여전히 중학교 1학년 반을 섬길 한 선생님을 찾는 데 고군분투하고 있었다. 중·고등부를 담당하는 다리엔은 모든 교사 위치에 부모님이 계시도록 노력했고, 현재 섬기지 않는 모든 부모들에게 요청했지만 부모들은 모두 거절하였다. 다리엔은 여름 내내 적절한 교사가 그 자리에 채워지도록 기도했다. 다리엔이 수요일 저녁에 있는 중·고등부 예배를 준비하는 동안, 현재 교사로 섬기고 있는 마크 앤더슨Mark Anderson이 의자 설치를 돕기 위해 왔다. 두 사람이 함께 일할 때, 다리엔은 이 문제를 나누었다. 마크가 말했다. "제가 그 일을 위해 완벽한 사람을 알고 있는데, 그 사람이 그 조건에는 맞지 않네요. 매튜 웨버Matthew Webber라는 사람인데, 그는 20대 중반의 독신 남성입니다. 그 사람은 몇 년 전에 저희 교회에 나왔고요, 제 아버지가 가르치는 남성 성경공부반에서 열심히 활동하는 사람입니다. 최근에 매튜가 제 아버지를 대신해서 가르쳤고, 그 반에 있던 모든 남자 성도들이 매튜의 가르침으로부터 얼마나 많은 것을 배웠는지 지금도 얘기하고 있습니다." 다리엔은 걸음을 멈추고 앉아서 말했다. "흥미롭지만 성인 남자를 가르치는 것과 중학생 남자아이들을 가르치는 것은 큰 차이가 있습니다." 마크가 대답했다. "아마도 그렇겠지요, 그렇지만 어젯밤에 매튜가 저녁을 먹기 위해 저희 집에 왔고요, 우리는 그가 가르쳤던 수업에 대해서 이야기를 나누었습니다. 매튜는 성경을 정말 잘 알고 있었고, 저의 아들들은 매튜의 통찰력에 매료되더군요. 제 아들들은 지금도 계속 매튜에게 질문을 문자로 보내고 있습니다. 저는 그가 모든 연령의 사람들을 가르치는 재능을 가지고 있다고 생각합니다." 다리엔은 주머니에서 종이와 펜을 꺼내서 매튜의 이름을 적었다. "마크, 당신이 저에게 추천해 주신 것은 큰 의미로 다가오네요. 오늘 매튜에게 전화해서 만날 시간을 정해야겠어요." 두 사람이 계속 일하는 동안, 다리엔은 '아마도 주님께서 어떤 일을 행하고 계신다'는 생각을 했다.

교육하기: "살아있고 활력이" 있는 하나님의 말씀은 섬기고자 하는 열정에 불을 붙이고 영적인 은사와 사역의 소명에 대해서 더 많이 배우려는 관심을 불러 일으킬 수 있다. 불행하게도 많은 그리스도인들이 아는 것에만 머무른다. 이들은 사역에서 자신의 위치를 발견하는 것에 대해서 설교를 듣고, 자신의 영적 은사를 발견하는 것에 대한 성경공부에 참여할 뿐이다. 몇몇 사람들은 영적인 은사 발견 조사에 참여하여 개인이 관찰한 것과 선호하는 것에 대해서 평가하기까지 한다.[18] 그러나 하나님의 진리의 말씀이 그들의 마음을 관통하지는 않은 상황이다. 그들은 "말씀을 듣기만 하여… 자기를 속이는 자들"이 될 수 있다(약 1:22). 자신의 영적인

은사를 발견하는 것은 하나님의 말씀을 듣고, 말씀에 기초하여 행동하는 것이다. 즉 사역에 참여하고, 하나님의 일을 찾으며, 교회로부터 확정적인 평가를 듣는 것이다.

센터포인트교회의 새 가족반의 마지막 수업이 이미 시작된 후에, 마이클 부목사는 케이틀린Kaitlyn이 조용히 교실에 들어와서 뒤쪽에 있는 남편 롭Rob의 옆자리에 앉은 것을 알아 차렸다. 케이틀린은 현재 영적 은사에 대해 가르치는 책의 지점을 찾기 위해서 급하게(그리고 큰 소리로) 자료집을 뒤지면서 당황하는 듯 보였다. 마이클이 교회 안에 있는 은사의 의미와 목적에 대해서 성경적인 가르침을 제시하기 시작했다. 그 후에 마이클은 각 그룹들이 자신의 영적 은사에 대해서 평가한 결과와 어떻게 하나님께서 사역 가운데 그들의 은사를 사용하셨는지를 나누도록 인도했다. 다른 사람들이 대화하고 있음에도 불구하고 케이틀린이 조용히 자리에 앉아있는 것을 마이클은 주의 깊게 관찰했다. 가끔 케이틀린은 걱정스러워 보였고, 다른 때는 혼란스러워 보였다. 수업을 마친 후에 마이클은 케이틀린에게 다가가서 물었다. "제가 보기에 당신은 토론할 때 참여하지 않는 것 같아요. 은사 평가를 잘 마치셨나요?" 케이틀린은 의자에서 공책을 집어서 결과가 기록된 장을 펼쳐 보였다. "이 설문은 제가 가르침의 은사를 가지고 있다고 말하는데, 저는 그렇지 않다는 것을 알고 있어요. 저는 사람들 앞에서 말하는 것이 겁이나요. 제 손바닥에는 땀이 나고요 목도 마르고, 말도 더듬어요"라고 말했다. 마이클은 "성경공부 좋아하세요?"라고 물어보았다. "저는 하나님의 말씀에 대해서 더 많이 배우는 것을 좋아해요"라고 말했고, 그때 케이틀린의 눈이 반짝거렸다. "어떤 이유인지는 모르지만, 주님께서 제 남편과 아이들을 격려하고 안내하기 위해서 매일 저에게 성경구절들을 생각나게 해주세요. 제 아이들은 저에게 '엄마는 모든 일에 대해서 적절한 성경구절을 알고 있는 것 같아요'라고 항상 말한답니다." 마이클은 "그건 아마도 당신이 권면의 은사를 가지고 있는 것처럼 보이는군요"하고 가능성을 언급했다. "그렇지만 하나님께서 당신에게 가르치는 일에 대해서도 부르고 계시는지 모릅니다. 이 은사 설문 조사는 사람이 만든 하나의 도구라는 것을 기억해야 해요. 성경이 아니란 얘기지요. 당신이 가능성 있는 은사를 사용하고, 어떻게 당신의 가르침을 통해서 하나님께서 영광을 받으시는지를 관찰하면서 당신은 은사를 발견할 수 있습니다." 남편 롭도 인정하며 말했다. "나는 우리의 가정예배 시간에 당신이 도와주는 게 참 좋아요. 당신은 내가 할 수 있는 것보다 아이들과 훨씬 잘 소통할 수 있어요." "그건 맞아요." 케이틀린도 동의했다. "나는 어디든지 가서 가르치는 것을 시작해야겠어요. 집이 가장 가르침을 시작하기에 가장 좋은 장소겠죠."

공유하는 섬김으로서 가정 사역

교회 성도들의 은사는 그들이 처한 삶의 상황에 관계없이 가정을 강화시키고, 각 가정들이 하나님 나라의 목표를 이루도록 자녀들을 준비시키는 데 사용될 수 있다. 현재 자녀를 기르고 있는 부모들이 이러한 사역의 최전선에 있어야 하겠지만, 자녀 양육이라는 선교적 사명을 위해서 모든 성도들의 노력이 중요하다. 가정 사역이라는 논의에서 일반적으로 제외되는 많은 그룹들이 있다. 이 그룹에는 미혼의 젊은 청년, 나이든 독신,

한 부모 가정, 자녀가 없는 부부, 자녀가 떠난 부부, 노인들이 있다. 이 그룹들에 속한 성도들은 이미 형제들, 이모, 삼촌, 사촌, 또는 조부모들과 연결되어 있거나 또는 미래에 결혼할 배우자 또는 미래의 부모 관계 속에서 새로운 가족의 일원이 될 것이다.

가정 중심적인 교회는 하나님 나라의 일을 위해서 모든 가족 구성원들을 지원하고, 준비시키고, 활용해야 한다. 삶의 여러 단계와 상황에 있는 사람들은 부모와 자녀들을 강화시키고 준비시키기 위해 가치 있는 관점들과 경험들 그리고 사역의 자원들을 가지고 있다.

미혼의 젊은 청년들

청년이 되는 시기에 있는 사람들은 대학생들, 대학원생들, 직장 생활의 첫 단계에 있는 젊은 남녀들, 그리고 경력자들이 있다. 많은 젊은 청년들은 조금 더 성장한 위치에서 상대적으로 어린 어린이들과 청소년들에 대해서 잘 알고 깊은 관계를 맺을 수 있다. 그들은 또한 육체적인 힘과 지성적인 발달에 있어서 전성기를 지나고 있다. 결과적으로, 자라나는 청년들은 소그룹 제자훈련의 리더, 일대일 멘토링, 가정 사역 캠프 자원자, 그리고 방과 후 교사로서 가정 사역을 더욱 귀하게 만들 수 있다.

한 부모 가정들

한 부모 가정은 1960년 대 이후 세 배 이상 증가했음에도 교회에서 가장 소외되는 계층 중의 하나이다.[19] 젊은 시기에 과부나 홀아비가 된 성인들, 또 이혼했거나 미혼인 상황에 있는 부모들은 정서적, 사회적, 재정적, 육체적, 영적으로 많은 스트레스를 경험한다.[20] 대부분의 한 부모들이 사역에 참여할 수 있는 시간과 에너지가 거의 없지만, 그들이 교회에서 가치있다는 사실과 가정에서 소중한 영적 리더라는 사실에 대해서 인식할 필요가 있다. 한 부모는 교회에서 다른 가정들과의 사역에 대해서 도전받아야 하고, 가정에서 제자훈련하도록 준비되어야 한다. 온전한 가정의 부모들과 같이, 한 부모에게도 가장 첫 번째 사역의 의무는 바로 자녀들이다. 그러나 교회의 지도자들은 부모를 교육할 때, 한 부모가 가지고 있는 특별한 필요에 맞추고 일정을 조절해야 한다.

자녀가 없는 부부들

한 부모 가정처럼, 자녀들이 없는 부부들도 교회 주변부에 있다. 대부분의 부부들이 가정에서 자녀를 양육하는 데 집중한다면, 자녀가 없는 부부들은 가임기 동안에 특히 주의를 기울인다. 일부 자녀가 없는 부부들은 자녀를 위한 기도가 응답되지 않는 것처럼 보이기 때문에 깊은 낙심과 의심을 경험한다. 다른 부부들은 자녀를 가지지 않기로 한 결정에 대해서 만족하는 마음을 가지고 있지만, 몇몇 교회들에서 그들을 판단하고 경멸한다는 것을 경험한다. 그럼에도 불구하고 자녀가 없는 부부들은 아버지나 자녀가 없는 가정의 자녀들을 위한 보모로서, 특별한 도움이 필요한 가정을 위한 임시 돌봄이로서, 어린이나 청소년을 위한 소그룹의 리더로서 역할을 함으로 가정 사역의 귀중한 자원이 될 수 있다. 또한 자녀가 없는 어려움을 경험하는 기혼 부부들은 다른 사람을 위해서 기도하고 지원하고 섬길 수 있다.

자녀가 출가한 부부들

앞으로 10년에서 20년 사이에, 베이비 붐 세대(역자 주 - 베이비 붐 세대는 경제적인 회복세 가운데 출산율이 이전보다 높던 시기에 태어난 사람을 가리키는 말로서, 한국에서는 한국전쟁이 끝나고 1955년에서 63년 사이에 태어난 사람들을 일컬음)가 자녀를 기르던 시기를 지나 "새로운 삶의 단계로 진입하면서 어려움"을 겪을 것이기 때문에 자녀들이 출가한 가정의 부부들과 노년층들은 교회의 인구 비율에서 많은 비율을 차지하게 될 것이다.[21] 대부분의 베이비 붐 세대와 베이비 버스터의 선두주자들은 자녀들이 성인이 되면서 "빈 둥지"(역자 주 – 자녀들이 모두 출가한 후 텅 빈 집에 대한 표현)를 경험하고 있다. 특이하게도 대학에 다니는 자녀들 또는 이제 막 직장에 취업한 자녀들이 있는 사람들은 퇴직한 지 10년에서 20년 정도 되었음에도 불구하고, 직장 밖에서도 쓸모 있게 일하기 위한 기회를 찾고 있다. 이러한 생애 단계에 대한 최근 현상은 빈 집이 다시 채워지는 것인데, 재정적인 이유로 더 많은 성인 자녀들이 부모와 살기 위해 돌아오거나 출가를 경험한 부부가 손주들의 보모가 될 때 일어난다.[22] 자녀를 출가시킨 부부들은 풍부한 경험을 가지고 있기 때문에 교회는 가정 사역의 목적을 위해서 이들을 발굴하는 것이 필요하다. 부모로서 그들이 성공하고 실패했던 풍부한 경험들을 가지고 있는 이들 그룹은 교회를 위하여 준비되어 있다. 이들 그룹은 아버지와 어머니가 가정에서 제자훈련가가 되도록 훈련하는 부모 교육 워크숍을 잘 이끌 수 있고, 가족 선교 여행, 젊은 부부들을 멘토링, 소그룹도 잘 이끌 수 있다.

노년들

기대수명이 증가하고 출산율이 감소함에 따라 대략 2030년까지 55세에서 90세 사이의 성인들이 대부분의 교회에서 주류를 이룰 것이며, 노년층의 인구는 일시적으로 감소할 것이다.[23] 가까운 미래에는, 가장 젊은 층에 속하는 노년들이(베이비 부머들) 선교와 사역에 활동적으로 참여함으로써 늘어난 기대 수명에 대한 탐구를 이어갈 것이다.[24] 출가한 자녀를 둔 부부들과 비슷하게, 사역에서 노년들의 강점은 가정의 소그룹에서 가르치는 것과 함께 부모 교육과 영적 리더십 배양을 위하여 젊은 장년들을 훈련하고, 멘토링하는 것이다. 75세 이상 된 노년들이 육체적으로 힘든 일들을 섬길 수는 없지만, 젊은 세대를 양육하고, 또 위기에 처한 가정들을 위해서 기도의 용사가 되는 것에 소중한 지혜와 믿음의 경험을 가지고 있다.

결론

가정 사역은 단순히 가정의 문제만 다루는 것은 아니다. 자녀들을 제자훈련하는 부모는 교회라는 영적인 가족 전체의 도움과 지원을 필요로 한다. 지역 교회에 속한 모든 성도들은 삶의 모든 단계들과 상황들 속에서 잠재적으로 준비되고, 하나님의 섭리 속에서 은사를 받는데, 이것은 제자 훈련의 과정에 기여하기 위함이다. 교회의 지도자들은 성도들의 은사와 능력을 발견해 내고, 그 과정에서 각 사람의 역할을 찾는 데 책임을 가지고 있다. "제자 훈련하기 위해서는 교회가 필요하고" 모든 성도들이 가정에 대하여, 가정과 함께, 그리고 가정을 통해서 섬기도록 준비될 때, 하나님께서는 교회와 가정을 변화시키실 것이다.

토론 주제
DISUCSSION GUIDE

1. 가정을 위해, 가정과 함께, 가정을 통하여 섬기기 위해서, 교회의 모든 성도들을 모집하고 훈련하는 것이 왜 필요한가?

2. 교회가 가정 사역을 위해 "공유하는 사역"으로 접근할 때, 구체적으로 어떻게 유익을 얻는가?

3. 공동체가 가정 사역에 대해서 책임을 공유하지 않는다면 어떤 일이 일어날 수 있는가?

4. 목회자들이나 교회의 다른 지도자들이 모든 성도들로 하여금 가정 사역을 위해서 준비하도록 하는 데 거리끼는 이유는 무엇인가?

5. 영적인 은사를 발견하기 위한 검사들과 검사지들은 어떤 역할을 할 수 있는가?

6. 교회에서 가정을 섬기기 위해서 하나님께서는 어떤 영적인 은사를 당신에게 주셨는가?

7. 교회에서 가정들을 섬기기 위해 하나님께서 당신을 통해 행하신 것을 경험한 증거는 무엇인가?

8. 당신의 교회에 속한 가정들은 청년, 독신, 출가한 부부, 노년 등의 그룹을 섬기면서 어떤 유익을 얻을 수 있는가?

참고 도서

- Blackaby, Henry and Mel. *What's So Spiritual about Your Gifts?* Colorado Springs, CO: Multnomah, 2004.
- Mallory, Sue. *The Equipping Church.* Grand Rapids, MI: Zondervan, 2001. Ogden, Greg. *Unfinished Business: Returning the Ministry to the People of*
- *God.* Grand Rapids, MI: Zondervan, 2003.
- Rainer, Thom S. *I am a Church Member: Discovering the Attitude That Makes a Difference.* Nashville, TN: B&H, 2013.

5장

목회자의 리더십과
모범 보이기

_브라이언 해인스(Brian Haynes)

담임목회자인 찰스Charles는 어린이 담당 사역자인 미리암Miriam과 화요일 아침마다 정기적으로 모임을 갖는다. 그러나 찰스는 이 모임을 염려하곤 한다. 미리암이 루이빌에서 열렸던 D6 콘퍼런스(역자 주 - 매년 미 전역에서 모여서 가정 사역에 대해서 토론하는 가장 큰 가정 사역 대회 중 하나)에 참석한 후 6개월이 지났지만, 미리암은 계속 교회가 가정 구비 사역 모델로 전환해야 할 필요성을 이야기하고 있었다. 처음에 찰스는 어린이들과 그 가족들이 함께하는 새로운 형태의 가정 사역에 대한 꿈을 듣고 흥미를 느꼈지만, 곧 이러한 변화가 미리암이 노력할 수 있는 범위보다 더 많은 것들을 요구한다는 사실을 깨달았다. 미리암은 부모들이 가정에서 영적인 리더가 되도록 준비시키는 사역의 방향을 기존에 있던 교회의 비전과 융합하여, 교회 비전을 재조정할 것에 대해서 찰스에게 매주 강하게 표현했다. 때로 미묘한 의견의 차이도 있었다. 그러나 다른 때에는 그녀가 '사역의 사일로'(역자 주 - 사일로는 목초 저장을 위해서 세운 탑모양의 구조물로 일반적으로 부서나 조직 사이에 구분이 되는 벽을 의미한다)를 제거하고, 심지어 전체 조직을 뒤엎는 것에 대해서 이야기하면서 한 시간 전체를 보낸 적도 있었다. 미리암의 열정은 너무나도 강렬해서, 어떤 때는 미리암이 담임목회자인 찰스의 능력과 목사의 권위 위에서 판단하고 있다고 느낄 정도였다.

회의를 알리는 벨이 울리는 그때 찰스는 깊은 생각에 잠겨 있었다. 그 순간, 찰스는 오늘의 대화를 마무리할 것을 결심했다. 미리암이 가정 사역의 모델들을 언급했을 때, 찰스는 부드럽지만 확고하게 말했다. 다른 사역을 이미 꽉 차 있는 사역 일정에 추가하는 것에 관심이 없다고 말이다. 또한 다른 교역자들도 사역들을 개편하는 것에 대한 그녀의 열정에 공감하지 않았다. 만약 미리암이 항의하면서 그 안건을 밀어붙이려고 한다면, 찰스는 제일교회First Church가 지난 150년 동안 가정에 대한 전략이 없었어도, 지역 사회에서 성공적인 사역을 해 왔다는 것을 상기시켜 줄 심산이었다. 만약 미리암이 그것을 수용할 수 없다면, 그녀는 다른 섬길 곳을 찾아야 한다고 생각했다.

일정표를 힐끔 본 찰스는 남은 하루의 일들에 대해서 마음속으로 점검했다. 점심을 먹은 후, 개리슨Garrison부부와 결혼상담이 있었다. 점심 후에는 마지 백햄Marge Beckham과 함께 마약 재활원에 있는 그녀의 아들을 방문할 것이다. 저녁 후에는 성 중독 문제로 인해서 힘들어하는 아빠들의 소그룹에서 그들의 책임감을 불러 일으켜야 했다. 집으로 들어가기 전, 최근 셋째 자녀를 유산한 마샬Marshall을 놓고 기도하기 위해서 잠시 그 집에 들려야 했다. 찰스는 교회의 사람들을 사랑했지만 많은 사역의 요구들로 인해 집에서 가족과 함께하는 것이 점점 더 어려워졌다는 것을 알게 되었다. 찰스는 감당하기에 어려운 일을 놀랍게 해내고 있는 아내 블레어Blair에게 감사와 기도의 메시지를 보냈는데, 아내가 네 자녀를 돌보면서도, 젊은 엄마들을 제자훈련할 시간을 마련했기 때문이다. 아마 언젠가 찰스는 가정과 교회 사이에서 균형을 이루는 방법을 찾을 수 있을 것이다.

이러한 때에, 미리암이 사무실 문을 두드렸다. 찰스는 들어오라고 말했고, 인사를 나눈 후에 미리암은 대화에 들어갔다. "찰스, 저는 우리 교회의 가정 사역의 전략에 대해서 기도해왔고, 제가 생각하기에 실행 가능한 계획을 찾은 것 같습니다." 미리암이 다른 말을 하기 전에 찰스가 그녀의 말에 끼어들었다. "그렇게 말해주니 반가운 소리군요. 저는 당신에게 솔직할 필요가 있다고 생각하는데… ." 미리암이 다시 끼어들면서 말했다 "찰스, 제 말을 잘 들어보세요. 저는 당신이 얼마나 과로하며 일했는지 알고 있습니다. 저는 당신이 하루 일과에 더 많이 일할 시간을 추가해야 한다는 것을 요구하는 것이 아닙니다. 이 계획은 감독하며 관리해야 할 또 다른 많은 활동을 추가하는 것이 아니에요. 오히려 그 계획은 사역 리더십의 기초를 공고히 하고, 우리가 가장 중요한 일들을 살피도록 만드는 것입니다." 찰스는 자신의 주장을 계속하기 위해서 몸을 앞으로 기울였지만 무언가(또는 누군가)가 그를 막는 것을 느꼈다. 그는 심호흡을 하고 의자에 앉으며 "듣고 있습니다"라고 말했다.

목회자로서, 그리고 지역 교회에서 가정 사역이라는 주제에 대해 다른 목회자들과 함께 일하는 사람으로서 내 경험에 따르면, 나는 이 장이 사역하는 많은 사람들을 당황하게 만들었다는 것을 안다. 개인적으로 강렬한 질문이 목회자의 마음에 떠오를 것이다. 내가 만약 완벽한 부모나 배우자가 아니라면, 내가 만약 나쁜 부모나 배우자라면, 내가 가정 사역의 영역을 이끄는 데 신뢰를 줄 수 있을까? 내 아이들이 완벽하지 않는 상황에서 내가 가족을 이끄는 것에는 조금 부족하고, 교회를 이끄는 것에 더 익숙하다는 것을 나의 성도들이 알게 된다면 어떻게 될까? 이 모든 질문들은 합당한 질문들이다. 그렇다면 다음 질문은 어떤가? 목회자가 어떻게 교회로 하여금 제자훈련 과정에서 가정들이 참여하도록 이끌어야 하는가? 목회자가 해야 할 일과 하지 말아야 할 일은 무엇인가? 수년 동안 나는 목회자이자 가장으로서 이 모든 질문들과 씨름해왔다. 지역 교회에서 가정 사역과 관련하여 목회자의 리더십과 모범은 어떠해야 하는가?

목회자에 대한 성경의 분명한 지침

지역 교회에서 가정 사역의 문제는 목회자 자신의 마음과 목회자의 가정에서 시작된다. 다음 생각이 당신에게 친숙할지 모르겠지만, 성경은 디모데전서 3장 4-5절에서 감독, 장로, 목사에 대한 자격들에 대해서 분명하게 명시하고 있다.

> 디모데전서 3장 4-5절
> 4. 자기 집을 잘 다스려 자녀들로 모든 공손함으로 복종하게 하는 자라야 할지며
> 5. 사람이 자기 집을 다스릴 줄 알지 못하면 어찌 하나님의 교회를 돌보리요[1]

이 자질들은 목회자가 결혼했음을 나타내지만, 결혼을 요구한 것은 아니다. 또 그 자질들은 목회자에게 자녀가 있음을 암시하지만 그렇다고 해서 부모가 되는 것이 감독의 엄격한 자질이라는 것은 아니다. 그러나 목

회자가 결혼을 하고 자녀가 있을 때 가정을 잘 이끌어야 하는 것은 당연하다. 자기 가정 안에서 가정 사역은 교회에서 사역을 감독하는 목회자에게 자격이 있는지 없는지를 나타낸다.

원칙은 목회자가(섬김, 인도함, 사랑함을 통해) 자기 가정을 잘 돌보아야 한다는 것이다. 위 구절에 따르면, 가정 사역은 순종적이거나 잘 따르는 아이들을 만드는 것이라고 볼 수 있다. 강제나 강요가 아니라 사랑과 존경 안에서 자유롭게 순종과 같은 열매를 맺는 방식으로 가정을 돌보는 사람은 하나님의 가족을 섬기는 목회자로서 자격이 있다. 반대로 자신의 가정을 잘 돌보지 않는 목회자는 자격이 없다.

목회자들이 경험하는 것처럼, 하나님의 마음과 성경의 전체적인 교훈을 이해하는 것은 결혼과 가정생활에서 불완전한 우리에게 은혜를 가져다 준다. 사실 자격을 정당화하고, 자녀들의 온전한 행실을 요구하는 목회자는 가정을 잘 살피고 있다고 보기 어렵다. 가정을 잘 살핀다는 것은 몇몇 사람들이 생각하는 것처럼, 가정생활의 아름다운 그림을 그저 생각만으로 그리는 것이 아니다. 오히려 가정을 잘 살핀다는 것은 자비와 은혜를 간구하며 가족 한 사람 한 사람에게 복음을 전하는 것이다. 이런 공감의 리더십은 가족 각 구성원에게 모범을 보이고 대화로 제자훈련을 한다. 아름다운 가정의 이미지만을 지키려고 하는 율법주의나 거짓말을 하는 것이 아니라, 자녀들이 죄를 지었을 때 회개하도록 이끌고, 그리스도께 은혜를 받도록 지도하며, 그리스도와의 관계에서 성장하도록 돕는 것이다. 돌봄을 잘 받은 가정은 완전한 그림은 아니지만 하나님을 향해 나아갈 방향을 가지고 있다. 이렇게 목회자들에 대한 분명한 그림이 정확하게 나타나 있다. 즉, 집에서 가정 사역이 목회 사역을 위한 성경적인 잣대인 것이다.

감독이 되기 위한 성경적인 자질을 갖추는 것을 넘어서서, 목회자는 가정 사역에 대한 이해를 가지고 있어야 한다. 가정 사역을 이해하는 것은 하나님의 백성을 영적으로 만들어 가시려는 하나님의 설계를 분명하게 이해하는 것이다. 다음 성경 구절들이 독자들에게 새로운 것은 아니겠지만, 이 구절들에 포함된 생각은 우리가 어떻게 전략적으로 지역교회의 사역을 통해서 제자를 세우는 것이 혁신적인지를 안내할 것이다. 간단하게 다섯 구절을 살펴보자.

신명기 6장 4-7절

4. 이스라엘아 들으라 우리 하나님 여호와는 오직 유일한 여호와이시니
5. 너는 마음을 다하고 뜻을 다하고 힘을 다하여 네 하나님 여호와를 사랑하라
6. 오늘 내가 네게 명하는 이 말씀을 너는 마음에 새기고
7. 네 자녀에게 부지런히 가르치며 집에 앉았을 때에든지 길을 갈 때에든지 누워 있을 때에든지 일어날 때에든지 이 말씀을 강론할 것이며

시편 78장 4-7절

4. 우리가 이를 그들의 자손에게 숨기지 아니하고 여호와의 영예와 그의 능력과 그가 행하신 기이한 사적을 후대에 전하리로다
5. 여호와께서 증거를 야곱에게 세우시며 법도를 이스라엘에게 정하시고 우리 조상들에게 명령하사 그들의 자손에게 알리라 하셨으니
6. 이는 그들로 후대 곧 태어날 자손에게 이를 알게 하고 그들은 일어나 그들의 자손에게 일러서
7. 그들로 그들의 소망을 하나님께 두며 하나님께서 행하신 일을 잊지

아니하고 오직 그의 계명을 지켜서

잠언 22장 6절

6. 마땅히 행할 길을 아이에게 가르치라 그리하면 늙어도 그것을 떠나지 아니하리라

마태복음 28:18-20

18. 예수께서 나아와 말씀하여 이르시되 하늘과 땅의 모든 권세를 내게 주셨으니

19. 그러므로 너희는 가서 모든 민족을 제자로 삼아 아버지와 아들과 성령님의 이름으로 세례를 베풀고

20. 내가 너희에게 분부한 모든 것을 가르쳐 지키게 하라 볼지어다 내가 세상 끝날까지 너희와 항상 함께 있으리라 하시니라

에베소서 6장 4절

4. 또 아비들아 너희 자녀를 노엽게 하지 말고 오직 주의 교훈과 훈계로 양육하라.

목회자로서 우리가 가정 사역을 생각할 때, 우리는 종종 교회의 한 프로그램이라고 생각하고, 그 대상을 이미 모든 행사에 참여하고 있는 교회 내 20%의 가정들을 위한 것이라고 생각한다. 그러나 성경에 따르면, 이것은 가정 사역에 대한 적절한 방식이 아니다. 아이러니하게도, 만약 가정 사역에 대한 권한이 전적으로 나에게 있었다면, 나는 교회 내의 어떤 프로그램에도 가정 사역이라는 용어를 붙이지 않았을 것이다. 가정 사역

은 교회가 제자를 훈련하는 방식이다. 가정 사역은 그저 전략개발을 위해 생각을 공유하는 단계에서 새롭게 떠오른 아이디어가 아니다. 가정 사역은 하나님의 백성을 영적으로 빚어가시는 하나님의 계획이다. 하나님께서 이스라엘 백성들을 약속의 땅으로 인도하시기 전, 신앙 공동체와 가정이 다음 세대에게 믿음을 전수하기 위해서 함께 협력할 것을 명령하셨다. 쉐마의 일부로 알려진 신명기 6장 4절에서 7절은 구약에서 가장 근본이 되는 성경구절이다. 쉐마 전체의 내용을 읽으면 우리 마음을 밝게 비추어주겠지만, 6절과 7절, 두 구절에 초점을 맞추는 것은 우리로 하여금 하나님의 설계를 집중하여 보도록 도와준다.

> 6. 오늘 내가 네게 명하는 이 말씀을 너는 마음에 새기고
> 7. 네 자녀에게 부지런히 가르치며 집에 앉았을 때에든지 길을 갈 때에든지 누워 있을 때에든지 일어날 때에든지 이 말씀을 강론할 것이며

이 명령에 들어있는 의미는 명확하다. 이 명령의 원래 청중은 하나님께서 약속하신 땅에 들어갈 이스라엘 백성 전체였다. 이 명령은 마른 홍해 길을 걸었던, 하늘로부터 내린 만나를 맛 본, 그리고 반석으로부터 물을 마셨던 경험이 전혀 없이 약속된 땅에서 태어나고, 살고, 죽게 될 다가오는 세대들을 제자훈련하려고 하신 하나님의 계획이었다. 어떻게 이스라엘 백성들이 하나님에 대해서 그리고 하나님께서 주신 생명의 길을 알 수 있었겠는가? 어떻게 다음 세대를 제자훈련해야 할지에 대한 하나님의 의도가 전체 공동체에 선포되었던 것처럼, 이 명령은 개별 가정에도 실제로 적용되어야 했다. 당신이 집에 앉아 있을 때 엄마, 아빠, 또는 할머니는 의도를 가지고 하나님의 명령을 언급해야 했다. 가족 모두가 잠자리에

들거나 일어났을 때 하나님의 교훈을 강조하는 것은 가족 모두의 책임이었다. 그러므로 신앙 공동체는 하나님을 사랑하고, 하나님의 명령을 공동체의 중심에 두고, 그 과정에서 가정과 협력하며 의존하는 관계를 가진다. 이 같은 방식은 교회(또는 신앙 공동체)와 가정을 연결함으로써 결과를 도출할 수 있는 세대 간 제자훈련의 본질이다.

시편 78편 4-7절은 전능하신 하나님께서 행하신 찬양 받으실 만한 일들을 다음 세대에 전해야 하는 공동체의 책임과 가정의 책임에 대해서 외치고 있다. 이 말씀은 다음 세대의 제자훈련을 위한 분명한 기초가 된다. 신앙 공동체와 가정은 이 계획을 실행하는 일에 깊이 관련되어 있다. 이 구절의 성경적인 맥락은 공동체가 안식일을 지키고, 함께 주님께 예배하고, 축제를 가지기 위해서 예루살렘에 모인 상황이다. 먼지가 많은 길을 따라 예루살렘으로 가는 길에서, 어느 한 집에 촛불을 하나 켜 둔 가족의 식탁에서 대화가 있었고, 신앙 공동체의 협력자들인 부모들이 다음 세대를 제자훈련하기 위해서 힘쓰고 있었다. 시편 78편을 따라서 아주 단순하게 적용하며, 공동체와 협력하는 것은 아직 태어나지 않은 세대에게도 하나님의 사랑과 그분의 계획, 그리고 우리가 어떻게 살아야 하는지에 대한 메시지를 전달하는 강력한 효과를 가지고 있다.

잠언의 저자는 잠언 22장 6절에서 독자들에게 생명을 위한 지혜를 제공하고 있다. 저자는 마땅히 가야 할 길 또는 하나님께서 정하신 길을 가르치면 나중에 자녀들이 생명의 길로부터 떠나지 않을 것에 대해서 가르치고 있다. 이는 하나님 나라 백성을 향한 기록이지만, 동시에 자녀들을 훈련하거나 자녀들을 제자훈련하는 부모들을 향한 교훈이기도 하다. 잠언의 장르는 지혜 문학이고 본질적으로 약속은 아니지만, 그 구성을 살펴보는 것은 현재 논의의 맥락에서 중요하다. 우리는 이 구절이 제자훈련의 맥락에서 가정의 중요성을 묘사한 것으로 본다. 구약성경을 얼핏 보더라도, 신앙 공동체와 가정이 제자훈련을 위해서 협력하는 거룩한 계획이 분명하게 드러난다. 이 구절들은 오래 전에 기록되었지만 21세기 교회에서 가정 사역을 섬기기 위한 현대 목회 리더십의 기초가 된다.

잠시 가정 사역이나 세대 간의 제자훈련에 대한 내용을 담고 있는 익숙한 신약성경 구절들을 살펴보자. 목회자로서 우리 대부분은 마태복음 28장 18절부터 20절까지 말씀이 세상에서 우리의 사명을 분명하게 밝혀 준다는 것에 동의할 것이다.

마태복음 28장 19-20절
19. 그러므로 너희는 가서 모든 민족을 제자로 삼아 아버지와 아들과 성령님의 이름으로 세례를 베풀고
20. 내가 너희에게 분부한 모든 것을 가르쳐 지키게 하라 …

이 사명을 성취하기 위한 가장 좋은 방법은 무엇인가? 대사명the Great Commission이 주어지고 성령님이 오셨을 때, 적용할 수 있었던 쉐마의 진리는 사라져 버렸는가? 결코 그렇지 않다. 초대교회의 신앙 공동체는 예루살렘과 사마리아와 땅 끝까지 확장되었다. 그리고 역사적으로 제자훈련은 교회라고 불리는 가정에서 모임과 관계들을 통해서 이루어졌다. 그 실천들이 가정 안에서 의도적인 제자훈련을 부정한 것은 아니었다. 바울의 편지, 예수님의 가르침, 그리고 구약성경에서 말하는 가정의 기도, 가정의 암송, 그리고 복음에 대한 분명한 가르침과 사랑의 증거들이 가정 안에서 일어났다. 지상명령the Great commission의 한 편에 자리 잡고 있는 가정은 여전히 신생아 같은 그리스도인의 발달을 위해 가장 위대한 인큐베이터

와 같다.

가정에서 의도했던 영성 훈련은 지역 교회와 협력하는 관계에서 더욱 향상된다. 에베소 교회의 대표적인 사도로서 바울은 가정에 대해서 가르쳤다. 바울에게 가정은 의도적으로 영성 훈련을 강화시켜야 하는 교회의 책임 중 하나였고, 함께 제자훈련해야 할 대상이었다. 에베소서 6장 4절에서, 우리는 부모로서 자녀를 노엽게 하지 말고, 오히려 주의 징계와 훈계로 양육하라는 가르침을 받았다. 이 말씀은 제자훈련에 있어 하나님께서 의도하신 가정의 역할에 대한 통찰을 제공한다.

우리가 가정과 교회를 연계하여 그리스도께서 주신 사명을 성취할 때, 우리는 이전에는 경험해보지 못한 효과적인 방식들을 경험하게 된다. 제자를 삼으라는 소명은 제자훈련의 과정에 있어서 가정도 포함한다. 이것이 바로 가정 사역의 핵심이다. 목회자가 보여야 할 리더십과 모범은 성경이 명시한 가정, 교회, 그리고 제자훈련에 대한 기본적인 교리들을 꾸준히 이루어 가는 것이다.

가정 사역을 목회에 적용하기

앞에서 언급한 명료한 성경적인 설명에 비추어 본다면, 한 교회를 감독하는 담임목사는 가정 사역에 대한 자신의 이해를 교회의 일상적인 사역에 어떻게 적용할 수 있는가? 한 가지 방법은 가정 사역에 대해서 연구하고 토론하는 것이다. 그러나 한편 교회와 가정이 협력하는 제자훈련 전략을 실제로 적용하는 것은 전혀 다른 차원의 일이다. 나의 경험상 담임목회자가 가정 사역을 주도하여 이끄는 교회는 모든 세대를 제자훈련하는 데 성공하였다. 강력한 담임목회자의 리더십 없이 가정과 교회를 연결하려고 시도했던 교회는 대체로 성공할 가능성이 낮았다. 목회자는 가정 사역을 적용하는 일에 다섯 가지 책임을 가지고 있다.

사명 선언문 만들기

목사는 교회의 사명을 분명하게 명시할 특별한 기회와 책임을 가지고 있다. 이러한 일은 교회와 가정이 협력하여 열매 맺는 제자훈련 전략을 세우기 위해서 필수적이다. 하나님의 계획에 따라서, 목회자는 그의 리더십과 모범을 통해서 가장 중요한 것을 공동체에 전달하는 영향력을 부여받았다. 교회 안에 있는 다른 지도자들과 사람들이 담임목회자의 목소리보다 더욱 귀를 기울이는 사람은 없다. 명확한 사명 선언문은 목회자, 장로, 집사, 봉사자들의 리더십, 그리고 결국 모든 하나님의 가족들이 공통의 목적에 협력하도록 만든다. 이러한 종류의 협력은 전달된 사명이 무엇이든 간에 운동력과 추진력을 만들어 낸다. 교회가 선교적인 차원에서 가정의 중요성을 인식하도록 성도들로 하여금 "향기를 맡게 하는 것"이 중요하다.

텍사스의 리그라는 도시^{League City}에 있는 베이에어리어교회^{Bay Area Church}의 사명은 "제자를 훈련하고, 가정을 준비시키고, 세상을 섬긴다"는 것이다. 리안 러쉬^{Ryan Rush} 목사가 목회하는 텍사스 케이티^{Katy} 도시의 킹스랜드침례교회^{Kingsland Baptist Church}는 "한 번에 한 가정씩 모든 사람들을 예수 그리스도 안에서 참된 승리를 경험하도록 초대한다"라는 선언문을 따라서 성도들이 선교적으로 협력하며 사역에 집중하고 있다. 북 캐롤라이나 매튜스^{Matthews} 도시에 있는 갈멜침례교회^{Carmel Baptist Church}를 담임하는 알렉스 케네디^{Alex Kennedy} 목사도 "갈멜 공동체는 가장 가까이에 있는 사람들, 우리의 이웃들, 그리고 열방을 제자로 삼는다"라는 사명 선언문에 헌신하고 있다고 말했다. 지역 교회들의 각 예에서 본 대로, 담임목회자는 교회의 성도들이 선교적 사명의 열쇠로서 가정을 고려하도록 가르치고 이끌었다는 것을 분명히 알 수 있다. 알렉스 케네디 목사가 사명 선언문 작성을 주도했는데, 그 사명 선언문에서 제자훈련이 교회의 건물이나 프로그램에 국한되는 것이 아니라, 반드시 가정 생활에 스며들어야 함을 명시했다.

확실히 이 교회들의 목회자들은 강단의 설교, 글쓰기, 대화, 그리고 자신들의 모범을 통해서 자주 성도들이 교회의 중요한 사명으로 돌아가도록 인도했다. 이렇게 표현하고 증명하는 것이 바로 목회자의 역할이다. 이러한 리더십의 중요성은 아무리 강조해도 지나치지 않다.

전략을 개발하기

교회의 직원들, 교회, 그리고 각 가정을 위해서 목회자는 "교회가 어떻게 가정과 함께 제자훈련을 할 것인가?"라는 질문에 답하는 것이 필요하다. 이 질문에 답한다고 해서, 목회자 자신이 전략의 창조자가 되어야 한다는 것은 아니다. 그러나 목회자는 부교역자들과 장로들, 또는 영향력 있는 성도와 함께 교회의 사명 선언문으로부터 나온 계획을 세우기 위해 협력하도록 지도해야 한다. 그 전략은 사람들의 삶에 그 사명이 실제로 이루어지게 만드는 것이다. 우리가 제자를 삼고, 가정을 준비시키며, 복음으로 세상을 섬기는 것은 좋은 일이지만 그러한 사명이 이루어지려면 목회자의 전략적인 계획이 필요하다.

만약 어린이 사역자, 청소년 사역자, 또는 제자훈련이나 교육담당 사역자와 같은 다른 사역의 리더가 전략을 개발하기 위해 개별적으로 팀을 이끈다면, 그 계획은 한쪽으로 치우친 가정 사역 프로그램이 될 수 있다.

만약 어린이 사역자가 전략 개발을 이끈다면, 그 계획은 어린이 사역 쪽으로 기울 것이다. 만약 청소년 사역자가 전략을 세운다면, 그 계획은 단지 청소년들과 그 가족들을 위한 가정 사역이 될지도 모른다. 그 계획은 잠정적으로 다른 사역들 가운데 하나의 사일로(역자 주 - 또 하나의 독립된 사역을 의미)가 될 수 있다. 그렇지만 만약 담임목회자가 공동의 제자훈련 전략 개발을 시작하고, 그 전략이 교회와 가정을 긴밀히 연결한다면, 잘 정리된 사역들과 가정에 대한 분명한 길들이 제시될 것이다.[2] 이러한 리더십 역할을 다른 리더에게 위임하는 것은 장기적이고 효과적인 가정 사역에 있어서 해로울 수 있다.

"제가 무엇을 해야 합니까?"라고 많은 목회자들이 나에게 물을 것이다. 처음에는 시간, 에너지를 투자하고 영향력을 나타내야 한다. 당신은 핵심 전략 개발 수련회 및 후속 회의에 참석하고, 이를 주도하는 것이 필요하다. 당신의 사역의 맥락에 잘 어우러지는 특별한 가정 사역을 세우기 위해서, 당신은 전략 설계를 위해 협력해야 한다. 그 과정에서 당신은 열정과 창의성 그리고 당신만의 고유한 생각을 나타내야 할 것이다. 가장 중요한 것은 일단 전략이 개발되면 신념을 가지고, 당신의 팀원들과 자원봉사자들, 교회의 가정들이 이것을 실행하도록 권한을 부여해야 한다는 것이다. 그렇다고 해서 당신이 가정 사역의 담당 목회자가 된다는 것을 의미하는 것은 아니다. 당신은 다양한 영역에서 실행할 권한을 위임할 수 있다. 가정 사역 목회자, 제자훈련 목회자, 소그룹 목회자, 직원들, 자원하여 섬기는 지도자들, 또는 누구든지 당신이 선택한 목회자들은 어린이 사역, 청소년 사역, 장년 사역 등 세밀한 부분에서 그 전략을 실행하기 위해서 사역을 이끌 수 있다. 이들은 담당하는 사역의 영역에서 교회와 가정을 연결하는 데 전문가들이 될 수 있을 것이다. 그러나 목회자는 믿음을 가지고 전체 전략을 잘 관리해야 하고, 하나님께서 목회자에게 감독하도록 믿고 맡기신 교회에서 가정 사역을 위한 지지자이자 그 전략의 설계자가 되어야 한다.

비전 제시하기

나는 한 지역교회에서 목회를 시작하고 몇 년이 지난 후에, 놀라운 깨달음을 얻었다. 내가 제시했던 비전이 우리 교회에 나오는 대부분의 사람들에게도 가장 중요한 비전이 되어 있었던 것이다. 적절한 시기에, 적절한 방식으로, 적절한 비전을 선택하는 것은 중요한데, 삶에 따라서 직감적으로 배우기도 하고, 어떤 사람들은 얼마 간의 시간이 지난 후에 비전에 대해서 배우기도 한다. 담임목회자에게는 다음 질문이 중요하다. "가정에서 제자훈련을 지지하고, 우리 교회에서 주요한 엔진으로서 가정과 가정 사역을 지지하는 것이 얼마나 중요한가?" 특별히 앞에서 언급했던 성경에 근거하여 이것이 매우 중요하다고 판단했다면, 당신은 가정과 교회를 연결하는 것에 관한 지지자가 되어야 한다. 이것이 무엇을 의미하는가? 이것은 비전을 제시하고, 문화를 발전시키고 지켜나가고, 팀을 양성하는 것을 의미한다.

핵심 리더이자 소통하는 사람으로서 모든 목회자는 교회에서 일차적인 비전 제시자가 되어야 한다. 비전은 사명과 다르다. 비전과 전략은 "우리가 무엇을 하고 있습니까? 또는 우리는 어떻게 하고 있습니까?"라는 질문을 해결해 준다. 비전은 "우리는 어디로 가고 있습니까?"라는 질문에 명확하게 답해 준다. 이 질문은 목회자 혼자서 답하는 것은 아니지만 목회 리더십은 이 질문에 필수적으로 답해야만 한다. 예를 들어서 베이에어리어교회Bay Area Church에서 우리는 사역하면서 사명 선언문이 "제자를 훈련하고, 가정을 준비시키고, 세상을 섬긴다"는 것으로 알고 있다. 우리는 전략적으로 교회와 가정에서 일곱 가지 신앙 유산 이정표 seven legacy milestones라는 공통된 제자훈련의 길을 걷게 될 것을 알고 있다. 우리의 비전은 더 웅장하고 위대하다. 사람과 가정 그리고 교회를 새롭게 하여 복음으로 "4B 영역 4B Area"이 잠기도록 하는 것이 우리의 열망이다(역자 주 - 휴스턴에 소재한 교회 주변에 B로 시작하는 4개의 위치를 의미함).³ 우리는 복음을 나눌 수 있고 앞으로 복음을 나눌 한 사람이 모든 남자, 여자, 어린이들과 만나는 시점이 바로 잠기는 것이라고 설명할 수 있다. 다른 말로 하면, 집에서 7마일(11.2km)내에 복음 중심적인 교회가 생기는 것을 의미한다. 우리의 비전은 오직 그리스도께서만 할 수 있는 깨어짐의 방식으로 우리를 새롭게 하는 것이다.

어떻게 가정 사역이 그 비전에 힘을 더할 수 있을까? 만약 우리가 지역 전체에 걸쳐서 건강하고, 복음 중심적 가정을 세우는 데 실패한다면, "4B 영역"을 복음으로 적시는 것도 불가능함을 우리는 잘 알고 있다. 우리가 사는 지역에는 가정 생활에 너무 많은 깨어짐이 있어서, 문자 그대로 가정들과 사람들을 새롭게 하는 것이 필요하다. 그래서 우리 교회에서 시작하여 우리 교회의 가정들이 살고 있는 거리와 공동체로 이동하여 복음 중심적 가정과 교회를 이루어가고자 하는 것이다. 가정을 새롭게 하기 위한 효과적인 전략 없이는, 가정이 이웃들에게 복음의 참된 증인이 되는 것에서도 실패하게 될 것이다. 우리가 바라는 미래에 대한 비전은 우리가 지금부터 가정을 잘 준비시키고, 가정을 섬기는 것이다. 이 상황에서 어떤 다른 사람도 담임목회자인 나보다 그 비전을 잘 지지할 수는 없다. 나의 어떤 기술 때문에 그런 것이 아니라, 목회자로서 나의 소명과 역할 때문에 그렇게 하는 것이 필요하다. 나는 이렇게 비전을 제시하고 비전에 도전했다. 이것이 담임목회자를 향해 요구되는 리더십이다.

비전에 도전하기 위해서 우리는 문화를 지켜 나가야 한다. 이상한 소리로 들릴 수도 있다. 아마도 리더십에서 가장 많이 간과된 측면이 있다면, 교회의 문화에 대해 좀더 주의를 기울이는 것이다. "우리는 누구입니까?"라는 질문에 대해서 현실적으로 표현한 것이 바로 문화이다. 우리가 누구이고 우리가 무엇을 원하는지는 종종 다를 때가 있다. 종종 기성 교회는 그 차이를 평가하는 것을 요구한다. 변화에는 효과적인 목회 리더십이 필요하다. 일단 교회가 바라는 인간상에 대한 정립이 교회 안에서 이루어졌을 때, 목회자는 인간상과 관련된 문화를 지키는 데 주의를 기울여야 한다. 가정을 깊이 생각하는 교회의 문화에는 향기가 난다. 강렬한 냄새는 아니지만, 처음 교회에 방문한 사람도 냄새를 맡는 것처럼 분위기를 알 수 있다. 문화는 가치로부터 흘러나온다. 문화는 우리가 사용하는 말에서 전달된다. 우리가 계속해서 사용하는 언어적 표현들은 우리가 누구인지 정의하는 경향이 있다. 문화는 우리가 축하하는 것에서도 전달된다. 축하를 받을 때 나오는 행동은 지속적으로 반복되는 경향이 있다.

흥미로운 것은 우리가 하지 않기로 정한 것이 때로 문화를 정의할 때도 있다. 예를 들어서, 많은 교회들은 주일 오후와 저녁에 가족들이 함께하고, 쉬고, 노는 시간을 주기 위해서 교회 건물 안에서 활동을 가지는 것을 피한다. 어떤 사람들은 이것을 이단의 교묘한 모습으로 보지만, 다른 사람들은 가정 생활에서 안식일의 원리를 실천하는 데 힘을 실어준 것으로 볼 것이다. 이렇게 목회자가 한 가지 문제를 어떤 방식으로 이끌어가든지, 목회자는 가정 사역의 문화를 조성하거나 제한할 수 있다. 담임목회자는 가정생활에 힘을 실어주는 교회 문화를 만들고, 유지해가는 일에 최선을 다하는 사람이다. 이것은 의도적인 측면에서 비전을 도전하는 것이다.

팀을 세워가는 것은 비전을 도전하는 것에 있어서 중요한 측면이다. 당신이 개척교회를 세우든지, 작은 교회를 섬기든지, 대형교회를 섬기든지 당신이 권한을 부여하는 팀은 결정적으로 그 비전에 긍정적 또는 부정적으로 영향을 미칠 것이다. 담임목회자로서 전략적 실행과 사역의 중요한 측면을 사람들에게 위임해야 한다. 교회와 가정을 연결하여 효과적으로 제자를 삼고 싶다면 교리적, 선교적, 전략적, 문화적으로 당신과 뜻을 함께하는 사람들로 구성된 팀이 필요하다. 팀에 비전을 도전하는 것은 팀 구성원을 코칭하고, 방향을 수정해주고, 그들이 사람들을 이끌고 있는 곳을 알 수 있는 충분한 비전을 제공하고, 팀 구성원이 한 방향으로 효과적으로 가고 있지 않을 때 필요한 대화를 함께 나누는 것을 의미한다. 협력하는 것처럼 보이든 또는 그렇게 보이지 않더라도 비전을 제시하고 도전하도록 하는 것은 매우 중요하다.

사람들을 세우기

당신은 가정 사역이라는 경기장 안에 부모, 조부모들이 있음을 발견하게 될 것이다. 그들이 예수님을 예배하고, 가정에서 복음을 실천하며, 주변 이웃들에게 복음을 전하면서 가족 전체를 이끌도록 준비되어야 하고 필요한 자원이 있다면 공급받아야 한다. 담임목회자로서 당신은 부모와 조부모 그룹을 잘 관리하는 데 중요한 역할을 수행해야 한다. 당신은 연중 설교 계획표에서 가정의 중요성과 가정의 영향에 대해서 설교함으로써 그들을 관리할 수 있다. 쉽게 말해서, 담임목회자는 그날의 설교에 기초해서 가정을 향한 좀 더 헌신적인 영적 동력을 만들 수 있다.

누군가의 부모이거나, 혹은 조부모인 사람이 당신의 교회 예배에 참석하고, 당신이 선택한 성경 본문에 대해서 설교하는 것을 들었다고 생각해 보자. 그들이 교회에서 나갈 때, 당신은 그들이 들었던 그 설교와 같은 내용에 기초하여 만든 출력된 가정예배지를 건네거나, 그 자료에 접속할 수 있는 웹사이트 또는 휴대폰 앱을 제공할 수 있다. 그들이 이미 예배에서 당신이 설교했던 것을 들었기 때문에, 당신이 강조하여 설교했던 특정 본문에 대해서 최소한의 기본적인 이해를 가지고 있다. 그들이 교회당을 떠날 때, 당신은 그들이 성경 말씀에 근거하여 그들의 가족들과 대화하는 것을 이끌어보도록 격려했다. 그들이 집에 가서 점심을 먹은 후에, 가족들이 모여서 성경 말씀을 다시 읽고 당신이 가정예배지에서 제공했던 몇몇 질문들을 가지고 대화했다. 정말 간단한 방법이지 않는가! 이 시나리오에서, 당신은 담임목회자로서 자연스럽게 당신의 리더십이 가족 식탁까지 확장하도록 역할을 한 것이다.

목회자는 교회 건물 어딘가에 가족을 위한 자료 센터를 만듦으로써 교회를 이끌어야 한다. 그 자료 센터를 통해 많은 가족들로 하여금 그 가족이 겪고 있는 가정 생활의 구체적인 상황에 따라 유익한 자료들을 구입할 수 있는 기회를 제공할 수 있다. 그 자료 센터는 간단하게 자료들을 벽에 전시하여 만들 수도 있고, 서점과 같이 좀더 복합적인 자료들을 배치할 수도 있다. 목회자가 그 자료 센터를 만들고자 할 때, 그는 공간을 정하고 자료 센터를 만드는 프로젝트를 위해서 예산 배정을 논의할 수 있다. 또한 목회자는 사역자들이나 모집된 봉사자들이 그 자료 센터에 이미 교회가 승인한 자료들을 읽도록 제안할 수 있다. 그렇게 하면 교회 내 가족들은 도움이 별로 안 되는 자료들에 접속하기보다 이미 검증된 자료들을 접하게 될 것이다.

목회자가 자신의 가정 생활에서 예를 사용하여 글을 쓰거나 가르치는 것은 비전을 도전하는 가장 탁월한 방법이다. 예를 들어서 담임목회자로서 당신이 당신의 가정 예배에 대해서 이야기해보라. 하나님께서 당신의 가정 예배에 임재하셨던 몇몇 순간들에 대해서 말해보라. 부모로서 그리고 배우자로서 당신은 성도들이 가정 생활에서 당신의 강점과 약점을 보게 할 수 있다. 목회자가 가정에 대해서 투명하게 공개하는 것은 아마도 다른 사람들에게 자신의 가족에 대해 현실적으로 생각할 수 있는 가장 큰 방법일 것이다. 목회자의 진정성은 교회 내 모든 가정들에게 중요한 자원이다. 교회의 사역을 통해 가정을 관리하며, 그들을 준비시키는 방법은 여러 가지가 있겠지만, 목회자의 리더십이 없다면 가정을 관리하는 것은 명분으로 그칠 수 있다.

가정에서 목회자의 리더십과 모범 보이기

가장 가까운 가족들과의 관계에서 담임목회자의 리더십과 삶의 모범은 정말 중요하다. 교회를 구성하고 있는 가족들을 향해서 비전을 도전하는 것과, 당신의 가정에서 그것을 실제로 살아내는 것 사이에는 약간의 괴리감이 있을 수 있다. 사실 이 괴리감은 많은 담임목회자들이 가정을 제자훈련의 핵심 요소로서 언급하며 비전을 제시하는 데 주저하는 이유이기도 하다. 가정에 있는 가족들은 담임목회자를 목사로 경험하기 전에 배우자 또는 부모로서 경험한다. 목회자는 교회에서 결혼한 부부들에게 요청하고 있는 대로, 참된 사랑에 기초한 의도를 가지고 먼저 친절한 배우자가 되어야 한다. 목회자가 교회에서 섬기는 가정들에게 요청하는 것처럼 자녀들을 영적으로 이끌고 섬긴다면, 가정에서 제자훈련의 경험을 가지고 있는 그의 자녀들도 성경적인 어른에 이르도록 인도할 것이다. 분명히 가정에서 먼저 남편과 아버지로 인식된 목회자가 모든 가족 구성원들과 마음의 연결을 위해서 노력하고 그들에게 제자훈련을 할 때, 그 목회자는 살아있는 가정 사역이라고 말할 수 있다. 부모이자 남편인 목회자가 부족함을 느끼고 조언을 구하는 모습이 있을 때, 그 목회자는 참된 가정 사역을 실천하고 있는 것이다. 목회자가 겸손한 마음으로 가정에서 잘못한 부분에 대해서 용서를 구할 때, 그는 참된 가정 사역을 실천하고 있다. 목회자가 자녀들 머리에 축복하거나 아내와 함께 성경 말씀에 대해서 대화할 때, 그 목회자는 참된 가정 사역을 실천하고 있다. 사실 가정 사역과 관련한 담임목회자의 리더십과 모범은 가정에서 그가 행하는 리더십의 처음, 중간, 마지막에 달려있는 것이 사실이다. 모든 것을 완벽하게 요구할 수는 없다. 가정 사역은 깨어짐을 인정하고 가정에서 매일매일 복음을 건전하게 적용하는 것을 필요로 한다.

지역 교회에서 가정 사역과 관련하여 목회자의 리더십과 모범이 그 교회나 가정들에서 효율성을 결정하는 유일한 이유는 아니다. 목회자의 리더십과 모범은 그 교회에서 가정 사역이 단순히 하나의 프로그램으로 인식될 것인지 아니면 그 교회의 DNA로 인식될 것인지 결정할 것이다. 물론, 후자의 경우는 교회에서 제자훈련의 전략으로서 가정 사역을 새롭게 하여 모든 세대들이 가정에서 헤아릴 수 없는 열매를 맺게 할 것이다.

토론 주제
DISUCSSION GUIDE

1. 당신의 교회를 위해서 가정 중심적인 사명 선언문을 만들어보라.

2. 가정 사역 전략을 개발하는 데 있어서 담임목회자는 어떤 도전들에 직면할 수 있는가?

3. 담임목회자가 지역교회의 가정 사역을 위해서 먼저 앞장서서 이끄는 것이 왜 중요한가?

4. 가정에서 부모들이 영적 리더십을 갖추기 위해서 필요로 하는 자료들의 목록을 만들어보라.

5. 목회자가 과거나 현재 부모로서 행했던 실수들에 죄책감을 느끼는 대신 어떻게 다른 모습으로 교회 안에서 가정 사역을 이끌 수 있는가?

참고 도서

- Haynes, Brian. *The Legacy Path: Discover Intentional Spiritual Parenting.* Nashville, TN: Randall House, 2011.
- Jones, Timothy Paul and John David Trentham. *Practical Family Ministry: A Collection of Ideas for Your Church.* Nashville, TN: Randall House, 2015.
- Rienow, Rob. *Limited Church: Unlimited Kingdom.* Nashville, TN: Randall House, 2013.

6장

교회에서 결혼 관계 강화하기

_스콧 플로이드(Scott Floyd)

카손^{Carson}과 에밀리^{Emily}는 17년 동안 결혼 생활을 했지만 서로에 대한 거리감을 느꼈고, 직장과 가정에서 책임감과 부담을 느꼈으며, 처음으로 결혼 생활이 계속될 수 있을지를 고민하며 고군분투하고 있었다. 두 사람은 어느 한 대학의 성경공부 모임에서 만났다. 카손은 기독교 가정에서 자랐지만 에밀리는 부모가 이혼한 가정에서 자랐다. 그녀는 교회에도 출석하지 않았지만 친구와 함께 성경공부 모임에 참석했다. 그 성경공부를 통해서 에밀리는 예수님을 믿고 따르게 되었다. 두 사람은 연애를 시작했고, 대학을 졸업하고 1년 후에 결혼했다.

조금 일찍 결혼한 두 사람은 직장을 잡았고, 지역 교회에 등록했다. 두 사람은 금세 교회에서 친구들을 사귀었고, 집에서 소그룹 모임을 이끌기 시작했다. 좋은 결혼 생활을 유지하는 것이 두 사람에게 중요했기 때문에, 이 부부는 일주일에 한 번, 오직 두 사람만을 위한 시간을 정하고 데이트하기로 동의했다. 카손과 에밀리는 둘 다 서로가 친밀하다고 느꼈고,

삶에 대한 긍정적인 마음을 가지고 있었으며, 결혼한 것에 만족했다.

두 사람은 결혼 3년 만에 첫 딸아이를 낳았으며, 2년 후에는 놀랍게도 쌍둥이 아들들을 임신하게 되었다. 두 사람은 삶의 다음 단계로 접어들면서 아내 에밀리가 집에서 아르바이트를 하는 것으로 결정했다. 그녀는 예전에 일했던 회사와 다시 일하게 되었다. 이 부부는 자녀교육을 진중하게 생각했다. 왜냐하면 그들은 부모가 적극적으로 자녀교육을 위해서 애써야 하고, 부모 자신이 자녀들에게 가장 주요한 영적 지도자라는 사실을 믿었기 때문이다. 삶은 극도로 바빠졌다. 특히 카손이 회사에서 승진을 하고, 출장을 가게 되면서는 더욱 그랬다.

카손의 가족들이 이 부부와 가까운 거리에 살았고, 자주 육아를 도와주었다. 카손과 에밀리는 지속적으로 교회에 참여했고, 교회의 많은 사람들에게 리더로 인식되기 시작했다. 위원회의 회의, 가르치는 일, 그리고 리더로서 다른 일들에 참여하면서 여러 요청들이 찾아왔다. 두 사람의 결혼 생활은 여전히 좋았지만, 육아나 교회의 필요로 인해서 데이트를 연기하거나 다시 일정을 잡아야 하는 경우가 많아졌다.

자녀들이 학교에 다니면서, 이 부부는 새로운 차원에서 분주함을 느꼈다. 아이들의 축구 연습과 경기, 악기 수업, 친구들의 생일 파티, 학교 활동, 그리고 다른 사회적인 활동들을 위해서 많은 시간을 사용하게 되었다(역자 주 - 미국에서는 부모가 아이들의 모든 활동을 위해서 운전해야 한다). 이들에게 교회는 매우 중요했기 때문에, 이 가족은 어린이를 위한 선교행사, 음악 프로그램, 성경학교 등 모든 활동들에 참여했다. 이 가족은 가족 캠프와 가족 선교여행에도 참여했다. 카손과 에밀리는 어른들을 위한 교회 활동들에도 참여했다. 젊은 여성들과 관계를 맺고 격려하는 것에 은사를 가지고 있는 것처럼 보인 에밀리는 교회로부터 여성 사역을 이끌어줄 것을 요청받았다. 카손은 안수집사가 되었고 교회의 주요 리더십으로 활동하게 되었다.

자녀들이 모두 학교에 가게 되면서, 에밀리는 전업으로 할 수 있는 일자리를 구했다. 부부는 자녀들, 학교, 그리고 직장 일을 중요하게 생각했고, 결과적으로 밤에 데이트하는 날과 두 사람만을 위한 시간은 점점 줄어들었다. 부부가 나눈 대화의 대부분은 아이들, 교회 그리고 직장에서의 일들에 대한 것들이었다. 카손과 에밀리는 둘 다 서로에 대해서 별로 친밀감을 느끼지 못한다고 말했다. 불화는 점점 늘어났다.

딸아이가 십대에 접어들었을 때, 가정 생활도 달라졌다. 어린 십대 딸은 극도로 불안감을 느끼며 방에 혼자 있기 시작했고, 부모에게 더 이상 교회 활동에 참석하고 싶지 않다고 말했다. 딸아이는 가정예배 시간이 바보 같고 어린애들을 위한 시간 같다고 말하며 가정예배를 거부했다. 첫째 누나가 교회와 가족활동을 거부하기 시작하자, 쌍둥이 동생들도 기존의 교회 활동에 참여하는 것을 꺼려하는 것처럼 보였다. 카손과 에밀리는 계속해서 가정예배를 드리면서 교회 여러 일들과 행사들에 참여했지만, 가족에게 재미와 친밀함을 가져다 주는 다른 일들에 비해 교회 행사는 훨씬 지루하다고 느꼈다.

주일 아침에 교회 가기 전에 다투는 일들이 일어났고, 종종 현재 누리고 있는 권한을 박탈하겠다는 일종의 위협적인 말이 오고 갔다. 교회에 가는 차 안에는 긴장감이 흘렀고, 말다툼을 그만하자고 표현하는 것 외에는 아무도 말을 하지 않았다. 어느 날 에밀리는 딸의 방으로 빨래를 가지고 가던 중에, 딸이 친구에게 보낸 쪽지를 발견했다. 딸은 학교에서 왕따를 당했고, 자해를 고민하고 있다는 말이 기록되어 있었다. 에밀리와 카손은 딸을 위해 앞으로 어떻게 해야 할지에 대해서 이야기했다.

에밀리는 딸아이에게 홈스쿨링하기 위해서 일을 그만두기를 원했다. 그러나 카손은 가족에게 필요한 수입을 잃는 것을 원하지 않았고, 또한 딸아이가 교회와 친구들로부터 물러서려는 경향을 방조하는 것 같아서 걱정했다. 부부는 어떤 방향이 좋을지에 대해서 대화하다가 큰 소리를 내며 다퉜다. 며칠간의 싸움은 몇 주 동안의 싸움으로 이어졌고, 말다툼은 풀리지 않고 딸은 더욱 어두워지는 것 같았다. 두 사람은 처음으로 계속 결혼 생활을 지속할 수 있을지에 대해서 고민하기 시작했다. 그들은 영적으로, 그리고 정서적으로 서로 단절되어 있었다. 다만, 딸아이가 잘 회복되기를 바라는 염려만 지속되었다. 두 사람은 매일 그 염려의 짐을 지고 힘들어했다.

두 사람은 목회자와 대화하기로 했다. 그들은 목회자와 대화하는 가운데, 기도하면 답을 알게 될 것이라는 응답을 들었다. 이 부부가 하나님께로부터 영적으로 단절되어 있고, 서로에게 단절되어 있어서 그런지, 목회자의 상담도 단절감을 가져왔고, 마치 부부 관계와 가족의 문제들이 그들의 영적인 결점을 드러내는 것처럼 느꼈다. 목회 상담이 끝나고, 그 목회자는 그 해 가을에 교회에서 주최하는 결혼 생활 콘퍼런스를 이끌 수 있는지 두 사람에게 물었다. 목회자는 부부가 이 일을 함으로써 결혼 생활에 필요한 시간을 함께 보낼 수 있다고 제안했다. 그 부부는 지금도 넘치는 일정에 또 다른 일정을 어떻게 끼워 넣을 수 있을지 고민하며, 지치고 상처받은 마음으로 목회자의 사무실에서 나왔다.

카손과 에밀리의 이야기는 드문 일이 아니며, 여러 가지 질문이 생각나게 한다. 두 사람이 출석하는 교회는 카손과 에밀리, 그리고 그와 비슷한 사람들이 직면하고 있는 어려움을 알고 있는가? 아니면 그러한 도전에 대해서 전혀 몰랐는가? 그 교회는 부부를 도울 수 있는 유익한 자료들을 가지고 있었는가? 만약 그렇다면, 부부는 어떻게 그 유용한 자료들을 접할 수 있었는가? 교회의 지도자들은 자신의 결혼 생활에 대해서 얼마나 개방적인가? 아니면, 그 교회는 다른 부부들은 다투지 않는다고 생각하거나, 그 문제들이 결과적으로 믿음이 부족해서 발생했다고 생각하는 문화를 방조하고 있지 않은가? 교회 지도자들이 이 부부의 고통에 대해서 들었을 때, 그들은 무슨 도움을 줄 수 있었는가? 교회 안에서 교회 안의 다른 부부들이 겪고 있는 어려움들을 예방하기 위해서 무엇을 할 수 있는가?

효과적인 가정 사역이 되기 위해서는 효과적인 부부 사역이 필수적이다. 대체적으로 교회 내 부부들이 좋은 관계를 유지하고 있을 때, 교회가 일반적인 어려움을 겪는 부부를 도와줄 때, 그리고 교회가 더 큰 어려움을 겪는 부부들이 회복하도록 적절한 길을 제시할 때, 그러한 교회는 영적인 성장과 성숙이 일어날 수 있는 생기와 분위기를 더 잘 만들어 갈 가능성이 높다. 그러한 교회는 많은 부부들과 가정들이 간절히 원하는 영적인 생수를 제공하는 경향이 있다. 그리고 그러한 교회는 가장 유익한 방법들로 가정 사역을 이끌어 갈 것이다.

현대 사회에서 결혼

미국 사회에서 결혼은 여전히 생명력 있는 제도이지만, 최근 몇 년 동안 변화가 있었다. 대부분은 여전히 결혼하지만, 남성과 여성 모두 결혼 연령이 10년 늦어졌다. 많은 사람들은 결혼하기 전에 동거를 하고, 어떤 사람들은 결혼하기 전에 몇 년 동안 살아보고 결혼하기를 바란다. 2002년에 파멜라 폴Pamela Paul은 '신혼 부부와 미래'The Starter Marriage and the Future of

Matrimony라는 제목의 책을 썼다.¹ 이 책에 따르면, 어떤 이는 결혼 생활을 처음 몇 년 동안 시도해볼 수 있지만, 그 후에 다른 흥미와 활동을 쫓아서 포기해버릴지도 모른다.

결혼 생활은 또한 다른 심각한 문제에 직면해 있다. 미디어는 일반적으로 결혼을 부정적으로 묘사하고, 많은 사람들이 사랑이 없는 관계에 갇혀버릴 수 있다고 말한다. 또한 결혼으로 인해 인생을 충분히 누릴 수 없다고 말하고, 결혼으로 인해서 자기 정체성을 잃거나 개인의 행복을 추구하는 데 방해를 받는다고 말한다. 결혼 생활에는 또한 일반적인 스트레스와 삶의 긴장들로 인해서 어려움이 있다. 직장 생활, 직무 교육, 자녀 교육, 그리고 교회 활동에 참여하는 것들의 균형을 맞추려고 하다보면 종종 부부들은 지치고 한계에 다다른다. 그러한 많은 일들이 개인적, 영적, 관계적인 건강을 유지하는 데 있어서 필요한 에너지를 고갈시켜 버린다. 이러한 도전들은 결혼 생활이 지속될지 여부에 큰 영향을 미친다. 미국에서는 매년 백만 건이 약간 넘는 이혼이 발생하며, 이는 수십 년 동안 지속된 수치이다.² 이혼은 당사자인 부부뿐만 아니라 자녀들, 다른 친척들, 친구들, 직장 동료들, 교회 식구들, 그리고 사회 전체에 영향을 미친다. 기독교인이 믿지 않는 사람보다 결혼 생활이 더 낫다고 생각하고 싶지만 바르나 그룹Barna Group에서 20년 동안 조사한 바에 따르면 기독교인과 비기독교인의 이혼율은 비슷하거나 기독교인이 약간 더 높다.³

결혼 생활을 하다보면 여러 도전들을 직면하게 되지만, 결혼 생활은 여전히 가장 중요한 가치이다. 미국에 있는 대부분의 사람들은 여전히 결혼을 중요한 기관으로 생각한다. 결혼 비율이 약간 감소했지만 수십 년 동안 미국의 결혼 건수는 상당히 일정하게 유지되는 경향이 있어 매년 200만 쌍이 넘는 커플이 결혼한다.⁴ 셀스Sells와 얄하우스Yarhouse는 결혼에 대한 여러 위협이 있음에도 불구하고 결혼은 여전히 사회에서 믿을 수 없을 정도로 견고한 제도라고 말한다.[5] 결혼 생활은 개인의 건강과 사회 전체의 안정에 기여한다. 가정 사역의 핵심 요소는 결혼 생활을 지원하고 강화하는 것이다. 결혼 생활이 깨질 수 있는 상황이 되면, 그 동안 부부가 자녀들이 잘 되도록 사용했던 시간과 에너지를 부부 관계의 지속을 위하여 사용하게 된다. 결혼 생활이 강력하고 활력이 넘칠 때, 부부는 자녀가 정서적으로나 영적으로 성장하도록 도울 수 있고, 그 가족은 더 많은 시간과 에너지 그리고 자원을 사용하여 주변에 있는 다른 사람들의 삶에도 하나님께서 사용하시는 통로가 될 것이다.

성경에 기록된 결혼

하나님께서 결혼에 대해서 말씀하신 중요성은 성경 안에 여러 곳에서 오류 없이 기록되어 있다. 구약성경과 신약성경은 모두 결혼에 대한 이야기를 담고 있다. 성경은 결혼 생활에 대한 직접적 간접적인 가르침과 더불어, 결혼에 대한 좋은 기록과 좋지 않은 기록 모두를 제공한다.

첫 번째 결혼

성경을 읽는 독자들은 성경의 첫 페이지부터 첫 번째 결혼을 보게 된다. 하나님께서는 아담을 창조하셨고, 아름다운 동산에 살게 하셨지만 그가 홀로 있는 것이 좋지 않다고 언급하셨다. 하나님께서는 아담의 동반자이자 동역자로서 하와를 만드셨고, 하나님의 창조물들을 돌보는 일을 맡기셨다. 글쓰기를 잘 아는 작가들은 창세기 2장의 내용이 첫 번째 결혼식에 대한 내용에서 절정을 이룬다고 말하며, 창세기 2장 24절은 역사상 수 많은 결혼식에서 언급하는 중요한 구절이 되었다. 결혼은 인간이 정부, 학교, 시민단체, 교회 등 어떤 기관들을 만들기 전에 하나님께서 가장 먼저 만드신 제도이다.

창세기 2장 24절을 언급한 예수님과 바울

창세기 2장 24절 말씀은 결혼을 이해하는 데 너무나도 중요하기에, 예수님과 바울 모두 결혼에 대한 하나님의 의도에 대해서 언급할 때 이 구절을 인용했다. 마태복음 19장에는 예수님께서 십자가에 못박히시기 얼마 전의 일이 기록되어 있다. 질투심이 많았던 유대 종교 지도자들은 절대로 이길 수 없는 논쟁이라고 생각하는 질문을 예수님께 던지며 대답을 요구함으로써 예수님을 함정에 빠드리고자 했다. 예수님은 언제 이혼해도 되는지에 대해서 묻는 지도자들의 덫에 빠지지 않고, 결혼에 대한 하나님의 원래 계획을 다시 언급했다. 마태복음 19장 4-5절에서 예수님은 바리새인들을 향하여 말했다.[6]

> 마태복음 19장 4-5절
> 4. 예수께서 대답하여 이르시되 사람을 지으신 이가 본래 그들을 남자와 여자로 지으시고
> 5. 말씀하시기를 그러므로 사람이 그 부모를 떠나서 아내에게 합하여 그 둘이 한 몸이 될지니라 하신 것을 읽지 못하였느냐

예수님은 하나님께서 이상적으로 이루신 에덴동산의 첫 번째 결혼식에 대해서 언급하고, 6절의 말씀을 언급하셨다.

6. 그런즉 이제 둘이 아니요 한 몸이니 그러므로 하나님이 짝지어 주신 것을 사람이 나누지 못할지니라 하시니

이러한 응답을 통해서 예수님은 종교 지도자들의 덫에 걸리지 않으셨고, 그 가운데 결혼에 대한 하나님의 설계의 중요성을 강조하여 드러냈다. 예수님과 같이 바울도 결혼에 대해서 논할 때, 창세기 2장 24절 말씀으로 돌아갔다. 에베소서 5장에서 바울은 결혼 관계에 있는 남편과 아내의 책임에 대해서 말할 때, 결혼을 그리스도와 교회 사이에 있는 신비로운 관계로 비유했다. 예수님께서 말씀하셨던 것처럼, 바울도 에베소서 5장 31절에서 독자들에게 창세기 2장 24절을 다시 상기시키면서 결혼에 대한 하나님의 이상, 원래의 계획 그리고 결혼 속에 두신 하나님의 목적에 대해서 설명했다.

결혼과 군 입대

신명기 24장에 흥미로운 구절이 기록되어 있다.

신명기 24장 5절

5. 사람이 새로이 아내를 맞이하였으면 그를 군대로 내보내지 말 것이요 아무 직무도 그에게 맡기지 말 것이며 그는 일 년 동안 한가하게 집에 있으면서 그가 맞이한 아내를 즐겁게 할지니라

군복무의 의무는 이스라엘 민족에게 매우 중요했지만, 결혼 생활을 순조롭게 시작하는 것이 더 중요하다. 그 이유는 하나님께서 군대를 이끄는 지도자들에게 일 년 동안에는 새롭게 결혼한 자들을 면제하라고 지시하

셨기 때문이다. 일 년 동안 남편은 결혼 생활을 이루어가는 법과 어떻게 아내에게 행복을 줄 수 있을지에 대해서 배운다. 남편은 군복무로 인해 결혼 생활을 방해받지 않고, 부부가 함께 시간을 보낸다. 또한 리처드 데이비슨Richard Davidson을 포함한 성경학자들은 이 시기에 남편이 본질적으로 성적인 측면에서 아내에게 행복을 줄 수 있다고 믿는다. 데이비슨은 다음과 같이 말했다.

"신명기 23장 5절은 결혼 후에 여전히 연약한 아내의 아름다움과 행복을 보호하는 적극적인 법적 장치로서, 사랑의 유대를 강하게 하고 성적인 기쁨과 아름다움이 오래 지속되도록 한다. 그 어떤 것도 결혼 제도 안에서 신혼 부부에게 허락된 성적인 사랑과 행복을 빼앗을 수는 없다."[7]

이 말씀은 구약의 모든 율법과 규칙들 중에 단 하나의 구절에 불과하지만, 이 명령은 결혼에 대한 하나님의 돌보심을 강력하게 상기시켜 준다. 이러한 하나님의 돌보심 아래, 결혼 관계는 안정적인 방식으로 시작되고 긍정적인 궤도를 형성하며 결혼 관계를 깊이 형성한다.

성경이 말하는 결혼한 부부들

성경을 열자마자 첫 번째 결혼에 대한 이야기가 나오는데, 여기에서 더 나아가 성경은 결혼에 대한 다른 직접적인 언급, 구체적인 가르침, 그리고 결혼 이야기들을 기록하고 있다. 구약과 신약성경 모두 결혼 생활과 관련된 이야기들을 다루고 있다. 그 이야기들 중에 많은 부분은 구약 성경에 기록되어 있으며, 하나님의 백성들, 그 백성들의 승리, 그리고 그 백성들의 어려움 등을 담고 있다. 성경에 기록된 부부들은 룻과 보아스, 마노아와 그의 아내(삼손의 부모), 엘리사벳과 사가랴, 아굴라와 브리스길라를 들 수 있는데, 이들은 결혼에 대한 좋은 예들이다. 삼손과 그의 아내, 아합과 이세벨, 아나니아와 삽비라를 비롯한 다른 부부들은 문제가 있는 결혼 생활의 예이다. 아브라함과 사라, 이삭과 리브가, 야곱, 레아, 라헬을 비롯한 다른 부부들은 결혼 생활에서 긍정적인 특성과 부정적인 특성을 모두 나타낸다. 성경을 읽는 독자들은 이러한 좋은 예와 나쁜 예들을 통해서 본받아야 할 건강한 결혼 생활과 본받지 않도록 상기시켜주는 문제가 있는 결혼 생활에 대해서 보게 된다.

성경 안에 기록된 결혼 관계에 대한 암시

성경은 결혼과 관련한 사건들을 이야기 방식으로 기록했지만, 성경은 결혼이라는 언어를 사용하여 하나님과 이스라엘 사이의 관계, 그리고 그리스도와 교회의 관계를 설명한다. 구약성경은 하나님과 이스라엘의 관계를 반복적으로 사랑의 이야기로 언급하는데, 결혼식과 함께, 그리고 결혼 관계를 통해 묘사한다. 하나님과 이스라엘을 결혼이라는 단어를 통해서 표현한 예는 이사야, 에스겔, 예레미야, 호세아, 그리고 요엘서이다. 신약성경은 천국에서 있을 위대한 결혼식과 결혼식에서 그리스도와 교회의 관계가 절정에 이를 것을 제시함으로써 결혼이라는 주제의 영속성을 드러낸다. 그 관계의 시작은 하나님께서 이스라엘을 구원하신 것이다. 에스겔 16장 1-14절은 이것을 생생하게 증명하는데, 하나님께서 버려진 아기를 구원하시는 비유의 이야기이다. 하나님의 은혜가 본문 전체에 걸쳐서 기록되어 있지만, 특히 13절을 보면 더욱 분명히 알 수 있다.

에스겔 16장 13절

이와 같이 네가 금, 은으로 장식하고 가는 베와 모시와 수 놓은 것을 입으며 또 고운 밀가루와 꿀과 기름을 먹음으로 극히 곱고 형통하여 왕후의 지위에 올랐느니라

하나님과 이스라엘의 관계에 대한 그림 언어는 결혼이 이루어지는 결혼식으로 향한다.

이사야 61장 10절

내가 여호와로 말미암아 크게 기뻐하며 내 영혼이 나의 하나님으로 말미암아 즐거워하리니 이는 그가 구원의 옷을 내게 입히시며 공의의 겉옷을 내게 더하심이 신랑이 사모를 쓰며 신부가 자기 보석으로 단장함 같게 하셨음이라

행복하게 결혼한 신혼 부부처럼, 이스라엘도 처음에는 하나님을 사랑했다. 예레미야는 유다의 사랑에 대해서 이렇게 기록했다. "… 내가 너를 위하여 네 청년 때의 인애와 네 신혼 때의 사랑을 기억하노니…"(렘 2:2) 불행하게도 이스라엘은 금방 하나님과의 관계에서 멀어져서 방황하기 시작했고, 다른 나라들과 다른 신들로부터 위로를 찾았다. 예레미야 2장 32절에서 하나님께서 이렇게 말씀하셨다.

예레미야 2장 32절

네가 어찌 사랑을 얻으려고 네 행위를 아름답게 꾸미느냐 그러므로 네 행위를 악한 여자들에게까지 가르쳤으며

이와 비슷하게 예레미야 3장 20절에도 이렇게 기록되어 있다.

예레미야 3장 20절
그런데 이스라엘 족속아 마치 아내가 그의 남편을 속이고 떠나감 같이 너희가 확실히 나를 속였느니라 여호와의 말씀이니라

많은 구약성경의 구절들은 이스라엘이 하나님과 맺은 언약의 관계에서 신실하지 않았음을 언급한다. 에스겔 16장의 전체적인 내용과 호세아서 전체에 짜여진 내용이 그것을 반영한다. 그러나 이스라엘의 불충실함에 하나님께서 진노하셨지만, 오히려 하나님은 치유와 회복을 말씀하신다. 호세아 2장 19-20절에서 하나님께서는 앞으로 이스라엘에 대해서 행할 일을 말씀하실 때, 결혼과 관련된 표현을 사용했다.

호세아 2장 19-20절
19 내가 네게 장가 들어 영원히 살되 공의와 정의와 은총과 긍휼히 여김으로 네게 장가 들며
20. 진실함으로 네게 장가 들리니 네가 여호와를 알리라

신약성경도 그리스도와 교회 사이의 관계를 설명하기 위해 결혼이라는 은유를 사용한다. 고린도 교회와 관계에서 어려움을 겪고 있던 바울은 다음과 같이 말했다.

고린도후서 11장 2절
내가 하나님의 열심으로 너희를 위하여 열심을 내노니 내가 너희를 정

결한 처녀로 한 남편인 그리스도께 드리려고 중매함이로다

마찬가지로 바울은 에베소의 그리스도인들에게 보낸 편지에서 그리스도와 교회의 관계를 결혼의 신비를 사용하여 이 땅에서 남편과 아내의 유대의 중요성을 설명했다(엡 5:25-27). 요한계시록을 기록한 요한도 천국을 설명하기 위해서 결혼을 언급했다.

요한계시록 19장 7-9절
7. 우리가 즐거워하고 크게 기뻐하며 그에게 영광을 돌리세 어린 양의 혼인 기약이 이르렀고 그의 아내가 자신을 준비하였으므로
8. 그에게 빛나고 깨끗한 세마포 옷을 입도록 허락하셨으니 이 세마포 옷은 성도들의 옳은 행실이로다 하더라
9. 천사가 내게 말하기를 기록하라 어린 양의 혼인 잔치에 청함을 받은 자들은 복이 있도다 하고 또 내게 말하되 이것은 하나님의 참되신 말씀이라 하기로

요한계시록 22장 17절
성령과 신부가 말씀하시기를 오라 하시는도다 듣는 자도 오라 할 것이요 목마른 자도 올 것이요 또 원하는 자는 값없이 생명수를 받으라 하시더라

이렇게 하나님께서는 성경의 저자들을 사용하셔서 하나님 자신과 그의 백성의 관계를 설명하셨고, 그 과정에서 결혼 관계라는 그림언어를 사용하셨다. 남편과 아내의 결혼 관계에서 발견하게 되는 형용할 수 없는

친밀함은 사람을 향한 하나님의 사랑을 반영한다.

결혼과 영성의 관계성

신·구약성경 모두는 결혼과 영성의 연결성에 대해서 언급한다. 예수님께서 탄생하시기 450여 년 전에 기록된 말라기서에서는 포로기의 남은 자들이 이스라엘로 돌아오지만 다시 하나님으로부터 멀어진다. 말라기 2장 13-16절에서, 유다 백성들은 하나님께서 그들이 드리는 종교적인 제사를 받지 않은 것처럼 보인다고 말하며 불평한다. 그들은 하나님께 부르짖었음에도 불구하고, 왜 그들이 하나님으로부터 단절되었는지 그 이유를 알아내려고 노력했다. 하나님께서는 영적인 단절의 원인에 대해서 말씀하셨는데, 그 이유는 유대인들이 결혼을 어떻게 다루었는지와 관련된다.

말라기 2장 14절
너희는 이르기를 어찌 됨이니이까 하는도다 이는 너와 네가 어려서 맞이한 아내 사이에 여호와께서 증인이 되시기 때문이라. 그는 네 짝이요 너와 서약한 아내로되 네가 그에게 거짓을 행하였도다

말라기 2장 15절에서 하나님께서는 유대인들이 결혼 생활에서 배신하지 말 것을 경고했고, 16절에서 이혼을 미워한다고 말씀하셨다. 이 구절들에서 하나님의 백성들은 부분적으로 영적인 고통을 경험했는데, 그 이유는 그들이 결혼 생활을 돌보지 않았기 때문이다.

신약성경에서 베드로도 비슷한 모습을 관찰했다. 베드로전서를 기록할 때, 베드로는 더 이상 복음서에서 기록되었던 충동적이고, 뻔뻔하고,

격정적인 베드로가 아니었다. 수년 동안 사역을 하고 새로운 교회의 지도자로 섬기면서 베드로는 훨씬 나이도 들었고 지혜로워졌다. 베드로는 베드로전서 3장 1-7절에서 남편과 아내에 대한 지침을 제공함으로써 결혼에 대해서 논했다. 그는 남편들에게 아내를 동역자로서 하나님의 은혜를 함께 받을 자로 대하도록 격려하면서 그 단락을 마쳤다. "… 이는 너희 기도가 막히지 아니하게 하려 함이라"(7절) 베드로가 어떻게 이 지혜를 발견했는지 궁금할 것이다. 누가복음 4장 38-40절에서 예수님께서 베드로의 장모를 치료해주었던 것을 감안하면, 베드로는 분명히 결혼했다. 아마도 베드로도 자신의 결혼 생활에서 겪은 경험을 통해 베드로전서 3장에 나오는 교훈을 배웠을 것이다. 자신의 영적인 여정 가운데 어느 시점에서 그는 하나님으로부터 멀어지고, 주님으로부터 단절된다고 느꼈을 것이다. 이 문제와 씨름하면서, 하나님께서는 베드로에게 그의 결혼 생활에 관심과 돌봄이 부족했다는 것을 깨닫게 하셨을 것이다. 이 문제에 대한 하나님의 계시가 베드로 하여금 아내를 사랑하고 돌보는 결혼 생활의 방향을 바로잡게 했을 것이고, 같은 방식으로 위 본문에서 다른 사람을 향한 가르침을 기록했을 것이다. 그러므로 구약성경과 신약성경은 영적인 기능과 건강한 가정 사이의 상호 관계성을 보여준다.

성경 이야기의 결론: 결혼식

흥미롭게도 성경은 결혼식으로 시작하여 결혼식으로 끝난다. 창세기 2장에 아담과 하와의 결혼이 기록되어 있을 뿐만 아니라 요한계시록 19장 6-9절에도 그리스도와 교회의 결혼에 대한 언급이 기록되어 있다. 스탠리Stanley, 트라덴Trathen, 맥카인McCain, 그리고 브라이언Bryan은 성경적인 결혼을 이해하는 것은 하나님의 본성과 그의 창조물과의 관계를 이해하는 것에 부합한다고 믿는다.⁸ 하나님께서는 결혼을 중요하게 여기셨고, 우리는 성경 전체의 수많은 예를 통하여 결혼, 결혼에 대한 암시, 결혼에 대한 가르침에 대해서 발견한다.

결혼 관계 강화의 중요성

최근 수년 동안 가정 사역의 초점은 가족 간의 유대를 강화시키고, 부모들이 자녀들을 제자훈련하도록 돕는 것이었다. 즉, 부모들이 영적으로 성장하고, 다음 세대를 향한 신앙의 지침을 제공하도록 초점을 맞춘 것이다. 그것이 정말 중요한 일이며, 동시에 만약 가정 사역이 부부들로 건강한 결혼 생활을 유지하도록 돕는다면, 그 가정 사역은 가장 효과적으로 이루어질 것이다. 만약 가정 사역이 결혼 생활을 강화하는 과업을 무시한다면, 모든 다른 과업들이 더욱 어려워 질 것이다.

결혼 관계가 건강할 때 일어나는 일들

건강한 결혼 관계에서 우리는 많은 것을 성취할 수 있다. 아치볼드 하트 Archibald Hart와 그의 딸인 샤론 하트 모리스 Sharon Hart Morris는 『안전한 피난처 같은 결혼』 Safe Haven Marriage의 저자인데, 그들은 항구가 위험한 날씨로부터 배를 보호하는 피난처가 될 수 있는 것처럼 건강한 결혼 생활이 안전한 피난처 역할을 한다는 점에 주목한다. 안전한 피난처 같은 결혼은 신뢰, 정서적 안정감, 그리고 의미 있는 반응이라는 특징을 가지고 있다.⁹ 다툼으로부터 물러나서, 재충전하고, 일상 생활에서의 말다툼을 다시 다루기 위해 들어갈 수 있을 때, 결혼은 안전한 피난처가 된다. 결혼 생활이 안전한 피난처가 아니라면, 배우자는 정서적으로 고갈되고, 다른 분야에 사용할 에너지가 감소하는 경향이 있다.

결혼 생활에 대한 저명한 연구자인 존 고트만[John Gottman]은 건강한 결혼 생활의 필수 요소는 바로 '신뢰'라고 말한다. 그는 2011년에 출간한 그의 책 『신뢰의 과학[The Science of Trust]』에서 부부 관계 안에 있는 신뢰와 불신의 문제에 대해서, 그리고 그것들이 건강하고 만족하는 결혼 생활에서 얼마나 중요한지에 대해서 살펴보았다. 신뢰가 굉장히 중요하기 때문에, 부부는 처음 결혼하고 2년 동안 결혼 생활을 하면서 "제가 당신을 신뢰할 수 있나요?"라고 자주 물어본다. 고트만은 부부가 신뢰에 기초하여 안전한 기반에 이르게 되면, 그 후에 주택 구입이나 새로운 사업의 시작, 또는 자녀를 가지는 일 등 좀 더 복잡한 일들을 행할 수 있는 적절한 상황이 된다고 말했다.[10] 건강한 결혼 생활을 하고 있는 부부는 스스로에 대해서 성찰하는 능력이 뛰어나다. 그들은 자녀들을 양육하기 위한 정서적이며 물질적인 자원들을 더 많이 준비하게 되고, 다른 사람의 필요도 쉽게 채워줄 수 있으며, 다른 사람을 도울 수 있고 섬길 수 있는 가능성이 훨씬 더 커진다. 요약하자면, 부부의 결혼 생활이 소모적인 관계가 아니라 채워주는 관계가 될 때, 그 부부는 주변 사람들에게 그리스도와 교회의 관계를 반영하는 더 좋은 그림을 제공하게 된다.

결혼 관계가 불안할 때 일어나는 일

건강한 결혼 생활과는 달리, 깨지기 쉬운 불안한 결혼 생활은 배우자의 마음을 고갈시켜버리고 개인과 부부의 정체성을 상실하게 하며, 부부가 한 팀으로 일할 가능성을 감소시킨다. 결혼 생활에서 갈등이 심하면 자녀를 적절하게 돌보고 다른 사람의 필요를 돌보는 것, 다른 일들에 필요한 신체적, 정서적 에너지를 감소시킨다. 갈등이 있는 결혼 생활은 상대방을 취약하게 만들고, 그 결과 부부는 희망과 꿈을 잃게 된다. 만약 부부가 이혼하게 되면, 훨씬 많은 에너지가 생존에 사용된다. 특히, 이혼을 원하지 않았지만 자녀 양육의 책임을 가지고 있는 배우자의 경우는 더욱 그렇다. 또한 이혼은 일반적으로 아이들이 경험하는 단순한 장애물이나 어려운 도전 정도가 아니라 삶의 주요한 트라우마로 남게 된다.[11] 깨지기 쉽고, 갈등이 있으며, 이미 깨져 버린 결혼 생활은 가정 사역의 과업, 목표, 희망에 대한 성취를 훨씬 더 어렵게 만든다.

사역 현장에 적용하기

그렇다면 결혼 생활을 강화하기 위해 교회 및 관련된 사역 환경에서 무엇을 할 수 있는가? 결혼 생활에 대한 스트레스, 긴장감, 공격으로부터 부부를 보호하고, 세상이 제시하는 도전에 대한 안전한 피난처가 될 수 있는 결혼 생활을 할 수 있도록 부부를 보호하기 위해 무엇을 할 수 있는가? 가정 사역에 접근하는 첫 번째 측면은 본질적으로 예방적이어야 한다. 즉, 부부가 결혼 생활을 지속적으로 강화하고 결혼 생활에 대한 어떤 도전이나 위협에도 강건하게 설 준비를 하도록 하기 위해서 사역자는 어떻게 결혼 생활에 대해서 이해하고 그것을 사용할 수 있는가? 가정 사역 접근의 두 번째 측면은 본질적으로 더욱 증상 치료적이어야 하는데, 부부가 어려움을 겪고 넘어질 때 회복하도록 돕는 접근이다. 결혼 생활에서 심각한 고통, 갈등, 상처 또는 희망 상실을 겪고 있는 부부를 돕기 위해서 가정 사역에서 실천할 수 있는 방법들은 무엇인가?

예방적인 접근

슬프게도 사역 현장에서 부부가 극심한 결혼의 고통을 겪은 후에야 그 부부를 돕기 위한 많은 지원이 이어진다. 목회자는 부부가 심히 다퉜다거나, 한 배우자가 이사를 갔거나, 부부가 이혼을 진행 중이라는 연락을 받을 수 있다. 교회 성도들의 공통된 반응은 "우리는 그들이 어려움을 겪고 있는지도 몰랐습니다"이다. 물론 고통 중에 있는 부부에게 이렇게 반응하는 접근도 필요하지만, 부부 관계를 강화하고자 하는 교회는 미리 생각하고 계획을 세워서, 결혼 생활의 어려움을 겪는 부부가 위기의 단계에 이르기 전에 의도적으로 도울 것이다. 결혼 생활을 강화하기 위한 예방적인 가정 사역의 접근은 결혼의 본질에 대한 이해, 결혼한 부부의 공통된 경험들, 그리고 그 경험들을 다른 부부를 돕기 위해 사용하고자 하는 적극성을 요구한다. 사역 현장의 지도자들이 결혼 생활을 강화하기 위해 예방적인 조치를 개발할 수 있는 몇가지 방법이 있다.

삶의 전환 시점들: 일반적으로, 결혼 생활에는 부부가 걸어가게 될 예상되는 단계들이 있다. 즉, 약혼, 결혼, 신혼생활, 자녀의 출산, 취학 전 자녀, 취학기의 자녀, 십대 자녀, 자녀의 출가, 두 부부만 남음, 은퇴 또는 후기 노년기 등이 그 단계들이다. 이러한 결혼 생활의 주기 안에서 전환하는 시점은 심지어 원하는 변화라고 할지라도 종종 스트레스를 받는다. 예를 들어서 대부분의 개인은 결혼하기를 원하지만, 약혼을 한 이후의 과정은 매우 바쁘고 힘든 시간이 될 수 있다. 마찬가지로, 대부분의 부부는 자녀의 출산을 기대하지만, 임신과 부모로서 새롭게 준비하는 것은 새로운 삶의 단계로 전환하는 과정으로서 종종 힘들고 지칠 수 있다. 결혼 생활에서 자녀들이 십대가 되는 것은 또 다른 도전이 될 수 있다.

첫째 아이가 새로운 영역에 가장 먼저 진입할 때, 부부는 아무도 자신에게 청소년과 함께하는 삶의 지침을 주지 않는 것처럼 느낀다. 그리고 아이들이 집을 떠나는 것이 어떤 부부에게는 즐거운 시간이 될 수 있지만, 어떤 부부에게는 스트레스가 너무 커서, 부부가 함께 빈 둥지를 마주하고 결혼 생활이 어려움을 겪거나 손상되었음을 깨닫기 때문에 많은 이혼이 발생한다. 결혼 생활을 강화하기 위해서, 교회와 사역자들은 삶의 전환기를 목표로 다양한 지원을 제공할 수 있다. 예를 들어, 약혼한 부부와 예비 부부를 위한 혼전 상담과 수업을 제공할 수 있다. 이러한 수업들에서 교회는 어떻게 건강한 결혼 생활이 앞으로 수년 동안 유익을 줄 것인지에 대해서 정보와 지침을 제공할 수 있다.

교회는 또한 신생아를 둔 부모를 지원할 수 있다. 이 지원은 경험이 많은 어머니를 예비 엄마 또는 신생아를 둔 엄마와 짝을 지어주거나, '어머니의 날' 프로그램을 제공하거나, 젊은 부부가 데이트 하는 밤을 만들어 주기 위해서 자녀 돌봄을 제공하는 형태로 진행될 수 있다. 청소년기에 들어가는 자녀를 둔 부부에게 교회는 다가올 변화를 예상하도록 도울 수 있고, 좀더 나이가 많은 다른 부모를 연결시켜 줄 수 있으며, 서로 자녀 양육에 대한 경험들을 나눌 수 있는 기회를 만들어 줄 수도 있다. 이렇게 청소년기의 특징들에 대한 나눔은 고립되었다는 느낌과 자신만 십대 아이들의 어려움을 다루는 유일한 사람이라는 느낌을 줄일 수 있다. 생애주기 전환점을 목표로 하는 것에 대해 훨씬 더 많은 것을 말할 수 있지만, 결론은 위에 기록된 전환점의 특성들을 이해하는 것에 대해서 의도적으로 준비해야 한다는 것과 이러한 전환점을 지나고 있는 부부를 돕는 것에 대해서 사려 깊게 조치해야 한다는 것이다. 이러한 조치들은 결혼을 강화하기 위한 예방적인 측면에서 두각을 나타낼 수 있다.

부부 멘토링: 결혼 생활을 강화하는 또 다른 예방 방법 중 하나는 젊은 부부에게 멘토 커플을 제공하는 것이다. 대부분의 교회에는 결혼한 지 20년에서 60년 된 많은 부부들이 있으며, 이들은 기꺼이 젊은 커플을 멘토링 할 수 있다. 멘토 역할을 하는 부부(이하 멘토 부부)는 마음의 소통과 교제를 위해서 해마다 서너 차례 젊은 부부들을 저녁 식사에 초대하는 것으로 간단하게 시작할 수 있다. 좀 더 체계적으로 준비하기 위해서, 멘토 부부는 훈련을 받거나 또는 더 많은 경험이 있는 다른 부부들을 포함하여 세심하게 멘토링을 할 수 있다. 함께 모인 자리에서 멘토 부부는 젊은 부부가 결혼 관계에서 성장하도록 관련된 책을 읽거나 디자인된 멘토링 질문들을 다룰 수 있다. 사실 젊은 부부들은 관찰하고 싶고, 닮고 싶은 멘토 부부를 찾고 있다. 나이가 많은 부부들은 수년간의 결혼 생활을 통해서 젊은 부부에게 전할 수 있는 지혜를 가지고 있다. 어떤 경우에 멘토링과 관련된 행사가 멘토 부부와 젊은 부부만 모인 가운데 진행될 수 있고, 또는 교회 전체적인 측면에서 모든 멘토 부부들과 젊은 부부들이 함께 모이는 '결혼 생활 세우기 축제'와 같은 행사를 통해서도 진행될 수 있다.

기술을 훈련하기: 불행하게도, 미국 사회는 '나중엔 행복해 질거야'Happily Ever After라는 메시지를 가지고 있는 것처럼 보인다. 그 메시지는 일단 부부가 결혼하면 사랑이 그들이 만나게 되는 어떤 어려움도 이기도록 도와줄 거라는 생각을 담고 있다. 그러나 아무런 노력 없이 저절로 부부의 진짜 모습으로 다가가게 할 수 있는 것은 없다. 결혼을 했다고 해서, 그것이 두 사람으로 하여금 어떻게 소통해야 하는지, 재정을 어떻게 다루어야 하는지, 갈등을 어떻게 다루어야 하는지, 심지어 어떻게 상대에게 성적으로도 좋은 배우자가 되어야 할지에 대해서 자동적으로 알려주는 것은 아

니다. 종종 가정의 배경이나 독신의 삶으로부터 배운 좋지 않은 소통방식이나 갈등 해결의 방식들이 결혼 생활에 이어지기도 한다. 결혼을 했다고 해서, 그 사람이 소통을 잘하고, 용서하며, 이타적으로 행동하거나 또는 협력하는 방법을 아는 것은 아니다. 어떤 사람들은 경청하는 법이나 배우자에게 관심을 기울이는 법과 같은 기본적인 자질도 갖추지 못한 채 결혼한다. 그와 비슷하게, 예수님을 사랑한다고 해서 좋은 결혼 생활을 할 수 있는 자질이 저절로 생기는 것은 아니다. 이것을 이해하기 위해서 우리는 다윗을 살펴 보는 것으로 족하다. 다윗은 하나님의 마음에 합한 사람이었을지라도, 가족들과의 관계에서는 매우 불안정했다. 건강한 결혼 생활의 자질들을 가르치기 위해서 성경공부, 콘퍼런스, 또는 멘토 관계의 기회를 제공하는 것은 예방적인 접근으로써 또 다른 중요한 측면이라고 말할 수 있다.

부부들이 자료를 알고 접근하도록 돕기: 기독교인 부부를 위한 좋은 자료들이 많이 나와 있다. 다른 사람들이 건강한 결혼 생활을 하도록 돕는 책, 웹사이트, 콘퍼런스, 결혼 훈련 자료들이 있다. 사역자들이 최신의 효과적인 자료들을 확인하고, 부부들에게 이러한 자료가 얼마나 유익한지에 대해서 알려주는 것은 가정 생활을 강화시키는 한 방법이 될 수 있다. 교회는 책과 DVD 시리즈와 같은 자료를 도서관에 추가할 수 있으며, 아마도 교회 소식지나 웹사이트를 통해 가장 유익한 자료를 강조할 수도 있다. 결혼 생활 강화를 지원하는 웹사이트나 온라인 자료와 같은 소셜 미디어 페이지가 전자 자료의 활성화를 유도할 수 있다. 일반적으로 사람들이 과도한 정보들을 받고 있기 때문에, 지도자가 유용한 자료들을 기꺼이 알려주고 강조하면, 부부들이 가장 도움이 되는 자원에 접근하여 유익을 얻게 될 가능성을 높일 수 있다.

예방적인 접근을 통해서 돕기: 예방적인 차원에서 부부를 도울 수 있는 가능한 방법들이 많이 있다. 한 가지 방법은 교회가 '건강한 결혼 생활 위원회'Marriage Task Force를 만드는 것이다. 이 위원회의 목적은 교회가 부부의 결혼 생활을 강화할 수 있는 방법들을 고려하는 것이다. 이러한 성격의 위원회는 결혼한 부부들을 돕기 위한 예방적인 도움들을 제공하기 위해서 전략을 개발하는 데 시간을 사용할 수 있다. 이 위원회는 결혼 생활에 초점을 맞춘 구체적인 연중 교육 프로그램을 시행할 수 있다. 이러한 교육 프로그램은 예를 들면 주일 아침 성경공부, 제자훈련, 주중 정해진 모임과 같이 이미 모이고 있는 시간대에 배정될 수 있을 것이다. 교회는 기존의 소그룹을 통해서 교육하거나 또는 결혼 생활과 관련한 책을 연구하기 위한 소그룹을 새로 만들 수도 있다.

교회는 결혼 생활 수양회나 콘퍼런스와 같이 결혼 생활을 강조하는 집중된 시간을 만들 수 있다. 어떤 교회는 매년 그러한 행사를 위해서 따로 시간을 구분하기도 한다. 다른 교회는 결혼 콘퍼런스를 주최하기 위해서 지역에 있는 다른 교회들과 협력하기도 한다. 많은 결혼 생활 콘퍼런스는 현장에서 개최할 수 없는 상황에 있는 교회들을 위해서 인터넷으로 생중계하기도 한다. 종종 결혼 사역과 관련하여 전국적으로 알려진 강사 또는 지도자들이 강연하고, 이 강연이 생중계로 송출되기도 한다.

교회는 건강한 결혼 생활을 강조하고 강화하기 위해서 결혼에 초점을 둔 '결혼의 달'을 정할 수 있다. 이 달에 담임목회자는 결혼에 대해서 설교함으로써 결혼을 강조하는 다양한 다른 행사를 지원할 수 있다. 결혼의 달은 교회가 가지고 있는 자료들을 홍보하고, 예배시간에 부부가 기도를 인도하거나 간증을 하도록 안내할 수 있는 최고의 기회이다. 가정의 달은 부부 생활 콘퍼런스나 재미있는 결혼 생활 축하 행사로 절정에 이르도록 할 수 있다. 포트워스에 위치한 트래비스애비뉴침례교회는 Travis Avenue Baptist Church 결혼한 지 50년이 되었거나 그 이상 된 모든 부부들을 초청하고 결혼 생활을 축하하기 위해서 '결혼 기념일 50주년 행사'를 가진다. 이 행사는 젊은 부부들이 주최하도록 하는데, 그들은 건강한 가정 생활의 좋은 본보기가 된 어른 부부들을 기리고 높인다.

증상치료적 접근

결혼 생활에 대한 예방적인 접근은 많은 부부에게 필요하고 유익하며, 여러 문제를 피하도록 도와준다. 그러나 어떤 경우에는 예방적인 도움 그 이상이 필요한 부부들도 있을 것이다. 교회는 일부 부부가 직면한 고통스러운 어려움들을 인식하고 도움을 제공할 수 있다. 그 도움은 부부가 이혼의 위기로부터 벗어나도록 돕고, 결혼 생활에서 발생하는 문제들과 고통을 피하도록 도와줄 수 있다.

결혼 관계에 있는 어려움들을 인식하기

문제를 경험하는 부부들을 돕는 시작점은 사역자들이 결혼 관계 안에 있는 도전들에 대해서 정직하고 투명하게 말하는 것이다. 사역자들이 결혼 생활이 어려울 수 있음을 인식할 때, 사역자들이 좋은 결혼 생활에는 노력이 필요하다고 말할 때, 그리고 사역자들이 결혼 생활에서 그들 자신의 인간적인 모습에 대해서 투명하게 말할 때, 일반 부부들은 단절되어 있다는 느낌을 적게 받을 것이다. 사역자들이 자신의 상황을 공개하지 않을 때, 그리고 결혼 생활이 쉽다는 생각을 사역자들이 말할 때, 불완전한 결혼 생활을 하는 부부들은 문제를 자기 마음 속에만 간직하게 되고, 자신에게 뭔가 잘못된 부분이 있기 때문에 그러한 어려움을 겪는다고 결론짓는 경향이 있다. 이로 인해서 부부들은 결혼 관계 안에서 계속되는 지속적인 고통을 경험하고 심지어 이혼에 대해서도 취약해진다.

부부 관계에서 일어나는 방식들을 지속적으로 인식하기

사역자들이 교회 안의 부부들이 어떻게 지내는지 잘 확인하고, 그들이 어려움을 겪을 때 기꺼이 개입하는 것은 증상치료적 접근이라고 할 수 있다. 교구 안에서 부부의 상황을 아는 것은 필수적이다. 앞에서 논의한 것처럼, 부부가 삶의 주기에서 전환점들을 지날 때 어려움을 겪는 특정한 시기가 있고, 한 사람 또는 두 사람 배우자 모두 스트레스를 많이 받는 시기가 있거나, 위기의 시기를 지나는 때들도 있다. 지도자가 깨어 있다면, 부부가 스트레스를 받는 것처럼 보이거나, 한 사람 또는 두 부부가 정기적인 교회 출석을 멈추는 상황을 알아차릴 수 있다. 어떤 부부는 어려움에 대한 몇몇 단서들을 제공할 것이다. 그 부부가 갑자기 목회자의 결혼 생활에 대해서 묻거나, "올 해는 우리에게 힘든 한 해였습니다"라고 말하거나, 또는 공적인 자리에서 배우자를 비판할 수도 있다. 한편 다른 교회의 성도들이 사역자들에게 어느 한 부부에 대해서 우려를 표명할 수도 있다. 또는 부부가 자신들이 겪고 있는 어려움에 대해서 직접 사역자에게 말할 수도 있다. 부부들이 어떻게 지내고 있는지에 대해서 사역자들이 지속적으로 주의를 기울일 때, 갈등 초기에 개입할 수 있는 가능성이 높다. 어려움이 가시화되어 추후 증상적인 치료가 더 어려워지는 지점까지 나가는 것을 피할 수 있다.

부부들이 도움을 청하도록 허용하기

부부가 어려움을 겪을 때, 교회 지도자가 할 수 있는 가장 좋은 일 중 하나는 그들이 도움을 구하고 받을 수 있도록 허용하고 지원을 제공하는 것이다. 종종 성도들은 하나님을 충분히 신뢰하고, 영적으로 강건하며, 그리스도께 헌신하여 따르는 그리스도인이란 삶 속에서 모든 삶의 문제들로 인해서 힘들어 하면 안 되고, 또한 그것을 잘 해결할 수 있어야 한다는 생각을 가지고 있다. 만약 상처받은 교회의 성도가 교회 지도자들은 자신들에게 도움을 주는 일에 대해서 별로 고려하지 않는다고 생각한다면, 성도들은 사역자들에게 훨씬 적게 다가갈 것이다. 그러한 순간에 성도들은 텔레비전 토크쇼나 인터넷에서 자료를 찾고, 의미는 있지만 문제가 될 만한 충고를 이웃이나 동료들로부터 구하기도 한다.

도움을 구할 수 있는 분위기는 상처받은 결혼 생활을 회복하는 데 큰 도움이 될 수 있다. 어느 정도 위기에 처한 부부를 리더가 알아차리면 부부가 괜찮은지 확인하는 것이 최선의 조치다. 교회 지도자들은 "묻지도 말고 따지지도 말라"는 분위기를 피하고, "초대는 하지만 강하게 요구하지는 않는다"는 접근으로 교회 안에서 긍정적으로 역할을 행할 수 있다. 후자의 접근 방식과 관련하여 한 사역자는 이렇게 말했다. "저는 당신에게 일어난 몇 가지 실제 어려움들이 있다는 것을 알게 되었고요, 우리는 지난 두 주 동안 당신을 만나보고 싶었습니다. 저는 단지 모든 것이 괜찮은지 알고 싶었습니다." 이러한 표현은 만약 한 부부에게 문제가 있다면 사역자에게 말할 수 있도록 초대하는 역할을 한다. 사실 한 부부가 너무나도 분명하게 어려움을 겪고 있다는 여러 단서가 있었더라도, 사역자는 누군가의 감정을 상하게 할 가능성을 피하기 위해서, 그 부부가 괜찮은지 확인하는 것을 꺼릴 수 있다. 결혼 생활의 어려움에 조기에 개입하는 것이 부부가 위기 단계에 도달할 때까지 기다리는 것보다 성공적인 결과를 얻을 가능성이 더 크다.

부부상담에 접근하도록 돕기

몇몇 어려움을 겪고 있는 부부의 경우에는, 교회의 사역자와 주변의 다른 부부들의 도움으로도 결혼 생활을 안정시키고 정상 궤도에 올려놓기에 충분할 수 있을 것이다. 그러나 어떤 경우에는 부부가 상담자와 함께 대화하는 것이 유익할 수 있다. 교회의 사역자와 만나거나 교회 안에서 훈련된 상담자와 만날 수 있다. 이러한 경우에 교회의 사역자들과 평신도 상담자는 교회가 정한 제한들에 대해서 알고 있어야 하고, 또한 상담할 부부에 대해서도 잘 알아야 한다. 어떤 경우에는 결혼 생활과 관련하여 충분히 훈련된 상담자를 만나야 하는 경우도 있다. 교회의 지도자들은 신뢰할 수 있는 전문 상담사들을 찾고, 그들과 좋은 협력 관계를 유지하고 있을 때, 그 지도자들은 전문가들에게 도움을 필요로 하는 부부들을 언급할 수 있을 것이다. 사역자들은 구체적인 훈련과 결혼 상담에 있어서 경험을 가지고 있는 상담사들을 찾아야 한다. 만약 사역자가 지역의 상담사들을 알지 못하는 경우는 상담사들의 구체적인 위치에 대해서 정보를 가지고 있는 기관(예를 들어 Focus on the Family and the American Association of Christian Counselors)을 통해서 도움을 받을 수 있다. 외딴 지역이나 농촌 지역에 거주하는 사람들의 경우 온라인 수단을 통해 상담 지원을 받을 가능성도 있다.

결론

결혼은 하나님께서 창조하신 것이며 하나님께서는 결혼을 중요하게 보신다. 그러므로 특히 교회 안에서, 그리고 사역이라는 틀 안에서 결혼에 대해서 깊은 관심을 가져야만 한다. 가정 사역에서 자녀의 신앙교육에 초점을 두는 것은 당연하지만, 이러한 신앙 발달은 다음의 경우들이 이루어 질 때 최적화된다. 즉, 교회가 부모들로 건강한 결혼 관계를 유지하도록 하고, 생명력 있고 성장해 가는 결혼 관계를 유지하며, 결혼 관계 바깥에서 에너지를 사용하도록 서로를 허용하고, 교회에 대한 그리스도의 놀라운 사랑에 대한 그림을 가지고 있을 때가 신앙발달을 위한 최고의 환경인 것이다. 교회가 각 가정의 결혼 생활을 안정시키고 강화하도록 도울 때, 가정 사역과 관련한 다른 모든 과업들을 위한 확고한 기초가 세워진다.

토론 주제
DISUCSSION GUIDE

1. 당신의 교회에서 부부가 건강한 결혼 생활을 이루어가는 데 어떤 어려움들이 있는가?

2. 성경에서 결혼에 대한 긍정적인 예와 문제가 있는 예들이 모두 언급된 이유는 무엇인가?

3. 둘이 한 몸이 된다는 것은 무엇을 의미하는가? 이것은 결혼 초기에 이루어지는가 아니면 결혼 전반에 걸친 과정인가? 교회는 어떻게 부부가 한 몸이 되도록 도울 수 있는가?

4. 안식처와 같은 결혼 생활의 특징은 무엇인가? 안식처와 같지 않은 결혼 생활이라면, 그 특징은 무엇인가?

5. 교회가 결혼과 관련한 사역에 대해서 예방적인 접근을 개발하는 것이 왜 어려운가?

6. 당신의 교회 회중 안에 있는 부부들은 어떤 생애의 전환기에 어려움을 경험하는가?

7. 사역 지도자들이 결혼 문제에 대해 투명하게 밝히는 것이 왜 어려울 수 있는가? 이러한 종류의 투명성을 통해 얻을 수 있는 이점은 무엇인가?

8. 결혼 상담이 필요하다면, 교회가 어떻게 결혼 상담이 가능한 상담자를 배치할 수 있는가?

참고도서

- Chapman, Gary. *The Marriage You've Always Wanted*. Chicago, IL: Moody, 2013.
- Rosberg, Gary, Barbara Rosberg and Dennis Rainey. *Improving Communication in Your Marriage* (Homebuilders Couples). Little Rock, AR: FamilyLife, 2009.
- Wheat, Ed and Gaye. *Intended for Pleasure: Sex Technique and Sexual Fulfillment in Christian Marriage*. Ada, MI: Revell, 2010.
- Rainey, Barbara and Dennis. *Moments Together for Couples: 365 Daily Devotions for Drawing Near to God & One Another*. Bloomington, IN: Bethany House, 2014.

7장

부모 교육 강화하기:
양육의 목적과 실천

크리스 셜리(Chris Shirley)

윌리엄스 씨 댁의 현관으로 향하는 진입로를 따라가면서, 저스틴은 여전히 자신의 선택지들을 고민하고 있었다. 하고 싶지 않은 심방이었다. 매튜, 사라와 심방 약속을 잡기 위해 그는 용기를 끌어모아야 했고 지금이라도 뒤로 돌아 자동차로 돌아가지 않는 것은 오로지 성령님의 힘 때문이었다. 하지만 저스틴은 청소년부 학부모들과 정직하게 소통해야 할 신성한 의무가 있음을 알고 있었다.
　지난 수요일 밤 청소년부 행사를 마치고, 에반 윌리엄스의 친구 두 명이 친구에 대한 긴급한 염려를 들고 담당 교역자를 찾아왔다. 에반은 지금의 여자친구 메간과 성관계를 맺고 있는 것뿐 아니라 약물에도 손을 대고 있는 것이 분명했다. 저스틴은 이 문제 많은 14살 학생이 방황을 하고 있다는 사실을 알고 있었다. 지난 생일 이후로 에반은 생각이 딴 데 가 있었고 말수도 부쩍 줄었다. 주일학교에 와도 교실 맨 뒤에 앉아 아무런 반응이나 참여도 없이 창밖 만을 응시했다. 두 주 전, 저스틴은 에반과 메간이 예배 도중 사라진 것을 눈치챘고 이들은 교회 삼층 어두컴컴한 빈 방에 숨어 있다 발각되었다. 저스틴은 에반의 부모와 대화해야 할 시점인 것을 알았다.

저스틴이 현관에 다가서자 문이 열렸다. 에반의 부모가 나와 그를 맞았다. 사라는 울고 있었고 매튜는 불안해하는 모습이 역력했다.

어색한 인사를 나눈 후 매튜가 말했다. "저스틴 목사님, 오늘 와 주셔서 감사합니다. 하나님이 꼭 맞는 때에 목사님을 이곳에 보내주신 것 같아요. 지난번 전화를 주셨을 때 에반의 문제를 상의하기 위해 오시는 거라고 생각했습니다. 에반이 다른 아이로 변해가고 있다는 사실은 이미 알고 있었지만 어떻게 반응해야 할지 알 수 없었어요."

사라가 눈물을 훔치고 대화에 참여했다. "오늘 아침 에반의 방을 청소하다가 에반의 청바지 주머니에서 알약들을 발견했어요. 더 있을지 몰라 방을 둘러보다가 바닥에 두고 간 전화기가 눈에 들어왔지요. 메간과 나눈 문자들을 보니 성관계를 맺기 시작한 지 좀 지난 것이 분명했어요."

매튜가 끼어들었다. "이해할 수가 없어요. 저희는 에반이 옳고 그른 것을 분별하도록 키웠고 좋은 크리스천의 본을 보였다고 생각해요. 에반은 태어난 날부터 교회에서 자랐고요."

저스틴은 질문했다. "전반적인 태도 말고 요즘 행동에 대한 단서는 없을까요?"

매튜는 대답했다. "특별한 것은 없었어요. 요즘 자기 방에 혼자 있는 일이 많았는데 저희는 아이의 사생활을 존중해주고 싶었고 그래서 일부러 방해하지는 않았어요."

사라가 덧붙였다. "메간이 일주일에도 여러 번 놀러 왔어요. 놀러 오면 아래층에 있는 게임룸에서 있었고요. 한 번 내려가면 몇 시간씩 아래층에서 뭘 하는지 물으니 페이스북을 하면서 빈둥거리기만 한다고 약속했어요. 저는 제 아이를 믿어요. 아니 적어도 믿었어요."

매튜는 풀 꺾인 목소리로 공언했다. "아이를 위한 우리의 모든 꿈이 다 수포로 돌아가는 것 같아요. 고등학교 1학년 때 이렇게 방황을 한다면 고등학교를 졸업할 때는 어떤 모습일지 상상하기도 두려워요. 성적은 벌써 곤두박질치기 시작했어요. 내신을 올리지 않는다면 대학도 들어가지 못할 거에요. 그리고 에반과 메간이 조심하지 않는다면 운전을 할 수 있는 나이도 되기 전에 부모가 먼저 될 수도 있고요!"

창밖을 응시한 사라의 눈에 눈물이 더 차올랐다. "부모로서 실패한 기분이에요. 제가 바란 것은 우리 가족의 행복과 건강뿐이었는데요. 저스틴 목사님, 우리는 어떻게 해야 하죠?"

저스틴이 말했다. "가장 먼저 기도해야 합니다. 경건한 양육은 기도 없이는 불가능해요."

윌리엄스 가족을 위해 기도한 후 저스틴은 훌륭한 제안을 했다. "두 분이 동의하시면 필과 낸시에게 연락을 해 혹시 두 분과 만나주실 수 있을지를 여쭤보고 싶어요. 2년 전 제이크와 아주 비슷한 경험을 하셨거든요. 제이크의 문제를 해결하기 위해 양육에 대한 접근을 완전히 바꾸셔야 했어요."

매튜는 흔쾌히 받아들였다. "저희에게 꼭 필요한 제안 같아요. 저희에게는 큰 변화가 필요하고 교회 친구들이 함께 동행해 준다면 너무 좋겠습니다."

저스틴은 웃으며 고개를 끄덕였다. "자녀를 기르는 일에서 교회의 도움을 의지할 수 없다면 우리가 어디로 갈 수 있겠습니까?"

윌리엄스 가족의 문제는 오늘날 자녀를 기르는 크리스천 부모들이 마주한 도전을 보여준다. 아이들에게 닿는 파괴적 영향력이 만연하다. 예를 들면 결혼의 실패, 가족의 붕괴, 인터넷 상의 부적절한 이미지와 정보에 대한 자유로운 접근, 연예, 스포츠, 정부의 경건하지 못한 롤 모델들, 공교육에서 사라진 기독교의 영향력, 그리고 모든 측면에서 이루어지는 권위에 대한 무제한적 저항이다. 인간의 시각으로 볼 때 우리 자녀들이 세상의 영향력에 굴하지 않고 그리스도를 따르도록 이들을 길러내는 일은 산 정상에 진친 적군과의 싸움과 비슷하다. 많은 크리스천 부모들이 이처럼 힘든 싸움에 지쳐 자신의 자녀를 무방비 상태로 남겨둔 채, 방어적 위치로 후퇴하고 있다. 하지만 하늘의 관점에서 볼 때 부모들은 그 산을 지으신 이의 능력과 권위 아래에서 싸울 수도 있다.

부모는, 그것이 혈육이든 입양이든 보호자의 자격이든, 하나님으로부터 받은 자녀의 청지기이다. 이러한 청지기 직분을 일상 속에서 실천하는 것은 인간의 지혜가 아니라 하나님 말씀의 진리를 기초로 해야 한다. 성경은 자녀를 양육하고 이들의 지식과 태도, 행동을 지도하기 위해 꼭 필요한 자료이다(딤후 3:16-17). 하나님은 그분의 말씀과 함께 교회를 주셨는데, 부모에게는 자녀를 기르며 마주하는 매일의 도전을 위한 지지와 격려를 발견할 이상적 환경으로, 자녀에게는 경건한 예시와 안내로 이들을 에워싸고 그리스도 안에서 확대 가족을 얻을 수 있는 영적 가정으로 그렇게 하셨다.

성경 속 양육

사실 양육에 대한 조언을 구하는 대부분의 부모들은 믿을 만한 친구에게 달려가거나 저명한 아동 심리학자가 쓴 최신 베스트셀러에 귀를 기울인다. 하지만 가정의 창조주이자 진리의 저자는 모든 부모의 필요를 채우고도 남을 만큼의 자료를 이미 제공해 주셨다. 성경은 부모가 인생의 모든 상황 속에서 이들의 자녀를 인도하고 훈육할 수 있는 원리와 약속들로 넘쳐난다.

구약의 원리들

구약은 세상이 창조되고 가족과 민족이 세워진 이야기를 포함하는데, 이 이야기는 아브라함의 후손이 이스라엘 백성으로 형성된 일로 이어진다. 여기에서 우리는 우리 자녀들이 "여호와와 사람들에게 은총을 더욱 받"아 자라갈 때 이들을 양육하기 위해 필요한 교훈들을 발견한다(삼상 2:26).

자녀는 하나님으로부터 온 축복이다: 하나님은 남자, 여자와 나눈 첫 대화에서 "그들에게 복을 주시며" 다음과 같이 명령하셨다. "생육하고 번성하여 땅에 충만하라, 땅을 정복하라 … 땅에 움직이는 모든 생물을 다스리라."(창 1:28) 하나님은 아담과 하와에게 그분이 하신 것처럼 이들의 "형상과 모양"대로 창조할 특권을 주시며 이들을 축복하셨다. 이 최초의 부부는 하나님의 명령을 따라 이들의 자손을 낳고, 신적 명령의 성취를 향하여 이들을 양육하는데, 곧 하나님의 영광을 위해 이 땅을 정복하는 것이다.

하나님은 조상들의 삶을 통해 자신의 명령과 축복을 계속해서 확인해 주신다. 아브라함을 불러 자신의 영광을 위한 큰 민족이 되도록 하셨을 때, 주님은 아브라함과 사라에게 자녀의 축복을 주심으로 자신의 약속을 확인하셨다(창 21:1-3). 한동안 임신이 되지 않아 고생을 한 아브라함의 아들 이삭과 그의 아내 리브가는 쌍둥이 야곱과 에서의 축복을 받았고(창 25:19-24), 이들은 힘센 두 민족의 조상이 되었다. 야곱이 더 사랑했던 아내 라헬은 레아의 출산을 지켜보는 고통을 당했지만 하나님은 라헬의 "태를 여셨"고 자녀의 축복을 주셨다(창 30:22). 아들 열 둘과 딸 하나를 자녀로 둔 야곱은 이들을 하나님이 주신 축복으로 고백했다(창 33:5). 하나님은 룻을 "임신하게 하"셔서 오벳을 낳았는데 그는 그 부모에게뿐 아니라 그의 할머니 나오미에게도 축복이 되었다(룻 4:13-17). 한나가 아들을 위하여 열정적으로 기도했을 때 주님은 그녀의 울음을 들으시고 그녀에게 사무엘을 축복해 주셨다("내가 여호와께 그를 구하였다" 삼상 1:20). 부부가 "생육하고 번성"할 수 있도록 하시는 하나님의 역할은 시 113편 9절에서 "임신하지 못하던 여자를 … 자녀들을 즐겁게 하는 어머니가 되게 하시"는 하나님의 공로를 통해 선포되고, 이러한 사실은 자녀를 주님으로부터 오는 "기업"과 "상급"으로 묘사한 시 127편 3절에서도 나타난다.

출애굽기는 "생육하고 번성"하라는 하나님의 첫 번째 명령에 이스라엘이 순종한 증거로 시작한다. 출애굽기 1장 1-5절은 야곱의 아들들, 곧 히브리 열두 지파의 조상들의 이름을 포함하고 이것은 이 민족에 대한 하나님의 축복을 증거한다. **"이스라엘 자손은 생육하고 불어나 매우 강하여 온 땅에 가득하게 되었더라"(7절)**. 여러 세대가 지나 이스라엘 백성이 약속의 땅에 들어갈 준비를 할 때 모세는 이들에게 이들의 자녀, 그리고 이들 자녀의 자녀들이 하나님의 명령에 순종한다면 이들 민족이 계속해서 복을 받게 될 것을 상기시킨다(신 28:1-4).

재생산 기술과 과학적 진보의 세대에게 새 생명을 창조하는 일의 놀라움과 경이는 실종되고 없다. 하나님과 함께 "이 땅의 정복"을 위해 새 세대를 생산하도록 하나님이 우리에게 주신 특권 또한, 개인의 선택과 만족의 고양으로 이미 상실되었다. 결과적으로 크리스천 부모도 자녀를 낳고 기르는 축복을 가치 있는 일로 여기지 못하게 되었다. 부모 훈련의 목적들 중 하나는 이들을 도와 이들의 자녀가 하나님이 이들의 삶과 세상, 그리고 가장 중요하게는 하나님께 복이 되도록 주신 선물임을 이해하도록 하는 것이다.

죄가 잘못된 양육과 방황하는 자녀의 근원이다: 양육과 관련된 죄는 타락 이후 곧이어 모습을 드러낸다. 아담과 하와의 죄는 자녀들 사이 불화의 근원이 되고, 그 결과로 첫 번째 살인이 일어난다(창 4:8). 구약의 다른 예들은 죄악된 세상에서 부모가 자신의 자녀를 키우며 마주하는 어려움과 개인적 전투들을 지목한다. 아브라함이 하나님의 계획을 가로채 사라의 여종을 통해 이스마엘의 아버지가 되려고 했을 때, 그 축복은 저주로 둔갑해 두 이복 형제의 후손들 사이에 영구적 적대감을 낳는다. 삼손의 부모는 자녀를 주님께 바쳤지만 이들의 방임과 허용은 그 안에 교만과 무모함, 권리 의식을 심어 주었다(삿 13-16). 엘리는 이스라엘의 제사장이자 영적 지도자였으나, 그의 아들 홉니와 비느하스의 악한 행동에 태만하는 죄를 지었고, 이것은 이들의 죽음과 엘리 가문에 대한 하나님의 심판으로 이어졌다(삼상 4). 하나님은 다윗을 "그[분]의 마음에 맞는 사람"으로 묘사하시지만(삼상 13:14), 다윗의 자유방임적인 양육과 훈육은 그의 자녀들 사이에 거짓말과 질투, 강간, 살인, 관계의 소원, 그리고 반역을 포함해 재앙적 경향을 빚고 다윗 왕국의 존재 자체를 위협했다.

물론 반항적인 자녀가 언제나 부모의 죄악된 선택의 결과이거나, 부모의 죄가 언제나 자녀로 하여금 반항을 하도록 하는 것은 아니다. 에스겔 선지자는 모든 사람이 하나님에 대하여 자기 죄의 책임을 진다고 설명했다. "범죄하는 그 영혼은 죽을지라 아들은 아버지의 죄악을 담당하지 아니할 것이요 아버지는 아들의 죄악을 담당하지 아니하리니"(겔 18:20). 사무엘은 주님과 가까운 관계를 맺었던, 이스라엘의 선지자이자 사사였다. 사무엘은 경건한 지혜가 있어 사람들의 존경을 받았다. 하지만 그의 아들들은 "자기 아버지의 행위를 따르지 아니"했고 제사장의 직분을 부정직한 "이익"을 위하여 사용했다(삼상 8:3). 아버지로부터의 제지가 없었을 수 있지만 다윗의 아들 압살롬은 반역을 저지르고 왕의 권위에 저항하는 선택을 했다(삼하 15:10). 분열 왕국의 시기 동안 유다의 통치자 아몬은 그의 아버지 므낫세의 악한 우상 숭배의 길을 따라 걸었지만, 아몬의 아들 요시야는 경건한 왕으로 유다를 영적 재건의 시기로 인도했다(왕하 23:1-25). 하지만 요시야의 아들 여호아하스는 악한 할아버지의 모습으로 되돌아갔다(왕하 23:32).

세속적 심리학은 반항적인 자녀를 환경의 결과물 혹은 유전적 장애의 피해자로 이야기할 것이다. 마찬가지로 잘못된 양육에 대해서는 사회 경제적 요인, 결혼 생활의 문제, 지역 사회의 자원 부족을 탓할 수 있다. 하지만 성경에 따르면, 부모 자녀 관계에 부정적인 영향을 미치는 반항과 미움, 방치, 학대, 그밖의 다른 태도와 행위들의 뿌리는 죄다. 가족 관계는 죄의 문제가 예수 그리스도를 믿는 믿음 안에서 인정되고 다루어질 때 강화된다. 그리스도를 신뢰하는 모든 부모와 자녀 또한 지속적으로 자신의 뜻을 하나님께 복종시키고 죄를 회개하며 용서를 구해야 한다. 경건한 부모는 그리스도 안에 매일 거해야 할 필요를 인정하고 이들의 죄악된 본성을 하나님의 권위에 복종시키며 이들 자녀에게도 그것을 가르쳐야 한다. 하나님의 말씀을 통해 그분의 뜻에 순종하는 것, 그러니까 제자훈련이라고도 불리는 것이 부모와 자식에게 미치는 죄의 영향에 대한 핵심적 대처이다.

자녀를 가르치는 일의 목적은 지혜이다: 솔로몬은 다음의 당부를 아들에게 전하는 것으로 잠언서를 시작한다. "네 아비의 훈계를 들으며 네 어미의 법을 떠나지 말라"(잠 1:8). 두 번째 장에서 이 왕은 그의 가르침의 목적을 자신의 아들이 "여호와 경외하기를 깨달으며 하나님을 알게 되"는 것, 곧 지혜로워지는 것이라고 설명한다(잠 2:5). 잠언에서 솔로몬은 "여호와를 경외하는 것"이 지식과 지혜의 근본이라고 네 번에 걸쳐 반복한다(잠 1:7, 2:5, 9:10, 15:33).

잠언서를 통해 솔로몬과 그 외의 저자들은 이 근본적 원리를 지혜로운 사람의 행동과 태도를 어리석거나 악한 사람의 것과 대조해 설명하면서 인생의 모든 측면으로 적용한다. 이 잠언들의 직·간접적 의미는 어리석음이나 악함은 파멸을 불러오지만 지혜는 하나님께서 주시는 복으로 귀결된다는 것이다. 이 명령들은 거의 모든 연령대에서 만나게 되는 인생의 경험들을 위한 실질적인 안내를 제공하는데, 여기에는 재산과 재정 관리(15:16), 직업 윤리(10:4), 성적 유혹(2:16-22), 결혼 생활의 충절(5:15-19), 우정(13:20), 다른 사람과의 소통(21:23), 먹는 것과 마시는 것(23:21), 양육(19:18), 권위의 존중(24:21-22), 그리고 리더십(16:10)이 포함된다. 잠언서와 다른 지혜서들에 깔린 저변의 메시지는 "여호와를 경외"하는 가운데 인생의 모든 순간을 지혜롭게 살라는 것이다. 부모가 자녀에게 전달할 수 있는 이보다 더 큰 유산은 없다.

많은 가족들이 세속적인 것과 영적인 것을 나누어 구분된 실재를 산다. 이 같은 사고방식에서 영적인 관심은 주일 교회 활동과 수요일 밤 정도로 격하된다. 다른 한편 일상의 사건과 결정들, 곧 학교나 직장, 상점,

고속도로 위, 지역 사회 안에서 벌어지는 사건과 결정들은 세속적인 렌즈로 여과된다. 결과적으로 인생의 목적은 영적 목적으로부터 분리된다. 게다가 부모는 재정적 성공, 운동 기술, 학업 성취, 개인의 행복과 안전과 같은 우선순위를, 경건한 지혜를 얻고 무조건적으로 그리스도를 따르는 것보다 강조한다. 데이비드 프린스David Prince는 부모의 지도에서 이 같은 근시안적 접근에 대해 다음과 같이 말했다.

> 현대 미국의 복음주의 양육 선언은 "어떠한 경우에도 친절하고 행복하고 안전하라"는 것 같다. 문제는 이 주장들 중 어떤 것도 기독교의 변별적 가치를 대표하지 않는다는 것이다. … 친절하고 행복하고 안전한 아이들이라는 이름으로 많은 기독교 가정들이 "성도에게 단번에 주신 믿음"(유 1:3)을 사실상 내버리고 있는 것은 아닌지 나는 두렵다. 우리의 입술로는 복음의 메시지를 인정하면서도 일상 속에서는 그것이 사실이 아닌 것처럼 행동하는 양육은 재앙적인 결과를 가져올 것이다. 친절과 행복, 안전이 인생의 전부라고 믿는 어른들은 복음을 땅 끝까지 들고 가는(행 5:41) 일에 그들의 삶을 기쁘게 헌신하지 않는다.[1]

"먼저 [하나님] 나라와 그의 의를 구하"지 않는 부모는 이러한 우선순위를 자녀에게 전달할 수 없을 것이다(마 6:33). 지역 교회 안에서 부모 훈련은 워크숍 혹은 경건한 자녀를 기르는 열 가지 단계로 시작하지 않는다. 효과적인 양육은 정신과 마음에서 시작해 두 손으로 옮겨 간다. 주님을 향한 사랑에 사로잡혀 삶의 모든 영역에서 하나님의 뜻을 따라 사는 것에 온 마음으로 헌신된 부모들은 자녀에게 이 같은 지혜의 삶을 전달하기에 완벽히 준비될 것이다.

하나님은 모범적인 부모이시다: 구약의 이스라엘 백성이 하나님을 지칭하기 위한 인격적인 이름으로 "아버지"라는 용어를 사용한 것은 아니지만 하나님이 하신 부모의 역할은 많은 본문에서 확인된다. 이 구절들은 모범적 부모로서 그분의 속성을 묘사하고 모든 부모들이 따라야 할 원리들을 안내한다.

보호: 출애굽기 4장 22-23절에서 여호와는 이스라엘을 "내 장자"라고 부르시고 자기 자녀들을 학대한 바로에게 복수를 약속하신다. 시편 기자는 하나님을 "아버지"로 칭하고 "구원의 바위"라 부르는데(시 89:26) 이것은 자신의 자녀를 이들 원수로부터 보호하고 구하시는 하나님의 능력을 드러낸다. 시편 68편 5절에서 다윗은 과부와 고아를 포함해 스스로를 보호할 수 없는 이들의 아버지와 보호자로서 하나님이 행하시는 역할을 묘사한다. 비슷한 방식으로 이 땅의 부모 또한 육체적, 감정적, 영적 위험으로부터 자기 자녀의 안전을 위해 싸우는 전사가 되어야 한다.

공급: 아브라함에게 하신 약속을 시작으로 하나님의 의도는 한 민족-가정을 이루어 그분과 그분의 영광을 위하여 이들을 구별하고 이들을 위한 풍요롭고 안전한 땅을 제공해 주시는 것이었다. 그분은 "사람이 자기의 아들을 안는 것 같이"(신 1:31) 이들을 애굽에서 끌어내 광야에서 약속의 땅으로 인도하셨다. 결국 이스라엘이 그분께 저항을 할 때에도 주님은 돌아오라고 이들을 부르시는데 이는 결국 이들을 복주시기 위해서다(렘 3:19). 하나님이 그분의 자녀를 위하여 공급하신 것처럼 부모도 이들 자녀의 주거와 의복, 음식, 육체적 돌봄, 교육, 영적 발전, 그리고 생명을 유지하고 번성하기 위해 필요한 모든 것들을 사랑으로 공급해야 할 책임이 있다.

훈육(징계): 하나님께서 선택하신 가족이 약속의 땅에 들어가기 전 모세는 이들에게 하나님의 율법에 온전히 순종하고 하나님이 "사람이 그 아들을 징계함 같이"(신 8:5) 이들을 훈육하심으로(꾸짖거나 벌을 주심으로) 광야에서 배운 교훈들을 기억하라고 명령한다. 또한 주님이 솔로몬을 향한 그분의 계획을 다윗에게 드러내실 때 하나님은 솔로몬과 자신의 관계를 필요한 경우에는 징계("사람의 매와 인생의 채찍")까지도 행사하시는 아버지와 아들의 관계로 묘사하신다(삼하 7:14). 이스라엘 백성의 아버지로 보여주신 하나님의 모범은 제멋대로이거나 반항하는 자녀를 훈육해야 할 부모에게 교훈이 된다. 그분의 성품과 일관되게 하나님의 훈육은 사랑으로 행해졌으며 그분의 공의에 대한 반응이었다. 의로 교육하는 것은 불순종하는 자녀의 의지를 꺾기 위해 신속하고 일관되며 기억에 남을 만한 벌을 요구하기도 한다.

신실한 사랑: "인자"라는 용어는 하나님이 솔로몬과의 언약에 관하여 다윗에게 하신 맹세에서 사용된 히브리어 헤세드의 번역으로 가장 자주 사용된다. **"나는 그의 아버지가 되고 그는 나의 아들이 되리니 나의 인자를 그에게서 빼앗지 아니하기를 내가 네 전에 있던 자에게서 빼앗음과 같이 하지 아니할 것이며"**(대상 17:13). 헤세드는 또한 한결같은 사랑, 은혜, 신실한 사랑, 긍휼로도 번역된다. 자녀는 이들 부모로부터 일관적이고 무조건적이며 인내하는 사랑을 경험해야 한다. 이러한 끈질긴 사랑은 하나님이 그분의 아들 딸들에게 본으로 보여주신 사랑이다.

긍휼: 하나님이 그분의 자녀를 애굽의 종살이로부터 구원하신 것은 고통받는 자녀를 향한 긍휼하신 마음 때문이었다(출 3:7-8). 이들을 긍휼히

여기사 하나님께서는 이들을 광야로 세심하게 이끄셨고 생존을 위해 필요한 것을 공급하셨다. 호세아 11장 3-4절에서 주님은 긍휼히 여기는 자신의 행위를 이렇게 묘사하셨다. "내가 에브라임에게 걸음을 가르치고 내 팔로 안았[고]… 내가 사람의 줄 곧 사랑의 줄로 그들을 이끌었고… 그들 앞에 먹을 것을 두었노라" 하나님께서 그분의 자녀를 향해 품으시는 긍휼은(시 103:13) 사랑과 자비에 기초한, 이들의 필요를 향한 돌봄의 반응이다. 자녀들은 인생을 살며 실망과 실패, 고통스러운 경험을 할 것이다. 긍휼의 부모는 이 순간에 하나님의 사랑과 자비, 용서로 반응한다.

지지: 하나님 아버지는 자신의 자녀들을 위하여 싸우신다. 아브라함에 대한 그분의 지지는 아브라함의 불순종에도 불구하고 단 한번도 흔들리지 않았다(창 12:17-18; 16:1-2; 20:2-3). 아브라함을 "큰 민족"으로 만드시고 그의 "이름을 창대하게" 하시며 그를 복으로 삼으시겠다는 하나님의 약속은(창 12:2-3) 자신의 능력에 대한 긍정과 아브라함의 성품에 대한 확신을 보여준다. 사무엘 선지자는 다윗에 대한 하나님의 지지를 "그의 마음에 맞는 사람"으로 표현했다(삼상 13:14). 더욱이 주님은 다윗의 가문을 통하여 영원한 왕국을 세우시겠다는 확고한 헌신을 직접 약속하셨다(대상 22:10). 부모는 이들 자녀의 안녕과 열망을 지지할 때 이들이 이 같은 목표를 하나님의 말씀으로 표현된 그분의 뜻에 맞추어 조정하도록 지도해야 한다.

권위: 하나님의 큰 실망들 중 하나는 자녀의 반항과 그분의 권위에 대한 이들의 거절이었다. 온전한 충성을 처음으로 맹세했던 자들은(수

24:14-24) 빠르게 주님을 떠났고 거짓 신들을 숭배했다. 이 백성은 심지어 이들 영적 리더들의 인도를 받아 하나님의 주권적인 통치를 거절하기에 이른다. 말라기 선지자는 이스라엘과 이들 제사장들에게 하나님으로부터 온 통렬한 메시지를 전한다. **"아들은 그 아버지를 좋은 그 주인을 공경하나니 내가 아버지일진대 나를 공경함이 어디 있느냐 내가 주인일진대 나를 두려워함이 어디 있느냐"**(말 1:6). 부모는 가정에서 하나님의 권위를 대표한다. 하나님은 아버지와 어머니, 자녀의 역할을 세우셨고 이것은 그분의 성품과 그분이 사랑하시는 이들과의 관계를 기초한 권위의 패턴을 반영한다. 자녀가 부모의 권위를 거절할 때 이들은 하나님의 계획에 불순종하여 행동하는 것이다. 부모가 이들 자녀로부터 존경과 존중을 받는 열쇠는 가장 먼저 가정 안에 하나님의 절대적 권위를 세우는 것이다.

비전: 다윗 왕이 예루살렘에 성전을 짓기 위한 계획을 시작했을 때 나단 선지자는 그의 건방진 결정에 대한 하나님의 꾸지람을 전했다. 하나님께는 성전에 대한 계획이 있었는데 그것은 다윗의 아들, 솔로몬을 통하여 이루어질 것이다(대상 28:6). 하나님은 미래에 대한 특정한 비전을 가지고 계셨고 그것을 다윗과 솔로몬 모두에게 알려주셨다. 야훼의 선지자들은 그분의 자녀를 향한 하나님의 비전을 선포하는데 바로 축복과 형벌의 말씀이다. 하나님은 이스라엘의 아버지로서 그분의 자녀들을 희망과 경고의 말씀을 사용해 미래로 인도하셨다. 부모의 역할은 자녀의 마음에 하나님의 말씀과 일치하는 비전의 말을 심는 것이다. 미래를 위한 비전을 심는 것은 자녀가 인생의 선택들을 통해 하나님께 영광을 돌리는 이들의 잠재력을 두고 격려하는 것은 물론 죄의 궁극적 결과에 대해 훈계하는 것을 포함한다.

말라기 2장 15절에서 말라기 선지자는 "경건한 자손을 얻"기 위해 하나님의 계획 안에서 양육해야 할 우선 순위를 상기시킨다. 하나님 나라에 초점을 둔 건강한 교회는 자녀를 "주의 교훈과 훈계로"(엡 6:4) 양육하기로 준비된 부모들에게 달려있다.

신약의 원리들

가정에 대한 신약의 가르침은 보통은 제자훈련과 영성 형성을 명령하는 일반적인 문맥에서 등장한다. 하지만 이 가르침들 속에서 우리는 양육에 관련된 여러 중요한 원리들을 찾아낼 수 있다.

하나님이 당신을 위하여 설계하신 역할 가운데 성장하라(엡 5:22-6:4): 하나님은 가족이 교회의 양식을 따라 기능하도록 창조하셨다. 그리스도는 교회의 머리가 되시고 교회를 위하여 온전히 자신을 내어 주셨다. 따라서 교회는 그분의 리더십에 사랑으로 복종한다. 동일한 방식으로 하나님은 남편/아버지에게 가정에서 섬기는 리더의 역할을 주셨다. 아내를 향한 남편의 사랑은 아내의 육적, 영적 안녕에 대한 관심을 통해 표현된다. 아내/어머니는 남편의 리더십을 기꺼이 받아들이고 복종한다. 이러한 관계를 통해 표현되는 조화와 자기 희생적 태도는 부모를 공경해야 할 자녀의 의무에 도움이 된다. 어머니와 아버지가 서로에게 본이 되는 행동을 할 때 그것을 본 자녀는 가정에서 하나님이 설계하신 자신의 역할을 배우는 것은 물론 자신의 부모를 더 존경하고 순종하게 될 것이다. 넬슨 프라이스Nelson Price는 가족의 건강에서 부부의 역할이 갖는 가치를 다음과 같이 표현했다.

오늘날 미국 가정이 가진 큰 약점들 중 하나는 남편이 애정 어린 리더십 역할을 취하지 못하는 것이다. 대부분의 아내는 그것을 원하고 자녀는 그것을 갈망한다. 이것이 주어지지 않을 때 불안과 염려가 생겨난다. 이러한 리더십을 보여주지 못하는 것은 고압적이고 독재적인 것 만큼이나 좋지 않다. 자신의 남편에게서 이러하 권리를 빼앗는 아내는 자신과 자신의 자녀로부터 하나님이 의도하신 축복을 빼앗는 것이다.²

자녀를 노엽게 하지 말라(엡 6:4, 골 3:21): 바울은 자신의 서신에서 두 번 아버지와 자녀의 관계를 언급한다. 두 번 모두 그는 아버지에게 자녀를 노엽게 하지 말라 강하게 권면한다. 이 용어 parorgizete는 다양한 방식으로 번역되는데, 이를테면 악화시키다, 화를 돋우다, 자극하다, 짜증나게 하다 등이 있다. 이러한 행동의 함의는 단순히 자녀를 실망시키는 것이 아니라 의도적으로 이들의 화를 돋우는 것, 어떤 사람의 표현으로는 자녀를 "도발"하는 것이다. 자녀를 화평한 영으로 인도하는 아버지는 훈육을 할 때도 자녀의 영혼으로 향하는 다리를 짓고 이것은 "주의 교훈과 훈계" 가운데 사용된다(엡 6:4). 부모가 자녀를 노엽게 할 수 있는 많은 방법에 프리올로 Priolo는 다음을 포함시킨다.

1. 부부 관계가 조화롭지 못한 것
2. 지나치게 자유를 허용하는 것
3. 하나님이 주신 역할을 부모가 뒤집는 것
4. 습관적으로 분노 가운데 훈육하는 것
5. 자녀를 조롱하는 것
6. 일관적이지 못하게 훈육하는 것

7. 이중 잣대를 갖는 것

8. 율법적인 것

9. 자신의 잘못을 인정하거나 용서를 구하지 않는 것

10. 끊임없이 잘못을 찾는 것³

노력과 책임의 본을 보여라(살후 3:10-12, 딤전 5:8): 초대 교회에는 자신과 자신의 가족을 건사할 능력이 충분히 있으면서도 그리스도의 몸 안에 있는 다른 형제 자매들을 이용하려는 자들이 있었다. 바울은 데살로니가 교회의 이 무책임한 구성원들에게 일을 찾아 "자기 양식을 먹으라"고 명령한다(살후 3:12). 이 사도는 보다 강경한 어조로 목회 후배인 디모데에게 자기 가족을 방치하는 사람은 "믿음을 배반한 자요 불신자보다 더 악한 자"라고 상기시킨다(딤전 5:8). 바울의 핵심은 교회 안에 있는 정당한 필요를 평가 절하하는 것이 아니라 교회와 가족에 기여할 능력이 있는 모든 구성원들의 책임을 묻는 데 있다. 패터슨Patterson의 설명 대로 자녀는 자신의 부모가 열심히 일하고 가족의 재정에 대해 책임감 있는 결정을 내리는 것을 보고 가정 안에서 일과 책임에 대하여 배운다.

> 우리 아이들이 고등학교에 입학했을 때 우리는 종합 예산을 작성하고 (자동차와 건강 보험을 제외한 모든 것이 포함된) 아이들이 원하는 대로 매달 혹은 매주 분납하도록 했다. 우리는 아이들이 1불의 가치와 자신의 돈을 지혜롭게 지출하고 저축하는 훈련을 배울 수 있기를 바랐다. 아이들은 자신의 옷, 세면도구, 학교 준비물은 물론 자신이 알아서 먹겠다고 선택한 식사도 구입해야 했다. 그리고 이들의 수입에서 십일조도 떼야 했다.⁴

부부 사역의 본을 보여라(행 18:1-4, 24-26): 고린도에 있는 동안 바울은 아굴라와 브리스가라는 남편과 아내로 이루어진 한 사역 팀을 만났다. 이 부부는 바울을 자신의 집으로 데려갔고 바울이 고린도 교회를 개척하는 동안 생계를 이어갈 수 있도록 천막 만드는 사업에 동참할 기회를 주었다. 브리스가와 아굴라는 바울에게 크리스천의 환대를 실천했을 뿐 아니라 이들의 집을 교회의 모임 장소(고전 16:19) 및 새신자 훈련을 위한 교실로도(행 18:24-26) 사용했다. 이들은 이들의 결혼을 복음의 발전과 하나님 나라의 진보를 위해 헌신했다. 사역 기술은 듣고 배우는 것이 아니라 보고 배우는 것이다. 우리는 타인의 행동을 보고 섬기는 법을 배운다. 따라서 부모가 영과 실제로 사역의 본을 보일 때 자녀는 다른 사람의 필요를 돌보는 민감함 뿐 아니라 가족과 함께 섬기며 사역의 기술 또한 배우게 된다. 베인[Bayne]은 제자를 삼기 위한 이 같은 강력한 도구를 다음과 같이 묘사한다.

> … [우리 교회] 1,200명이 넘는 봉사자들이 섬김의 작전[Operation Serve]이라고 불리는 행사를 통해 우리 도시를 섬긴다. 부모와 어린이, 청소년, 대학생, 노인, 심지어 고등학교 운동부 학생들도 나와 우리 지역 사회의 변화를 위해 하루 동안 함께 섬기는 것이다. 이 날 내가 가장 좋아하는 것 중의 하나는 청소년과 어린이들이 이들의 부모와 함께 섬기는 모습을 지켜보는 것이다. 가족들은 함께 섬길 때 서로에게 영향을 미친다. 청소년과 어린이들이 섬기는 모습은 고무적이다. 우리 아이들은 우리가 섬기는 모습을 보면서 자랑스러워하고 우리의 다른 면모를 본다. 함께 섬기는 것은 우리 가족을 위한 새로운 영향의 장을 제공한다![5]

교회를 함께 사랑하라(마 12:48-50, 히 10:25): 마태복음 12장 48-50절에서 예수님은 급진적인 가족의 개념을 한 가지 소개하셨다. 예수님의 말씀 안에서 그분의 참된 가족은 하나님의 뜻을 따르는 자들을 포함한다. 이러한 선언은 가정과 교회 안에 있는 관계의 우선순위를 재조정한다. 양육의 관점에서 크리스천 부모는 자연적 가족을 영적 가족으로 동화시키는 일을 보다 중요하게 여기고, 이들 자녀에게 그리스도 안에 있는 형제자매들을 사랑하는 것의 가치를 가르쳐야 할 책임이 있다. 이것의 첫 단계는 교회 가족 안에서 다른 이들과 함께 예배하고 배우는 시간을 감사하고 우선하는 것이다(히10:25). 교회 안의 관계를 개발하고 소중히 여기는 것으로 부모는 자녀에게 가장 중요하고 가장 큰 지지가 되며 가장 강력한 우정을 제공한다. 자신의 어린 아들에게 쓴 편지에서 케빈 드영Kevin DeYoung은 자신의 아들이 청년으로 자라가는 동안 교회를 사랑하길 바라는 자신의 갈망을 다음과 같이 표현한다.

> 교회는 네가 삼켜야 하는 마법의 알약이나 천국 행 열차의 매표소가 아니야. 꼭 너처럼 말하고/생각하고/보이고/행동하는 사람들을 주변에 두기 위해 나가는 조금 더 나은 사교/컨트리 클럽도 아니지. 교회는 우리가 하나님의 말씀을 듣고 배우고 확인받기 위하여 매주 나가는 곳이야. 때로는 조금 어색하게 느껴지는 곡들도 있겠지만 하나님께 찬양을 드리기 위해 가는 곳이지. 교회는 다른 사람들을 섬기는 곳이고 우리가 도전을 받는 곳이야. 이런 도전들이 불편하다고 느껴질 때도 있을 텐데 그건 너의 삶에 변화가 필요하기 때문이야. 아빠의 경우는 그랬어.[6]

다른 신자들과 협력하여 양육하라(행 2:42-47, 딤후 1:2-5, 딛 1:4, 2:1-

7): 예수님의 말씀대로 교회가 참된 가족이라면 양육은 교회 성인 구성원들 간의 협력이다. 초대 교회 새로운 신자들은 자기 소유와 재정, 심지어는 이들의 집까지도 나누었다(행 2:44-45). 이들은 공동의 식탁에서 먹었고 서로와 삶을 나누었다. 이 시기 교회 공동체는 서로 너무나도 밀접하게 연결되어 부모들이 자신의 자녀를 "주의 교훈과 훈계로"(엡 6:4) 기르는 동안 서로를 의지했을 것으로 당연히 추론할 수 있다. 예수 그리스도를 믿은 많은 젊은이들이 이들의 확대 가족은 물론 부모 중 하나 혹은 둘 모두와의 관계를 끊어야 했다. 나이 든 교회의 구성원들은 이 젊은이들을 이들의 역할과 책임 가운데 훈련하는 영적 아버지와 어머니가 되었다(딛 2:1-7). 바울은 그의 "참 아들들"인 디모데와 디도 모두에게 영적 아버지였고(딤전 1:2, 딛 1:4) 이들에게 삶과 사역에 대한 중요한 진리들을 가르쳤다. 교회 구성원들은 이들의 자녀가 출생하고 성인이 되기까지 서로 뗄 수 없는 파트너였는데 정말로 "한 아이를 키우기 위해서는 교회 전체가 필요하"기 때문이다.

> 저는 교회를 보면서 저희 아이들을 돌볼 사람이 저와 저의 남편뿐이 아니라는 사실을 깨닫게 돼요… 보다 더 공동체적인 양육의 본을 보여주는 것 외에도 교회 가족들은… 제가 우리 아이들에게 '진정한 최선'을 다한다는 것의 의미를 다시 한번 생각하도록 도전해 줘요. 존스 씨네를 따라가고 싶은 우리의 갈망이… 자주 우리 아이들에게 정말로 '필요'한 것이 무엇인지에 대한 우리의 인식을 왜곡하고 아이의 장기적인 안녕에 정말로 큰 영향을 미치는 것이 무엇인지를 잊기도 해요… 나눔이라는 간단한 행동을 통해 우리는 두둑한 은행 계좌보다 우리 아이들을 훨씬 더 성장시켜줄 풍요로운 관계들로 엮인 세계를 지어갑니다.[7]

부부의 침소를 더럽히지 말고 부부 관계가 손상되지 않도록 하라: 히브리서 13장에서 저자는 형제 사랑을 적용하는 간략한 가르침에 이어 부부 관계가 지닌 거룩함의 핵심을 전한다(13:4). 7의 말에 따르면 결혼이 귀하게 여김을 받는 것은 남편과 아내가 서로에게 충실하고 이들의 "침소"가 "더럽"혀지지 않을 때이다. 저자는 자신의 결혼을 성적으로 더럽게 하는 자들에 대한 하나님의 임박한 심판을 경고한다. 부정infidelity에 대한 하나님의 심판이 구체적으로 기록되지는 않았지만 결혼을 더럽히는 것의 결과는 이혼이나 재정 파탄, 질병 감염의 가능성을 넘어선다. 예수님이 마태복음 19장 9절에서 암시하신 것처럼 음행은 결혼 언약의 기초를 손상시키고 잠재적으로는 부부 관계가 기초한 언약을 망가뜨린다. 다소 다른 논쟁을 사용해 사도 바울은 고린도 교회에 있는 기혼 부부들에게 이들의 성적 관계를 상호 간에 존중하고 부부 관계가 손상되지 않도록 성실히 노력할 것을 부탁했다(고전 7:1-14). 자녀는 약속의 중요성과 결혼의 가치를 자신의 부모로부터 배운다. 자신의 배우자에게 충실하고 약속을 존중한 부모가 동일한 가치를 고수하는 자녀를 길러낼 확률이 보다 더 높다. 반대로 부모가 이혼을 한 자녀는 이혼을 경험할 확률이 더 높다. 어떤 조사는 한 배우자의 부모가 이혼을 했을 경우, 이혼의 확률이 두 배로 증가하고 남편과 아내 모두가 유년 시절 이혼 가정에서 성장했다면 이혼율은 이것보다 더 증가한다고 보고한다.[8] 동일한 조사에 따르면 이 같은 이혼의 순환은 "자녀가 주로 자신의 부모로부터 관계의 기술과 결혼의 약속에 대한 교훈을 배우기 때문이다."[9] 비슷한 연구 결과를 기초로 밤가드너Baumgardner는 같은 결과를 보다 관계적인 용어로 표현했다.

… 이혼의 주된 영향은 유년기나 청소년기가 아니라 잠재적으로 진지

한 이성 교제가 시작되는 성인기에 나타난다… [주디스] 월러스타인 [Judith Wallerstein]이 인터뷰한 성인들 중 다수는 부모의 실수를 반복할까 두렵다거나 상대에게서 무엇을 찾아야 할지 모르겠다고 이야기했다. 한 청년은 "사랑이라는 단어를 사용하기가 두려워요. 그것을 갈망할 수는 있지만 상대에게 기대할 수는 없잖아요"라고 말하기도 했다. 이혼 자녀들은 인생의 동반자를 찾을 때 어디에서 시작을 해야 할지를 모르고 이 젊은이들이 관계를 어떻게 관리해야 할지 모르는 이유는 이 단계에서 사용할 수 있는 건강한 결혼의 모습을 담은 이미지가 없기 때문이다.[10]

양육의 목적

물론 그분의 계명에 순종할 때 가정에는 관계적인 조화가 찾아오지만, 양육을 위한 하나님의 궁극적인 목적은, 단순히 부모와 자녀의 관계를 바로 세우는 것이 아니다. 마찬가지로 양육의 제일 목적 역시 행복하고 많이 배우고 재정적으로 성공한 자손을 기르는 것이 아니다. 물론 하나님은 그분의 길을 따르는 자들의 가정을 복주신다고 약속하신 바 있다. 성경은 자녀를 "하나님에 대한 경외와 그분의 훈계"로 기르기 위한 견실한 조언들로 가득하다. 그렇지만 성경은 양육 안내서나 결혼 설명서가 아니다. 부모를 향한 하나님의 열망은 이들이 그분의 말씀을 경건한 후손을 위한 체크리스트나 보증으로 사용하는 것이 아니라 하나님의 영광과 세상을 향한 그분의 계획에 비추어 영적 리더로 자기 역할을 이해하는 것이다.

양육의 목적은 모든 가정의 목적이고 이것은 하나님이 첫 부모에게 주신 말씀과("생육하고 번성하라… 땅을 정복하라") 하나님이 선택하신 백성의 부모에게 주신 말씀("주 너의 하나님을 사랑하라…"), 그리고 예수 그리스도 안에서 중생하고 새로운 가족이 된 이들, 곧 교회의 영적 부모에게 주신 말씀("제자 삼으라")을 한 데 모아보면 알 수 있다. 하나님은 남자와 여자를 부모로 한 데 모아 이들과 같이 그분의 형상으로 창조된 자들을 창조하고 돌보도록 하셨다. 부모로서 이들의 책임은 이 세상에 인간 집단을 낳고 번성하는 것뿐 아니라 앞으로 올 세대에서도 동일한 일을 감당할 신실한 제자들의 세대를 일으켜 하나님께 영광을 돌리는 것이다. 하나님의 경륜에서 양육의 목적은 교회, 곧 하나님의 가족의 임무와 병행한다. 바로 제자를 삼는 제자로 세워 하나님의 영광으로 이 땅을 채우는 것이다.

강한 부모를 세우다

양육의 목적에 비추어 교회와 교회 리더들은 가족의 노력에 가치를 더하고 가정 안에서의 돌봄 역할 역량을 질적으로 향상시키기 위해 어떻게 가정을(특별하게는 부모들을) 섬기고 가정과 함께, 가정을 통해 사역할 수 있을까? 다른 장에서 캐런 케너머^{Karen Kennemur}와 리처드 로스^{Richard Ross}는 가정에서 어린이, 청소년들을 제자로 삼는 원리와 실천을 설명할 것이다. 가정을 기반으로 제자를 삼는 일의 중요성은 지나치게 강조하기 어렵다. 하지만 가정 사역의 기능 가운데 기초적이고 성경적인 양육 기술과 함께 부모를 준비시키는 일에 교회와 교회 리더들이 맡은 책임은 논의할 필요가 있다.

연약함을 인정하는 리더십: 목회자 자녀들의 안타까운 고정 관념들 중 하나는 P.K.("preacher's kid," 설교자의 자녀)라는 꼬리표이다. 효과적인 부모가 되려는 목회자들의 몸부림은 일부 회중이 이들 목회자와 그의 가족에 대하여 갖는 완벽이라는 기대 때문이다. 하지만 실재가 이상에 다다르지 못할 때, 예를 들면 목회자의 자녀가 방황을 할 때 문제의 원인이 꼭 양육 기술의 부족 때문은 아니다. 많은 자녀들이 경건한 부모의 최선의 노력에도 불구하고 반항을 한다. 사무엘 선지자는 이스라엘에서 흠이 없는 믿음의 영웅이었지만 그의 아들들은 주님께 저항했고 선지자로서 이들 사역은 부패했다(삼상 8:1-3).

교회는 현실적인 기대를 갖고 리더들이 양육의 어려움을 당할 때에는 은혜와 기도, 긍휼의 마음을 품는 것으로 목회자와 이들의 자녀를 섬길 수 있다. 마찬가지로 목회자들 역시 자신의 연약함을 인정하고 자신의 분투와 약함을 회중 그리고 다른 부모들과 마음을 열고 나누어야 한다. 계속해서 완벽한 가정의 메시지를 전달하는 목회자와 리더들은 회중석에 앉은 부모들과 공감할 역량이 약화되고 가족의 균열이 노출될 때 "설교자의 자녀"라는 오래된 이미지를 영속시킨다.

솔직함과 자기 연약함의 인정, 은혜를 기초로 한 가정에서 양육 실천을 소통하면서 목회자와 다른 리더들은 자기 자신의 양육 기술을 발전시키는 것은 물론 교회 안의 양육 환경을 강화시킨다. 분투 중인 부모들은 충족되지 못한 기대에서 오는 수치심 혹은 완벽한 자녀를 기르기 위한 비결을 찾는 헛된 추구로부터 해방될 수 있다. 탕자의 부모는 지난 실수에 대한 죄책의 속박으로부터 자유로워질 수 있다. 맞다, 스스로에게 입힌 상처로 고통받은 부모들이 있다. 이들은 자신이 용서받을 수 있다는 사실을 깨달을 때 회복으로 나아갈 수 있다. 그리고 이들과 동일한 길을 걸어온 리더들이 방관자로 이들을 바라보기보다 이들의 여정에 기꺼이 동참하고 있다는 사실을 깨닫게 될 때 조금 더 분명하게 회복할 수 있다.

지지하는 공동체: 남용되고 오용되는 격언이기는 하지만 한 아이를 기르기 위해서는 정말로 "한 마을이 필요"하고 우리의 목적에 비추어 표현하자면 한 교회가 필요하다. 부모를 훈련하고 지지하는 것은 다만 목회자, 청소년 사역자, 어린이 사역자, 혹은 다른 담당 직원의 의무가 아니다. 온 교회 공동체가 이 일을 나누어 감당해야 한다. 양육이라는 어려운 과업은 혼자 감당할 수 없고 다른 부모와 조부모는 물론 같은 성령님을 소유한 모든 사람들이 협력해야 한다. 보다 작은 교회에서는 이러한 세대간 환경이 교회 생활의 자연스러운 일부로서 가능하다. 하지만 보다 큰 교회에서 이러한 관계를 찾기 위한 최적의 장소는 소그룹 혹은 주일 학교 성경 공부반일 것이다. 더불어 리더와 교사, 사역 봉사자, 그리고 그리스도 안에 있는 다른 형제 자매들도 보조 양육팀의 일부로 다음 세대를 기르는 부모 곁에 함께 서 있는다.

소그룹 안에서 지지하는 양육 공동체를 세워 가기 위한 열쇠는 투명성과 책임 의식, 상호 관계이다. 투명성은 자녀를 기르는 일의 도전을 숨기지 않고 서로에게 정직한 것이다. 지지하는 공동체에서 사람들은 자신의 연약함을 쉽게 인정하고 승리는 거의 자랑하지 않는다. 리더들은 겸손의 정신을 본보이고 진실한 이야기를 지속적으로 격려하며 사람들이 판단이나 소문을 두려워하지 않고 나눌 수 있는 안전한 장소를 제공한다. 책임 의식은 양육의 선택에 대한 책임을 기꺼이 받아들이는 것으로 구성원 간에 높은 수준의 헌신과 복종을 필요로 하기 때문에 소그룹에서 실천하기 가장 어려운 특징들 중 하나이다. 개인주의 사회에서 사람들은 자기 선택의 책임을 지는 것에 저항한다. 하지만 지지하는 공동체 안에서 부모는 자존심을 내려놓고 서로에게 "사랑 안에서 참된 것을" 말하며(엡 4:15) 필요할 때에는 서로를 교정하고 가장 중요하게는 모든 분투와 승리에 대하여 격려와 기도를 제공한다. 상호 관계는 소그룹 안에서 투명성과 책임 의식이 분명하고 강한 분위기이다. 지지하는 공동체의 개념은 모든 구성원들의 공동 가치와 공동 책임을 기초로 한다. 크리스천 공동체에서 상호 관계는 성령님의 결과물이고 자녀를 기르는 일은 서로를 사랑하는 부모 사이의 공동 사역이다.

목표가 분명한 가르침: 교회 리더들이 부모에게 제공할 수 있는 최선의 자료들 중 하나는 실질적인 성경의 가르침이다. 하나님의 말씀을 이해하고 적용하는 부모는 이 "성령님의 검"(엡 6:17)을 사용해 이들의 삶을 하나님의 뜻에 맞추고 자녀들도 똑같이 할 수 있도록 이들을 훈련시킬 수 있다.

강단으로부터: 과거 목사들은 보통 봄 설교 시리즈를 통해 가정이나 양육을 주제로 설교를 했다. 설교에 대한 이 같은 주기적 접근을 통해서도 양육에 대한 폭넓은 주제들을 다룰 수 있겠지만 현 가정의 상태는 이보다 더 공격적인 전략을 요구한다. 모든 설교가 직간접적으로 양육과 관련될 수는 없겠지만 목사들은 1년 내내 가정의 문제를 겨냥해 주님이 하나님의 말씀을 통해 부모들에게 말씀하시도록 할 수 있다. 하지만 성경을 사실상의 양육 안내서로 사용하지 않도록 조심해야 한다. 성경이 경건한 자녀를 만드는 보장된 비법을 담고 있다고 가르치는 사람들도 있는데 필즈Fields는 이것을 "영적 결정론"이라고 지칭한다.

> 우리는 심리학적 결정론에 대한 문화적 믿음을 수용해 성경 구절들, 특별히 한 구절을 가지고 그것에 영성을 부여했다. 결과는 문화적 신화의 기독교 버전이다. "크리스천 양육 기술로 경건한 자녀를 만든다"는 류

의 것이다…. 모든 공식들과 프로그램들이 원하는 결과를 보장해 줄 양육 훈련 종류를 점치고 가르치기 위해 만들어졌다.[11]

목회자들은 성경을 양육을 위한 "쉬운 단추"로 사용하고 하나님이 하시지 않은 보장을 약속하는 대신 부모들이 확고한 믿음을 가지고 그리스도를 따르도록 이들을 훈련하고 이들의 자녀가 완벽하든 탕자이든 어떠한 상황도 직면할 수 있도록 이들을 준비시키기 위해 하나님의 말씀을 가르쳐야 한다.

그룹 안에서: 소그룹이나 주일 학교 성경 공부반은 부모들에게 성경을 분명한 목표를 가지고 가르치기 위한 또 다른 현장이다. 설교는 폭넓은 원리를 가르치고 일반적인 도전을 제시하기에 효과적이지만 소그룹 성경 공부는 부모들이 하나님의 말씀을 개인적인 수준에서 다루고 다른 사람들과 친밀한 환경에서 상호 작용하며 자신의 염려와 질문, 약속을 공유하도록 한다.

목회자와 마찬가지로 소그룹 리더도 모든 시간을 부모 세미나로 만들려고 해서는 안 되겠지만 하나님 말씀에 따라 자연스럽게 부모들의 필요에 대해 이야기하도록 해야 한다. 그 과정을 통해 교사는 성경을 양육의 문제를 포함해 그룹의 필요에 적용한다. 소그룹에서 자체적으로 교재를 선택하도록 하는 교회도 있다. 이 경우 리더는 1년 내내 가족 혹은 양육에 관해 다룰 수도 있다. 하지만 여전히 우선순위는 목표가 분명한 성경적 가르침이 되어야 한다. 크리스천 저자, 전문가들의 생각과 이론들은 유익하지만 이들은 분명 성경에 뿌리내려야 한다.

세미나와 워크숍 수련회: 대그룹과 소그룹의 환경과 함께 집약적 가르침을 위하여 고안된 특별 행사들도 집중적 강화와 혁신적 변화를 위해 효과적이다. 일일 워크숍이나 여러 주에 걸쳐 진행되는 세미나 혹은 양육 과정, 전국 혹은 지역 콘퍼런스, 그리고 가족 수련회들은 동기 부여가 높은 사람들을 집중적으로 가르칠 수 있다는 이점을 제공한다. 이러한 환경은 양육에 성공한 사람들은 물론 분투 중인 이들에게도 매력적이다. 두 종류의 참여자들 모두 성장과 변화에 대한 갈망으로 가지고 현장에 도착한다.

특별 자료들

지지하는 공동체와 목표가 분명한 성경적 가르침과 더불어 교회의 리더들이 부모의 일상 속 역할과 위기나 분투의 시간 동안 이들을 지원하기 위해 제공할 수 있는 추가 자료들이 있다.

가정 상담: 대부분의 교회에는 전임 혹은 파트 타임 상담가들이 없다. 따라서 목회자와 교회 직원들은 부모를 좋은 평판의 크리스천 상담가들이나 상담 센터로 위탁하고 전문 상담에 따른 높은 비용을 지불할 수 없는 이들을 위해 특별한 지원을 제공할 준비를 갖추어야 한다. 평신도들을 훈련해 극심하지 않은 상담 문제들을 다루도록 하는 교회들도 있다. 때로 부모들이 필요한 것은 다만 이들의 이야기를 들어주고 함께 기도해 주고 자녀를 기르며 부딪히는 일상의 분투를 위해 함께 작전을 짜주는 사람이다.

지원 그룹support group**:** 부모는 때로 자신과 비슷한 상황을 겪고 있는 다른 부모와의 대화가 필요한데 예를 들면, 어린 자녀를 기르는 스트레스,

한 부모의 역할, 반항하고 방탕한 자녀, 십대의 임신, 술이나 약물의 남용, 성적 혹은 성별 혼란을 겪는 자녀의 지도 외에도 다양한 양육의 도전들을 받고 있다. 이러한 종류의 비공식적 지원 그룹 상담은 그룹의 리더십을 잘 이해하고 흙탕물 같은 감정적 문제들을 잘 항해할 수 있는 훈련된 리더들이 이끌어야 한다.

부모 멘토링: 비공식적 상담의 또 다른 종류는 부모 멘토링으로 간단하게는 학령 전 자녀를 둔 부모가 빈 둥지 부모와 함께 시간을 보내는 것에서부터 전략적으로는 어려움을 겪고 있는 부모가 우정과 조언을 위해 경험이 많은 다른 부모를 찾도록 돕는 교회 사역이 있다. 멘토링은 또한 세대 간 관계를 격려하고 바울이 나이 든 세대에게 젊은 세대를 가르치도록 격려한 디도서 2장 1-8절의 정신을 충족한다.

긍휼한 마음의 지원: 부모가 자기 자녀를 위한 음식과 옷, 쉼터, 기초 물품이 필요할 때 교회는 개입해 지원해야 한다. 재정적 혹은 물질적인 지원과 더불어 교회 구성원들이 위기에 처한 가정들에게 제공할 수 있는 필요를 기반으로 한 다른 종류의 사역들도 있는데 예를 들면 장애인 자녀를 둔 부모를 위한 임시 돌봄, 부모의 밤(parent's night out, 역자 주 - 부모들이 데이트 등의 외출을 할 수 있도록 아이를 대신 맡아 돌봐 주는 행사), 학업 지도, 방과 후 프로그램, 가족 오락 활동 행사이다.

양육 자료 센터: 교회를 기반으로 한 자료 센터는(예를 들어 1장에서 묘사한 홈포인트 사역과 같은) 특정한 필요가 생겨날 때 부모들이 접근할 수 있는 인쇄물과 온라인 자료들을 포함한다. 센터의 설립과 자료 제공 업체

의 구독 비용이 부담된다면 교회 리더들은 부모가 이들의 필요에 따라 참고할 수 있는 인쇄물과 온라인 자료(책, 잡지, 소책자, 웹사이트, 팟캐스트 등)들의 목록을 만들어 배포할 수도 있다. 교회의 도서관이나 서점을 통해 인쇄된 자료를 구할 수 있는 교회도 있고 교회 웹사이트를 통해 링크와 자료를 다운받을 수 있는 교회도 있다.

결론

유명한 크리스천 심리학자 제임스 돕슨 James Dobson 은 여러 해 전 부모들이 이러한 목적에 점점 더 적대적인 세상에서 성공적으로 자녀를 길러내야 한다는 극한의 도전을 잘 이겨낼 수 있도록 책을 한 권 써냈다. 『양육은 겁쟁이들을 위한 것이 아닙니다』 Parenting Isn't for Cowards 라는 책에서 돕슨은 점점 더 어려워지는 이들의 역할에 대해 격려의 말을 남겼다.

> 저는 출산의 임무가 그토록 괴로운 일로 의도 되었다고 믿지 않습니다. 물론 부담이 큰 일이지요. 하지만 현대의 부모들은 스스로에게 불필요한 죄책과 두려움, 자기 의심을 짐 지웠어요. 이것은 하나님의 계획이 아닙니다. 성경은 분명 자녀를 기르는 일이 하나님으로부터 오는 놀라운 복이라고 말씀하고 있어요… 이보다 더 높은 부르심은 없습니다.[12]

부모를 강하게 하는 일에서 교회 리더들의 역할은 새로운 부모들은 물론 오래 전 이 길에 올라 선 부모들에게도 소망과 자신감을 제공하는 것이다. 하나님의 메시지를 높이고 부모들에게 가르치고 지지하는 소그룹 공동체를 발전시키고 세대 간 관계를 격려하고 의미 있고 유익한 자료들을 제공하는 것으로 리더들은 하나님이 부모에게 주신 임무 안에서 이들을 뒷받침할 수 있다. 양육은 무서운 scared 과정이 아니라 신성한 sacred 축복이 되어야 한다.

토론 주제
DISUCSSION GUIDE

1. 모든 연령의 자녀를 기르는 부모들이 마주하는 공통된 도전은 무엇인가?

2. 학령 전 자녀의 부모가 마주하는 특별한 도전은 무엇인가? 학령기 자녀나 청소년기 자녀의 경우는 어떠한가?

3. 어떤 부모들이 다른 부모들에게 도움을 요청하는 이유는 무엇인가?

4. 여러분의 교회와 리더들은 어떤 방식으로 자녀 양육의 책임에 관해 부모를 강하게 하는가?

5. "성경적 양육"을 주제로 4주간의 설교 시리즈를 계획해 보라. 각 설교마다 성경 본문을 정하고 삼 대지 개요를 정해보라.

6. 여러분이 여러분 교회의 부모들로 구성된 성인 소그룹 혹은 주일 학교 성경 공부반의 리더라고 상상해 보라. 여러분은 어떻게 그 그룹 안에서 "지지하는 공동체"의 정신을 구축할 것인가?

참고 도서

- Kimmel, Tim. *Grace-Based Parenting*. Nashville, TN: Thomas Nelson, 2005.
- Tripp, Paul David. *Parenting: 14 Gospel Principles That Can Radically Change Your Family*. Wheaton, IL: Crossway, 2016.
- Turansky, Scott, and Joanne Miller. *The Christian Parenting Handbook: 50 Heart-Based Strategies for All the Stages of Your Child's Life*. Nashville, TN: Thomas Nelson, 2013.

8장

가정에서 믿음 가르치기:
부모를 영적 리더로 준비시키다

캐런 케너머(Karen Kennemur)

제니는 초등학교 저학년 새 신자반을 가르치는 일이 즐거웠다. 어린이들을 가르칠 때 제니는 이들이 예수님을 자기 삶으로 영접했을 때의 그림을 그리도록 했다. 그림을 다 그리고 나면 다른 친구들에게 자신의 그림을 설명할 기회도 주었다. 그렇게 하는 이유는 두 가지였는데 먼저는 어린이들의 이야기를 그들의 말로 듣고 싶었기 때문이고 둘째는 어린이들이 다른 사람들과 자신의 간증을 나누는 법을 배우기 원했기 때문이다.

어느 주일 새 신자반에서 어린이들이 차례대로 자신의 이야기를 나누고 있었다. 여자 어린이들 중 하나가(이 어린이의 가족은 교회에서 가장 신실한 가족들 중 하나였다) 자신의 그림을 설명하기 시작했다. 제니는 좀 더 자세히 듣기 위해 열린 질문들을 던졌다. 사랑스러운 테일러의 그림과 언어적 묘사는 모두 구체적이었다. 하지만 실제적인 영접 기도에 대해서는 이야기를 서둘러 마무리 지었다. 제니는 구체적으로 물었다. "기도할 때 하나님께 무엇을 말했어?" 어린이가 대답했다. "아, 제가 하지 않았어요. 아빠가 대신 해

주셨어요." 제니는 이 말에 염려가 되었다. 테일러의 부모와 이야기를 나누는 대신 테일러를 이미 만난 어린이 사역자에게 자신의 우려를 전달했다. 테일러와의 만남으로부터 사역자는 이 어린이가 세례(침례) 받을 준비가 되었다고 생각했지만 지금은 자신의 판단에 의심이 들었다.

사역 리더들은 자신의 자녀가 크리스천이 되지 못했을 때 부모가 느끼는 압박을 이해해야 한다. 어린이가 관심을 보일 때 부모는 이 어린이가 크리스천이 되기를 원하는 마음으로 지나친 열성을 보일 수 있다. 따라서 교회 안에서 우리의 역할들 중 하나는 자녀에게 영적 진리를 전달할 수 있도록 부모를 훈련하고 지지하는 것이다.

부모의 역할에 관한 말씀

부모에게 그들 자녀의 영적 형성에 대한 책임을 이야기하는 성경 본문은 많다. 신명기 6장 4-6절에서 하나님은 그분의 백성에게 그들의 전 존재로 하나님을 사랑하라고 명령하신다. 다른 말로 자녀에게 하나님의 말씀을 가르치기 전 부모가 먼저 하나님을 사랑해야 한다는 것이다. 부모가 하나님의 진리와 하나님을 향한 사랑을 온전히 물려주기 위해서는 부모와 하나님 사이에 자라나는 관계가 있어야 한다. "너는 마음을 다하고 뜻을 다하고 힘을 다하여 네 하나님 여호와를 사랑하라"(신 6:5)는 명령에 뒤이어 모세는 이스라엘 백성에게 그들의 자녀에게 하나님의 말씀을 가르치라고 이야기한다. 이 구절에서 하나님은 언제 어떻게 자녀를 가르쳐야 할지도 포함하신다. "네 자녀에게 부지런히 가르치며 집에 앉았을 때에든지 길을 갈 때에든지 누워 있을 때에든지 일어날 때에든지 이 말씀을 강론할 것이며"(신 6:7). 하나님은 부모에게 매일의 삶을 통해 그분의 말씀을 자녀에게 가르치라고 명령하신다.

"하나님의 뜻으로 말미암아 그리스도 예수의 사도 된"(1:1) 바울은 에베소서에서 아버지들에게 직접적으로 이야기한다. **"또 아비들아 너희 자녀를 노엽게 하지 말고 오직 주의 교훈과 훈계로 양육하라"**(6:4). 하나님의 영감을 받은 이 말씀은 아버지들에게 그들의 자녀에게 하나님 아버지의 길을 가르쳐야 한다는 사실을 분명히 말한다. 일부 학자들은 "에베소서의 이 평범한 구절을 통해 우리는 기독교 가정 교육의 첫 번째 암시를 발견한다"고 이야기한다.[1] 아버지가 그의 "자녀들에게 믿음의 원리를 심어 주며 이들 종교의 교리와 의무를 가르치도록 강권"[2] 되었다고 믿는 이들도 있다.

자녀에게 믿음을 가르친 부모와 조부모에 대한 신약 속 훌륭한 예시는 디모데의 이야기이다. 바울은 이 같은 가르침을 디모데에게 보낸 그의 두 번째 편지를 시작하면서 인정한다(딤후 1:5). **"이는 네 속에 거짓이 없는 믿음이 있음을 생각함이라 이 믿음은 먼저 네 외조모 로이스와 네 어머니 유니게 속에 있더니 네 속에도 있는 줄을 확신하노라"** 디모데 후서 3장 15절에서 바울은 디모데와 그의 어머니의 훈련에 대해 이렇게 말한다. **"어려서부터 성경을 알았나니 성경은 능히 너로 하여금 그리스도 예수 안에 있는 믿음으로 말미암아 구원에 이르는 지혜가 있게 하느니라"** 바울은 디모데의 할머니와 어머니가 믿음 안에서 그의 선배인 것을 드러낸다.[3] 이들은 힘을 합쳐 그에게 성경적 진리와 크리스천의 삶을 사는 법을 가르쳤다.

부모는 자연스럽게 자녀를 인도한다. 부모는 자녀의 삶에 성경적 토대를 놓는 동안 하나님 아버지의 힘과 지혜를 지속적으로 구해야 한다. 가정과 어린이 사역을 강력하게 강조하는 지역 교회는 양질의 프로그램과 성경 공부, 선교의 기회를 제공하는 것으로 어린아이가 걷는 믿음의 걸음을 강화하는 부모를 도울 수 있다. 부모와 협력하는 교회는 온 가족이 걷는 믿음의 걸음을 강화한다. 잠언 22장 6절은 부모에게 하나님의 말씀을 어린아이의 마음에 심는 것의 중요성을 상기시킨다. "마땅히 행할 길을 아이에게 가르치라 그리하면 늙어도 그것을 떠나지 아니하리라."

성경적 세계관

세계관의 정의는 무엇인가? 마이어스Myers와 노에벨Noebel은 어떠한 사람의 세계관을 그 사람이 실재를 바라보는 방식, 실재에 반응하는 방식, 그리고 삶의 모든 측면에 응대하는 방식으로 묘사한다.[4] 성경적 세계관에 대한 보다 공식적인 정의는 "우리가 하나님과 세상, 그리고 하나님과 세상에 대한 우리의 관계를 이해하도록 돕는 이상과 믿음, 신념, 습관의 형태"이다.[5] 세계관이 필터처럼 작용한다고 말할 수도 있다. 한 사람의 세계관은 그 사람이 필요한 대답과 행동을 얻을 수 있도록 정보를 여과시켜준다. 성경적 세계관을 가진 크리스천은 하나님의 말씀을 정보를 조사하기 위한 필터로 사용해 필요한 대답과 행동을 얻는다.

부모가 성경적 세계관을 갖는 것은 중요한가? 물론이다! 경건한 자녀를 기르기 위한 모형으로 신명기 6장 4-9절을 따르기 원하는 부모라면 성경적 세계관은 매우 중요하다. 세계관을 형성하는 데 부모의 지도가 없다면 자녀들은 자신만의 세계관을 만들어낼 텐데 이것은 성경적일 수도, 그렇지 못할 수도 있다.

사람은 어린아이일 때 세계관을 형성한다. 어린이의 신념 체계 혹은 세계관은 부모와 사회적 환경, 친구 관계, 지인, 인생 경험, 심지어 미디어의 영향을 받는다. 따라서 부모는 어린이의 세계관에 지대한 영향을 미친다. 대부분의 경우 어린이의 환경과 사회적 정황, 친구 관계, 미디어 노출, 인생 경험을 결정하는 것이 부모이기 때문이다. 골로새서 2장 6-8절은 신자들에게 세상과 그것의 영향을 분별하라고 명령한다.

> **골로새서 2장 6-8절**
> 그러므로 너희가 그리스도 예수를 주로 받았으니 그 안에서 행하되 그 안에 뿌리를 박으며 세움을 받아 교훈을 받은 대로 믿음에 굳게 서서 감사함을 넘치게 하라 누가 철학과 헛된 속임수로 너희를 사로잡을까 주의하라 이것은 사람의 전통과 세상의 초등학문을 따름이요 그리스도를 따름이 아니니라

자녀에게 성경적 진리를 가르치는 것으로 부모는 골로새서의 명령을 따라 자녀에게 세상의 방식을 분별하도록 도구를 준비해 줄 수 있다.

교사로서 부모

가정에서 부모는 제일의 영적 리더이자 교사이다. 부모는 주님의 길로 그의 자녀를 인도해야 한다. 신명기 6장 6-7절은 의도적인 가르침을 이야기한다. 하나님은 이스라엘 부모에게 자녀에게 그분의 명령을 가르치라 명령하셨다. **"네 자녀에게 부지런히 가르치며 집에 앉았을 때에든지 길을 갈 때에든지 누워 있을 때에든지 일어날 때에든지 이 말씀을 강론할 것이며"**(7절) 의도적이라는 단어가 사용된 것은 아니지만 의도적 가르침이 함축되었다고 주장하고 싶다. 의도적이라는 단어는 "목적이 있는 행동"이다.[6] 의도적 가르침은 "목적이 있고 신중하며 고의적인 가르침"이다.[7] 앤 엡스타인(Ann Epstein)박사는 "의도적 가르침은 우연히 일어나지 않는다. 이것은 계획적이고 신중하며 목적을 갖는다. 의도적 교사들은

이들의 지식과 판단, 전문 지식을 사용해 어린이들을 위한 배움의 경험을 구성한다. 예상밖의 상황이 생길 때 (언제나 그렇듯이) 이들은 가르침의 기회를 포착하고 활용한다"[8]고 말한다. 부모가 하나님의 말씀을 의도적으로 가르치는 것이 하나님의 계획이다. 그분은 부모에게 성경적 진리를 부지런히, 의도적으로 물려주라고 명령하셨다. 가정에서 의도적 가르침의 한 예는 자녀의 말씀 암송을 돕는 것이다. 부모는 온 가족이 암송을 통해 배울 구절 하나를 선택할 수 있다. 식사 중 그 구절을 토의할 수도 있고 나중에는 암송을 돕기 위한 게임을 할 수도 있는데 이 모든 것이 자녀와 가족 구성원들이 이 구절을 기억하고 암송하고 그 의미를 분명히 이야기하는 데 도움이 된다. 목적을 가지고 가르치고 자신의 자녀와 가족이 성경 암송을 우연히 배우기를 바라지 않는 것이 자녀와 가족의 삶에 하나님의 말씀을 부지런히 전하는 예시이다.

가르침의 기회를 보여주는 예는 암송 구절을 일상 생활 속 상황에 적용하는 것이다. 가족의 암송 구절이 마태복음 22장 39절, 곧 **"네 이웃을 네 자신 같이 사랑하라"**였다면 자녀가 자신의 친구와 다투었을 때 가르침의 기회가 생길 수 있다. 부모는 말씀을 이 상황에 적용해 이것을 가르침의 순간으로 만들 수 있다. 부모는 자녀에게 가족의 암송 구절을 기억하는지를 물을 수 있다. 부모와 자녀가 함께 그 구절을 반복할 수도 있다. 이후에는 부모가 자녀에게 그 구절의 의미를 물을 수 있다. 이들은 함께 그 구절이 무엇을 의미하는지, 그리고 그것을 지금 상황에 어떻게 적용할 수 있을지를 대화할 수 있다. 이것이 부모가 자녀를 도와 자신이 가정에서 의도적 가르침을 통해 배운 바를 사용할 수 있는 가르침의 기회이다. 부모는 삶의 흐름 속에서 하나님 말씀을 의도적으로 가르쳐야 한다.

가정에서 자녀를 가르치는 또 다른 방법은 모범을 통해서다. 자녀는 호기심이 많은 생명체이다! 어린이들은 언제나 부모와 다른 어른들의 행동을 보고 배운다. 어린이들은 주변 어른이 보여주는 모습을 모방한다. "어린이는 성인의 말을 이해하기 훨씬 전부터 성인의 행동을 이해한다."[9] 예로 유아기의 어린이가 성인이 영아기의 어린이를 안고 우유를 먹이는 모습을 본다고 하자. 이 과정을 지켜본 유아는 인형을 안고 장난감 젖병을 사용해 우유를 먹이려고 할 것이다. 유아는 자기 부모나 다른 성인의 행동을 모방해 영아에게 우유를 먹이는 법을 배운 것이다. 유년기의 어린이는 아버지가 망치를 사용하는 모습을 본다. 아버지의 도움을 받아 이제 어린이는 망치를 사용할 수 있다. 우리는 어린이들이 모범이나 모방을 통해 배운다는 사실을 알고 따라서 부모가 자신의 자녀가 자신을 지켜보고 있다는 사실을 깨닫는 것은 중요하다. 모범을 통해 부모는 자신의 자녀에게 기도와 찬송, 섬김, 전도를 가르칠 수 있다. 자녀는 QT와 주일 성수 같은 습관의 중요성도 배울 수 있다.

내 친구 한 명은 유치원생이던 자신의 딸이 자신이 QT를 하는 동안 자신의 무릎 위로 기어 올라 온 이야기를 들려 주었다. 이 딸은 이것을 통해 자신의 엄마가 자신에게 QT를 하는 것과 하나님과 함께 시간을 보내는 것의 중요성을 가르쳐 주었다고 기억한다. 이 딸이 엄마가 되고 자신이 QT를 하는 동안 자신의 유치원생 딸이 자신의 무릎 위로 기어 올라 왔을 때 그녀는 자신의 엄마가 보여 준 모범의 중요성을 다시 한번 깨닫는다. 자녀는 자신의 부모로부터 기질과 윤리 행동, 도덕 행동은 물론 습관을 배운다. "말보다 행동이 중요하다"는 오랜 격언은 사실이다. 모방과 모범의 효과를 깨닫는 것은 부모가 자신의 자녀가 위에서 묘사된 대로 그것이 선하든 악하든 자신의 행위와 행동을 따라하는 것을 볼 때이다. 모범은 가르침의 강력한 도구이다. 시편 145편 4절은 기록한다. "대대로 주께서 행하시는 일을 크게 찬양하며 주의 능한 일을 선포하리로다" 부모는 자신의 자녀에게 하나님을 향한 사랑과 그분의 말씀을 향한 사랑, 그분의 아들을 향한 사랑을 가르치고 보여줄 큰 책임을 갖는다.

자녀의 영적 훈련

자녀에게 성경적 진리를 가르치는 것은 영적 훈련으로 묘사할 수 있다. 훈련이라는 단어는 교육, 지시, 준비, 코칭, 학교와 같은 단어를 떠올리게 한다. 평생 동안 우리가 경험하는 훈련의 종류는 다양하다. 우리는 교육적 훈련을 위해 자녀를 학교로 보내는데 여기에는 맞춤법, 읽기, 수학, 과학 그 외 다른 훈련들이 포함된다. 남자 어린이들이나 청년들은 축구를 배우기 위해 봄 훈련에 참여하는데 이때 축구의 규칙과 경기, 체격 조건을 집중적으로 배운다. 음악가는 음악 레슨이나 음악 훈련을 통해 악기 연주를 배운다. 여러 과목과 전공을 위한 가르침과 훈련이 있다. 부모가 자신의 자녀가 읽기와 쓰기, 산수를 배우기 원하는 것처럼 크리스천 부모는 특별히 이들의 자녀가 성경적 진리의 영역 안에서 훈련되기를 바란다. 자신의 자녀가 기독교를 받아들이기 원한다면 부모는 자신의 자녀에게 하나님의 말씀을 가르쳐야 한다.

부모가 진지하게 받아들인 영적 훈련은 믿음의 공동체 혹은 교회 안에서 교제를 포함한다. 가족들은 다른 어떤 기회보다 어린이를 위한 견고한 성경적 가르침과 가족을 위한 선교 활동을 제공하는 훌륭한 어린이 사역이 있는 교회에 출석해야 한다. 하지만 교회 가족의 영적 지원이 부모의 영적 리더십과 가르침을 대체하지는 못한다. 부모는 성경을 통해 영적 훈련의 책임이 언제나 자신에게 주어졌다는 사실을 기억해야 한다. 부모는 자신의 자녀를 위해 영적 진리를 가르치는 제일의 교사이고 "자녀의 영적 훈련은 단순히 그것이 완료되었을 때 부모가 목록에서 지워버릴 수 있는 종류의 교육이 아니라 자녀의 삶의 핵심을 형성한다."[10] 영적 훈련은 크리스천 양육의 기초가 되어야 한다. 크리스천 부모는 자녀의 삶을 통해 이들을 이끌고, 바라기는 그리스도 예수와의 인격적 관계로 인도할 진리를 물려 주어야 한다.

영적 훈련Spiritual Discipline을 통해 성경적 진리를 가르치다

영적 훈련은 그리스도의 헌신된 제자들이 실천하는 "신앙의 습관"이다.[11] "영적 훈련은 성령에 충만하여 경건을 추구하기 위해 사용해야 할 하나님이 주신 수단이다."[12] 영적 훈련의 예는 성경 공부, 말씀 암송, 기도, 예배, 전도, 그리고 십일조이다(이것이 다는 아니다). 영적 훈련을 가르침의 도구로 사용해 부모는 자녀에게 하나님에 대하여 배우는 방법, 그분과의 관계를 세우는 방법, 그 관계를 깊게 하는 방법, 다른 사람들과 자신의 믿음을 나누는 방법을 가르칠 수 있다. 영적 훈련을 가르칠 때 부모는 하나님의 말씀으로부터 가르치고 따라서 자녀는 성경적 진리를 배우게 된다. 이것은 의도적 가르침의 효과적인 방법이다. 크리스천 부모의 소망과 기도는 자녀가 그리스도의 신실한 제자가 되는 것을 보는 데 있다. 영적 훈련을 사용해 하나님의 말씀을 가르치는 것으로 부모는 자녀와 그리스도의 관계를 위한 토대를 놓는다.

기도

누군가 기도를 어떻게 정의할 수 있을지 묻는다면 독자들은 기도를 하나님과의 지속적인 대화 혹은 하나님께 하는 말이라고 대답할 수 있다. 『어린이들을 위한 영적 훈련』Spiritual Disciplines for Children에서 버니 러브Vernie Love는 기도를 "하나님과 이야기하고 하나님의 말씀을 듣고 하나님과 함께 시간을 보내는 것"이라고 정의했다.[13] 블룸Bloom은 "기도는 하나님과의 만남이자 관계"라고 썼다.[14] 『어린이와 기도』Children and Prayer라는 책에서 클로이드Cloyd는 말했다. "기도는 언제나 어디서나 무엇에 대해서든 하나님과 함께 이야기하고 하나님의 말씀을 듣기 위해 우리 자신의 언어를 사용하는 것이다."[15] 단순히 말해, 기도는 하나님과의 소통이다. 이것은 그분과 우리 관계의 기초이다.

자녀에게 기도를 가르치는 것은 그리스도와의 인격적 관계를 시작하고 유지하는 방법을 가르치는 것이다. 기도는 크리스쳔의 삶의 기초이다. 부모는 자녀가 태중에 있을 때 기도를 시작해야 한다. 그리고 이들의 기도는 들려야 한다. 자녀가 태어나기 전 부모가 기도하는 소리를 들을 수 있도록 말이다. 태중의 자녀를 위한 기도로부터의 자연스러운 진행은 태어난 자녀를 위해, 자녀와 함께 기도하는 것이다. 부모는 하루에도 주기적으로 자신의 자녀를 위해, 자녀와 함께 기도의 말을 해야 한다. 영아와 유아, 학령 전 어린이는 가족의 모든 기도에 포함되어야 한다. 식사 시간의 기도, 가정 예배, 가족 모임, 가족이 기도하는 모든 순간 모든 연령대의 자녀들이 포함되어야 한다. 자녀가 성장하고 성숙하면서 어린이는 부모가 하고 있는 일에 관심을 보이고 부모의 행동을 따라하기 시작할 것이다. 자녀가 기도로 입문하고 기도를 배우는 최선의 방법은 아마도 모범일 것이다. 클로이드는 말한다. "자신의 기도 생활과 기도를 배운 방식에 대한 답변에서 성인들은 거의 예외 없이 자신에게 기도하는 모습을 보여준 사랑하는 누군가의 이름을 떠올렸다."[16] 클로이드가 어린이들과의 인터뷰를 통해 어디에서 기도를 배웠는지 물었을 때 이들은 어른들이 기도하는 모습을 보고 들어 배웠다고 대답했다.[17] 부모와 어른들이 기도의 모범을 보일 때 이들은 행동을 통해 가르치는 것이다. 모범을 보이기 위해 부모는 낮 동안에도 종종 자녀와 함께 기도해야 한다. 가족은 정기적, 산발적으로 기도해야 한다. 정기적으로 기도하는 것은 매일 같은 시간, 예로 하루의 시작, 식사의 시간, 하루의 마무리에 기도하는 것이다. 산발적 기도는 필요한 때에 하는 기도다.[18] 예를 들어 엄마나 아빠가 자녀와 차를 타고 이동할 때 자동차 사고를 목격한다. 산발적 기도는 안전 거리를 확보하고 차를 세워 이 사고와 관련된 이들을 위해 기도하는 것이다. 혹은 친구가 아프다는 소식을 들었을 때 부모가 모든 활동들을 중단하고 자녀의 친구를 위해 기도하는 것이다. 정기적, 산발적 기도는 자녀에게 하나님이 우리의 삶에 언제나 함께하신다는 사실을 가르쳐준다. 또한 우리가 기쁠 때에도 도움이 필요할 때에도 하나님을 향해야 한다는 사실을 가르쳐준다. 하나님과 함께 시간을 보내고 그분과 소통하는 것은 아버지와 자녀의 관계를 발전시킨다. 더 많이 기도할수록 기도는 더 자연스러워진다.

자녀는 또한 부모의 의도적 가르침을 통해서도 기도하는 법을 배운다. 학령 전 자녀들에게 기도를 가르칠 때 부모는 소통의 특성은 물론 신체적 측면에도 집중할 수 있다. 우리는 하나님을 존경하여 고개를 숙이고 주변의 다른 사람들이 아닌 하나님께 집중하기 위하여 두 눈을 감으며 가만히 있기 위해 두 손을 모은다. 신체적 요소는 학령 전 자녀들에게 기도를 가르치기에 유용하다. 작은 어린이들이 주변 세상을 물리치고 하나님께 집중하도록 돕는다. 어린이들이 성숙해 가면서 이들은 하나님과의 관계가 신체적 요소들보다 중요하다는 사실을 이해한다. 기도를 배워가는 큰 어린이들을 위한 의도적 가르침은 이들이 맺고 있는 하나님과의 관계에 집중하는 것이다. 우리는 어린이들이 기도할 때 진심 어린 단어들을 사용하기 원한다. 어른들은 어린이들이 솔직하고 정직하게 이야기할 수 있도록 격려해야 한다. 릭 오스본Rick Osborne의 말대로 기도는 "단순하고 진솔"해야 한다.[19]

의도적 가르침은 기도의 부분을 가르치는 것을 포함한다. 누가복음에서 예수님의 제자들은 그분에게 기도를 가르쳐 달라 부탁한다. 예수님은 이들의 요청에 모범 기도, 보통은 주기도문으로 알려진 기도로 대답하신다(눅 11:1-4). 이 모범 기도에서 그리스도는 기도의 다섯 가지 부분, 곧 찬양과 고백, 감사, 중보, 간구를 확인해 주신다. 부모가 자녀에게 기도를 가르칠 때 기도의 종류로서 이 부분들을 가르칠 수 있다. 만일 우리가 자녀에게 기도할 때마다 각 부분을 포함해야 한다고 가르친다면 어린이들은 좌절할 것이다. 그렇다면 강조는 그리스도와의 관계가 아니라 기술이 될 것이기 때문이다. 그러나 "기도는 기술이 아니다. 관계이다."[20]

찬양은 기도의 첫 부분이다. 기도는 하나님께 경배를 표현하는 것이다. 주기도문은 우리의 아버지 되신 하나님을 향한 경배로 시작하고 마무리한다.[21] 자녀에게 찬양을 설명하는 좋은 방법은 시편의 구절 혹은 장을 읽어주는 것이다. 시편 146편 1-2절에서 발견되는 찬양의 예는 다음과 같다. *"할렐루야 내 영혼아 여호와를 찬양하라 나의 생전에 여호와를 찬양하며 나의 평생에 내 하나님을 찬송하리로다"*

고백은 하나님께 우리의 죄를 자백하는 것이다. *"만일 우리가 우리 죄를 자백하면 그는 미쁘시고 의로우사 우리 죄를 사하시며 우리를 모든 불의에서 깨끗하게 하실 것이요"*(요일 1:9) 주기도문에서 예수님은 모든 사람을 위해 용서를 구하는 본을 보이신다. 예수님은 온전하셨지만 우리에게 용서를 구하는 방법의 예시가 필요한 것을 아셨다.[22] 부모는 자녀에게 용서와 용서의 필요, 또 다른 이들을 용서할 필요에 대한 보다 더 나은 이해를 위해 죄의 의미를 논의할 필요가 있다.[23]

감사는 하나님이 우리에게 주신 모든 것들을 인하여 그분께 감사하는 것이다.[24] "범사에 우리 주 예수 그리스도의 이름으로 항상 아버지 하나님께 감사하며"(엡 5:20) 하나님께 감사를 드리는 것은 어린이들이 이해하기에 간단한 개념처럼 보인다. 하지만 부모는 자녀가 하나님께서 이들의 삶에 주신 많은 복들을 말로 표현하고, 물질적인 것 너머를 볼 수 있도록 도와 주어야 한다. 때로 어린이들은 하나님께 감사를 드리기 위해 장난감과 세상의 소유만을 떠올리기 때문이다. 몇 가지 예로 자기 삶에 주어진 사람들과 교회, 그리고 공동체를 떠올려 하나님께 감사할 수 있도록 지도가 필요하다.

중보는 다른 사람의 필요를 위해 기도하는 것이다. "모든 기도와 간구를 하되 항상 성령 안에서 기도하고 이를 위하여 깨어 구하기를 항상 힘쓰며 여러 성도를 위하여 구하라"(엡 6:18) 어린이 사역자로서 나의 경험상 어린이들은 도움이 필요한 다른 사람들에 대해 보통은 긍휼한 마음을 갖는다. 성경 공부반이나 어린이 제자훈련 도중 기도 요청 시간이 되면 어린이들은 다른 사람의 필요에 집중하고 요청의 목록은 길어지곤 했다. 부모는 자녀와 함께 기도 일기를 시작해 기도의 요청을 기록하고 하나님이 그 기도의 요청에 응답하신 방법을 써 나갈 수 있다.

간구는 개인적 필요를 채우시도록 하나님께 요청하는 것이다. "이 아이를 위하여 내가 기도하였더니 내가 구하여 기도한 바를 여호와께서 내게 허락하신지라"(삼상 1:27) 어린이들은 긍휼한 마음을 갖는 것만큼 쉽게 자신에게 집중하기도 한다. 다른 말로 하자면 어린이들은 자신에게 반드시 필요한 것보다 원하는 것을 채워 주시도록 하나님께 요청할 수 있다는 것이다. 부모는 자녀에게 하나님은 우리가 원하는 것보다 우리의 필요를 공급해 주신다는 사실을 가르쳐 주어야 한다. 자녀는 기도할수록 하나님께 가까워질 것이고 보다 더 기도를 이해하게 될 것이다.

말씀 암송

"나는 하나님의 말씀, 성경에 대한 충성을 맹세합니다. 성경을 내 발에 등으로, 내 길의 빛으로 삼겠습니다. 하나님께 범죄하지 않기 위하여 성경 말씀을 내 마음에 두겠습니다." 성경에 대한 이 같은 맹세는 여름 성경 학교에 참석을 했거나 봉사를 했던 이들에게는 익숙할 것이다. 보통은 매일의 예배 시간 어린이들과 교사들이 이것을 암송한다. 이 여름 성경 학교 맹세는 어린이들에게 하나님과 그분의 말씀이 이들의 일상 속에서 이들을 인도할 것이라고 상기시켜 준다. 하나님의 말씀을 아는 것은 "한 어린이가 평생에 걸쳐 퍼 올릴 수 있는 풍성한 영적 자원을 제공해 준다."[25] 어린이들은 의심이나 어려움, 기쁨의 시간, 혹은 다른 때에 말씀을 암송할 수 있다. 성경을 기억하는 능력은 성경을 읽을 때뿐 아니라 모든 때에 성령으로 하여금 우리의 삶 속에서 하나님의 말씀을 사용하시도록 한다. 휘트니Whitney에 따르면 성경 구절의 암송은 "영적인 힘을 공급하고 믿음을 강건하게 하며 전도와 상담을 인도하고 묵상을 격려한다."[26] 달라스 윌라드Dallas Willard는 이렇게 말했다. "성경 암송은 영성 형성에 절대적으로 중요하다. 영적 생명의 모든 훈련들 중 하나를 선택해야 한다면 나는 성경 암송을 선택할 텐데 그것이 나의 마음을 그것이 필요한 것으로 채우는 근본적인 방법이기 때문이다."[27] 부모는 하나님의 말씀을 아는 것의 중요성을 이해하고 기꺼이 자신의 자녀를 도와 이들이 성경 구절을 배우고 이해하고 암송할 수 있도록 해야 한다. 성경 구절을 암송하는 목적은 암기하는 것 외에도 이해하는 것이 되어야 한다. 그 구절이 자신에게 무엇을 이야기 하는지 이해하지 못한다면 몇몇 단어를 기억하는 것은 어린이에게 전혀 유익이 안 된다. 빌 에미어트Bill Emeott는 자녀의 말씀 암송을 돕기 위한 몇 가지의 지침을 제안한다.28 에미어트는 말씀을 배우는 것은 "한 구절의 일회적 사용과 해석" 이상이라고 이야기한다.29 부모는 가족이 한 달에 한 가지 성경 구절을 배울 수 있도록 할 수 있다. 그 달에는 매주 그 구절을 여러 번 반복하고 그것의 의미에 대해 대화를 나누는 것이다. 에미어트는 또한 어린이들의 학습 역량의 차이를 상기시킨다.30 예를 들어 그 가정에 여러 자녀가 있다면 부모는 각 자녀의 학습 역량을 고려해야 한다. 한 자녀는 구절의 짧은 구문을 암송해야 할 수 있지만 다른 자녀는 앉은 자리에서 전체 구절을 한 번에 암송해낼 수도 있다. 한 자녀가 다른 형제 자매들보다 빨리 구절의 의미를 파악할 수도 있다. 이해하고 암송하는 자녀의 역량을 아는 것은 중요하다. 부모는 자신의 자녀가 낙심하고 마지못해 성경 배우는 것을 원하지 않기 때문이다. 대신 부모는 자녀가 하나님과 그분의 말씀을 사랑하도록 돕기를 원한다. 에미어트가 지적하는 또 다른 핵심은 "어린이들은 방법이 다양하고 매력적일 때 배움에 더 흥미를 느낀다"는 것이다.31 성경 암송과 이해를 향상시키기 위한 게임을 즐거워하는 어린이들이 있는 반면 말씀을 노래로 부르는 것을 즐거워하는 어린이들도 있다. 자녀들과 함께하는 배움을 다양하게 만들어 줄 게임과 음악, 책들은 인터넷 상이나 기독교 서점에서 찾아볼 수 있다.

부모가 자녀의 말씀 암송을 도울 때 한 가지 더 고려해야 할 것은 성경의 번역본을 선택하는 것이다. 부모는 성경의 의역보다는 정확한 번역본을 선택하고 싶을 것이다. 자녀의 이해 능력에 맞는 표현 역시 고려해야 한다. 생각해볼 만한 번역은 많다. 목회자가 사용하는 번역이나 주일 아침 자녀의 성경 공부반에서 교사가 사용하는 번역본을 선택할 수도 있다. 번역본을 고르는 방법이 무엇이든 부모가 바라는 것은 자녀가 하나님의 말씀을 그 마음에 성공적으로 두는 것이다.

"하나님의 말씀은 너무 중요해서 암송하지 않을 수 없다."[32] 자녀가 구절을 교회나 학교, 가정 예배 어디에서 배우든 하나님의 말씀을 배우고 이해하도록 하기 위해 부모의 도움은 꼭 필요하다.

예배

내가 경험한 가장 뜻깊은 예배는 어린이 캠프였다. 달라스 지역에서 어린이 사역을 했을 때 나는 우리 어린이들을 데리고 마운틴 레바논Mt. Lebanon으로 캠핑을 갔다. 마운틴 레바논은 텍사스 시더 힐에 위치한 침례교 캠프장이다. 이 캠프장은 언덕 위에 자리해 있으며 나무와 식물, 야생 생물들로 뒤덮여 있다. 마운틴 레바논은 어린이들이 야외에서 하나님을 경험하기에 훌륭한 장소다. 어느 여름 그 주간의 캠프 성경 구절은 시편 말씀이었다. 솔직히 정확한 구절은 기억이 나지 않지만 우리 세상의 창조주 되신 하나님께 찬송을 올려 드리는 말씀이었다. 어느 날 아침 내가 교회의 성경 공부를 인도하고 있었고 우리는 시편을 읽고 하나님이 만드신 아름다운 세상에 대해 토론을 하는 중이었다. 갑자기 4학년 남자 어린이들 중 하나가 오래된 찬송인 하나님께서 온 세상 창조하셨네He's Got the Whole World in His Hands를 부르기 시작했다. 어린이들을 잘 아는 나는 다른 어린이들이 어떠한 반응을 보일지 염려되었다. 어린이들이 웃을까? 놀랍게도 모든 어린이들이 이 남자 어린이의 찬양에 동참하기 시작했다. 육십 명이 넘는 어린이들과 어른들이 이 땅의 창조주 되신 하나님께 부르는 찬양으로 그 방을 채운 것이다. 찬양을 마치고 우리는 잠시 앉아 방금 일어난 일을 이해하려 노력했고 나는 기도 인도를 했다. 이 순간이 지금까지도 내 인생에서 가장 뜻깊은 예배의 경험들 중 하나인데 어린이들이 이러한 훈련에 노출될 때 예배 가운데 하나님을 만날 것이기 때문이다.

예배는 어떻게 정의할 수 있을까? 예배는 행위일까? 찬송을 부르는 것일까? 하나님께 이야기하는 것일까? 예배는 행위이며, 하나님을 찬송하는 것, 하나님께 이야기하는 것이다. 한 저자는 예배를 "하나님께 집중하고 반응하는 것"으로 정의했다.[33] 부모는 질문할 수 있다. "자녀에게 예배, 그러니까 하나님께 집중하고 반응하는 것을 어떻게 가르칠 수 있나요?" 내가 할 수 있는 대답은 간단한다. 모범을 통해서다. 나는 어린이들이 부모와 다른 사람들을 보고 예배를 어떻게 드리는지 배운다고 믿는다. 그리고 예배를 본보이기에 가장 자연스러운 시간은 교회의 회중 예배 시간이다. 기도와 찬양, 청지기 직분, 성경 공부, 묵상 모두는 예배의 일부이다. 일부 가족 혹은 회중 예배가 있는 교회들은 네 살 정도의 어린아이들도 참석을 권하기도 한다. 다른 교회들은 유치원생 혹은 1학년 학생들에게 참석을 권한다. 어린이들을 예배에 포함하는 것은 이들을 예배와 다른 신자들에게 노출시킨다.

어린이들에게 예배에 대한 오해나 잘못된 생각이 있을 수 있다. 어린이들이 예배를 단순하게 목사님의 설교를 듣는 것이나 어른들만을 위한 활동이라고 믿는 것이다. 어린이들이 예배를 오랫동안 가만히 앉아 조용히 있어야 하는 시간, 혹은 "떠들고 움직인다고 어른들로부터 부정적 교정"[34]을 받는 시간으로 이해한다면 어린이들은 예배를 떠올리기도 싫어할 수 있다. 부모는 자녀에게 예배를 다른 신자들과 더불어 하나님께 집중하는 시간으로 가르치기를 원한다. 『내가 교회에 갈 때』When I Go to Church의 저자, 케이 헨리Kay Henry는 부모들에게 예배를 "어린이들을 포함한 모든 사람이 하나님을 찬양하는 동작과 음악, 아름다움, 경외를 즐거워하는 특별한 곳… 찬양하고 기도하고 헌금을 드리고 성경을 읽고 예수님에 대하여 배우는 [특별한 시간], 하나님을 사랑하는 가족, 친구들과 함께하는 특별한 시간"으로 가르치도록 권면한다.[35] 그녀는 또한 예배 때 어른들이 하는 부정적 교정은 어린이로 하여금 예배 시간의 일부가 되는 것을 원치 않도록 만들 수 있다고 설명한다. 이러한 태도는 어릴 때 형성되고 교회 안에서의 부정적 경험은 평생에 걸쳐 예배에 대한 어린이의 태도에 영향을 미칠 수 있다.[36] 부모는 회중 예배에 참석하기 전 자녀와 대화를 나누어야 한다. 예배 시간에 어떻게 행동해야 하는지 설명해 주어야 하는데 움직여야 할 때와 찬양해야 할 때, 들어야 할 때가 있다는 것이다. 어린이를 회중 예배에 참여시키는 것은 이들에게는 하나님을 예배하는 법을 가르쳐 주고 어른들에게는 예수님이 모든 신자들에게 요구하신 어린아이 같은 믿음을 상기시켜준다.

십일조

만일 자라면서 교회를 다녔다면 교회에서 헌금을 한 기억이 있는가? 헌금에 관해 어떤 기억이 있는가? 주일 아침에 헌금 봉투를 준비한 일인가? 성경 공부 교사에게 그 헌금 봉투를 건넨 일인가? 예배 도중 헌금 바구니에 동전을 떨어뜨린 일인가? 부모님이 십일조와 헌금을 드리는 것을 본 일인가? 어린이들은 교회에서 헌금하는 것을 기쁘게 생각하는 듯하다. 보통 어린아이들에게는 긍휼하고 관대한 마음이 있다. 십일조에 대해 일찍 배울수록 신실한 헌금 생활을 훈련하기가 쉽다. 말라기 3장 10-12절은 우리가 주님께 온전한 십일조를 가지고 와야 한다고 설명한다.

자녀에게 십일조를 가르치는 일은 간단하게 부모가 교회 헌금을 준비해 주는 것으로 시작한다. 자녀가 인지적 발달을 하면서 부모는 의도적으로 십일조의 개념을 가르칠 수 있다. 스트링거Stringer와 하그레이브Hargrave는 "효과적인 배움은 배우는 사람의 적극적 참여를 요구한다"라고 기록한다.37 부모는 자녀에게 자신이 받은 돈의 십 분의 일, 혹은 십 퍼센트를 계산하는 방법을 설명하면서 십일조를 가르칠 수 있다. 돈의 출처는 어린이들이 받는 선물이나 용돈, 이런저런 일을 하고 난 후의 수고비가 될 수 있다. 또 1불의 십 퍼센트가 얼마인지를 보고 배우기 위해 어린이들의 장난감 돈을 가지고 게임을 할 수도 있다.38 자녀에게 십일조의 기본을 가르치기 위해 부모가 어떤 방법을 선택하든지 빨리 배울수록 자녀가 평생에 걸쳐 이 실천을 지속할 확률이 높아진다.

십일조의 세부 사항을 가르치고 난 다음 부모는 신자가 십일조를 드리는 이유를 설명해줄 수 있다. 우리는 하나님과 그분의 말씀에 순종하여 십일조를 드린다. 말라기 3장 10-12절은 우리에게 주님께 십일조를 가지고 나아오라고 말한다. 빌립보서 4장 18절에서 사도 바울은 교회에 다음을 상기시킨다. 구약 시대 사람들은 "예배 가운데 하나님께 [제물을] 드렸다…. 바울은 하나님의 사역으로 드리는 행위가 하나님을 예배하는 행위였다고 말한다."39 우리는 예배 중 차례차례 우리의 헌금을 드린다. 부모는 헌금 바구니를 돌리는 것이 단순하게 정해진 예배의 순서가 아니라 기도로 충만하고 아버지를 즐거워하는 시간이라는 사실을 설명해야 한다. 그리고 고린도후서 9장 7절에서 바울은 하나님이 즐겨내는 자를 사랑하신다는 사실을 상기시킨다. 우리는 우리 돈의 일부를 그것을 공급해주신 하나님께 기쁘게 의식적으로 돌려드려야 한다(시 24:1). 마지막으로 자녀는 이들 수입의 일부를 드리는 것이 하나님에 대한 믿음과 신뢰를 보여준다는 사실을 배워야 한다.40 헌금을 다룬 성경 속 가장 유명한 이야기들 중 하나는 마가복음에 기록되어 있다(12:41-44). 예수님과 제자들이 성전에 있었을 때 한 가난한 과부가 적은 가치의 두 렙돈을 드린다. 예수님은 제자들에게 이 여인의 믿음이 강하여 자신이 가진 모든 것을 드렸다고 설명하신다.[41] 그녀는 하나님이 자신을 돌보실 것을 믿었고 따라서 유일한 렙돈을 그분께 드린 것이다. "우리는 하나님이 우리를 위하여 공급하실 것이라고 믿는 만큼만 드릴 것이다. 하나님이 우리의 필요를 위하여 공급하실 것을 믿을수록 우리는 그분께 되돌려 드리는 위험을 더 기꺼이 감수할 것이다."[42]

하나님과 함께 시간을 보내는 것

몇 년 전 나는 성경적 양육을 위한 국립 센터의 리더 훈련 콘퍼런스에 참석했다. 공동 설립자인 스캇 튜랜스키 Scott Turansky 박사는 그의 아버지가 가정 예배를 어떻게 매우 의미 있게 만들었는지를 들려주었다. 그의 아버지는 창의적인 방법을 통해 자녀들에게 성경적 진리를 가르쳤다. 이들은 바깥 밤하늘 아래에서, 텐트 안에서, 혹은 자녀들의 주목을 끌 수 있는 어느 장소에서 가정 예배를 드렸다. 그리고 스캇의 아버지는 성경 이야기를 들려주기 위해 소품을 사용했다. 말할 필요도 없이 튜랜스키 가족은 이들의 가정 예배 시간을 고대했다. 튜랜스키의 아버지는 성경을 자녀들에게 솔깃하고 흥미롭게 만들었다.

역대상 22장 19절은 "이제 너희는 마음과 뜻을 바쳐서 너희 하나님 여호와를 구하라"고 말한다. 부모가 하나님을 구하는 것을 자녀에게 가르치기에 하나님의 말씀을 함께 읽는 시간보다 더 나은 방법이 무엇일까. 가정 예배를 시작하기 위해 부모는 가족이 지속적으로 함께 모일 수 있는 시간, 예를 들면 하루의 시작이나 가족 저녁 식사 이후의 시간을 정해야 한다. 정해진 시간을 중요하게 여기고 그 가정 예배 시간이 다른 활동들의 방해를 받지 않도록 하라. 성경을 읽어라. 예배 안내서는 유익하고 사용해야 하지만 자녀들은 구절과 묵상의 생각이 성경으로부터 나왔음을 이해할 필요가 있다. 그 말씀을 토론하고 자녀들이 질문을 던질 수 있도록 하라. 서로 기도 제목을 나누라. 서로를 위하여 기도하라. 가정 예배 시간은 부모에게 말씀을 읽고 성경적 진리를 토론하고 자녀와 함께 기도할 기회를 준다.

어린이들은 하나님과 함께 개인적인 시간을 보내는 법을 배워야 한다. 배우지 않으면 하나님과 고요한 시간을 보내는 법을 알 수 없다. 기독교 서점에는 모든 연령대의 어린이들을 위한 훌륭한 묵상 안내서들이 있다. 부모가 자녀를 위해 묵상 안내서 한 권과 성경을 구입하고 함께 QT하는 법을 대화해볼 수 있다. 어린이는 하나님이 그분과 함께하는 그 시간을 축복해 주시고 말씀의 이해를 도와 주시기를 기도하면서 시작할 수 있다. 다음으로는 그날의 성경 구절과 묵상 안내를 읽어야 한다. 기도의 시간도 가져야 하는데 이때 가족 구성원들과 친구, 그리고 자신을 위하여 기도한다. 어린이들에게 QT 일기나 기도 일기는 유익하다. 묵상 시간 동안 메모를 하고 기도 제목을 기록하는 것은 어린이들이 하나님께 집중하는 데 도움이 된다. 자녀에게 QT하는 법을 가르치는 것으로 부모는 이들이 하나님 아버지와의 관계를 발전시키도록 돕는다.

섬김

"서로 섬기라"(갈 5:13, 역자 주 – 한글 성경에는 "서로 종 노릇 하라"로 번역)는 보통 학령 전 어린이들이 성경 공부반에서 배우는 구절이다. 학령 전, 학령기 어린이들에게 하나님과 다른 사람에 대한 섬김을 가르치는 것은 기독교의 기본 실천이며 이것은 어린이들도 이해할 수 있는 개념이다. 하나님과 다른 사람에 대한 섬김은 영아 성경 공부반에서 만큼 일찍 배울 수 있는 성경의 개념이다.[43] 미션 프렌즈 Mission Friends 는 학령 전 어린이들에게 종이 되는 섬김 servanthood 을 가르쳐 주는 교회의 또 다른 프로그램이다.

종이 되는 섬김은 가정에서 쉽게 모범을 보일 수 있는 영적 훈련이다. 부모는 자녀에게 가정과 지역 공동체 안에서 어떻게 다른 사람들을 섬기는지 보여줄 수 있다. "어린이들은 구체적으로 사고하기 때문에 직접적인 경험과 가르침의 순간은 이해를 얻을 기회들을 제공한다."[44] 다른 사람들을 섬기는 일은 어린이들이 참여할 수 있는 구체적 활동들을 포함한다. 예를 들어 서로를 돕기 위한 의도를 가지고 집안 일을 계획할 수 있다. 부모는 형제 자매가 서로를 도와 침대를 정리하거나 장난감을 치우도록 격려할 수 있다. 형제 자매가 서로 도와 집안 일을 할 때 일은 더 빠르고 쉽게 끝이 나며 형제 자매 사이 우애도 커진다. 섬김의 또 다른 예는 잔디를 깎거나 신문을 줍거나 식사를 배달하여 이웃을 돕는 것이다. 또 많은 경우 교회는 자신의 교인들이 지역의 공동체를 섬길 수 있는 기회를 제공한다. 교인들은 해당 도시의 푸드 팬트리(역자 주—가난한 사람들을 위해 식료품을 무료로 나누어 주는 비영리 단체)에서 봉사를 하거나 소방서 경찰서 대원들을 위한 음식을 준비하거나 노숙자들의 식사를 도울 수 있다. 이러한 활동은 부모와 자녀가 이들의 교회와 함께 지역 공동체를 섬길 수 있는 기회들이다. 가족이 섬기는 일에 동참할 때 자녀는 하나님의 사랑을 나누고 서로를 섬기는 법을 배우게 된다.

어린이와 구원

크리스천 부모의 삶에서 가장 중요한 날은 자녀가 크리스천이 되는 날이다. 앞으로 어떠한 일이 생긴다 해도 자신의 자녀가 그리스도와 영원을 보낼 것을 부모는 안다. 부모는 어떻게 이 날에 도달할 수 있을까? 기도와 가르침, 모범, 그리고 자녀와 그리스도의 사랑을 나누는 것을 통해서다.

신생아의 부모는 갓난아이에게 하늘 아버지의 사랑을 소개할 놀라운 기회를 갖는다. 이들은 자신의 자녀에게 하나님과 예수님에 대한 이야기와 노래를 들려 주어야 한다. 자녀가 유아기에 진입한 후에도 부모는 계속해서 하나님에 대해 가르쳐 주어야 한다. 유아기 자녀들은 예수님이 특별한 아이였으며 소년으로 성장했다는 사실을 이해할 수 있다. 유아기의 자녀들은 예수님과 예수님의 가족이 하나님을 사랑했고 예배했다는 사실을 배울 수도 있다.[45] 이들은 또 예수님이 청년으로 자라 하나님을 사랑했고 다른 사람들을 도왔으며 모든 사람을 사랑하셨다는 사실을 이해할 수 있다. 유아기 자녀들은 초등학생으로 성숙하면서 다음을 이해하기 시작한다. 예수님은 "하나님의 독생자이시다. 예수님은 기적을 베푸셨고 병든 자를 치유하셨다. 어린이들은 이들의 마음과 몸, 그리고 하나님과 다른 사람과의 관계 안에서 예수님과 같이 자랄 수 있다. 사람들은 예수님의 예시와 가르침을 따라야 한다."[46] 유치원생들도 예수님이 십자가에서 죽으셨고 무덤에서 살아나셨다는 사실을 이해할 수 있다. "어린이들은 어린 시절 놀라울 만큼의 정보와 기량을 습득하고 모든 것이 가능하다. 이 시간을 통해 어린이들은 자신의 삶에서 영적으로 배우고 경험할 것의 기초를 세운다."[47] 자녀에게 성경적 진리를 가르치는 부모는 자녀의 영적 회심을 위한 기초를 놓는 것이다.

계속해서 예수님에 대하여 배워가는 초등학생 자녀들은 점점 더 그리스도를 이들의 구세주로 이해하게 될 것이다. 어린이들은 호기심이 많은 존재이다. 이들이 구원에 대한 질문을 시작하기를 바란다. 자녀가 부모와 함께 회중 예배에 참석하는 것은 유익하다. 이들은 성만찬이나 예배 마지막의 초청, 세례 혹은 목회자의 설교에 대해 질문을 던질 수 있다. 가족이 함께 예배에 참석하는 것은 부모에게 질문에 답하고 질문을 할 수 있는 기회를 준다. 개방형 질문을 묻는 것은 자녀가 무엇을 알고 무엇을 모르는지를 알아내기에 효과적인 방법이다.[48] 자녀가 묻는 모든 질문과 부모가 묻는 모든 질문은 자녀에게 구원과 그리스도와의 인격적 관계를 이해할 기회를 만들어준다. 부모는 구원에 대한 자녀의 질문을 듣고 이들과 복음을 나눌 기회를 살펴야 한다.

어린이는 언제 크리스천이 될 준비가 될까? 이들이 언제 준비될 것인지는 오직 주님 만이 아신다. 하지만 크리스천이 되기 전 어린이가 이해해야 할 몇 가지 교리가 있다. 어린이는 죄의 의미를 이해해야 하고 자신이 죄인임을 깨달아야 하며 자신의 죄가 하나님에 대한 것임을 인식해야 한다. 또한 죄가 자신을 하나님으로부터 멀어지게 했다는 사실을 이해해야 하며 그리스도가 누구이시고 그분이 모든 사람들을 위해 무엇을 하셨는지를 알아야 한다. 이것을 이해한다면 그 어린이는 준비가 되어 기꺼이 예수님을 자신의 구세주로 요청할 수 있다. 이 논의들에 앞서 부모는 전도지나 다른 도구의 도움을 받아 자녀를 그리스도께로 이끌 수 있다. 어린이 사역자와 교회는 부모와 협력해 자녀를 그리스도께로 이끄는 방법에 대한 훈련을 제공해야 한다. 부모는 자녀의 삶에서 이처럼 중요한 순간을 위해 준비되어야 한다. 부모가 자녀를 그리스도께로 이끄는 것보다 달콤한 일은 없다.

결론

　성경은 부모가 자녀에게 성경적 진리를 가르쳐야 한다고 분명히 말한다. 이것이 자연스러운 부모들도 있지만 자기 자녀에게 성경적 진리를 가르친다는 것이 도전인 부모들도 있다. 부모들이 일상의 걸음 가운데 이들의 동료 신자와 지역 교회를 바라보고 도움을 받을 수 있기를 바란다. 이것은 다음의 질문을 불러온다. "가정 사역에서 교회의 역할은 무엇일까?" 빌 에미어트는 다음의 말로 대답했다. "자녀를 훈련하는 위대한 모험 속에서 부모들과 협력하는 것이 하나님의 가족에게 주어진 책임이다."⁴⁹ 나는 이 진술에 동의한다. 자신의 가정에서 제일의 영적 리더가 되는 것이 부모의 책임이지만 교회는 부모 훈련, 아이와 부모를 위한 견실한 성경 공부, 질적인 프로그램, 가족을 위한 안전한 환경, 크리스천의 교제, 선교의 기회, 그리고 동료 신자들과의 공동체를 제공하여 부모를 지원할 수 있다. 가정 사역은 부모와 자녀 곁에서 함께 동행하고 부모가 이들의 가정에서 영적 리더가 될 수 있도록 이들을 도우며 가정을 섬기는 것이다.

토론 주제
DISUCSSION GUIDE

1. 자녀에게 성경을 가르쳐야 하는 부모의 책임과 관련해 몇 가지 성경 구절들이 언급되었다. 자녀를 기르고 이들에게 하나님의 말씀을 가르쳐야 하는 부모의 책임을 묘사하기 위해 또 어떤 성경 구절들이 사용될 수 있는가?

2. 부모의 세계관의 중요성을 토의해 보라. 부모의 세계관이 어떻게 자녀들에게 영향을 미치는가?

3. 의도적인 가르침과 모범에서 부모의 역할을 설명해 보라.

4. 이번 장에서 언급되지 않은 영적 훈련은 무엇인가? 여러분은 그것을 어떻게 자녀에게 가르칠 것인가?

참고 도서

- Henry, Kay. *When I go to Church.* Nashville, TN: LifeWay Press, 2011.
- Love, Vernie. *Spiritual Disciplines for Children.* Lafayette, CO: Character of Choice, 2012.
- Trent, John, Rick Osborne, and Kurt Bruner, eds. *Parents' Guide to the Spiritual Growth of Children.* Wheaton, IL: Tyndale House Publishers, 2000.

9장

청소년 부모와 함께하는 가정 사역:
청소년 부모를 영적 리더로 준비시키다

리처드 로스(Richard Ross)

월요일 아침 사무실에 홀로 앉아 숀은 몽상을 시작했다. 숀은 자신이 꿈꾸어 오기만 했던 청소년 사역의 이상을 상상 속에서 만났다.

꿈 속에서 숀은 이른 주일 아침 교회에 도착한다. 가장 좋아하는 주차 공간에 차를 세우고 잠시 앉아 생각에 잠긴다. 빌딩은 같은 모습이지만 최근 본 그 안에서 일어난 모든 변화들을 생각하며 미소를 지을 수밖에 없다.

주차장이 평소보다 빠르게 차고 있다는 사실이 그 변화들의 증거다. 어린이, 청소년, 어른들의 얼굴이 모두 이른 예배에 대한 기대를 보여준다. 가정들이 왕 되신 그리스도의 모든 영광 가운데 그분에게 깨어나기 시작하면서 갑자기 예배 가운데 그분을 경배하는 일은 기쁨이 되었다. 이제 이들은 모든 예배를 고대한다.

열여섯 살 사만다가 바로 옆 공간으로 주차를 하고 숀이 놀라는 척을 하자 가족들이 웃는다. 차에서 내리며 보이는 이들의 따스함과 웃음은 1년

전과는 너무나도 다르다. 1년 전 이들은 서로에게 너무나도 자주 상처를 입혔고 교회에 도착해 서로 헤어지기만을 기다렸다. 지금 사만다는 숀에게 아빠가 너무 가깝게 느껴지고 아빠가 기도하기 위해 가족을 불러 모으는 시간이 실제로 즐겁다고 이야기한다.

로비로 들어선 숀은 대학에 재학중인 학생들을 대상으로 한 게시판 앞에 잠시 멈추어 선다. 6년 동안 청소년 가정 사역에 투자한 것의 보람은 대부분의 청소년들이 대학 생활 동안에도 그리스도를 위하여 사는 모습을 볼 때 너무나도 크게 다가온다. 그는 대부분의 대학생들이 자신의 믿음을 잃어버리는 것 같던 시절이 끝났다는 사실에 너무 감사했다. 숀은 고등학교 시절 예수님을 향했던 이들의 깊은 사랑이 이제는 기숙사 성경 공부와 믿지 않은 민족을 위한 선교 여행을 이끄는 사진들로 반영되는 것이 놀랍지 않았다.

숀은 자신이 가장 좋아하는 좌석으로 조심스레 앉았고 이때 한 가지 통찰이 처음으로 그를 찾아 왔다. 그의 교회에서 그리스도에 대한 깨달음과 회복이 굉장히 빠르게 번졌는데 이것은 청소년들과 그들 부모의 마음이 서로 연결되기 시작했기 때문이었다. 보다 깊은 관계가 그 자리에 있었기 때문에 이 세대들은 그리스도에 대한 자신의 발견을 서로와 교환할 수 있었다. 그 따스함을 통해 가정 내 부모의 영적 리더십이 마침내 살아나게 된 것이다.

이어지는 원리들이 이 꿈을 현실로 바꾸어 줄 수 있다.

청소년 양육의 목표

기독교 신앙의 핵심은 관계이다. 이것은 개개인을 너무나도 사랑하셔서 이들을 구원하도록 자신의 아들을 보내신 하나님이 시작하신 관계이다. 삼위 하나님은 이들을 자신과의 관계로 이끄셔서 교제와 경배를 하게 하시고 그분 나라의 목적 가운데 동참하게 하시고 그분의 광채를 드러내도록 하신다. 그분은 자신의 아들이 열여덟 해 동안만이 아니라 영원히 높임 받기 원하신다. 교회 청소년 사역의 목표는 다음의 모습일 수 있다.

아버지의 영광을 위하여, 성령님의 능력 안에서
평생을 사는
청년들로,
이들은 아들의 위대하심을 온전히 받아들이고
평생 동안 그분의 통치에 반응하며
자신을 통해 그분의 생명을 사시도록 그리스도를 초청하고
모든 사람을 제자로 세우는 일 가운데 그분께 동참한다.

부모와 교회는 성령님의 능력 안에서 서로 팔짱을 끼고 다음을 목격한다.

- 자신의 온 마음과 목숨, 뜻, 힘을 다하여 하나님을 사랑하는 청소년
- 자신보다 다른 사람들을 더 사랑하는 청소년
- 자신의 정체성이 그리스도 안에 있으며 자신의 목적이 하나님의 영광임을 알고 즐거워하며 나누는 것임을 아는 청소년
- 아버지의 오른편에 앉아 계신 아들의 위엄과 권위를 점점 더 이해하는 청소년
- 친밀감과 경외감을 가지고 예배하는 청소년
- 포도나무에 달린 가지처럼 그리스도 안에 거하는 청소년

- 영적 훈련을 수용하고 하루 종일 예수님과 함께 지속적인 대화 가운데 기도하는 청소년
- 자신의 삶을 채우시도록 성령님을 초청하는 청소년
- 자신에 대하여 점점 더 죽고 그리스도가 자신을 통하여 사시도록 그분을 초청하는 청소년
- 자신의 존재 목적이 그리스도의 주권적 통치를 반영하고 그분과 함께 이 땅에 그분의 나라를 들이는 것임을 아는 청소년
- 복음과 그리스도의 완성된 역사에 대한 감사로 기쁘게 섬기며 그분이 먼저 자신을 사랑하셨기 때문에 그분을 사랑하는 청소년
- 이미 자신의 소유인 것을 얻기 위한 필요를 느끼지 않는 청소년
- 예수님을 너무나도 사랑해 그분을 다른 사람들에게 소개하는 청소년
- 그분의 마음을 생각하고 그분의 세계관을 공유하며 그분께 희생의 긍휼을 보이며 점점 더 그리스도를 닮아가는 청소년
- 제자를 삼는 제자로 세우는 청소년
- 예수님께 사로잡힌 바 되고 모든 사람에게 복음을 알게 하기 위해 모든 것, 곧 편안함과 소유, 안전, 가족, 자신의 목숨까지 무릅쓰는 청소년
- 왕에 대한 충성이 문화에 대한 충성을 훨씬 더 초월하는 청소년
- 예수님의 제자가 된다는 의미를 더 깨닫기 위해 어떻게 말씀을 찾고 해석하는지를 아는 청소년
- 평생 동안 자신 안에 있는 믿음을 설명하고 옹호하며 살아낼 수 있는 청소년
- 영원토록 왕 되신 예수님을 경배하고 그분과 함께 다스릴 것을 고대하는 청소년

그리스도에 대한 부모의 각성을 깊게 하다

이번 장에서 가장 중요한 내용은 다음과 같다. 예수님의 위대하심을 깨닫고 각성한 부모, 보좌에 앉아 계신 그분을 보다 더 깊이 경배하는 부모, 하나님 나라 활동에 동참하기 위하여 매일 아침 몸을 일으키는 부모는 청소년들이 이들의 남은 생애 동안 동일한 방향으로 움직일 수 있는 가장 밝은 희망을 제공한다.

이 같은 각성을 향해 부모와 동행하는 리더들은 귀하다. 이들의 가르침과 설교는 부모들이 이 여정에서 자신을 앞으로 나아가게 해 줄 새로운 통찰을 귀기울여 듣는 동안 온전히 몰입하도록 한다. 그리스도가 누구이신지 드러내 줄 새로운 성경 본문을 부모에게 펼쳐 주는 것은 기쁨이 된다. 부모의 탐색에 도움이 될 이들의 추천 도서와 온라인 자료는 선물이 된다.

보좌에 앉으신 그리스도를 향한 참된 경배는 각성한 부모들로 하여금 "저를 보내주세요!"라고 소리치도록 할 수 있다. 이러한 일이 일어나면서 부모는 신자들에게 자신의 사역을 찾도록 돕는 교회의 리더들과 함께 협력한다. 부모는 지역적, 세계적으로 하나님 나라를 위한 활동 가운데 예수님과 함께하는 방법들을 적극적으로 찾아 나설 수 있다. 대부분 예배당 자리만 차지했던 부모는 그러한 인생의 한 장에 안녕을 고하고 밖으로 나가 그리스도와 함께 이들 생애 가장 큰 모험으로 뛰어든다.

생각해 보라. 교회 리더들이 청소년들에게 지속 가능한 믿음을 주기 위해 할 수 있는 가장 강력한 일은 부모의 영적 순례를 고무시키는 것이다.

지금 그것은 새로운 패러다임이다.

청소년 자녀를 영적으로 인도하는 부모

자신의 자녀가 하나님 나라 청소년이 되는 것을 보기 원하는 부모는…

- 자신의 청소년 자녀에게 영향을 미치는 사역자와 교회 리더들에게 깊이 감사하라.
- 자신의 자녀와 교회 리더들 사이의 관계를 깊게 하기 위해 적극적으로 일하라.
- 가족의 일정을 교회 사역과 예배를 중심으로 설계하라.
- 청소년들에게 영적 영향을 미치기 위해 교회가 하는 모든 일의 확실한 지지자가 되라.

하지만 동시에 부모는 자신의 청소년 자녀를 영적으로 지도할 최후의 책임을 절대 교회로 양도하지 않는다. 하나님 나라의 부모는 가정에서의 영적 리더십이 중요하다는 사실을 확인하기 위해 리서치를 필요로 하지 않는다.

- 부모는 가정에서 하나님을 높이는데 그분이 우주의 주권적 주인이시기 때문이다.
- 부모는 하나님의 권위를 기쁘게 받아들이는데 그분을 두려워하고 사랑하며 그분에 대하여 감사의 마음을 갖기 때문이다.
- 부모는 하나님의 양육과 가정 생활의 원리를 수용하는데 그분이 하나님이실 뿐 아니라 그분의 법도가 건강한 가족을 위한 유일한 소망인 것을 알기 때문이다.

- 부모는 하나님에 대한 순종의 표현으로 이들 자녀의 삶에서 영적인 리더 된 자신의 정당한 자리를 취한다.

가정에서의 부모의 영적 리더십은 언제나 하나님의 이상이었다.

시편 78:4-7
우리가 이를 그들의 자손에 숨기지 아니하고
여호와의 영예와
그의 능력과
그가 행하신 기이한 사적을
후대에 전하리로다
여호와께서 증거를 야곱에게 세우시며
법도를 이스라엘에게 정하시고
우리 조상들에게 명령하사
그들의 자손에게 알리라 하셨으니
이는 그들로 후대
곧 태어날 자손에게 이를 알게 하고
그들은 일어나 그들의 자손에게 일러서
그들로 그들의 소망을 하나님께 두며
하나님께서 행하신 일을 잊지 아니하고
오직 그의 계명을 지켜서

믿음의 세대 전수를 위한 하나님의 첫 번째 계획은 가정이었다. 진리를 청소년의 삶으로 전달하는 하나님의 주된 계획은 부모의 발에 있다.

사실 부모는 어느 쪽이든 청소년을 영적으로 인도할 것이다. 청소년의 신앙이 거의 예외 없이 부모의 신앙을 반영할 것이기 때문이다. 교회 리더들은 이것이 좋은 소식인지 나쁜 소식인지를 결정해야 한다.

가족 성경 공부

헨리 블랙커비Henry Blackaby는 다음과 같이 말한다. "각 부모는 자신의 자녀에게 마음으로부터, 부지런히 하나님의 말씀을 가르쳐야 한다. 편하거나 가볍게 혹은 이따금씩이 아니라, 부지런히 가르쳐야 한다. 우리 자녀들은 하나님 말씀이 우리의 삶에서 꼭 필요하고, 따라서 이들 자신의 삶에서도 그렇다는 사실을 인식해야 한다."[1] 부모는 가족 성경 공부 시간을 사용해 자녀가 하나님 중심의 세계관을 형성할 수 있도록 도와야 한다. "세계관의 또 다른 이름은 삶의 철학이다. 우리는 세계관을 개인이 붙드는 저변의 신념 체계라고 정의하는데 이것은 삶에 대한 그 사람의 태도와 행동을 결정한다."[2] 모든 사람이 이러한 신념 체계를 갖는다.

다음의 세 가지 진술은 양육에 보다 더 중요할 수 없다.

- "한 사람의 실재와 진리에 대한 개념이 그의 신념을 결정짓는다!
- 한 사람의 신념이 그의 가치를 형성한다!
- 한 사람의 가치가 그의 행동을 움직인다!"[3]

미국 문화의 부패로 인해 자녀들이 세워야 할 하나님 중심의 세계관은

- 이들 또래 다수의 견해와 상충할 것이다.
- 이들이 속한 교육 체계와도 상충할 수 있다.

- 이들의 삶을 침범하는 엔터테인먼트 산업과는 확실히 상충할 것이다.

부모는 자녀에게 하나님 중심의 세계관을 가르치는 일에서 교회가 제공하는 모든 도움에 감사할 수 있다. 하지만 동시에 이 일이 실제로 이루어지는 것의 최종적인 책임을 교회에 양도할 수는 없다.

부모는 스스로 질문할 필요가 있다.

- 내 자녀는 어느 정도까지 주 예수 그리스도의 위대하심에 기초하여 세상을 바라보고 결정을 내리는가?
- 내 자녀는 어느 정도까지 하나님의 나라가 이 땅에 임하기를 갈망하며 세상을 바라보고 결정을 내리는가?
- 내 자녀는 어느 정도까지 하나님의 마음을 구현하고 그분의 성품을 반영하며 그분의 말씀에 순종함을 기초하여 세상을 바라보고 결정을 내리는가?
- 내 자녀는 영원의 관점으로부터 세상을 바라보고 결정을 내리는가?

부모는 말씀을 절대적 진리로 인정하는 방식으로 자녀에게 성경을 가르쳐야 한다. 세상의 강력한 목소리들은 청소년들에게 지속적으로 모든 진리는 상대적이며, 진심 어린 것이 옳은 것보다 중요하고, 다른 사람을 존중한다는 것은 이들이 무엇을 진리로 믿든지 그것을 받아들이는 것을 뜻하며, 하나님을 알기 위한 많은 방법이 있고 이들은 모두 유효하다고 이야기한다. 대부분의 어린이와 청소년들은 하나님이 자신을 행복하게 하고 자신의 문제를 해결하기 위해 존재한다고 믿는다. 이들은 점점 더 예수님을 자신에게 해결해야 할 문제가 있을 때 꺼낼 수 있는 주머니

속 작은 친구로 바라본다. 자신이 하나님의 영광을 위하여 존재한다는 사실을 이해하는 어린이, 청소년들은 거의 없다. 대부분의 어린이, 청소년들은 자신의 믿음을 말로 표현하지 못한다. 가장 기초적인 기독교 신앙에 대해 모호한 개념만 있을 뿐이다.

부모는 자녀의 마음과 정신을 위해 전쟁 중이다. 자녀를 혼란스럽게 하는 목소리들은 크고 이 목소리들은 자신의 메시지를 소통하기 위해 한 주에도 여러 시간을 갖는다. 부모가 최선의 조건에 놓여있다 해도 이 목소리에 대항하기 위한 시간은 너무 적다. 따라서 부모는 바쁜 일정을 핑계 삼지 말고 따스한 성령님께서 그의 능력을 공급하시는 성경 공부에 가족을 모아야 한다.

부모에게는 여러 해에 걸쳐 말씀을 가장 잘 살펴보기 위한 안내가 필요하다. 시대를 초월한 진리가 새로운 세대에게 다시 살아나기 위한 방법으로 작은 책자가 도움이 될 수 있다. 교회 리더들은 가족 성경 공부와 예배의 구상을 제공하는 출판물을 부모의 손에 쥐어 줄 필요가 있다. 부모에게 필요한 소책자 구상이란

- 일정 시간 동안 성경의 온전한 말씀을 제시하는 전체를 아우르는 구상
- 성경 공부를 청소년들과 연관되고 흥미롭게 만들어주는 창의적 접근의 구상
- 가정 예배를 따뜻하고 친밀하고 관계적으로 만들어주는 창의적 방법의 구상
- 가족이 함께 기도하기 위해 다양한 방식을 제공하는 구상이다.

청소년은 자신의 신앙과 종교적 믿음과 실천, 그리고 그것이 자신의 삶

에 갖는 의미나 자리에 대해 분명히 설명하지 못하는 편이다. 이들은 자기 신앙의 기초를 말로 표현하는 것을 어려워한다. 자기 신앙을 말로 표현하지 못하는 청소년들은 하나님 나라의 개념을 이해하지 못할 수도 있다. 따라서

- 부모는 자녀가 신앙을 말로 표현하는 것에서 얼마나 전진하고 있는지 알아야 한다.
- 부모는 자녀가 자신의 신앙을 말로 표현하는 법을 배울 수 있도록 도와야 한다.
- 부모는 자녀가 자신의 신앙을 말로 표현할 수 있도록 함께 사역하는 교회 리더들에게 전적인 지원을 제공해야 한다.

자녀를 하나님 나라의 목적을 가지고 기르려는 열망이 강한 부모는 교회에서 이루어지는 가르침의 질과 영적 변화에 관심을 가져야 한다. 하지만 "교회에 있는 그 사람들"이라는 말을 해서는 안 된다. "그들"은 없고 오직 "우리"만 있다. 부모가 교회이다. 부모와 교회 리더들이 헌신적인 파트너십 가운데 서로 협력하고 연대할 때 만이 청소년들은 온전한 변화를 경험할 것이다.

가정에서의 간증 나눔

부모는 가족 구성원들이 서로 영적인 간증을 나눌 수 있는 기회를 만들어야 한다. 톰 엘리프Tom Elliff는 부모에게 다음을 상기시킨다.

언젠가는 당신의 친구들과 가족 구성원들이 당신의 마음 속 도서관에

저장된 모든 것에 접근하기가 불가능해질 것이다. 이것이 당신이 회심하게 된 간단한 이야기를 그들과 지금 꼭 나누어야 하는 이유이다. 그리스도를 믿는 믿음의 유산이 그들에게 남겨줄 수 있는 가장 중요한 것이다. 그러므로 그들에게 "당신의 이야기"를 들려줘라. 그렇게 하는 동안 그들의 이야기를 물어보라.[4]

부모는 회심의 이야기 외에도 하나님이 그들의 삶에서 최근 가르쳐주고 계신 것을 자녀에게 들려주어야 한다. 자신이 크리스천의 삶에서 자라고 있는 방식을 묘사해줄 필요가 있다.

교회 리더들은 부모에게 물어야 한다.

"여러분이 여러분의 자녀에게 다음과 같은 말을 한 지 며칠, 몇 달 혹은 몇 년이 되었습니까?"

- "여기로 와서 앉아 보렴. 하나님이 나의 삶에서 바로 지금 행하고 계시는 새로운 일을 너와 나누고 싶구나."
- "오늘 아침 시간을 기다렸단다. 오늘 이른 아침 QT를 할 때 하나님이 말씀을 통해 보여주신 것을 너에게도 들려주고 싶었거든."

부모는 자신이 어떻게 도덕적 결정과 인생의 결정들을 내리게 되었는지 설명해 주어야 한다.

- "아들아, 제 정신이 아닌 세상 속에서 아빠는 바람을 피울 방법을 찾

아낼 수도 있어. 하지만 그런 일은 이전에도 없었고 앞으로도 절대 없을 거야. 아빠가 엄마에게 왜 절대적으로 충실한지 이야기해줄까?"
- "얘야, 이리 와서 이 소득세 양식을 좀 보렴. 여기 박스에 숫자를 얼버무려 적어 넣으면 절대 걸릴 일이 없어. 하지만 내가 왜 세금에 대해 완벽하게 정직하기로 선택했는지 설명해줄까?"

부모가 전하는 과거와 현재의 간증은 하나님 나라의 세대를 빛어갈 것이다. 반면 이러한 말의 부재는 다음 세대를 가로막을 것이다.

가족 기도

가족 기도는 영적 교육의 일부가 되어야 한다. 가정 예배와 묵상 중에 이루어지는 기도를 부모가 자녀와 매일 밤 한다면 보다 더 자연스럽게 느껴질 것이다. 잠들기 전 유아기 자녀와 함께 기도하는 것은 대부분의 크리스천 부모에게 익숙하지만 열일곱 살에게도 똑같이(어쩌면 더) 필요하다. 가족이 함께하는 시간 동안의 기도는 다양해야 한다. 지나치게 비슷해서 예측이 가능한 기도는 의식처럼 느끼게 한다. 따라서 부모는 물론 자녀도 기도의 새로운 방식, 새로운 장소, 그리고 새로운 표현을 생각해 볼 필요가 있다.

가족 기도는 서로를 위한 기도를 포함해야 한다. 부모는 자녀 뒤에 서서 자녀의 어깨나 머리에 손을 얹고 기도하는 것을 의미심장하게 느낄 수 있다. 자녀도 부모와 형제 자매를 위해 똑같이 할 수 있다. 모든 기도 모임과 같이 가족도 중보 기도를 성실하게 기록해야 하는데 나중에 하나님이 응답하기로 선택하신 방법을 함께 기록할 수 있기 때문이다. 이러한 일기는 자녀에게 기도의 능력에 대해 인생을 바꿀 만한 교훈을 가르쳐준다.

가정에서 이루어지는 영적 교육과 영향은 기도 없이는 힘이 부족하다. 부모가 자녀를 위해 하는 기도 대부분은 골방의 기도이다. 다른 사람이 없는 곳에서만 다뤄질 수 있는 문제들이 있다. 하지만 골방의 기도를 보완하는 것은 자녀가 듣는 기도이다.

- 어린이와 청소년들은 부모들이 자신을 위하여 하나님께 울며 기도하는 것을 들어야 한다.
- 자녀는 그 기도를 통해 드러난 부모의 깊은 사랑을 들을 필요가 있다.
- 자녀는 부모가 자신의 삶을 통해 흘러 나오는 영향을 얼마나 열렬히 보고 싶어 하는지를 들을 필요가 있다.
- 자녀는 부모가 자신을 하나님의 부르심과 목적에 맡기는 기도를 들을 필요가 있다.

이러한 기도를 듣는 것은 자녀가 가져야 할 가장 중요한 경험들 중 하나일 것이다.

청소년에게 세상을 위한 마음을 심어 주다

청소년의 가장 가까운 친구들은 성장하는 크리스천들이 되어야 한다. 자녀가 성장할수록 가까운 친구의 영향력은 한층 강도를 더해 간다. 동일한 원리가 청소년의 이성 교제나 구애하는 이들에게도 적용된다. 이들도 성숙해가는 크리스천들이 되어야 하고 그렇지 않으면 해가 따른다.

하나님 나라의 자녀로 기르기를 갈망하는 부모는 먼저 가까이에 있는 잃어버린 사람들을 향한 마음을 품도록 인도할 것이다. 다른 크리스천들과 확실한 핵심 관계를 맺고 있는 크리스천 자녀들은 잃어버린 또래를 향해 안전하게 손을 뻗을 수 있다. 이 크리스천 친구들이 구조대가 되어 유사quicksand를 지나 예수님이 필요한 다른 친구들에게 다가갈 때에 서로를 잡아주고 지지하기 때문이다.

일부 교회를 다니는 부모들 중 세상이 두려워 자신의 자녀를 잃어버린 자들로부터 분리시키려 노력하는 이들도 있다. 그런데 동일한 부모가 그들의 자녀가 강하게 자라 성인이 된 다음에 세상을 예수님께로 인도하기를 바랄 수도 있다. 불행하게도 부모가 켜고 끌 수 있는 마법의 스위치, 그러니까 다 큰 청소년의 사고방식을 "무슨 수를 써서라도 불신자들을 피해"로부터 "모든 사람을 그리스도께로 회복시켜"로 바꾸어 줄 스위치는 없다. 자신의 가족을 벙커 정신으로 키운 부모는 자신의 삶을 그 벙커 안에서 사는 것으로 만족하는 청년들을 얻게 될 것이다.

반면 자신의 부모나 가족 구성원들이 잃어버린 친구와 지인들에 집중하지 않았던 때를 기억하는 자녀는 세상을 향한 마음을 지닌 청년으로 자라갈 것이다. 자신의 "예루살렘"을 위한 마음은 쉽게 "이 땅에서 가장 멀리 떨어진 곳"을 향한 관심으로 이어질 것이다.

교회 리더들은 부모에게 조심스레 물어볼 수 있다.

- 자녀와 함께 잃어버린 친구의 이름을 불러가며 기도한 지 며칠 혹은 몇 년이 되었습니까?
- 이번 주일 혹은 수요일 교회에 올 때 자녀가 데리러 갈 수 있도록 도움을 줄 수 있는 자녀의 친구가 있습니까?
- 당신이 그리스도께로 인도하려 애쓰고 있는 성인 친구의 이름을 자

녀가 알고 말할 수 있습니까?
- 당신의 가족 구성원 중 한 사람이 전도에 참여해 누군가 믿음의 고백을 한 마지막 때가 언제 였습니까?
- 이번 주 가족 구성원들이 잃어버린 이들을 향한 마음을 품도록 당신이 취할 수 있는 단계는 무엇인가요?

가족 선교

하나님은 가족들을 지역과 국내, 세계 선교로 부르신다. 부모는 교회의 리더들과 협력해 각 영역에서 가족이 참여할 수 있는 기회들을 배워가야 한다. 게리 스몰리^{Gary Smalley}는 가족이 지역 선교와 국제 선교에서 함께 섬기는 것의 중요성을 지적했다. 스몰리는 지역의 노숙자 보호소에서 명절 음식을 제공하는 것과 같은 간단한 활동에서 다른 나라 선교사 가족들과 협력하는 활동들까지 제안했다. 가족 관계를 강화하고 사역 기술을 발전시키는 일에서 이러한 경험의 유익은 헤아릴 수 없을 정도다.[5]

세상을 위한 가족 기도

자라면서 열방을 향한 하나님 나라의 비전을 위해 기도한 청소년들은 하나님 나라에 초점을 둔 청년으로 자랄 가능성이 높다. 현명한 부모는 자신의 가족이 성경 공부와 예배로 모일 때 민족들과 하나님 나라의 관심사를 위한 기도를 포함시킬 것이다. 부모는 교회 리더들에게 부탁해 지역과 세계에서 필요한 새로운 기도의 필요를 담은 인쇄 자료와 인터넷 자료를 찾아볼 수 있다.

국제 관계

청소년들이 세계의 어떠한 지역과 보다 가까운 유대감을 느끼는 때는 거기에 있는 사람들과 관계가 발전될 때이다. 새로운 지역으로 가족 혹은 교회 선교 여행을 다녀오는 것은 가장 강력한 새로운 관계를 제공한다. 청소년 시절 다녀온 여행은 한 민족과 이러한 유대를 형성하게 하고 성장한 자녀는 평생 동안 그곳을 다시 방문하게 될지도 모른다.

부모는 또 자신의 자녀가 현재 거주하고 있는 지역에 살고 있는 외국인들을 만날 기회를 만드는 것으로 국제적인 관계를 조성할 수 있다. 청소년은 자기 가족과 함께 추수감사절을 보내기 위해 집으로 초대된 국제 학생으로부터 그의 나라 혹은 민족을 보다 가깝게 느낄 수 있다.

가정 내 영적 리더십의 리듬

교회 리더들은 매일, 매주, 매달 그리고 매년 자신의 청소년 자녀와 특별한 행동을 하는 부모를 응원할 수 있다.

매일

교회 리더들은 부모에게 매일 아침 그리고 하루 종일 청소년 자녀를 위해 기도하도록 부탁할 수 있다. 부모가 때로 기도의 응답을 받지 못하는 것은 간절히 구하지 않기 때문이다. 부모는 자녀와 함께 "누워 있을 때에든지 일어날 때에든지" 기도해야 한다(신 6:7).

- 이들은 그 기도를 통해 드러난 부모의 깊은 사랑을 들을 필요가 있다.

- 이들은 부모가 이들의 삶을 통해 흘러 나오는 영향을 얼마나 열렬히 보고 싶어 하는지를 들을 필요가 있다.
- 이들은 부모가 이들을 하나님의 부르심과 목적에 맡기는 기도를 들을 필요가 있다.
- 부모는 "길을 갈 때에," 곧 가족 생활의 흐름 안에서 성경적 진리와 자신의 영적 생활에 대해 이야기해야 한다(신 6:7). 예를 들어보자. "오늘 설교 말씀이 내게 큰 충격을 줬어. 아들, 오늘 예배를 마치면서 내가 하나님께 무엇을 약속했는지 너도 알아야 해."
- 부모는 자녀 앞에서 신앙과 도덕, 가치의 모범이 되어야 한다.

매주

매주 혹은 더 자주 부모는 예배의 시간을 위해 가족을 모아 "집에 앉"도록 한다(신 6:7). 기도와 찬양에 덧붙여 아버지 혹은 싱글맘은 말씀을 가지고 토의를 인도할 수 있고 토의는 다음을 중심으로 할 수 있다.

- 부모가 하나님의 말씀 안에서 보내는 매일의 시간으로부터 배우고 있는 것(당신의 영적 생명이 흘러 넘치는 것은 자녀에게 매우 귀중하다)
- 교회의 리더가 부모의 손에 건넨 안내 자료
- 부모가 지난 주일 설교 혹은 성인 성경 공부반에서 배운 것

매달

매달 혹은 더 자주 가족은 그리스도의 이름으로 다른 이들을 섬기기 위한 활동을 할 수 있다. 예를 들어 불공정이나 영적 빈곤, 혹은 이미 청소년 자녀의 마음을 흔든 다른 필요를 다룰 수 있다. 가족이 정기적으로

다른 사람들을 섬길 때 청소년들은 가장 중요한 것은 자신이 아니라 그리스도와 다른 이들을 향한 구속적 사랑의 임무라는 잊기 힘든 마음 속 사진을 남긴다.

매년

매년 혹은 더 자주 가족은 그리스도와 함께 선교의 모험에 동참할 수 있다. 부모는 교회 리더들과 협력해 가족을 위한 기회를 배워야 할 수도 있다.

- 부모는 자기 가족만 참여하는 것이든, 다른 가족들과 함께 참여하는 것이든, 국내 혹은 국제 선교 여행에 가족을 동참시키기 위한 재정 마련을 고민할 수 있다.
- 부모는 하나님 나라 중심적으로 어떤 일을 하기 위해(그리스도의 이름으로 사람들을 먹이는 일이나 사역 건물을 페인트칠하는 일 등) 평범한 가족 휴가 중 하루를 헌납하는 것을 생각해 볼 있다.

부모가 영적으로 이끌 수 있도록 훈련시키다

부모는 자녀 앞에서 바보 같이 보이기를 바라지 않는다. 부모가 가정에서 영적으로 이끌고 있지 않다면 리더들이 그렇게 해야 한다고 설득을 한다 해도 그 같은 방향으로 발을 떼려 하지 않을 것이다. 부모가 가정에서 영적 실천을 이끄는 것에 편안함과 자신감을 느끼기 위해서는 연습이 필요하다.

먼저 교회 리더들은 부모에게 이끄는 법을 보여주어야 한다. 이것을 하는 가장 좋은 방법은 실제 가족들을 짧은 상황극에 참여시키는 것이다. 그 다음 부모가 어른들만 참여한 역할 놀이를 통해 연습을 할 수 있도록 한다. 그리고 어느 정도의 자신감을 보이면 실제 가족을 불러 교회라는 안전한 환경에서 영적 훈련과 실천을 탐험하도록 한다. 이 세 가지 단계를 거치면 부모가 실제로 가정에서 영적으로 이끌기 시작할 확률은 훨씬 더 높아질 것이다.

모든 사람들이 베스트셀러 소설을 기반으로 한 좋은 영화를 즐겨 본다. 비유를 하나 들어보자. 성경을 그런 책, 소설로 가정해보라. 그 성경을 기반으로 한 영화는 부모의 일상적 삶이다. 부모는 자신의 자녀를 위해 그리스도 안에 있는 실제적 삶의 흥미로운 드라마를 펼쳐주어야 할 위대한 특권과 위대한 책임을 갖는다. 이들은 성경의 진리를 청소년이 소화하기 쉬운 고화질 영상으로 전환시킨다.

가정에서 의도적으로 영적인 실천을 하는 것은 중요하다. 이것은 성경적이며 삶에 영향을 미친다. 하지만 보고에 따르면 의도적인 실천들만큼 아니 보다 더 큰 영향을 미치는 것은 상영중인 영화, 곧 부모가 살아내는 삶이다.

교회에 대한 부모의 지지

청소년의 영적 발달을 위한 최상의 장소는 가정이다. 가족의 가르침과 모범은 그 발달을 위한 첫 번째 도구이다. 교회는 그 중요성에서 가정을 잇는 둘째이지만 여전히 꼭 필요하다. 왕은 신자들에게 모이도록 명하셨다(히 10:25). 그분을 높이고 그분께 순종하는 가족들은 그대로 행한다.

안식일

그리스도의 위대하심을 인정하는 부모와 청소년은 십계명의 네 번째 계명을 진지하게 받아들인다. "안식일을 기억하여 거룩하게 지키라"(출 20:8) 이들은 간음과 살인을 금하는 계명과 마찬가지로 이 계명에 대한 순종에도 집중한다.

부모가 청소년 자녀가 어떤 활동이나 대회에 참석할 수 있도록 주일 아침 예배를 빠지도록 허락한다면 청소년 자녀에게 자신의 진짜 우선 순위를 밝힌 셈이다. 부모가 청소년 자녀가 주일 아침 근무를 요구하는 일을 하도록 허락하고 힘든 한 주를 보내고 난 후 늦잠을 자도록 허락하는 것도 마찬가지다. 이러한 행동과 결정은 부모가 우선 순위에 대해 가르치고자 애쓴 것보다 더욱 오래가는 인상을 남길 것이다.

크리스천 부모들이 자신의 자녀는 주일 아침 활동에 참여할 수 없다고 분명한 반대의 입장을 밝힌다면 대부분의 리그와 여러 대회들은 다른 일시로 옮기는 것 외에 선택이 없을 것이다. 최소한 부모와 청소년 자녀들은 처음부터 주일 참석을 제외한 팀의 모든 의무에는 충실할 것을 소통할 필요가 있다.

교회에서 관계

교회 리더들이 청소년에게 영향력 있는 사람인지는 대부분 관계에 달려 있다. 그리고 관계는 일관성에 달려 있다. 청소년이 교회와 청소년부 참여에 일관적이지 않다면 관계는 약해지고 영향력은 감소할 것이다.

교회에 가지 않겠다고 저항하기 시작한 청소년이 꼭 반항적인 것은 아니다. 어쩌면 교회에서 있는 관계가 너무나도 약해 그곳에 끌리지 않는다는 사실을 보여주는 것일 수도 있다. 청소년들에게는 현재가 너무나도 중요해서 교회에 몇 번만 빠져도 리더들, 심지어 또래들로부터도 거리감을 느끼기 시작한다. 주일 교회에 출석하는 것에 대한 청소년의 불만은 때때로 교회를 빠지기로 한 가족 결정의 필연적 결과일 것이다.

교회 생활을 가족의 우선순위로 삼은 부모는 이들의 자녀가 그곳의 영향력 있는 리더들과 마음이 연결되는 모습을 볼 확률이 높다. 또 자녀가 대학 생활 동안에도 지역 교회에 동일하게 헌신하는 것을 볼 것이다.

부모를 향한 교회의 지지

부모를 위한 소그룹 혹은 주일 성경 공부반

부모는 리더들과 함께 특별히 청소년 부모를 대상으로 한 새로운 공부반 혹은 그룹을 시작할 수 있다. 이것은 꼭 자녀 양육반이 아니고 교재도 다른 공부반이나 그룹들과 동일하게 가져갈 수 있다. 청소년 부모들로 구성된 공부반이나 그룹은 이 부모들을 향한 지지가 될 수 있다. 이들은 쉽게 끊어지지 않는 "세 겹 줄"이 될 것이다(전 4:12). 또 이들의 청소년 자녀와 교회의 청소년 사역, 그리고 이 세대 청소년들을 위해 집중적으로 기도할 수도 있다. 이 그룹은 교재의 본문 말씀이 어디이든 부모의 독특한 관점에서 접근할 수도 있다. 다음 세 가지 질문이 언제나 이 대화의 일부일 수 있다.

- 이 본문에 내가 내 자녀 앞에서 새로운 방식으로 살아낼 진리가 있는가?
- 이 본문에 내가 양육하는 방식을 빚어줄 진리가 있는가?
- 이 진리를 내 자녀의 마음 안에 세워줄 어떤 방법들이 있을까?

양육 세미나

영아의 부모와 대학생의 부모는 구체적인 양육 훈련이 필요하다. 자녀가 자라면서 부모는 모든 연령대의 자녀를 처음으로 양육하게 된다. 구체적인 훈련이 없다면 대부분의 부모는 그들의 부모가 사용했고 (때로는)실패한 양육 접근들을 재생하게 될 것이다. 부모는 교회 리더들과 함께 양육과 영적 리더십 모두에서 도움이 될 만한 훈련을 설계할 필요가 있다. 교회 리더들과 부모들은 다음과 같은 문제들을 다루기 위한 모임을 계획할 수 있다.

- 훈육
- 성적 순결
- 소통
- 친구의 영향
- 청소년 문화 이해
- 온라인 세상의 어두운 면
- 청소년과 직업 방향
- 가족의 일정 속 균형
- 양육기 동안 역동적인 부부생활의 유지
- 위기 문제의 인식과 반응
- 중학교, 고등학교, 대학교 진학
- 통과 의례의 기념(열세 번째 생일, 역자 주 – 청소년기로의 진입을 축하하는 특별한 생일, 운전 면허 등)
- 가족 예배를 위한 창의적 방법
- 가족 생활의 흐름 속에서 진리를 나누는 것
- 청소년 자녀를 축복하기 위한 일기의 사용

- 청소년 자녀에게 기도의 새로운 방식을 가르치는 것
- 가족을 위한 세계 선교의 기회
- 가족을 위한 지역적 섬김과 사역의 기회
- 가족 성경 공부로 변화를 일궈 내기 위한 아이디어

대형 교회는 위 주제들 중 하나에 천 불을 투자해 수백 명의 부모들을 모을 수 있다. 아주 작은 교회라면 세 명의 부모들이 모여 자신의 통찰로 서로를 날카롭게 하고 서로의 팔짱을 끼고 서로를 지지하며 기도를 통해 서로에게 힘을 주는 동안 이들을 격려할 수 있다. 두 모임 모두 귀중하다.

마음의 연결

부모 훈련의 제일 목적은 부모에게 어떻게 자녀와 깊은 관계를 맺으며 양육할 수 있을지를 가르치는 것이다. 마음의 연결(관계)을 따뜻하고 강하게 유지하는 부모는 보통 이들의 신앙과 가치가 자녀에게 전수되는 것을 본다. "그가 아버지의 마음을 자녀에게로 돌이키게 [연결되게] 하고 자녀들의 마음을 그들의 아버지에게로 돌이키게 하리라 돌이키지 아니하면 두렵건대 내가 와서 저주로 그 땅을 칠까 하노라 하시니라"(말 4:6).

관계는 자녀에게 영적 영향을 미치는 핵심이다. 어린이와 청소년들은 부모와 마음이 연결되어 있을 때 부모의 신앙을 받아 들이는 편이다. 부모와 청소년 자녀가 서로에게서 멀어졌다면 부모가 성경적 진리를 가르친다고 해도 영적 영향은 미치기 어렵다. 청소년은 자신과 차가운 관계를 맺고 있는 사람으로부터 오는 진리를 거절하는 경향이 있다.

여기 대중적 사고에 정면으로 반하는 좋은 소식이 있다. 청소년들이 부모와의 진실된 관계를 원한다는 것이다. 청소년기를 지나는 자녀와 따뜻한 관계를 맺기 원하는 부모는 자녀도 같은 것을 원할 수 있다는 사실을 알아야 한다. 청소년들은 자신의 중요성을 소통하고 격려를 제공하며 매일 "사랑해"라고 말해주는 부모의 신앙을 수용하는 경향이 있다. 청소년기에도 이들이 듣는 가장 강력한 말은 이들의 부모로부터 온다.

슬프게도 일부 크리스천 부모들은 자신의 청소년 자녀가 하는 일에 절대로 완전히 만족하지 않는다는 사실이다. 이들의 청소년 자녀는 자신이 부모를 절대로 기쁘게 할 수 없다는 사실을 믿기에 이른다. 이 청소년 자녀가 부모의 신앙을 밀쳐낼 수도 있는데 그것은 오로지 부모를 기쁘게 하려는 자신의 노력을 마침내 포기했기 때문이다.

교회의 세대 간 가족 경험

부모는 어린이와 청소년이라는 특정 연령대를 대상으로 하는 교육과 사역에 전적인 지원을 제공해야 한다. 또 가족들을 한 데 모으는 교회의 경험을 지지해야 한다. 여기 몇 가지 가능성들이 있다.

가족 수련회
- 가족 별로 함께하는 저녁 식사와 토론 주제 제공
- 가족 별로 함께하는 기도
- 성별로 나누어 질문에 답한 후 다시 모여 답변 비교
- 부모들을 위한 강의와 어린이 혹은 십대를 위한 별도의 강의
- 아버지와 딸, 어머니와 아들이 짝을 지어 보내는 시간
- 가족 별로 경험하는 로프 코스 혹은 다른 도전들

- 가족 구성원들을 위한 캠프 파이어 예배를 통해 가족 구성원들을 격려

부모 감사 만찬

- 어린이 혹은 청소년들이 부모를 위해 자신의 돈으로 입장권 구매
- 어린이 혹은 청소년들이 음식과 주제에 맞는 장식을 준비
- 어린이 혹은 청소년의 시중과 공연

가족 교제

- 야외 식사
- 스포츠, 야구 등
- 아들과 아버지, 어머니와 딸 행사
- 다양한 게임
- 보물 찾기
- 가족이 인도하는 게임
- 다른 세대 분장을 하고 즐기는 역할 놀이
- "아카데미" 상 수여식 – 최고의 가족 휴가 등

가족 선교 프로젝트

- 형편이 어려운 사람들의 집 수리
- 양로원 봉사
- 보호소 보조(노숙자, 난민 정착, 학대)
- 뒷마당 성경 클럽

이러한 방향으로 움직일 때 일부 청소년들이 "부모와 수련회를 함께

하다니 최악이네요"라고 이야기한다면 부모와 리더들은 어떤 마음을 가져야 할까? 리더는 지난 60년 동안 역기능적 문화가 청소년들에게 어른들로부터 멀리 떨어져 친구들에게 둘려 싸여 있는 것이 최선이라고 말해 왔음을 기억해야 한다. 리더는 청소년들이 이들의 생각을 하룻밤 사이 바꿀 것으로 기대해서는 안 된다.

이들의 생각을 바꿀 가장 빠른 방법은 가족이 모일 때마다 양질의 평판을 만들어내는 것이다. 곧 청소년들은 이렇게 이야기할 것이다. "수련회가 변변찮을 줄 알았어요. 그런데 정말로 괜찮았어요. 게임은 최고였고 늦은 밤 기도도 너무 좋았아요. 솔직히 우리 아빠의 기도가 그렇게 깊을 줄은 정말로 몰랐어요."

다른 청소년들에게 투자하는 부모

부모는 다른 가정의 청소년들의 삶에 영원한 영향을 미칠 수 있다. 교회 리더들은 부모에게 다음과 같이 말함으로써 도전을 제시할 수 있다.

- 여러분들은 아직 그리스도를 알지 못하는 어린이, 청소년들과 그분의 복음을 나눌 수 있습니다. 여러분들의 집이 청소년들이 오고 가는 그랜드 센트럴 역처럼 느낀다고 말씀하실 수도 있습니다. 그리스도로 향할 수 있는 대화를 기다려 보세요.

- 여러분들의 교회에서 청소년부 모임이 있을 때 여러분들은 아직 그리스도를 알지 못하는 청소년들도 환영받고 귀히 여김을 받는다는 사실을 확인해 주실 수 있습니다. 이런 학생들을 밀어내는 부모에게

진리를 말씀해 주셔도 좋습니다.
- 여러분들은 청소년부 모임이 있을 때 모임의 감독을 보조해 아직 그리스도를 알지 못하는 학생들이 포함되어도 그 모임의 성격이 변하지 않는다는 사실을 보장할 수 있습니다.
- 여러분들의 집안으로 들어오는 나이 어린 신자들과 격식 없이 진리를 나눌 수 있습니다.
- 여러분 가정의 기독교적 분위기가 이러한 모형을 한번도 본 적 없는 이들에게 평생의 인상을 남기도록 할 수 있습니다. 의도적으로 다른 사람들이 여러분 가정의 관계를 통해 삶으로 드러나는 진리를 볼 수 있도록 할 수 있습니다.
- 여러분들은 자신의 가정에서 사랑이나 인정, 집중된 관심을 거의 받지 못하는 어린이, 청소년들의 감정적 공허를 채워줄 수 있습니다.
- 여러분의 집을 찾는 청소년들을 위한 기도의 전사가 될 수 있습니다. 어떤 경우 여러분은 그 친구의 이름을 그리스도 앞에 가지고 나아가는 유일한 사람이 될 수도 있습니다.
- 간단히 말해, 여러분들은 여러분의 가정을 제일의 선교지이자 사역에 대한 개인적 부르심의 표현으로 볼 수 있습니다.

결론

예수님을 보다 더 지극히 사랑하고 예수님의 향기를 풍기고 예수님에 대해 이야기하고 예수님처럼 자신의 자녀와 마음이 연결된 부모는 다음과 같은 성인 자녀들의 모습을 보게 될 것이다.

- 그리스도와 함께 성령님의 능력 안에서 그분의 나라를 이 땅에 들이는
- 세대를 이어 모든 사람들 가운데 제자를 삼는 제자로 세우는

이러한 목표를 마음에 품은 교회의 리더들은 부모를 통해 청소년에게 교회의 영향을 미치는 것과 관련해 새로운 꿈을 꾸기 시작한다. 이 리더들은 다음과 같이 말하기 시작할 것이다.

1. 저는 크리스천 부모가 청소년 자녀를 포함해 자신의 자녀에게로 다시 한번 마음을 돌이키게 될 것을 꿈꿉니다(말 4:6, 눅 1:17).
2. 저는 크리스천 청소년들이 이들의 부모로부터 흘러 나오는 새로운 따뜻함과 친밀감 때문에 부모에게로 다시 한번 마음을 돌이키게 될 것을 꿈꿉니다.
3. 저는 부모와 청소년 자녀가 새롭게 마음을 연결할 수 있도록 영감을 주고, 방법을 가르쳐준 교회 리더들을 향해 큰 사랑과 감사를 느끼게 될 것을 꿈꿉니다.
4. 저는 고등학교 졸업생들이 자신을 제자로 훈련해준 모든 어른들에게 감사를 느끼고 그 중에서도 가장 중요한 디사이플러discipler(역자 주 – 제자 삼는 사람을 의미한다)로 자신을 섬겨준 부모에게 특별한 감사를 품게 될 것을 꿈꿉니다.
5. 저는 부모가 이들의 청소년 자녀에게 최고의 디사이플러가 될 수 있도록 영감을 주고 훈련을 도운 교회의 리더들에게 큰 사랑과 감사를 느끼게 될 것을 꿈꿉니다.
6. 저는 부모와 청소년 자녀가 함께 하나님께 순결을 약속하고 서로 상호간의 책임을 다할 것을 꿈꿉니다.

7. 저는 졸업생들이 이들의 삶에 미친 부모의 영향 때문에 대학 시절은 물론 성인이 되어서도 지역 교회의 사역에 깊이 관여하게 될 것을 꿈꿉니다.

8. 저는 교회 리더가 계획한 친밀하고 활기찬 예배를 마음이 다시 연결된 부모와 청소년 자녀 가족들이 경험하게 될 것을 꿈꿉니다.

9. 저는 교회 리더가 설계한 즐거운 오락 활동과 교제를 마음이 다시 연결된 부모와 청소년 자녀 가족들이 경험하게 될 것을 꿈꿉니다.

10. 저는 마음이 다시 연결된 가족이 적극적으로 잃어버린 청소년들을 자신의 집으로 데려와 이들에게 영향을 미칠 것을 꿈꿉니다.

11. 저는 마음이 다시 연결된 가족들이 부모는 아직 신앙이 없어 혼자서 예수님을 믿는 청소년들을 적극적으로 돌볼 것을 꿈꿉니다. 그리고 건강한 가족들이 멘토링, 제자훈련, 크리스천 가정생활의 모범이 필요한 청소년들을 집으로 데려와 영향을 미칠 것을 꿈꿉니다.

12. 저는 자녀가 고등학교나 대학교 시절 동안 상당한 시간을 선교의 최전선에서 보내게 될 것에 대한 기대를 갖도록 하고 그 같은 모험의 재정적 지원을 위하여 부모는 자녀가 태어났을 때 저축을 시작할 것을 꿈꿉니다.

13. 저는 가족이 함께 지역과 세계 모두에서 사역과 섬김의 일을 행할 것을 꿈꿉니다.

14. 저는 부모와 마음이 연결되어 힘을 얻은 청소년 자녀들이 하나님의 주권적 시점에 이르러 교회를 부흥으로, 문화를 영적 각성으로 이끌 것을 꿈꿉니다.

15. 저는 부모가 이들의 청소년 자녀가 하나님의 분명한 부르심을 따르는 것, 혹시나 그 부르심에 희생이나 위험, 심지어는 순교가 포함된

다고 해도 그것을 지지할 것을 꿈꿉니다.

교회 리더들은 많은 수의 부모들이 예수님의 위대하심을 다시금 새롭게 인식하고 보좌에 앉으신 그분을 깊이 경배하며 매일 하나님 나라를 위한 활동에 동참하기 위하여 몸을 일으킬 날을 기대할 수 있다.

이러한 부모는 청소년 자녀의 눈을 바라보고 다음과 같이 고백할 수 있다.

"나는 네가 왕 되신 그리스도께 속하였음을 선언한다. 만일 너와 내가 모두 그리스도께서 너를 위험이 따르는 어떠한 일로 부르셨다는 사실을 믿게 된다면 나는 너에게 최선을 다해 지혜롭게 사는 법을 가르쳐줄 것이다. 동시에 그 위험이 무엇이든 나는 네가 그리스도의 부르심을 따르는 데 방해가 될 만한 일은 하나도 하지 않을 것이다. 이에 나는 네가 내 직업의 발자취를 따라야 한다는 어떠한 압력도 갖기 않기를 바란다. 나는 네가 오직 그리스도께서 너를 불러 행하게 하신 일을 행하기를 부탁한다. 나는 그리스도께서 너를 재정적인 부요 혹은 세상의 명성을 가져다 주지 않는 직업으로 너를 부르실 수도 있음을 인정한다. 내가 부모로 느끼게 될 큰 자부심은 네가 그리스도께서 부르신 일을 행하는 모습을 보는 것이다. 언젠가 너는 악한 사람들을 마주할 수도 있다. 이들은 너에게 오직 두 가지의 선택, 곧 하나님을 저주하거나 죽는 것을 선택하도록 할 수 있다. 나는 그것이 너의 삶을 대가로 취한다고 해도 네가 하나님을 높일 수 있기를 바란다. 하나님은 때로 교회 안에서 그리스도에 대한 각성을 일으키시기 위해 학생들을 사용하셨다. 나는 하나님이 우리 가정을 높이셔서 너를 그러한 세대의 일부로 삼으시기를 기도한다. 나는 이제 너의 삶을 향한 하나님의 부르심을 위해 너를 가장 잘 준비시키고자 너를 가르치고 너의 앞에서 살기로 나 자신을 헌신하다. 주님의 이름을 송축할지어다."

토론 주제
DISUCSSION GUIDE

1. 이번 장은 청소년 양육의 목표를 제시한다. 이 목표들은 교회 부모들 중 대다수가 수용하는 목표들과 어떻게 다른가? 세속적 부모들 중 대다수와 비교하면 어떠한가?

2. 다음의 진술을 생각해 보라. "교회 리더들이 청소년들에게 지속 가능한 믿음을 주기 위해 할 수 있는 가장 강력한 일은 부모의 영적 순례를 고무시키는 것이다." 청소년 사역자의 몇 퍼센트가 이것에 동의할 것이라고 생각하는가? 담임 목회자의 몇 퍼센트, 부모들의 몇 퍼센트가 동의할 것이라고 생각하는가?

3. 다음의 진술을 생각해 보라. "다음 세대로 믿음의 전수를 위한 하나님의 첫 번째 계획은 가정이었다. 진리를 청소년의 삶으로 전달하는 하나님의 주된 계획은 부모의 발에 있다." 어떤 성경 본문이 이 같은 진술을 지지하는가?

4. 다음의 진술을 생각해 보라. "세상의 강력한 목소리들은 청소년들에게 지속적으로 다른 사람을 존중한다는 것은 이들이 무엇을 진리로 믿든지 그것을 받아들이는 것을 뜻한다고 이야기한다." 이러한 목소리의 예는 무엇인가?

5. 거의 모든 크리스천 부모들이 유아기 자녀와는 밤마다 함께 기도하지만 청소년 자녀와 그렇게 하는 부모는 10%에도 미치지 못하는 이유가 무엇인가?

6. 자신이 바람을 피지 않는 이유를 설명해주는 아버지와 성적 도덕에 대해 설교하는 아버지 중 청소년 남자 자녀를 계속 집중하게 하는 쪽은 누구인가?

참고 도서

- Powell, Kara, Brad Griffin, and Cheryl Crawford. *Sticky Faith*. Grand Rapids, MI: Zondervan, 2011.
- Ross, Richard. *Accelerate: Parenting Teenagers Toward Adulthood*. Bloomington, IN: CrossBooks, 2013.
- Ross, Richard. *The Senior Pastor and the Reformation of Youth Ministry*. Nashville, TN: LifeWay, 2015.

10장

조부모를 영적 리더로 준비시키기

크리스 셜리(Chris Shirley)

처음부터 베라 마컴은 자신의 삶을 위한 이상적 비전을 가지고 있었다. 베라와 그녀의 남편인 행크는 어릴 적 교제를 시작해 1977년 고등학교를 졸업하고 한 달 후 결혼을 했다. 완벽한 가정과 성공적 삶에 대한 큰 기대를 가지고 이 젊은 부부는 행복으로 향하는 길을 설계했다. 행크는 지역 대학에 등록하여 회계학을 전공하고 베라는 가족의 생계를 위해 일을 하기로 했다. 행크가 공부를 마치면 두 명의 자녀, 아들 하나와 딸 하나를 낳고 베라의 친정 부모님 가까이 집을 지을 것이다. 자녀들이 독립을 하고 나면 행크는 성공한 회계사로 은퇴를 하고 둘은 세계를 여행하면서 노후를 보낼 계획이었다.

꿈은 거의 현실이 되지 못한다. 이들의 첫 아이는 신혼여행 후 열 달 만에 찾아왔고 계획은 변화가 필요했다. 행크는 병원비를 지불하기 위해 학교를 그만 두고 지역 페인트 가게에서 풀타임으로 일하기 시작했다. 10년이 지나 세 명의 자녀가 태어난 후에도 행크는 여전히 페인트 가게에서 일을 했고 "언젠가는" 대학에 돌아가기를 꿈꾸었다. 행크의 월급은 가족의 기초적 필요를 돌보기에는 충분했지만 미래를 위해 저축을 할 정도는 결코 아니었다. 하지만 이들은 하나님이 좋은 때에나 나쁠 때에나 이들을 돌보실 것을 신뢰했다. 서로와 함께하는 고요한 순간 행크와 베라는 여전히 이들의 미래를 꿈꾸었고 세계 여행에 대한 계획을 세웠다.

어느 날 그 꿈은 붕괴되었다. 큰 아들이 고등학교를 졸업하기 3주 전 잔디를 깎던 행크에게 심각한 뇌졸중이 찾아왔고 응급실로 옮기기 전 사망했다. 행크에게는 괜찮은 생명 보험이 있었는데도 베라는 가족들을 부양하고 다가오는 큰 아들의 대학 비용을 도와줄 수 없었다. 그녀는 결혼 초반부터 출석해온 교회에서 목사님의 비서 일을 하기로 했다. 하나님의 은혜와 친정 부모님의 도움으로 베라는 네 명의 모든 자녀들을 둥지에서 세상으로 내보내는 일에 성공했다.

새로운 꿈이 일어난다. 비록 그녀가 55세라는 현실은 18세의 꿈과는 무척 다르지만 베라는 자녀들의 삶을 통해 수고의 열매를 볼 수 있었다. 두 아들은 성공적인 직업과 사랑스러운 배우자, 그리고 아름다운 자녀들을 두었다. 작은 딸은 우크라이나에서 선교사로 주님을 섬기고 있다. 큰 딸은 얼마 동안 기혼이었지만 최근 고통스러운 이혼을 겪고 다섯 살 아들과 다시 집으로 들어왔다. 이것은 가족에게 어려운 변화였지만 베라는 딸을 지원할 수 있어 감사했고 앞으로 손자와 보낼 더 많은 시간을 기대했다. 인생의 다음 장을 생각하면서 베라는 자신이 아내와 엄마로서 성취한 모든 것을 떠올렸다. 그녀는 네 명의 자녀들이 어릴 적부터 그리스도를 따르도록 길러냈고 자녀들도 그렇게 할 수 있도록 노력하였다. 지금 베라는 하나님이 어떻게 자신을 사용하셔서 할머니로서 영향을 미치게 하실지 궁금하다. 그녀는 앞날의 새로운 비전과 가족의 미래를 위해 기도했다.

베라는 오늘날 교회 안에 있는 일반적인 노년의 모습이다. 실제로 적어도 다음 30년에서 40년 동안 노인들은 교회 내 대다수의 그룹을 차지할 것이다. 대부분의 선진국가들은 빠르게 "초고령" 사회가 되어 가고 있고 이것은 노인 인구의 증가 속도가 젊은 세대의 속도를 넘어서고 있다는 의미이다. 1980년대 65세 이상의 노인들은 미국 인구의 약 12%를 차지했다. 2030년에는 인구의 20% 이상이 노인이 될 것이다. 베이비 붐 세대는 이제 공식적으로 노인기에 접어 들었고 교회는 이들과 함께 "희끗희끗"해 지고 있다.

노인 인구는 교회에 새로운 도전을 제시한다. 이 도전들 중에는 이들이 자신의 확대 가족 안에서 영적 리더가 되도록 이들을 준비시키는 것과 제자를 세우는 조부모가 되도록 이들의 시간과 에너지를 활용하는 것이 포함된다. 이번 장에서 우리는 조부모와 관련된 성경적 증언을 살펴보고 오늘날 가정에서 조부모의 역할과 연관이 있는 문화적 정황을 검토하며 조부모를 복음의 신실한 증인과 예수 그리스도 안에 있는 신앙의 전달자로 준비하고 지원할 수 있는 방법과 수단을 제시하려고 한다.

성경 속 조부모 양육

성경은 조부모가 이들 가족의 영적 리더십 안에서 꼭 필요한 역할을 수행한다고 증거한다. 자신의 확대 가족에 영적 영향을 미친 조부모들의 예시는 물론 이들의 자녀와 손주, 심지어는 아직 태어나지 않은 후손의 세대까지 미치는 노인들의 영향에 대한 수많은 가르침들이 있다.

성경 속 예시들

야곱: 조부모의 영적 영향에 대한 첫 번째 중요한 언급은 조상 야곱의 이야기다. 그의 가족들과 재회한 후 요셉은 그의 아버지와 가까이 머물기 위해 족속 전체를 애굽으로 옮겨 왔다. 야곱은 요셉의 아들들인 에브라임과 므낫세를 자신의 자녀로 입양하고 특별한 축복을 주어 요셉을 높였다. 야곱의 다른 아들들은 각각 한 지파를 통하여 존재하겠지만 이스라엘 안에서 요셉의 후손들은 이 두 아들들의 이름을 딴 두 개의 지파가 될 것이다. 임종의 자리에서 야곱은 두 손주들의 유산을 다음과 같이 예언했다. "그[므낫세]도 한 족속이 되며 그도 크게 되려니와 그의 아우[에브라임]가 그보다 큰 자가 되고 그의 자손이 여러 민족을 이루리라"(창 48:19) 솔로몬의 통치 이후 왕국이 나뉘어졌을 때 북 왕국은 에브라임으로 불렸는데 그 나라의 종교적 자산이 이 지파의 영토에 있었기 때문이다. 야곱의 예는 손주의 운명에 미치는 조부모의 영향력을 상기시킨다. 자녀에게 조부모는 한 가족의 유산과 역사를 대표한다. 조부모의 인정과 격려, 관여는 손주들의 미래를 형성하는 데 큰 역할을 한다.

나오미: 나오미는 룻기의 마지막 부분에서 조부모가 되는데 이때 다윗의 조상, 결국에는 메시아 예수의 조상이 될 오벳이 태어나면서 이야기는 그 절정에 이른다. 룻기가 시작될 때에도 나오미는 중심 인물이었다. 룻기 시작 부분에서 그녀의 남편 엘리멜렉은 가족을 이스라엘에서 모압으로 데려온 후 죽고 나오미의 미래를 두 아들들의 손에 남긴다. 나오미의 아들들은 모압 여자인 룻과 오르바와 결혼을 했지만 곧 죽어 이제 슬픔에 빠진 세 명의 과부들만 남는다. 나오미에게 모압에 남는 것은 선택 사항이 아니었다. 이 당시 여성은 남편이든 아버지든 성인이 된 아들이든 아니면 남자 친척이든 남성 가장의 지원에 의존했다. 따라서 나오미는 자신

의 고향 베들레헴으로 돌아가 확대 가족의 도움을 구하기로 결심한다. 그리고 두 며느리 모두를 자신에 대한 책임으로부터 놓아준다. 오르바는 모압에 남기로 선택하지만 룻은 자신의 시어머니에게 충실하기로 결심하고 그녀를 따라 이스라엘로 온다. 나머지 이야기는 나오미가 상황의 주도권을 잡고 하나님의 개입하심으로 룻이 결혼할 가까운 친척을 찾으면서 빈곤에서 번영으로 이어진 이들의 여정을 묘사한다. 기업 무를 자인 보아스와 결혼하여 그와 룻이 낳는 모든 자녀는 엘리멜렉 가계의 일부가 될 것이다. 마지막 장은 이들의 아들 오벳의 탄생과 그가 그의 가족, 특별히는 그의 새로운 "할머니" 나오미에게 가져다 준 기쁨을 세세하게 들려준다.

룻기 4:14-16

14. 여인들이 나오미에게 이르되 찬송할지로다 여호와께서 오늘 네게 기업 무를 자가 없게 하지 아니하셨도다 이 아이의 이름이 이스라엘 중에 유명하게 되기를 원하노라
15. 이는 네 생명의 회복자이며 네 노년의 봉양자라 곧 너를 사랑하며 일곱 아들보다 귀한 네 며느리가 낳은 자로다 하니라
16. 나오미가 아기를 받아 품에 품고 그의 양육자가 되니

나오미는 혼란과 실망으로 괴로운 삶을 사는 많은 조부모들의 경험을 보여준다. 룻기의 저자는 붕괴되는 가족을 유지하며 자신도 돌봐야 했던 나오미의 분투를 들려준다. 그녀는 절망적인 상황임에도 불구하고 인내했고 감정의 기복들을 감당해냈다. 이야기의 마지막에 이르러 가족을 향한 나오미의 헌신 정도가 조금 작았다고 하더라도 이는 최선의 결과로 되돌아왔다. 오늘날의 조부모들을 향한 그녀의 메시지는 "포기하지 말라"는

것이다. 나오미에게는 밝은 미래에 대한 확신이 전혀 없었으며 때로 어려움들은 극복되지 못할 것처럼 느껴졌지만 그녀는 앞으로 나아갔고 가족을 위해 최선을 다했다.

자신의 자녀와 손주들을 희생적으로 돌보는 크리스천 조부모는 제자들에게 "서로 사랑하라"고 명령하신 예수 그리스도를 높인다. 잘 사랑하는 것은 그 자체가 보상이다. 야곱과 마찬가지로 나오미 역시 섭리적 목적 가운데 교훈을 보여준다. 나오미는 자신이 미래에 미칠 영향력을 알지 못했지만 하나님은 베들레헴 오지에서 온 이 외로운 과부를 사용하셔서 이 땅의 통치자와 영원하신 왕을 낳게 할 자신의 계획을 이루셨다. 조부모는 영적 리더십을 제공하려는 자신의 노력에 아무런 결실이 없다고 느껴질 때 나오미를 기억해야 한다. 하나님은 신실한 조부모의 작은 노력을 사용해 그분의 나라에 영원한 변화를 가져오실 수 있다.

로이스: 사도 바울은 2차 선교 여행 중 루스드라를 여행했다. 그 지역의 신자들은 디모데라는 청년을 "칭찬"했는데 그는 유대인 어머니와 헬라 아버지의 아들이었다(행 16:2). 바울이 도착하기 전 디모데의 할머니는 예수 그리스도의 제자가 되었고 그의 어머니와 결국 디모데도 그 뒤를 따랐다. 디모데는 바울의 선교팀에 합류해 바울이 가장 신뢰하는 신실한 동역자들 중 하나가 되었다. 디모데에게 보낸 마지막 편지에서 바울은 그의 어린 제자에게 그 안에는 할머니 로이스와 어머니 유니게가 키워 준 신앙의 깊은 뿌리가 있음을 상기시켰다(딤후 1:5). 이 여성들은 디모데 안에 그리스도를 향한 사랑과 말씀을 향한 사랑의 유산을 심어 주었으며 이 일은 그의 유년 시절부터 시작해(딤후 3:15) 평생 동안 지속되었다. 하나님은 디모데의 사역을 통해 이 세상에 복음의 진보를 이루셨고 이것은 모두 루스드라의 한 할머니로부터 시작되었다. 로이스의 이야기는 가정에 기반을

둔 세대 간 제자훈련의 한 예이다. 로이스는 디모데에게 가정에서 제자를 세우는 한 가지의 모형을 제공했고 후에 디모데는 그리스도의 메시지를 다른 이들에게 전달하도록 "충성된 사람들에게 부탁"하며 이것을 사용했다(딤후 2:2). 로이스가 유니게를 위하여 행한 것처럼 조부모는 성인 자녀의 곁에서 이들의 자녀를 "주의 교훈과 훈계로" 길러내는 중대한 과업을 위한 도움과 지지를 제공해야 한다(엡 6:4).

조부모를 위한 성경적 교훈

조부모 양육을 위한 공식 안내서는 없다. 대부분의 조부모는 자신의 역할을 매번 경험을 통해 배운다. 하지만 조부모들만 가지고 있는 독특한 이점은 인생의 경험이다. 양육의 모험을 마친 이들은 이제 고난의 학교에서 거둔 통찰의 유익을 갖는다. 자녀 양육의 모든 실패와 성공으로부터 배운 교훈들을 이제 성인 자녀들에게 전달하고 손주들과 공유할 수 있다. 또 크리스천 조부모들은 삶으로 적용된 하나님 말씀의 지혜도 있다. 성경은 조부모에게 가정 안에서 이들의 특별한 역할을 통해 미래 세대를 위한 귀중한 영적 리더십을 제공하도록 격려하고 도전한다.

노화의 영광을 즐거워하라: 나이가 든다는 것은 대부분의 성인들에게 어려운 현실이지만 사실 모든 사람이 늙는다. 나이가 드는 것의 유익 중 하나는 조부모가 되는 것이다. 모든 조부모가 노인이 되어 이 인생의 단계로 진입하는 것은 아니지만 손주가 있다는 사실은 인생의 마지막에 다다르고 있다는 숙연한 사실을 상기시켜준다. 하지만 성경은 노인, 심지어 조부모들에게 하나님이 보시는 이들의 가치를 들려준다. 잠언 16장 31절은 노화의 가장 명백한 증거인 백발이 주님께 순종한 "공의로운 삶"을 산 자들의 "영화의 면류관"이라고 선언한다. 장수는 하나님의 뜻을 따라 산 이들에게 그 자체로 보상이 될 수 있다. 손주는 늙어가는 이들에게 주시는 또 다른 "영화의 면류관"이다(잠 17:6). 노년을 두려워하기보다 조부모는 장수의 삶에 따라 오는 영광과 자신의 가족이 다음 세대로 지속되는 모습을 바라보는 보상을 기억해야 한다. 시편 92편 14-15절은 주님을 따르고 자신을 향한 그분의 돌보심을 증언하는 일의 중요성을 이해하는 노인의 가치를 선언한다. "그는 늙어도 여전히 결실하며 진액이 풍족하고 빛이 청청하니 여호와의 정직하심과 나의 바위 되심과 그에게는 불의가 없음이 선포되리로다"

손주의 축복을 감사하라: 성경은 자녀와 손주들이 하나님께로부터 온 축복이라는 사실을 선언한다. 야고보서 1장 17절은 "온갖 좋은 은사와 온전한 선물이 다 위로부터 빛들의 아버지께로부터 내려오나니…"라고 이야기하는데 이 온전한 선물들 중 하나가 자녀, 곧 "여호와의 기업"(시 127:3)이다. 시편 127편 3절이 함의하는 사실들 중 하나는 우리 자녀, 더 나아가 손주들이 사실은 하나님께 속했고 그분이 우리에게 인생의 한 절기 동안 이들을 기를 특권을 주신다는 것이다. 이어지는 시편(128편)에서 저자는 "여호와를 경외"하는 사람을 묘사하기 위하여 가족의 용어를 사용한다. 그의 아내는 "결실한 포도나무"로 "어린 감람나무 같은… 자식들"을 낳고 그는 언젠가 "자식의 자식"을 보게 될 것이다. 자녀는 하나님과 인류 사이의 신성한 신뢰 혹은 언약의 증거이다.

구약이 자녀와 손주들의 축복에 대한 암시로 채워져 있는 이유는 아브라함을 "큰 민족"(창 12:2)과 "여러 민족의 아버지"(창 17:4)로 만드시겠다는 하나님의 약속과 연관이 있다. 아브라함에게 주시는 하나님의 축복은 아브라함에게 주신 땅에 살 자녀와 손주들, 그리고 아브라함의 후손 세대를 향했다. 마찬가지로 앞으로 오실 메시아를 향한 하나님의 계획은 많은 열매를 맺는 가족, 곧 다윗의 가계를 베들레헴으로 옮겨 "생육하고 번성"할 가족들에게 달려있었다(창 1:22). 이스라엘 각 세대의 조부모들은 이들의 "자녀의 자녀"를 보기를 고대했는데 이들이 민족의 생존과 백성에게 주신 하나님의 약속의 성취를 의미했기 때문이다.

손주의 축복은 각 민족에 속한 가족들을 향한 하나님의 신실하신 공급을 계속해서 대표한다. 야곱과 마찬가지로(창 48:9) 조부모는 이들 손주의 삶을 축복할 방법을 구하며 하나님이 이들 가족의 미래를 위해 주신 선물에 대한 감사를 표현해야 한다.

제자를 삼는 특권을 소중히 여겨라: 하나님의 계획은 늘 그분을 완전하게 사랑하고 그분에게 전심으로 순종하는 사람들로 이 땅을 채우는 것이었다. 동산에서부터 하나님은 가정을 그분의 계획을 성취하기 위한 첫 번째 수단으로 세우셨다. "대대로 주께서 행하시는 일을 크게 찬양하며 주의 능한 일을 선포하리로다"(시 145:4). 그분의 계획을 따르는 자들에게 하나님은 그분의 끝없는 사랑과 "자손의 자손"에게 이르는 그분의 의를 약속하셨다(시 103:17). 구약을 통해 우리는 하나님이 그분의 전략을 성취하시기 위하여 세우신 한 민족의 이야기를 듣는다. 이스라엘이 형성된 시기에 하나님은 모세를 통해 주님을 향한 자신의 사랑을 이어지는 세대로 전달할 모든 어머니, 아버지, 할머니, 할아버지의 책임을 반복해 말씀하신다(신 4:9). 모든 가정의 모든 세대는 제자를 삼는 하나님의 계획 가운데 자신의 역할을 수행할 책임을 갖는다. 이 임무를 방치하거나 이것에 실패하는 것은 아버지의 악행을 자녀의 자녀의 자녀에까지 보응하게 하는 비참한 결과를 낳는다(신 34:6-7). 하나님이 다음 세대 가운데 그분께 승리를 가져다 줄 홈팀의 핵심 위치를 조부모에게 주셨다는 메시지는 분명하다.

교회의 태동과 함께 하나님은 부모와 조부모에게 이들의 책임을 위한 보다 폭넓은 도움을 제공하시지만 이들의 책임이 덜해진 것은 아니다. 사도 바울은 디모데의 할머니가 보여준 영적 리더십을 칭찬했고(딤후 1:5) 과부가 된 할머니들에게 자기 가정을 돌보는 것으로 신앙을 실천하도록 당부했다(딤전 5:4). 나이와 상관없이 조부모는 하나님이 주신, 제자를 삼는 이들의 역할로부터 결코 은퇴할 수 없다. 이들의 특정한 임무와 참여가 시간을 두고 바뀔 수는 있지만 할머니 할아버지는 자녀와 손주의 삶 가운데 신앙의 비옥한 땅을 계속해서 경작하도록 주신 특권을 소중히 여기도록 부름받는다.

조부모의 영적 역할에 담긴 의미

영적 리더인 조부모의 역할에 대해 성경으로부터 온 네 가지 분명한 의미가 있다. 『가족이 중요하다』Family Matters의 팀 키멜Tim Kimmel은 조부모의 성경적 책임을 설명하기 위해 다음의 묘사를 사용하는데 바로 축복 전달자Blessing Givers, 유산 설립자Legacy Builders, 기준 설정자Standard Setters, 횃불 봉송자Torch Bearers가 되는 것이다.[1]

축복 전달자: 축복 전달자로서 조부모는 1) 손주들과 함께 그리고 이들을 위해 정기적으로 기도하며 이들을 향한 하나님의 무조건적인 사랑과 가치를 본 보이는 것으로 영적 축복을, 2) 이들의 관심과 은사를 격려하고

하나님이 이들을 독특하게 지으신 방식을 가리키며 이들의 성취에 참여하고 낙심의 때에 이들을 위로하는 것으로 감정적 축복을, 3) 이들이 무조건적으로 수용되고 보호되는 환경을 제공하는 것으로 관계적 축복을 제공할 수 있다.

유산 설립자: 유산 설립자로서 조부모는 손주들에게 1) 정직과 책임, 희생의 삶을 영위하는 것으로 명예의 유산을, 2) 예시를 통한 진리의 모범과 이들의 삶에 진리를 말하기 위한 가르침의 순간을 포착하는 것으로 교훈의 유산을, 3) 하나님에 대한 신실한 순종을 보이고 인생에 대하여 하나님 나라 크기의 비전을 갖는 것으로 영원의 유산을 전달할 수 있다.

기준 설정자: 기준 설정자로서 조부모는 예시와 개인적 가르침을 통해 손주들 안에 성경적 세계관을 키워주는 것으로 이들의 개인적 성품과 가치에 투자할 수 있다. 키멜은 조부모가 손주들을 위해 기준 설정을 할 수 있는 여섯 가지 영역을 밝혔다. 믿음과 정직, 태도, 절제, 인내, 용기이다.[2]

햇불 봉송자: 햇불 봉송자로서 조부모는 1) 손주들과 복음을 나누고 이들이 그리스도 안에서 성장하고 있는지 관심을 가지며 자신의 말과 행동을 통해 잃어버린 자들에 대한 염려를 표현하는 전도의 열정과 2) 세상 속에 있으며 어떻게 세상의 일부가 되지 않을 수 있는지 손주들의 이해를 돕고 경건하고 은혜가 충만한 삶을 위한 지혜를 제공하는 의의 명확성을 통해 이들을 선교적 삶의 모습으로 이끌 수 있다.

오늘날의 조부모

베이비 부머: 조부모 양육의 새 세대

전도서의 저자인 '전도자'는 그와 우리 시대의 보편적 사실을 관찰했다. "한 세대는 가고 한 세대는 오되 땅은 영원히 있도다… 이전 세대들이 기억됨이 없으니 장래 세대도 그 후 세대들과 함께 기억됨이 없으리라"(전 1:4, 11) 솔로몬은 한 세대의 사람들이 그 시대의 산물에 지나지 않으며 인생의 거대한 규모로 볼 때 빠르게 잊혀진다는 사실을 보았다. 그리고 그의 관찰은 옳다. 하지만 "지금 여기" 각 나라의 각 세대는 이들 전후로 오는 사람들에게 영향을 미친다. 우리 시대, 미국에서 베이비 부머 세대는 이들이 살아온 각 인생의 단계에 큰 영향을 미쳤으며 지금은 현대 조부모 양육에 대한 우리의 이해를 변화시키고 있다. 21세기 전반 조부모가 된다는 것의 의미를 이해하기 위해 우리는 베이비 부머 세대의 사람들을 이해할 필요가 있다.

2차 세계대전 직후 1960년대 초반까지 미국은 폭발적 출생, 곧 "베이비 붐"Baby Boom을 경험했다. 이 기간 동안 태어난 7,800만 명이 넘는 아이들은 미국 역사에서 가장 큰 일단의 세대를 구성했다. 지난 60여 년 동안 베이비 부머 세대는 미국 사회에 경제적, 정치적, 사회적, 영적으로 엄청난 영향을 미쳤다. 1980년대와 90년대 동일하게 큰 규모의 밀레니얼 세대를 가져온 출산의 쓰나미가 있고 난 뒤에야 베이비 부머 세대의 폭넓은 영향력은 감소하기에 이르렀다. 하지만 베이비 부머 세대가 노년기와 조부모의 시대로 들어서면서 이들은 앞으로 수십 년 동안 우리 사회와 교회에 영향을 미칠 노화에 대한 새로운 패러다임을 만들어내고 있다.

베이비 부머 세대는 왜 특별한가?

세대의 규모가 크다는 것 외에 베이비 부머 세대가 독특한 이유는 무엇일까? 어쨌든 성경은 "이미 있던 것이 후에 다시 있겠고 이미 한 일을 후에 다시 할지라 해 아래에는 새 것이 없나니"(전 1:9)라고 말씀한다. 세대는 오고 가며 각 세대는 그 시대의 문화에 영향을 미친다. 베이비 부머 세대는 왜 이전의 세대들과 다른 걸까? 20세기의 관점으로 베이비 부머 세대의 영향은 너무나도 극적이었는데 이들이 삶의 거의 모든 영역에서 과거로부터의 180도 다른 변화를 대표했기 때문이다. 그 변화를 촉발한 수많은 요인에는 다음이 포함된다.

경제적 호황: 2차 세계대전 이후 미국의 경제는 이전에는 한번도 없던 호황을 맞이하고 이것은 증대된 가처분 소득과 더불어 중산층 인구의 증가를 가져온다. 이러한 풍요는 대공황의 어려움을 겪고 자란 부모들로 하여금 이들 자녀에게 편안한 라이프 스타일을 제공해 줄 수 있도록 했다. 가정들이 대도시를 빠져나가 적당한 가격대의 대중 주택들을 활용하기 시작하면서 교외 지역은 번성했다. 이전 세대에서는 가족 농장에서 일을 하거나 공장에서 일을 하기 위해 학교를 일찍 파해야 했던 어린이들이 이제는 학교를 마치고 대학을 갈 수 있는 특권을 얻게 되었다. 베이비 부머 세대의 규모는 학령 인구의 증가, 유년기와 성인기 사이 전환기에 대한 필요를 가져왔다. 그렇게 베이비 부머 세대가 지금 우리가 "청소년 문화"라고 정의하는 것의 첫 세대가 된 것이다. 더 많은 돈과 그것을 소비할 수 있는 더 많은 시간이 생기면서 베이비 부머 세대는 이들을 위해 특별히 생산된 여러 제품의 주요 고객이 되었다.

사회적, 도덕적 변화: 베이비 부머 세대는 허용적이며 자녀 중심의 양육 철학을 활성화한 아동 심리학자 벤자민 스폭Benjamin Spock 박사의 가르침을 수용한 부모 세대의 양육을 받았는데, 이것은 과거보다 엄격하고 규율적인 접근과는 상당히 달랐다. 미국의 도덕적 가치의 변화는 당시 대중 매체(영화와 음악, 텔레비전)에 반영된 것처럼 베이비 부머 세대에게 이전 세대의 "억압적인" 도덕성의 굴레를 벗어 던지고 자기 만족을 찾도록 격려했다. 로큰롤 음악은 베이비 부머의 인생 사운드 트랙이 되었을 뿐 아니라 이들 부모의 가치와 관습으로부터 철저한 단절을 상징했다.

제도의 실패: 20세기의 전반 베이비 부머 세대의 부모, 조부모들은 미국의 삶의 방식과 제도(정부, 군대, 사법 집행, 학교, 교회 등)를 지지하기 위해 자신들의 신뢰와 시간, 자원을 희생했다. 하지만 베이비 부머 세대가 청소년기와 이른 성인기를 지나면서 이들은 이 제도들의 심각한 문제를 목격하게 되는데 예로 베트남에서의 군사적 곤경과 미국 대통령의 강제 퇴임, 여러 번의 정치적 암살, 경제 역기능, 그리고 종교 지도자들의 도덕적, 윤리적 실패 등이다.

한 세대의 초상화를 그린다는 것은 다소 복잡한데 20년에 달하는 일단에서 가장 나이가 많은 사람과 가장 나이가 적은 사람이 서로 다른 사건과 사회적 역동의 영향을 받기 때문이다. 이것은 베이비 부머 세대에게도 사실이다. 베이비 부머 세대의 "선두"는 (1946년과 1955년 사이 출생) 아이젠하워와 케네디 시절 상대적인 안정기에 태어났지만 곧 1960년대의 극적이고 문화 변혁적인 사건, 예를 들어 베트남 전쟁, 대학 캠퍼스 폭동, 민권 운동, 여러 번의 암살, 성 혁명, 그리고 마약 문화와 같은 사건들을 마주했다. 이 시기에 성장한 이들 중 다수는 보다 진보적이고 사회적으로 활동적이며 제도적 권위에 대해 냉소적이다. 베이비 부머 세대의 "후미"는 (1956년과 1964년 사이 출생) 혼란스런 1960년에 태어났고 어린 나이에 손위 베이비 부머 형제들이 경험한 사건들 중 일부를 함께 경험했다. 하지만 가장 강렬한 기억은 1970년대와 1980년 초반에 일어났는데 미국 대통령의 추락과 기름 부족, 이란 인질 사태, 경제적 물가상승(높은 인플레이션과 금리), 그리고 보다 안정적인 레이건 시절의 시작이다. 이 세대 후반에 성장한 이들은 삶에 대해 보다 보수적인 견해를 갖는다.

베이비 부머 세대가 연대순으로 어디에 위치하든 이 세대를 표시하는 핵심적 특징 몇 가지가 있다. 먼저 이들 일단의 규모와 이들이 사회에 미친 영향은 베이비 부머 세대에게 특별 의식과 권리 의식을 심어 주었다. 더욱이 상대적 풍요 가운데 자란 이들은 인생을 소비자의 시선으로 바라본다. 인생의 모든 것을 자신의 안녕과 성취에 대한 유용함과 관련지어 생각하는 것이다. 마지막이자 아마도 가장 큰 특징은 베이비 부머 세대가 젊음을 유지하고 그와 관련된 일에 강박적인 바람을 갖는다는 것이다. 이들은 노년을 명예와 지혜의 증표가 아니라 어떻게 해서든 피해야 할 질병으로 본다. 베이비 부머 세대는 스스로를 영속적으로 중요하고 유용하며 젊다고 생각하기를 좋아한다.[3]

베이비 부머 세대와 교회

교회에 미치는 베이비 부머 세대의 영향은 중요했고 앞으로 몇 십 년 동안 계속해서 그러할 것이다. 1980년대와 1990년대 베이비 부머 세대의 리더십은 교회 성장 운동 배후의 원동력이었고 이 운동은 최대 시설과 카리스마 넘치는 리더들("이것이 나에게 어떤 유익이 있는가"를 다루는)에 기초했다. 그리고 구도자 중심의 설교와 함께 완전한 서비스를 제공하는 소비자 중심의 교회 모형을 만들었다. 최근 십여 년 내 베이비 부머 세대는 교회 내 성인들 중 그 규모가 가장 큰 그룹이었고 리더들 중에도 여전히 가장 큰 부분을 대표했다. 리더십의 고삐를 넘겨주는 대신 베이비 부머 세대는 권력의 전환에서 어려움을 겪고 있다. 노화와 연관성을 두려워하는 이들은 자신의 의사 결정 능력을 X세대와 밀레니얼 세대 성인들에게로 기꺼이 넘기지는 않을 것이다. 밀레니얼 세대에 집중한 교회들의 증가는 베이비 부머 세대로부터의 부족한 영성에 대한 청년들의 반응을 보여준다. 더 중요하게 2020년대와 2030년대의 교회는 베이비 부머 세대의 노인들이 점령할 것이다. 대부분의 제도화된 교회에서 청년들은 사라지고 중간 성인은 전체의 적은 부분만을 대표하기 때문에 교회의 노인 사역으로 관심이 집중될 것이다. 하지만 모순은 베이비 부머 세대가 회중 속 노인으로의 자기 정체성에 저항할 수 있다는 것이다. 다음 10년 동안 세대 전체가 노인기로 확실하게 진입하는 것은 물론 조부모들 중 가장 큰 부분을 차지하게 될 것이다. 동시에 이들은 나이듦을 새롭게 정의하고 조부모의 양육 방식을 전복시키면서도 교육의 중요성과 연관성 그리고 젊음을 계속해서 추구할 것이다.

조부모가 된 베이비 부머 세대

한 세대 안에 있는 각 개인이 전체의 특징과 꼭 일치하는 것은 아니기 때문에 세대 분석은 어려운 학문의 분야이다. 더욱이 각 사람은 서로 다른 경험과 영향을 갖고(가족 배경, 교육 기회, 사회 경제 상황, 인종 혹은 민족적 차이, 영적 영향 등) 이것은 이들의 삶의 방향에 영향을 미친다. 조부모가 된 베이비 부머 세대에 대한 다음의 분석은 일반적 묘사이지만 이 독특한 세대에 대한 과거의 경험과 현재의 관찰을 기초한다.

만연한 존재감: "헬리콥터 부모"라는 용어는 자녀의 출생부터 성인기까지 자녀의 주변을 맴도는 부모를 가리킨다. 이 부모들은 자녀 인생의 모든 순간, 학령기 전 놀이 친구를 고르는 것부터 어린이 야구 팀에서 이들의 싸움을 대신 싸우는 것, 그리고 대학 글쓰기를 손 봐주는 것까지 모든 것을 통제하려고 한다. 이 현대적 현상의 뿌리는 베이비 부머 세대에 있다. 유년 시절 베이비 부머 세대에게 쏟아진 관심은 이들이 자신의 자녀를 키우며 확대되었다. 부모로, 친구로 자녀와 가까운 관계를 유지하는 것이 베이비 부머 부모들의 우선순위이며 지금 X세대와 밀레니얼 세대 성인들의 양육 특징을 통해 이것은 보다 더 증폭되고 있다. 베이비 부머 세대는 조부모로서 똑같은 방식을 사용해 손주들과 더 많은 시간을 보내고 이들의 삶에 더 많이 관여할 것이다. 이것의 긍정적 효과는 관계의 단절을 겪는 가정의 수가 줄고 세대 간 관계의 유익을 경험하게 될 것이라는 데 있다. 부정적 면으로는 베이비 부머 조부모들에게 자녀와 손주의 모든 문제를 해결하고 모든 필요를 채워줄 필요가 없다는 사실을 상기시켜야 한다는 것이다. 분투와 도전은 영적, 감정적 성숙을 위한 열쇠이다. "내 형제들아 너희가 여러 가지 시험을 당하거든 온전히 기쁘게 여기라 이는 너희 믿음의 시련이 인내를 만들어 내는 줄 너희가 앎이라 인내를 온전히 이루라 이는 너희로 온전하고 구비하여 조금도 부족함이 없게 하려 함이라"(약 1:2-4)

물질주의적 사고방식: 소비지상주의는 베이비 부머 세대에서 전성기를 맞이했다. 베이비 부머 세대가 어린아이였을 때 텔레비전 광고가 처음

으로 등장했고 이들은 여러 시간 동안 광고에 노출되었다. 이들이 시청한 광고는 이들 부모에게 최고, 최신, 그리고 가장 발전된 제품을 사 달라고 애원하게 만들었다. 이 시기 마케터들은 어린이들의 기호와 갈망에 호소는데 이것은 역사상 처음 있는 일이었다. 1950년대와 1960년대 맹렬히 타오른 경제 속에서 청소년 베이비 부머들은 산사태와 같은 가처분 소득을 오락과 옷, 패스트푸드를 위해 소비하면서 식을 줄 모르는 구매욕을 으스댔다. 1970년대와 1980년대 몇 번의 일시적 경제 하락이 있었지만 상대적으로 높은 신용 한도와 낮은 금리의 자유를 누리며 성인 베이비 부머들은 이들 버전의 아메리칸 드림(보다 넓은 집, 값비싼 차, 여행, 자녀를 위한 유명 브랜드 사치품)을 영위할 수 있었다. 이제 조부모가 된 노인 베이비 부머들은 이들의 구매 경향을 자녀에게 물려주었고, 이들 중 다수는 이들의 자녀에게 이들의 수입을 넘어선 라이프 스타일을 제공하고 있다. 이것을 성취하기 위해 새로운 부모 세대는 재정적 도움을 받고자 베이비 부머 조부모가 베푸는 관용에 상당 부분 의존한다. 베이비 부머 세대가 남길 수 있는 가장 큰 유산들 중 하나는 다음 세대를 보다 큰 재정적 책임으로 이끄는 것이다. "돈을 사랑하지 말고 있는 바로 족한 줄로 알라 그가 친히 말씀하시기를 내가 결코 너희를 버리지 아니하고 너희를 떠나지 아니하리라 하셨느니라"(히 13:5)

젊음에 대한 동경: 지난 수십 년 동안 조부모들은 이들의 나이 든 모습을 편안하게 받아들였다. 이 시기의 전형적 장면은 백발의 할머니가 어깨에 숄을 두르고 꾸벅꾸벅 졸고 있는 남편과 함께 현관에 놓여 있는 흔들의자에 앉아 있는 동안 이들 위로 태양이 지는 모습이었다. 하지만 베이비 부머 세대는 이러한 상투적 생각을 뒤바꾸었다. 끝나지 않는 젊음을

찾아 조부모 세상을 재창조한 것이다. 현대 할머니들은 머리를 염색하고 젤네일을 즐기며 스키니진을 입고 요가 수업을 듣는다. 베이비 부머 할아버지들은 머리를 세우고 노인 축구팀에서 뛰며 SNS에서 여러 시간을 보내고 주말에는 드라이브를 즐긴다. 인생의 일몰로 들어서는 대신 베이비 부머 조부모들은 바하마 행 로큰롤 크루즈를 계획한다. 이 피터팬("난 어른이 되지 않을 거야!") 조부모의 세대는 여러 가지 면에서 특별할 것이다.

- 베이비 부머 세대는 좀 더 늦게 조부모가 될 것이다. 많은 수의 밀레니얼 성인들이 이들의 첫 자녀를 20대 후반과 30대 초반에 갖는다. 따라서 베이비 부머 조부모 양육기도 늦추어지고 있다.
- 할머니 할아버지라는 전통적 호칭이 여전히 가장 대중적이지만 보다 더 새로운(보다 더 젊게 들리는) 이름들, 이를테면 지지, 미미, 허니, 팝, 부바Gigi, Meme, Honey, Pop, and Bubba와 같은 이름들이 힘을 받고 있다.
- 베이비 부머 세대는 손주들과 함께 여행, 스포츠, 그리고 다른 오락 활동들을 즐긴다.
- 반면 베이비 부머 조부모들은 너무나도 바쁜 삶을 살고(일, 오락 활동, 여행, 친구 등) 따라서 손주들과 양질의 시간을 보내는 것이 도전이 될 수 있다.

이 불로의 세대는 싫다고 발버둥을 치면서 인생의 다음 단계로 들어서고 있다. 영원한 젊음의 유지에 집착하는 베이비 부머 조부모들은 주름 제거 수술과 헬스클럽 회원권으로 보청기와 흔들의자를 대체했다. 하지만 하나님은 인생의 각 단계가 서로를 보완하도록 설계하셨다. 나이가 드는 것은 치료받아야 할 질병이나 피해야 할 저주가 아니라 소중히 여겨야 할 축복이다. "늙은 자에게는 지혜가 있고 장수하는 자에게는 명철이 있느니라"(욥 12:12).

일로 인한 피로: 할머니 할아버지가 손주를 돌봐 주거나 요청하는 즉시 이동을 도와주던 시절은 지났다. 베이비 부머 조부모들은 직장 일이나 부업으로 너무나도 바쁘다. 여러 세대 중 처음으로 노인들이 전통적 은퇴 시기를 따르지 않고 있다. 이러한 상황에 기여한 두 가지 요인이 있는데 하나는 내부적 요인이고 다른 하나는 외부적 요인이다. 내부적으로 베이비 부머 세대가 은퇴를 어려워하는 이유는 일과 경력이 베이비 부머 성인들에게 언제나 우선 순위였기 때문이다. 이들의 목적과 연관성은 이들의 직업과 긴밀히 연결되어 있다.[4] 일은 베이비 부머 세대에게 의미를 부여할 뿐 아니라 지금의 라이프 스타일을 유지할 수 있도록 하고 이것은 외부적 요인과 연결된다. 65세가 넘도록 일을 하는 것이 이제는 많은 베이비 부머 세대에게 필수가 되고 있는데 이들의 은퇴 연금이 2008년 대침체를 통해 증발했기 때문이다.[5] 이자를 갚고 자신의 소비 습관을 바꾸지 않기 위해 지금 많은 사람들이 70세 너머까지 일을 한다. 사회보장제도Social Security systems도 이것을 좇아 최대 퇴직 수당을 70세로 올리는 추세다.

이러한 상황은 일반적으로 가정의 역할 특별히 조부모 역할에 어떤 영향을 미칠까? 노인들은 자신의 자녀와 손주의 삶에 투자하고 가족과 더 많은 시간을 보내며 다가오는 세대를 위한 안내를 제공할 수 있어야 하는데 그때에 자신의 경력에도 헌신을 해야 한다. 은퇴 수입이 줄어들면서 보다 많은 베이비 부머 세대들은 자녀의 도움을 의지하게 될 것이고 여러 세대의 가족이 한 지붕 아래 살게 될 것이다. 다세대 가정이 스트레스인 사람들도 있겠지만 밀접한 관계의 유익이 어려움보다 더 클 수도 있다.

"누구든지 자기 친족 특히 자기 가족을 돌보지 아니하면 믿음을 배반한 자요 불신자보다 더 악한 자니라"(딤전 5:8)

오늘날 조부모가 느끼는 가족의 도전

베이비 부머 세대가 오늘날 사회에서 가장 많은 수의 조부모들인 것은 맞지만 전체 조부모들을 대표하는 것은 아니다. 40대와 50대 초반의 X세대 조부모들이 지금 부상 중이고 70대 중반과 그 이상에 해당하는 침묵과 건축의 세대 Silent and Builder Generations(역자 주 – 침묵의 세대는 1924-1945년에 태어난 세대를 가리키는 표현이다. 건축의 세대로 불리기도 한다)가 여전히 많은 수를 차지하며 증조부모의 대다수를 대표하고 있다. 하지만 모든 세대의 조부모들이 다음 세대를 위한 안내자, 멘토, 유산 설립자로의 자기 역할을 성취하려고 할 때 마주하는 도전들이 있다.

서로 다른 양육 방식

양육하는 방식과 양육을 실천하는 일은 보통 가족의 배경과 문화적 기대, 종교적 신념, 사회적 규범, 실질적 경험을 기초로 한다. 권위주의적 authoritarian인 부모가 강한 통제와 낮은 관용으로 통제하는 가정도 있다. 이와 반대로 높은 관용과 약한 통제로 가정을 관리하는 허용적 permissive 부모도 있다. 그리고 그 사이에 어디 즈음에서 가정의 권위와 자율의 균형을 맞추려고 하는 권위적 authoritative 부모도 있다. 이 세 가지 모형에서 벗어나 어떠한 권위 의식도 유지하려고 하지 않고 자녀의 안녕에 시간이나 관심을 거의 혹은 전혀 보이지 않는 방임형 부모들도 있다.[6]

부모와 조부모의 서로 다른 양육 방식에서 가족 갈등이 일어난다. 이러한 차이는 종교적 실천과 학교, 훈육, 식습관, 휴일 전통, 자녀 돌봄, 선물을 포함한 많은 문제들에 영향을 미친다. 조부모의 도전은 부모의 역할을 침해하거나 관계를 해치지 않고 어떻게 지혜와 안내를 제공할 수 있을지를 아는 것이다. 성경은 부모와 조부모의 관계에 대해 특별한 언급을 하지는 않는다. 하지만 말씀은 그리스도의 몸 안에 있는 관계 운영을 위한 지혜로 넘쳐난다. 가족 관계, 특별히 조부모와 이들의 성인 자녀 사이의 관계는 복음서와 서신서들 가운데 발견되는 "서로"의 안내를 받아야 한다. 경건한 지혜를 매일의 실천을 위한 기초로 사용하기 위해 조부모는 다음을 행해야 한다.

- 서로 복종하라(엡 5:21): 손주가 태어나기 전 성인 자녀들과 함께 역할과 기대에 대한 이야기를 나누어라.
- 서로 사랑 안에서 섬기라(갈 5:13): 요청이 있을 때 도울 준비를 하라.
- 서로에게 죄를 고백하라(약 5:16): 양육에 관한 지난 실수를 인정하고 필요하다면 용서를 구하라.
- 서로를 격려하라(살전 4:18): 양육의 성공에 대하여 성인 자녀를 칭찬하라.
- 서로 화목하라(막 9:50): 성인 자녀가 내린 양육의 결정을 절대 비판하지 말라.
- 겸손의 옷을 입어라(벧전 5:5): 성인 자녀에게 자신이 경계를 넘거든 말을 하도록 격려하라.
- 서로 판단하는 것을 멈춰라(롬 14:13): 요청하지 않는 충고를 하지 말라. 판단의 말이 아니라 격려의 말을 하라.

물리적, 감정적 거리

지난 세대에서 자녀와 부모, 조부모, 증조부모, 먼 확대 가족 구성원들이 서로 가까이 사는 것은 드문 일이 아니었다. 오늘날에도 어떤 문화에서는 가족과 친척들이 같은 집 혹은 가족 촌락에 살며 홀로 독립을 하는 일은 거의 없다. 하지만 서구 사회에서는 가족이 물리적 거리를 두고 서로 분리되는 것이 일상이고 따라서 많은 조부모들이 손주의 축복을 누리기가 보다 어려워졌다. 이동성의 증가와 취업을 포함한 요인들이 가족들을 멀어지도록 했다. 조부모와 이들의 자녀, 손주는 서로 다른 도시, 주, 심지어 서로 다른 나라에 살기도 한다. 물리적 거리와 바쁜 일정, 노년에 이르기까지 일하는 노인들로 손주와 자녀들을 1년에 한 번 이상 보지 못하는 조부모들도 있다.

먼거리에 사는 조부모는 손주들의 삶에서 특별한 명절과 아마도 여름방학 동안에 명목상의 역할을 할 뿐이다. 이러한 가족들은 상호작용의 기회가 더 적고 따라서 세대의 유산을 세우기에 어려운 장애물들을 마주한다. 감사하게도 지난 십여 년간 이루어진 기술적 진보는 분리된 가족들이 멀리서도 함께함을 경험할 수 있는 전자 플랫폼을 제공해 주었다. SNS에 사진을 올리고 영상 통화 어플로 얼굴을 맞대고 이야기를 나누며 스마트폰을 사용해 정기적으로 문자를 전하는 것은 조부모가 가족이 멀리 떨어져 있을 때도 긴밀한 연락을 유지하는 수단이 된다. "우리가 서로 떠나 있을 때에 여호와께서 나와 너 사이를 살피시옵소서"(창 31:49)

사실 감정적 거리가 물리적 거리보다 더 큰 문제일 수도 있다. 이혼과 죽음, 가족 갈등도 세대들을 분리할 수 있다. 자녀를 둔 부부가 이혼을 할 때 조부모의 역할은 양육권 합의에 따라 극적으로 변화될 수도 있다. 아버지 혹은 어머니의 죽음도 조부모와 손주 사이에 감정적 거리를 만들어내기도 하는데 특별히 살아남은 부모가 이사를 가거나 재혼을 할 경우가 그렇다. 감정적 거리 중 최악의 종류는 조부모가 스스로를 자신의 자녀와 손주로부터 소원하도록 하거나 부모가 자신의 자녀를 이들의 조부모로부터 떨어뜨려 놓으려고 하는 경우다. 과거의 상처와 관계적 갈등, 괴로움, 그리고 용서의 부족은 가족 간의 사이를 틀어지게 하고 가장 무고한 이들에게 상처를 남긴다. "누가 누구에게 불만이 있거든 서로 용납하여 피차 용서하되 주께서 너희를 용서하신 것 같이 너희도 그리하고"(골 3:13)

가족 '샌드위치' 속에서 살기

점점 더 많은 가족에게 도전이 되는 것은 거리가 아닌 지나친 가까움이다. 한 가족 여러 세대가 같은 지붕 아래에서 살 때 가족 '샌드위치'가 만들어지는 데 주된 양육자(보통은 중간 성인)가 여전히 청소년 자녀를 양육하면서 성인 자녀들(때로는 손주들까지)을 돕고 동시에 이들의 부모를 돌보는 것이다. 위에서 언급한 대로 이러한 방식이 전형적인 다른 나라들도 있지만 서구 사회, 특별히 미국에서는 가족 세대들이 서로 독립해 생활하는 것이 익숙하다. 조부모들의 관점에서 가족 샌드위치의 일부가 되는 것은 힘이 되고 마음이 겸손해지는 일이다. 가족의 유산이 매일 같이 드러나고 조부모가 손주와 일상 속 삶의 경험을 공유하면서 이들의 삶에 더 큰 영향을 미칠 수도 있다. 반면 분명한 경계들이 세워지지 않고 관계의 문제와 해로운 패턴이 다루어지고 완화되지 않을 때 가족의 역할들은 서로 뒤얽히고 왜곡될 수 있다. 더욱이 조부모들은 이러한 방식에서 가장 의존적인 구성원이 되는 편이고 이것은 긴장과 갈등을 일으킬 수 있다. "네 아버지와 어머니를 공경하라 이것은 약속이 있는 첫 계명이니 이

로써 네가 잘되고 땅에서 장수하리라"(엡 6:2-3)

영적 리더십을 위해 조부모를 준비시키다

조부모들을 준비시키는 것은 가정 사역 전략의 중요한 요소이다. 이 귀중한 인력을 무시하는 교회 리더들은 대단한 잠재력을 활용할 기회를 놓치는 것이다. 사회 내 조부모 인구는 규모가 크고 증가하는 중이기 때문에 지역 교회와 그 가족들은 그리스도의 몸 안에 있는 조부모들의 지혜와 인생 경험, 기술, 사역 은사, 영적 깊이, 그리고 여유로운 시간으로부터 큰 유익을 얻을 수 있다. 다음의 제안들은 교회 리더들이 조부모와 노인들을 섬기고 이들과 함께, 이들을 통해 사역할 수 있는 몇 가지 방법들이다.

제자를 삼다

가정 안에서 제자를 삼는 특별한 역할과 책임을 위해 조부모를 준비시켜라. 이러한 과정에서 대부분의 관심은 당연히 부모를 향하지만 교회 리더들은 조부모를 도전하고 훈련해 이들 자녀와 손주의 삶에 그리스도 중심의 유산을 세우도록 해야 한다. 소그룹과 공부반, 워크숍, 수련회, 특별행사, 설교 시리즈 모두 신앙 중심의 조부모 양육을 성경적, 실질적으로 가르치기 위한 효과적인 방법들이다. 조부모 훈련을 위한 자료는 드물지만 유산 연합(The Legacy Coalition, https://legacycoalition.com)과 같은 조직들이 전국 혹은 지역 콘퍼런스를 주최하고 조부모 훈련을 위한 자료를 제공하기도 한다.

조부모 대리 양육

장거리 조부모(혹은 손주가 없는 노인)와 어린 자녀가 있지만 조부모가 가까이에 없는 가족들 사이에 협력 사역을 만들어라. 이 사역의 목적은 실제 조부모를 대체하는 것이 아니라 이들의 노력을 보완하는 것이다. 조부모 입양Adopt-a-Grandparent이나 대리 조부모Surrogate Grandparent 사역은 아이와 부모, 노인 모두에게 유익하다. 대리 조부모는 가정을 기반으로 제자를 삼는 가족의 팀원이 되고 이것은 부모의 노력을 강화하며 아이들에게는 실제 조부모와 같이 이들을 가까이에서 사랑하고 인도해 줄 어른을 갖는 부가적 가치를 제공한다. 크리스천 조부모 네트워크Christian Grandparenting Network는 대리 조부모 프로그램을 지지하고 이러한 사역을 시작하기 위한 유익한 정보를 제공한다https://christiangrandparenting.net/should-you-be-a-surrogate-grandparent/.

멘토로의 조부모

멘토가 된다는 것은 손주의 삶에서 조부모가 감당하는 역할들 중 하나이다. 멘토의 사전적 정의는 "신뢰받는 안내자, 지혜로운 조언의 제공자, 그리고 친구"이다. 말 그대로 조부모이다! 조부모와 노인을 멘토로 훈련하는 것은 교회의 영적 건강과 세대 간 건강 증진의 잠재력을 높인다. 베이비 부머 세대의 규모만 보아도 보다 젊은 부모와 자녀 세대들을 안내와 지혜로운 조언, 그리고 개인적 예시로 인도할 수 있는 대군의 멘토들을 상상할 수 있다. 멘토가 되는 것이 조부모들의 내재적인 특징 같아도 노인들은 이러한 임무를 위한 준비를 갖추지 못한 것처럼 느낄 수 있다. 소그룹과 워크숍을 통한 기본적인 멘토 훈련은 이들에게 적어도 이러한 관계를 시작하고 유지하기 위한 초기의 동기 부여를 제공해줄 것이다.

사역 리더로의 조부모

노인 소그룹과 노인 성경 공부반, 노인 활동들을 방문해 학령 전 아동, 어린이, 청소년, 대학 사역을 위한 리더들을 물색하라. 시간을 내 젊은 세대에 투자하는 조부모들은 이들의 경험을 손주들의 삶으로 전달할 수 있다. 이러한 리더십의 기회는 자연스러운 대리 조부모 관계를 만드는 수단이 될 수도 있다. 다시 한번 조부모들을 훈련하고 조직하는 것이 조부모들을 가정 사역의 장으로 이끄는 주요한 열쇠이다. 노인들이 적절한 연령대와 소통하고 이들과 사역하는 방법을 배울 수 있도록 충분한 훈련을 제공하라. 더불어 이들의 은사와 능력에 맞는 노인들을 위한 특별한 리더십 역할을 고려하라.

돌봄과 공동체를 제공하다

육체적, 감정적, 관계적으로 자신의 가족과 분리된 조부모를 섬기기 위해서는 돌봄 기술이 필요하고, 이것으로 노인 소그룹, 노인 성경 공부반, 그리고 노인 조직 내 리더들을 훈련하라. 노인들이 그리스도 중심의 참된 교제를 위해 또래와 어울리도록 관계적 그룹을 제공하는 것만으로도 첫 걸음이 될 수 있다. 특별히 삶의 정황이 비슷한 사람들과 함께 배우고 성장하는 것은 돌봄의 관계망을 세워준다. 리더들은 또 가족 문제와 자녀나 손주로부터의 감정적 분리로 고통받는 그룹원을 섬길 수 있도록 평신도 상담 기술과 정보 자료가 필요할 수도 있다.

결론

어느 때 보다도 지금 교회는 신앙의 유산을 세우는 멘토, 안내자 그리고 제자를 세우는 노인들의 모본을 기대하고 있다. 베이비 부머 세대가 백발이 되어 가면서 조부모 연령대 성인들이 증가하고 있고 교회 리더들은 확대 가족 안에서 제자를 삼는 이들의 책임에 대하여 조부모들을 격려하고 훈련하며 조부모와 이들의 자녀, 손주 사이의 가족 유대를 강화할 필요가 있다. 일반적으로 베이비 부머 세대는 "참여하는" 부모, 곧 자녀와 좋은 관계를 맺기 위해 열심히 노력한 부모 세대로 알려져 있다. 오늘날 조부모들이 다음 세대를 위한 영적 안내자로의 역할을 취하도록 동기부여할 수 있다.

가정의 영적 리더로 부모를 훈련하고 지지하는 것과 함께 이들의 영적 역할을 위해 조부모를 준비시키는 의도적인 사역도 필요하다. 보다 중요하게 가정 사역 리더로 이들이 갖는 잠재력은 표현할 수 없을 만큼 크다. 노인의 축적된 지식과 지혜, 그리고 경험은 신혼 부부, 젊은 부모, 고학년 어린이들과 청소년 부모들을 훈련하기 위한 매우 귀중한 자원이 된다.

토론 주제
DISUCSSION GUIDE

1. 여러분의 조부모들 중 한 분이 여러분의 유년기에 미친 영향을 묘사해 보라. 그 분들이 여러분의 삶에 미친 장기적 영향은 무엇이었는가?

2. 조부모가 가정 안에서 영적 리더의 역할을 하도록 제시하는 세 가지 성경적 가르침은 무엇인가?

3. 조부모는 어떻게 제자를 삼는 부모의 노력을 뒷받침하고 지지할 수 있는가?

4. 제자를 삼는 과정에서 손주들을 위해 조부모가 할 수 있는 두 가지 독특한 기여는 무엇이 있는가?

5. 자녀를 제자로 삼는 일에서 교회가 조부모의 역할에 집중하지 않았던 이유는 무엇인가?

6. 손주의 영적 훈련에 관여하는 것을 오늘날의 조부모들이 반대할 수 있는 세 가지 이유를 생각해 보라.

7. 여러분의 교회가 가정에서의 보다 큰 영적 리더십으로 조부모들을 도전할 준비가 되었는지를 나누어 보라.

참고 도서

- Kimmel, Tim. *Extreme Grandparenting* (Colorado Springs, CO: Focus on the Family), 2007.
- Mulvihill, Josh. *Biblical Grandparenting* (Eden Prairie, MN: atFamily), 2016.
- Omartian, Stormie. *The Power of a Praying Grandparent* (Eugene, OR: Harvest House), 2016.

11장

가족의 휴식:
여가와 오락 활동 사역

폴 스터츠 (Paul Stutz)

아이들이 어렸을 때 캠핑은 우리 모두가 참여하는 활동이었다. 그것도 그냥 캠핑이 아니라 원시적인 캠핑이었다. 별 아래에서, 땅 위에서, 텐트 안에서, 전기도 수도도 없이, 에어콘도 샤워 시설도 없이, 맞다, 화장실도 없었다. 우리는 우리가 보낼 특별한 시간 동안 필요한 모든 것들을 짊어 지고 갔다. 아, 그리고 강아지도 함께 갔다.

우리 가족은 대체로 텍사스 한 가운데 위치한 할아버지의 땅에서 캠핑 을 했다. 초원을 지나는 길은 외딴 피칸 나무 아래에서 멈추었는데 이곳 은 산 마르코 강 강둑과 강으로 합류되는 샘으로 유명한 자연 그대로의 지류, 풍성한 동식물군의 경관을 이루었다. 여기에서 군중과 소음, 교통 체증으로부터 멀리 떨어진 우리 가족은 창조와 창조주 그리고 서로와 교 감했다. 가끔 다른 친척들이 한두 시간 정도 방문을 위해 차를 몰고 오긴 했지만 보통은 우리뿐이었고 특별히 일몰 후에는 더 그랬다.

캠핑 말고는 다른 할 일이 없던 우리는 학교부터 친구, 그리고 신앙의 문제까지 여러 주제로 얼굴을 맞대고 대화와 토론을 나누었다. 보통은 아무것도 대화를 방해하지 않았고 우리는 콸콸 흐르는 강물의 소리와 바람의 속삭임, 탁탁 소리를 내며 타는 모닥불, 그리고 귀뚜라미와 청개구리, 멀리서 들려오는 코요테, 가끔은 쏙독새의 부름도 동참하는 창조의 오케스트라를 배경으로 서로를 알아갔다.

보통은 아이들이 잠에 들고 나면 아내와 나 사이 풍성한 대화가 언제나 이어졌다. 집에서는 일상과 일, 양육이 가져다 주는 피로 때문에 길게 대화를 나누기가 어렵다. 우리의 시간은 여러 일들로 소모되고 서로를 위한 시간은 전혀 남아 있지 않다! 그 강변의 저지대는 우리에게 함께하는 소중한 시간을 주었다. 매일의 일상에서는 너무나도 드문 이 필수품이 강변 캠핑장에서는 쏟아지고 흘러 넘쳤다.

지금 그 아이들은 32살, 28살이다. 황무지로 후퇴하는 것은 여전히 우리가 가장 좋아하는 여가 활동이다. 하지만 황무지는 에어콘과 나무를 태우는 난로, 샤워 시설과 화장실, 영어 채널은 하나뿐이지만 텔레비전이 완비된 48평형 집으로 조금 업그레이드가 되었다. 가구 대부분은 독일산 골동품들인데 나의 증조 할아버지께서 미국으로 가족과 함께 이민을 오시면서 가지고 오신 것들이다. 현재 우리 네 명이 숲 속에 모일 수 있는 유일한 때는 크리스마스이다. 우리는 현지에서 크리스마스 트리를 자르고 어디에서 오든지 선물을 챙겨 그 시골에 우리의 집을 꾸민다. 그리고 과거에 그랬던 것처럼 우리에게는 시간과 서로밖에 없다는 사실을 깨닫는다. 우리 모두는 이제 어른이고 창의력은 능숙하게 발휘되어야 한다. 하지만 노동 세계 속 우리의 모습과 우리가 있던 곳으로부터의 후퇴는 반가운 휴식이다. 황무지로 후퇴하는 것은 이전에도, 그리고 지금도 우리를 한 데로 이끌고 목적과 우선 순위 안에서 우리를 하나로 만들며 우리 자신과 주님 사이 성장과 감사, 이해의 분위기를 제공해주기에 지속하고 있다.

교회 안의 문제

현대 교회는 복합적인 조직이다. 조직은 한 가지 목적 아래 모인 사람들로 구성되며 이들은 그 조직이 존재하는 이유를 설명해 주는 조직의 사명을 향하여 진보한다. 이들이 정한 진보의 전략들은 한 가지의 목적을 추구한다.[1] 교회의 일반적인, 하지만 정확한 목적은 마태복음 28장 19-20절로 요약될 수 있다.

교회의 구성은 다른 조직과 마찬가지로 사람이다. 성령님의 능력을 입은 사람들이 교회를 움직인다. 교회 안의 인간적 요소로서 사람들은 많은 다양성을 대표하지만 그 다양성의 주요한 공동 기여자인 '가족' 공동체는 우리 눈에 잘 띄지 않는다. 전통적으로 교회는 가족을 칭송해왔지만 실제 조직의 구조에서 가족은 제대로 대우받지 못한다. 가족은 교회에 함께 오고 함께 돌아가지만 도착하는 즉시 부모는 한 방향으로, 자녀는 다른 방향으로 헤어지고 출발할 때 다시 미니밴에서 만날 뿐이다. 함께 사는 자녀가 자신의 이동 수단을 갖게 될 때 가족은 교회에서 더 분리된다. 부서별 그리고 연령별 프로그램은 많은 부분에서 유익하지만 그렇지 못한 부분들도 있다. 이것이 교회가 다른 조직과 달라야 하는 부분이다. 온 가족이 매일 아버지의 사무실을 방문하지는 않는다. 직업 조직이 가족이 함께 하는 것을 반대하는 것은 아니지만 가족이 함께 있어야 할 때가 있고 그렇지 않아야 할 때가 있는데 특별히 아버지가 일터에 있을 때가 그렇다. 교회는 다른 문제를 시사한다. 전통적이든 비전통적이든 대부분 가족으로 구성된 교회가 움직일 때 가족들은 그곳에 있으며 환영받는다. 이것은 교회적인 일이다!

교회는 이러한 가장 일반적인 인구 집단을 양육하고 섬길 책임을 갖는다. 교회 프로그램은 가족이 교회에서 함께 보내는 시간을 위한 분출구를 당연히 고려할 수 있고 교회 밖에서는 가족의 유대감을 개발하고 강화하는 활동을 하며 가족이 함께 시간을 보낼 수 있도록 안내와 처방을 제공할 수 있다. 하나님이 가장 먼저 세우신 제도인 가정(창 2:21-22)을 고양하는 것은 교회 사역의 주된 목표가 되어야 한다. 만일 교회가 주최하는 사역에 참여하는 방식이 아니라면 교회는 강요 받거나 미리 짜여진 대로가 아니라 가족 구성원들이 이들의 마음과 삶을 연합하기 위한 목적으로 나눌 수 있는 여가 활동을 찾도록 이들을 교육하는 일에 앞장서야 한다. 첫 번째 장애물이 가장 어려운데, 바로 시간을 찾고 그 다음 그 시간을 내는 것이다.

문제는 시간!

각 구성원이 필요한 시간을 희생하려고 하지 않는다면 가족은 화합을 위한 오락 활동의 유익을 거둘 수 없다. 다른 곳에서 보낼 시간을 얻으려면 이곳에서 보내는 시간을 희생해야 한다. 그리고 하루의 시간은 한정되어 있다! 가족의 화합을 위한 이 같은 시간의 희생은 행동보다 말이 훨씬 더 쉽다.

한 가지 문제는 오늘날 사람들이 과부하를 선호한다는 것이다. 이들은 시간에 쫓기고 믿기 어려울 정도로 바쁘고 싶어한다. 제프 갓비 Geoff Godbey 는 자신이 "시간 기근"time famine[2]으로 부른 것을 경험하기로 선택하는 사회 대부분의 사람들에 주목한다. 시간 기근은 다음과 같이 적절히 묘사된다.

하지만 여러 면에서 시간에 굶주린 결과는 파괴적이다. 누구도 그 순간을 살고 싶어하지 않는다. 언제나 다음 할 일이 있다. 세상이 순리대로 펼쳐질 거라 믿으며 모든 일들이 그대로 일어나도록 내버려두는 사치는 절대 존재하지 않는다. 우리의 시간 기근 문화에서는 누구도 충분히 시간을 사용할 수 없다. 모든 일들은 절대로 충분히 대처할 수 있게 일어나지 않는다. 조직은 절대 충분히 효과적인 시간을 주지 않는다. 이러한 라이프 스타일로 정신이 없는 마음의 상태는 우리가 영구적인 염려와 영속적인 스트레스를 겪도록 한다.[3]

시간에 굶주린 현대 가족들은 무언가를 함께하며 힘을 합쳐 이들 관계를 향상시키고 동시에 개인적 성취를 나누기 위하여 공동의 자율 시간을 내는 것을 굉장히 어렵게 느낄 것이다. 가정에 있는 자녀가 성장하고 자기만의 관심을 가질수록 시간 기근은 더 악화될 것이다.

팀 한셀Tim Hansel은 우리에게 신약의 시간이 두 가지 방식으로 표현된다는 사실을 상기시켜준다. 첫 번째는 크로노스chronos인데 우리 모두에게 너무나도 익숙한 의미의 시간이다. 크로노스는 시계의 시간이다.[4] 예약과 일정, 마감일과 최종 기한 등 모든 것이 크로노스의 구성 요소다. 크로노스로 채워진 가족이 헬라어 신약을 모를 수도 있지만 그 용어의 의미만은 분명 익숙할 것이다. 두 번째는 카이로스kairos로 묘사되는 시간이다. 카이로스는 다른 시간표, 곧 하나님의 시간표를 상징한다. 계절의 변화와 달의 형상, 밀물과 썰물이다. 가을 낙엽이 눈부신 색으로 변화할 때 이것은 카이로스이다. 봄날이 찬란한 아름다움으로 온전히 피어오를 때 그것이 카이로스이다. 한셀은 시간에 대한 한 가지 의미가 다른 한 가지를 이긴다고 주장한다.

크로노스는 이 책의 마감일이 몇 주 남지 않았고 내가 시간 통제를 잘 해야 한다고 이야기한다. 카이로스는 내 아들이 방금 문을 열고 들어왔고 그것보다 더 중요한 것은 없다고 이야기한다. 크로노스는 나에게 내가 따르려고 노력하는 틀이 있고 오늘 안에 맞추어야 할 일정이 있다고 이야기한다. 카이로스는 함께 산책을 가자고 나를 초대하는 아들처럼 그 틀보다 더 중요한 무엇이 있다고 이야기한다. 우리는 산책을 갔다.[5]

바쁘고 시간에 굶주린 가족들은 시간에 대한 이 헬라어 개념의 차이를 이해해야 한다. 크로노스로부터의 해방 그리고 카이로스에 대한 수용과 감사가 없다면 강화와 연합을 위한 활동을 하면서 함께 보내는 시간은 결코 일어나지 않을 것이다. 함께함을 꽃피우기 위해 가족은 카이로스에 복종해야 한다.

여가의 의미

여가는 개념과 정의에서 오해될 수 있다. 오락 활동과 같이 보다 더 익숙한 용어의 동의어로 비치는 것인데 여가는 그만의 독특한 의미를 갖는다. 여가의 의미에 내포된 시간이 논의의 초점이 될 것이다.

대개의 사람들은 여가를 기본적으로 시간으로 정의하지만 다른 기능들도 포함하여 생각한다. 세바스챤 드 그라지아 Sebastian de Grazia는 여가의 뿌리가 "멈추다 혹은 중단하다"를 의미하는 헬라어 schole에 있다고 이야기하면서 논의를 시작한다.[6] 예수님은 제자들에게 "너희는 따로 한적한 곳에 가서 잠깐 쉬어라"(막 6:31) 하고 상기하시며 무엇을 하는 것으로부터 멈추거나 중지하는 것의 가치를 말씀하신다. 제자들은 사역과 함께 오는 분주함으로부터 멈추거나 중지하고 새로운 활력을 얻으며 재정비를 할 필요가 있었다. 거의 그라지아의 정의만큼 오래된 사실이지만, 아리스토텔레스는 고대 그리스 내 문화 계급을 분류하면서 이러한 방식으로 여가를 처음 바라보았다.[7] 여가에 대한 이러한 특정 개념은 우리의 이해를 위한 기초를 제공하고 있다. 우리의 관심은 여가가 한 가족이 재정비를 하고 이들이 이루어야 할 모습으로 다시 빚어지기 위해 평범한 삶의 방식에서 멈추고 정지하는 시간이라는 것에 있다.

시간의 성격을 내포하고 있는 여가는 부연 설명이 없이는 불완전하다. 이것은 반드시 자유로운 시간이어야 한다. 하지만 자유가 무슨 뜻일까? 한셀은 그리스도인의 모든 시간은 값을 주고 매매되었고 그 값을 치르신 분에게 속하기 때문에 그리스도 안에 있는 신자의 삶에 자유로운 시간 같은 것은 없다고 주장한다.[8] 비슷하지만 개념상 반대로 달[Dahl]은 이렇게 말한다. "그리스도인에게 그의 모든 시간은 자유롭다. 하나님이 그의 생명을 구속하셨다."[9] 보다 분명하게 라이켄[Ryken]은 여가는 다만 한 가지로부터 자유로운 것이 아니라 다른 것을 할 수 있는 자유라고 말했다.[10] 한 가지 성경적 이해가 바울의 발언으로부터 온다. "그런즉 누구든지 그리스도 안에 있으면 새로운 피조물이라 이전 것은 지나갔으니 보라 새 것이 되었도다"(고후 5:17) 그리스도 안에서 우리는 죄의 형벌로부터만 자유로워진 것이 아니라 새로운 삶의 방식을 살며 믿음 안에서 천국의 약속을 실천할 자유를 또한 얻었다. 이것은 시간이 자유로운가의 문제가 아니라 의무의 문제이다. 의무가 없는 시간을 가진 사람은 거의 없다. 자유로운 시간을 갖는 순간 의무를 지우거나 다른 무엇이 그것을 점령한다.[11]

정말로 무엇에도 점령되지 않은 시간은 언제일까? 거의 없다. 어떠한 시간을 여가로 간주하기 위해서는 시간을 점령하지 않는 것들이 있어야 한다. 먼저, 일은 자동적으로 자격이 박탈된다. 여가는 업무 시간과 공존할 수 없다.[12] 규칙적으로 무엇인가 해야 하는 시간에서 벗어나기 위해서는 떠나야 하고 직장에 머물러서는 안 된다. 둘째, 시간이 여가가 되려면, 생명을 유지하기 위해 우리가 꼭 해야 하는 모든 일들은 점령자가 될 수 없다.[13] 양치를 하고 먹고 자는 등의 일 또한 여가를 구별하는 데 있어 자격이 없다. 따라서 여가로 간주할 수 있도록 남는 것은 매우 드물고 신성한 얼마의 시간일 것이다.

가족은 각자 가족 구성원으로 서로에 대한 보다 큰 감사와 가족이 상징하는 바를 성경적으로 더 잘 이해하기 위해 시간이 가장 중요하다는 사실을 반드시 알아야 한다. 가족의 개별적 구성원 모두와 함께 시간을 보내기 위해서는 개인적인 시간을 포기해야 한다. 그리고 가족의 각 구성원이 연대감을 강화하거나 가족이 함께 하나님 나라의 목적을 지향하기 위한 의무적인 시간을 부여하기 위해 자신의 시간을 자유롭게 한다면 더 좋다. 각 구성원이 다른 구성원의 유익을 위하여 이처럼 소중한 필수품을 기꺼이 희생하려 하지 않는다면 여가 경험을 통한 가족의 성장은 성공하지 못할 것이다.

그렇다면, 계획은 무엇인가?

중요성을 이해하라: 여가 시간은 청교도 교부들이 묘사한 것처럼 쓸모없는 어리석음이 아니다. 여가 시간은 전체 시간의 일부로 가르침과 배움을 위한 특별한 의미를 갖는다. 성경은 모든 영역의 시간, 특별히 가족 안에 있는 시간을 하나님 나라의 이익을 위해 사용하도록 분명히 격려한다. 모세는 우리에게 상기시킨다.

이스라엘아 들으라 우리 하나님 여호와는 오직 유일한 여호와이시니

너는 마음을 다하고 뜻을 다하고 힘을 다하여 네 하나님 여호와를 사랑하라 오늘 내가 네게 명하는 이 말씀을 너는 마음에 새기고 네 자녀에게 부지런히 가르치며 집에 앉았을 때에든지 길을 갈 때에든지 누워 있을 때에든지 일어날 때에든지 이 말씀을 강론할 것이며 (신 6:4-7)

이 익숙한 본문은 독자들에게 영적인 점검과 소개, 가르침에 도움이 되지 않는 시간은 없다. 그리고 이러한 방식으로 시간을 사용하는 책임은 부모 혹은 부모의 역할을 수행하는 이들의 어깨 위에 놓인다. 흥미로운 사실은 네가 '일터에 있을 때에든지' 라는 표현에 없는데 이것은 "길을 갈 때에든지"를 어떻게 분석하느냐에 달려있다. 구약 포로기 이전이자 위 본문보다 앞서는 문맥 안에서 어린아이는 그가 남자든 여자든 가르침에 관한 한 어머니의 책임이었을 것이다.[14] 아버지는 일로 집을 떠나 있고 종교 질서에 따라 자녀는 어머니의 교육을 받았을 것이다.

길을 갈 때에든지: 모세는 "길을 갈 때에든지"라는 말로 상당히 넓은 범주를 아우른다. 이 간단한 문구는 집에 앉았을 때와 누워 있을 때 그리고 일어날 때를 제외한 모든 경우를 포함하지만 이것은 다른 상황도 고려할 수 있다. 따라서 길을 갈 때에든지는 이렇게 요약할 수 있다. "그밖에도 이들 마음 속에 있는 종교 의식과의 일치를 돕기 위하여 어디를 가든지 그 위대한 원리를 지니고 다니라는 명령이다."[15] 헨리는 패트릭 주교 Bishop Patrick의 말을 인용해 "환기를 위하여 길을 갈 때에든지"[16]라고 가정한다. 환기는 사람들이 오락 활동을 추구하는 이유이다. 일과 그 외 필수 활동들의 요구가 야기하는 압박은 손상을 입히고 단순히 무엇으로부터가 아니라 무엇을 향한 탈출과 환기의 필요를 낳는다. 길의 주석 Gills Commentary

은 정확하게, 신명기 6장 7절의 말씀을 가족들에게 이렇게 전달한다. "집에 앉아있을 때든지 밥을 먹을 때든지 여가의 시간이든지 (명령하신 말씀을) 이들에게 가르치고…."[17] 길은 덧붙여 설명한다.

길을 갈 때, 여행을 할 때, 자녀들 중 누구와 함께할 때, 혹은 환기를 위하여 정원이나 들판, 포도원에 있을 때, 어떤 창조의 역사가 하나님과 그분의 본성, 완전함, 역사, 피조물이 그분을 사랑하고 두려워하며 섬겨야 할 의무에 대한 대화로 이끄는 순간 그 기회를 활용할 수 있다.[18]

여기에서 여가는 부모가 자녀에게 영적 내용을 가르칠 수 있는 황금 시간대로의 역할을 한다. 따라서 여가 시간이 특별한 중요성을 갖는다는 성경적 이유가 존재한다.

오락 활동은…

바쁜 가족들이 시간이라는 장애물을 넘을 수 있다면 이후에는 질문이 생겨난다. "가족 각자에게 개별적으로 유익하면서 가족 전체를 구체적으로 지지하고 가족 관계를 강화하기 위해 이 시간 동안 우리는 무엇을 함께 해야 하죠?" 오락 활동에 대한 선호가 개인별로 다양하기 때문에 이 질문만으로도 여러 문제들이 제시된다. 아빠는 캠핑에 대한 열정이 있고 캠핑의 장소가 오성급 호텔이라면 엄마도 마찬가지다. 아들은 스포츠에 열광하고 딸은 발레에 푹 빠져 있다. 의심할 것 없이 양보가 이루어져야 할 것이다.

가장 먼저 어떤 활동이 오락이 되기 위해서는 자유 의사에 따라 참여해야 한다. 오락 활동은 강제될 수 없고 개인은 강요받았다고 느껴서는 안 된다.[19] 둘째로 오락 활동은 자유로운 시간이나 여가 시간, 곧 일이나 다른 의무로 소모되지 않는 시간에 이뤄져야 한다.[20] 오락 활동의 절대적 의미는 일의 쉼에서 찾아야 한다. 오락 활동과 일에 동시에 참여할 수 있는 사람은 없다.[21] 오락 활동에 참여하기 위해 어른들은 직장에서 휴가를 내야 하고 자녀들은 학교를 쉬어야 한다. 이것을 염두에 두고 모두가 다 함께 오락 활동에 참여할 수 있는 공동의 시간을 마련하려는 가족의 헌신은 오르기 힘든 언덕이 된다. 가족에게 발전과 성장의 기회를 성공적으로 제공해줄 공동의 오락 추구는 가족의 유익을 위해 각 개인이 감당해야 할 헌신에 대한 이해를 요구한다. 셋째로 참된 의미에서의 오락 활동은 개인이 그 시간에 참여하면서 얻는 참된 회복적 요소를 포함한다.

오락 활동의 회복적 성격은 구성원들과 공유할 때 중요한 가치를 갖는다. 자전거 여행이나 테니스 활동을 마친 다음의 피로는 그러한 경험의 자연스러운 결과이겠지만 이러한 시간을 함께 보내는 것을 통한 관계의 회복이 다른 모든 것을 이기는 듯하다. 아버지(혹은 가정에 아버지가 없다면, 어머니)의 관점에서 묵상의 시간, 감사의 기도, 또는 참여해준 가족 구성원에게 전하는 격려의 말은 가족이 회복되는 효과를 향해 놀라운 일을 한다.

가족의 화합을 증진시키기 위한 목적으로 가족이 공유하는 오락 활동의 경험은 의도적인 목적을 염두에 두고 고려되어야 한다. 우선 순위가 참여하는 모든 사람에게, 적어도 어느 정도 손을 뻗는 것이라면 계획은 필수적이다. 가족 구성원 중 하나는 열의에 넘치고 다른 사람은 여러 거리낌이 있을 수도 있다. 참여하는 모든 사람들이 그 활동에 대해 어느 정도 헌신했다면 가족에게 도움이 될 가능성은 높다.

다른 것이 아닌 왜 오락 활동인가?

초점이 중요하다

가족 선교 여행은 왜 안 될까? 가족의 유대감을 강화하기에 충분하지 않을까? 가족 섬김 프로젝트는 왜 안 될까? 이것도 분명 구성원들을 더 가까이 이끌어줄 것이다. 이러한 계획들은 가족 유대감 강화는 물론 하나님 나라의 확장에도 대단한 가치를 갖는다. 하지만 그 초점이 서로에게서 다른 사람들에게로 옮겨가게 된다. 물론 이것은 나쁜 것은 아니다. 가족 유대감 강화를 위한 공유된 오락 활동의 추구에서 초점은 가족에게 맞추어져야 한다. 다른 사람들에게 초점을 두는 것은 성경적이고 사역 지향적이다. "아무 일에든지 다툼이나 허영으로 하지 말고 오직 겸손한 마음으로 각각 자기보다 남을 낫게 여기고 각각 자기 일을 돌볼뿐더러 또한 각각 다른 사람들의 일을 돌보아 나의 기쁨을 충만하게 하라"(빌 2:3-4) 이 훈계는 양면적이다. 한 편으로는 다른 사람들을 향한 우리의 태도로 적용된다. 다른 한 편으로는 한 가족 구성원이 가족의 다른 구성원들을 생각할 경우에도 깊이 적용될 수 있다. 가족 유대감 강화의 목적을 위한 오락 활동을 시작할 때 가족 구성원들이 주된 초점이 되어야 한다는 것은 두 번째의 경우이다. 적어도 대부분의 시간이 가족에게 집중되어야 한다.

감정이 중요하다

오락 활동이 적절하다는 또 다른 증거는 모든 사람이 경험하는 주관적 상태인 여가가 대부분 개인에 대하여 그 활동이 갖는 고유한 가치 때문에 자발적으로 선택한 활동을 하는 동안 생겨난다는 사실이다. 간단히 말해 경험으로써 여가가 대부분 오락 활동을 하는 동안 생겨난다는 것이다.[22] "그래서요?"라고 묻는 사람도 있을 것이다. 4인 가족이나 부부, 혹은 아홉 살 자녀를 둔 싱글맘이 이것을 어떻게 시작할 수 있을까? 앞서 언급한 것처럼 생각하는 것만큼 쉽지는 않지만 희생을 감수하고 스스로에게 기회를 허용할 때 놀라운 일이 일어난다. 참여하는 모든 사람이 어느 정도의 헌신을 할 때 가족 화합은 물론 개인과 공동의 영적 성장을 향해 큰 걸음을 성취할 가능성이 열린다.

오락 활동을 추구하는 하는 동안 동시에 일어나는 인상적이지만 미세한 일들이 있다. 여가 경험의 특성에 대한 하워드와 다이앤 틴슬리Howard and Diane Tinsley의 이론 연구[23]는 가정 사역의 긍정적 대안인 오락 활동에 대한 가치 있는 통찰을 제공한다. 여가 경험 깊이의 개념을 기초로 모든 경험은 두 가지 특징을 갖는다. 우리가 생각하거나 무엇을 바라보는 방식과 같은 인식적 특성 그리고 감정이나 감각과 같은 정서적 특성이다.[24] 정서적 특성은 특별히 다음과 같은 적용점을 포함한다.

- 가까운 활동에 대한 온전한 집중 혹은 진지한 몰입
- 자신에 대한 집중의 결여 혹은 망각
- 자유의 감정 혹은 제제의 부족
- 대상과 사건에 대한 강화된 인식
- 감정에 대한 상승된 감각과 감정의 강도
- 몸의 느낌(시작, 후각, 촉각 등)에 대한 상승된 감각
- 시간의 흐름에 대한 인식의 감소[25]

위의 목록을 이해하기 위해 시간을 들이면 특별히 신자는 익숙한 영역

으로 들어선다. 하나님의 자녀 된 우리의 역할에서 이러한 특성들은 우리가 예배 가운데 그분을 만난 후 크게 추구하는 것들이다! 우리는 그분께 초점을 맞추고 우리 자신을 잊고 예배 가운데 찬양의 가사에 집중하며 기뻐하거나 회개하는 것을 두려워하지 않아야 한다. 또한 성경 혹은 성령님으로부터 들리는 바를 인식하고 특별히 길 아래 다른 교회 사람들이 우리보다 먼저 식당에 도착하지 않을지 염려하지 말아야 한다! 이 특정한 여가 경험의 감성적 특성 안에서 세속 문학이 경건한 실천을 만난다. 아직 대답하지 못한 한 가지 질문이 긴급히 떠오른다. "그렇다면 참된 예배는 궁극적인 여가의 경험일까?" 함께 기도하는 가족이 흩어지지 않는다는 사실은 "교회 집단" 안에서 오랫동안 인정되어 왔다. 예배를 이해하는 가족에게, 함께 노는 가족이 함께함에 대해 보다 큰 헌신을 경험하게 될 것 또한 추론해볼 수 있다.

재미가 중요하다

자브리스키^{Zabriskie}는 사람들이 이들에게 가장 소중한 유년기 기억을 떠올려 보라는 요청을 받을 때 대부분은 가족과의 공유된 오락 활동 경험을 묘사한다는 사실을 지목한다.[26] 응답자들이 이러한 답변을 나누었을 때 재미가 한 가지 요소였다는 사실은 명백하다. 재미가 없었던 경험을 누가 가장 기억에 남는다고 평가 하겠는가?

재미는 기억에 남는 가족 오락 활동을 위한 명백한 요소이지만 여러 외부적 요인들 때문에 서로 다른 분량의 재미를 경험할 수도 있다. 아빠는 도취해 있고, 엄마는… 그저 그렇고, 열일곱 살 딸은 유쾌함에 가깝고, 아홉 살 남자아이는 아무 생각 없이 참여할 수 있다. 모두가 재미를 느끼지만 각자 다른 정도이다. 모든 사람들이 다 아빠일 필요는 없지만 모두가 어느 정도의 재미를 느껴야 한다. 가족 구성원들이 어느 정도의 재미에 도달하지 못하는 것은 모든 것을 위태롭게 한다.

사람들은 너무 많아 도저히 셀 수 없이 다양한 것들 안에서 재미를 경험하지만 재미가 무엇이고 무엇을 의미하는지에 대한 질문을 들을 때는 보통은 간단하게, 재미로 끝나고 만다. 어떤 사람들은 복잡한 수학 문제의 해답 풀이를 재미있다고 느낀다. 흥미진진한 술래잡기 놀이가 재미있다고 느끼는 사람들도 있다. 한 사람에게 재미있는 것이 다른 사람에게는 아닐 수도 있다. 여가와 마찬가지로 가족이 재미있는 시간을 보내기 위해서는 그것이 무엇이든 재미가 있기 위해 모든 사람이 어느 정도의 헌신을 해야 한다. 실제로 그렇지만, 재미가 가족 오락 활동이 화합하게 하는 주된 요인이라면 처음부터 가족 구성원들은 그 활동 안에 내재된 재미의 요소를 볼 수 있어야 한다.

재미와 놀이는 재미가 놀이의 결과물이라는 사실 안에서 서로 불가분의 관계에 있다. 재미를 낳는 놀이로 분류되지 않는 것들도 있지만 놀이는 재미가 있지 않고는 놀이일 수 없다. 어린이는 놀이의 대가들이지만[27] 성인은 그 개념에 대해 보다 큰 어려움을 갖기도 하고 때로는 놀이와 그 유익에 새롭게 입문해야 할 때도 있다. 성인들은 창조된 존재로의 자연스러운 일부를 성숙을 위해 억압해 왔다.

재미와 마찬가지로 놀이는 이해하기에 어려울 수 있다. 우리는 게임을 하고 공놀이를 하고 야구를 할 수 있다. 쉬한 Sheehan 은 "놀이는 행동이자 태도이다" 라고 주장한다.[28] 이것은 남자 아이들이 학교와 교회에서 문제를 일으키도록 하는 통제되지 않은 장난스러운 태도이다! 그렇다면 쉬한의 개념이 반영하는 것은 성인기에는 행동만 억압되는 것이 아니라 태도 억압된다는 사실이다. 존 벌 John Byl 은 더 나아가 태도로서의 놀이를 이렇게 설명한다. "놀이는 주로 도구적 목적으로 할애된 자원을 재미있고 비전통적인 방식으로 사용하겠다는 자유로이 선택된 의식이다. 이것은 개인적 갈등이 해결될 때 가장 잘 인식된다."[29] 여기에서 명시된 것처럼 놀이는 태도이고 재미있으며 치유적이다. 가정과 교회, 세상에서 강화된 가족의 기능을 위해 필요한 처방이다. 여기에서 초점은 놀이를 가족의 오락 활동이 무엇이 되어야 하는지 정의하는 도구가 아니라 놀이에 요구되는 태도, 곧 강화된 가족 관계로 귀결되는 자연스레 재미있고 평범하지 않으며 치유적 기대를 동반하는 가족 구성원들 안에 있는 태도이다.

가족 오락 활동의 유익

지난 수십 년간의 연구는 가족 오락 활동의 추구가 가족의 기능과 화합에 긍정적인 영향을 미친다는 사실을 언급해왔다.[30] 연구뿐 아니라 해당 분야의 문헌들도 가족의 유대감을 강화하여 얻는 가족 기능 향상의 많은 유익들을 발견해왔다. 하지만 실천에 있어 가족에게 이러한 유익을 제공하는 오락 활동 프로그램들은 이용 가능성 만큼이나 뒤쳐져 있다.[31]

그 유익은 이미 발견되었지만 오락 활동을 기초로 한 가족 프로그램이나 사역은 이제까지 다소 방치되어 왔다. 제품이 유익하다는 것은 알지만 제작 공정이 아직 완성되지 않은 것이다. 이것은 오락 활동 배송 시스템 안에 교회가 포함되지 않았다는 것을 인정하는 태도다. 그러면 교회는 잘하고 있는 것일까? 교회가 주최하는 사역으로 가능성이 있으며 매력적인 한 가지 증명된 유익에는 다음이 포함된다. 공동의 여가를 추구하며 시간을 보내는 남편과 아내는 공동의 여가 추구에 참여하지 않는 부부들보다

결혼 만족도가 훨씬 높다.[32]

아버지와 청소년의 관점에서 볼 때 아버지가 가족의 여가 추구에 관여하는 것은 적응성과 화합, 완전한 가족 기능의 영역에서 가족의 기능을 향상시킨다.[33] 도전적 상황을 수반하는 야외 오락 활동은 소통과 상호 작용 증진, 신뢰와 지지 증진, 애정과 친절의 증진의 영역에서 부모 자녀 관계를 발전시킨다.[34]

장애가 있는 자녀를 둔 가정의 정기적인 가족 오락 활동 시간은 가족에 대한 자신감과 가족의 역량 수준과 지지가 필요함에 대한 인식, 그리고 비슷한 도전을 마주한 다른 가족들을 만나는 유익을 증가시켰다.[35] 이러한 연구는 광범위하고 따라서 목록은 끝이 없다. 하지만 문서화된 연구를 벗어나 기대할 수 있는, 특별히 사역의 영적인 측면을 다루는 유익으로는 무엇이 있을까? 다른 말로 우리 교회가 가족 오락 활동을 주최한다면 나는 가족 구성원들이 그것의 결과로 무엇을 경험하기를 바랄 것인가?

- 가족 구성원으로 서로를 위한 시간을 헌정하는 것에 대한 보다 큰 감사… 카이로스의 순간들!
- 가족 구성원들의 삶 속에서 역사하시는 하나님을 볼 기회
- 가족 리더들이 다양한 방식으로 그리스도를 닮은 리더십을 발산할 환경
- 가족 예배를 경험할 기회
- 오락 활동의 결과에 대한 하나님 말씀의 독특한 적용
- 모든 가족 구성원들이 가족의 성취 안에서 긍정적 역할을 할 기회
- 모든 가족 구성원들이 조롱이 아닌 기쁨의 결과로 자기 자신과 서로를 놀리며 웃는 경험

가족들이 참여할 수 있는 다양한 오락 활동의 제공은 소중한 가족의 시간으로부터 나올 수 있는 무한한 긍정적 가능성들로 증대된다. 모든 결과가 긍정적일 수는 없지만 오락 활동 사역을 통해 가족의 유대감을 강화하려는 모험을 하지 않는다면 실수이다. 승부욕이 강한 아빠는 지는 것을 절대 좋아하지 않을 것이다. 독서를 좋아하는 엄마는 책을 읽을 수 있는 불빛이 황무지 위에 비치는 달빛뿐일 때 조금은 당황할 것이다. 기분 나쁜 끈적임을 질색하는 자녀들은 낚시에 절대로 흥분하지 않을 것이다. 물고기를 잡기 전까지는! 여가 시간을 함께 보내지 않던 가족들에게는 얼마의 적응이 필요할 것이다. 교회는 가족 기능을 강화하기 위한 이토록 좋은 기회를 충분히 활용하지 않고 그 과정에서 이들을 사랑하시는 하나님을 포함시키지 않으며 앞서 언급된 존재들 중 하나가 되지 않도록 해야 한다.

가족 오락 활동의 가능성들

가족의 오락 활동 영역에서 최근 많은 연구 문헌들은 라몬 자브라스키 Ramon Zabriskie와 브라이언 매코믹 Bryan McCormick이 이야기한 가족 여가 기능의 핵심과 균형 모델 Core and Balance Model of Family Leisure Functioning을 언급한다. 이 모형은 여가 과학자 존 켈리 John Kelly와 세포 이소-아올라 Seppo Iso-Ahola가 세운 앞선 개념들에 기초한다.[36] 핵심 여가 유형은 가정을 기초로 한 오락 활동을 포함하고 가족들이 자연적인 생활 리듬 속에서 정기적으로 참여하는 반면 균형 유형은 새로운 행사로 휴가와 선교 여행과 같이 비정기적으로 일어나며 계획을 필요로 한다.[37]

위의 묘사는 가족의 친밀감과 적응성을 성취하기 위해 사역에서 무엇을 활용해야 할지에 대한 설명을 제공하지만 여기에는 어떤 영적 요소가 있을까? 가족 구성원들은 더 나은 제자가 되거나(아니면 그냥 제자가 되거나), 아니면 단순히 보다 더 나은 사람들이 되는 것일까? 가족에게 영향을 미치기 위해 오락 활동을 활용하는 가정 사역은 보다 나은 사람이 되는 것 보다 더 높은 것을 고려해야 한다. 이어지는 제안들은 세상을 뒤흔들 만한 것들은 아니지만 변형이 가능하고 교회의 에너지가 활용된다면 꼭 필요할 영적 요소를 고려한다. 가족 활동을 위한 제안들은 교회가 주최하거나 제안하는 사역으로 활용될 수 있다. 또 활동 제안들은 핵심 혹은 균형으로 나뉘어 분류될 수 있다.

핵심 여가 유형 활동들

일몰을 바라보며 하는 파티: 가족들을 모아 몇 분 동안 함께 일몰을 보라. 해가 질 때까지 대화를 최소화하고 이후 아침과 저녁을 하나님의 창조로 소개하는 창세기의 본문을 읽어라. 하나님이 그 가족을 그분의 형상대로 창조하신 창세기 1장 27절까지 마저 읽으라. 창세기에서 언급된 일몰이 이들이 방금 목격한 것과 동일한 일몰이라는 사실과 그것이 자신의 형상으로 모든 사람을 창조하신 하나님의 작품이라는 놀라운 사실에 대한 기도로 마무리하라.

뒤 뜰에서 하는 소풍: 점심 혹은 저녁 소풍 도시락을 준비해 공원이나 호수, 다른 곳으로 나가는 대신 뒤뜰로 나가보라. 식사를 하는 동안 편안하게 대화하고 상황이나 환경에 상관없이 하나님은 우리가 필요한 모든 것을 공급해 주신다는(빌 4)는 사실을 상기하며 마무리를 하라. 하나님께서 공급해 주시는 모든 것에 대해 감사 기도를 드려라.

남자 대 여자 요리 대결: 말 그대로다. 남편 대 아내, 아빠와 아들 대 엄마, 또는 아빠 대 엄마와 딸, 많을수록 좋다. 각 팀은 동일한 양의 동일한 재료를 사용한다. 메뉴? 창의적으로 하라. 시간 제한도 있어야 한다. 끝마치는 팀이 승리하고 따라서 평가할 필요도 없다. 준비하는 과정 자체가 재미이다. 사도행전 10장 9-16절을 읽어라. 하나님은 베드로에게 "하나님께서 깨끗하게 하신 것을 네가 속되다 하지 말라" 말씀하신다. 그리스도를 믿는 믿음을 통해 마음의 죄가 깨끗해지는 것과 연관시켜라. 이 믿음을 통해 우리 안에는 크리스천으로서 거룩함이 생겨난다.

내가 어지럽히지 않았어!: 가족을 두 팀으로 나누어라. 남편 대 아내도 가능하다.

각 팀은 모자나 상자로부터 집안 청소를 해야 할 방 하나를 뽑는다. "시작" 신호와 함께 각 팀은 자신이 뽑은 방을 최대한 빨리 청소한다(다른 팀이 그 방을 검사할 것이다). 승리 팀은 패배 팀이 준비해주는 간식이나 디저트를 먹는다. 골로새서 3장 23절을 읽어라. 가장 하찮은 일이라도 그분께 하듯 이루어진 일은 하나님을 섬기는 한 형태가 될 수 있다는 사실과 연결지어라.

위의 각 제안들은 매주 할 수 있는 종류의 활동으로 필요할 경우 조금씩 변형도 가능하다. 핵심 활동들을 하며 가족이 함께 보내는 시간은 가족 구성원들 사이 안정감과 단결, 친밀감을 향상시킬 것이다. 상상력을 발휘해 당신 가족의 성격에 가장 잘 맞는 핵심 활동들을 설계해보라.

균형 여가 유형 활동들

당신이 선택하는 주말: 주말 여행이나 소풍을 계획하라. 목적지가 정해진 이후 목적지로 이동하는 동안 어디에서 첫 식사를 할지 또는 무엇을 먹을지 가족 구성원 중 가장 연장자가 선택하도록 하라. 다음 연장자가 이동하는 중 혹은 목적지에서 다음 식사로 어디에서 무엇을 먹을지 선택한다. 목적지에 도착했다면 시간에 따라 아침, 오후 혹은 저녁에 가족이 무엇을 할지 다음 연장자가 선택하도록 한다(사전에 대안들을 검토하고 선택은 실현 가능한 것들 중에서 이루어지도록 해야 한다). 첫 날을 마치면서 이끄는 것과 따르는 것에 대한 느낌을 나누어 보라. 그리스도를 따른다는 것이 언제나 우리의 계획과 일치할 수는 없지만 신실하고 선한 태도를 통해 다른 사람을 그분께 인도할 수 있다는 사실을 설명하라.

가족 캠프: 미국 전역에는 가족 단위 유대감 강화에 도움이 되는 캠핑 분위기를 제공하는 것을 사명으로 하는 캠핑장들이 있다. 균형 여가 활동으로 가족 캠프는 구성원들에게 목표의 성취를 향한 도전을 통해 서로 협력할 기회를 제공하기도 한다. 가족 캠프는 가족이 함께 참여하지만 어른이 청소년 혹은 어린이들을 후원하기 위해 진행하는 전통적인 교회 캠프와는 다르다. 이때 어린이들은 자신들의 일을 하고 어른들, 이 경우 부모들은 성인 프로그램을 통해 함께 만나는 기회를 갖는다. 가족 캠프에서 가족은 한 단위, 한 팀으로 함께 머문다. 가족 캠프는 교회가 직접 주최할 수 있는 좋은 활동이기도 하다. 한 교회 전체를 수용 가능한 시설들도 있다. 이러한 행사를 진행하는 교회 스태프가 진행 과정에서 가족의 화합을 위한 활동 계획을 세울 수도 있다. 가족 캠프 프로그램을 기획할 때에는 지나치게 의도적인 경쟁을 주의해야 하는데 특별히 가족 대 가족 대항을 조심해야 한다.

어떤 가족이 무엇을 제일 잘하는지는 중요하지 않다. 가족이 더 나은 적응과 이해, 그리고 기능의 증진을 향해 서로 협력하는 것이 중요하다.

한 부모 소풍: 소풍이 즐거운 활동이 되기 위해 무엇이 필요한지에 대해서는 그다지 설명이 필요하지 않다. 음식과 교제, 그리고 재미가 필요하다! 교회가 주최하는 이와 같은 행사는 교회와 사회에서 계속해서 증가하고 있는 인구 집단을 대상으로 할 필요가 있다. 한 부모로 받는 양육의 스트레스는 절대 개선되는 법이 없다. 한 부모의 자녀들은 자신은 한 명의 부모하고만 생활을 하는데 양 부모를 둔 친구들이 처한 상황을 보며 가정이 어떠한 모습이어야 하는지에 대해 비정상적인 관점을 얻을 수 있다. 한 부모를 대상으로 한 교회 사역은 이 가족을 가능하고 단합되고 생산적인 가족의 단위로 인정하는 데 도움이 된다. 이 특정한 가족 집단을 위해 계획된 소풍이나 다른 활동들은 이 독특한 가족이 자신을 매우 특별한 부분들로 이루어진 전체로 발견하거나 상기하도록 할 기회를 제공해 줄 수 있는 재미와 성취 중심의 요소들을 포함해야 한다. 미국의 상황에서 파병으로 인한 한 부모 가족은 한 부모라는 꼬리표를 붙일 공통의 근거를 갖는다. 이는 사역을 위한 또 다른 큰 기회를 제공해 준다. 부모가 하나인 이유가 무엇이든, 그것이 일시적이든 영구적이든 이들은 가족이고 오락 활동을 통한 가정 사역에서 소외되어서는 안 된다.

이상이 균형 여가 유형 분류에 속하는 오락 활동의 몇 가지 예시들이다. 이러한 활동들은 가족에 국한되거나 교회가 주최하는 다양성일 수도 있다. 가족에 국한된 활동이라도 교회 리더들이 구성하고 진행할 수 있지만 실제 활동들은 그 특정 가족의 재량 아래 이루어져야 한다. 초점은 한 단위로서, 활동의 수혜자로서 해당 가족의 가족 내 특성에 있어야 한다.

결론

가정이 모든 사회의 건강과 지속에 필수적이라는 사실을 반박하는 사람은 아마 없을 것이다. 하지만 가정의 사회학적 중요성도 영적 중요성에는 부차적이다. 성경은 창세기 1장 26-27절을 통해 가정의 기원을 하나님의 설계로 규정한다. **"하나님이 이르시되 우리의 형상을 따라 우리의 모양대로 우리가 사람을 만들고… 하나님이 자기 형상 곧 하나님의 형상대로 사람을 창조하시되 남자와 여자를 창조하시고"** 하나님의 위대한 설계는 처음부터 가정을 포함했다. 가정을 향한 하나님의 원시적 계획은 그때부터 지금까지 변함이 없다. 가정 사역은 교회의 일부로써 원시적 가정의 형상을 계속해서 침식하는 문화 가운데 가정을 하나님이 의도하셨던 대로 재창조하는 사명에 집중해야 한다.

자브라스키는 이야기한다. "현대 사회에서 시사되는 바 여가는 남편과 아내 사이, 그리고 부모와 자녀 사이에 화합되고 건강한 관계를 개발하기 위한 가장 중요한 힘이다."[38] 이목을 집중시키는 사실적 진술이지만 문제의 뿌리에는 미치지 못한다. 그리스도, 그리고 그분과의 건강하고 거룩한 관계가 건강한 가정을 만들고 유지하기 위한 가장 중요한 재료이다. 여기에 더해 여가 참여라는 중요한 재료와 그 가능성들은 무한하다. 가정 사역은 가족의 여가 추구 가운데 발견되는 수많은 가능성들을 이 사역의 무기고 중 일부로 포함시킬 독특한 기회를 갖는데 이것은 가족의 시간을 하나님이 계획하신 가족의 모습, 곧 그분의 형상 안에서 그분의 영광을 위해 새롭게 태어나도록 하는 인큐베이터로 삼기 위함이다.

토론 주제
DISUCSSION GUIDE

1. 당신은 가족 여가와 오락 활동이 가정을 기초로 한 제자 훈련의 타당한 측면이라고 믿는가? 당신의 입장을 설명해 보라.

2. 당신은 왜 가족 여가와 재미가 가정에서 제자를 삼는 일의 요소로 제시되는 일이 드물다고 생각하는가?

3. 참된 여가 활동을 경험하기 위해 가족들이 마주하는 도전들은 무엇인가?

4. 가족 혹은 개인 오락 활동이 제자로서 당신이 성장하는 데 중요한 영향을 미친 경우를 두 가지 이상 묘사해 보라.

5. 저자는 오락 사역의 여러 유익을 나열했다. 당신은 어떠한 유익이 가장 중요하다고 생각하는가? 그 이유는 무엇인가?

6. 핵심 활동과 균형 활동 사이의 차이는 무엇인가?(이번 장의 활동들 외에) 각 종류의 추가적 활동을 한 가지 이상 생각하고 설명해 보라.

참고 도서

- Hansel, Tim. *When I Relax, I Feel Guilty*. Elgin, IL: David C. Cook, 1979.
- Ryken, Leland. *Redeeming the Time: A Christian Approach to Work and Leisure*. Grand Rapids, MI: Baker Books, 1995.
- Smith, Timothy. *52 Creative Family Time Experiences: Fun Ways to Bring Faith Home*. Nashville, TN: Randall House, 2012.

12장

현대의 가정:
현대 가정 문제에 대한 성경적 응답

크리스 셜리(Chris Shirley)

앤드류는 새로워진 소명과 목적의식을 가지고 새 교회에 도착을 했다. 고작 1년 전 그는 죽어가는 교회를 살리겠다는 노력으로 하나님의 뜻을 놓친 것은 아닌지 궁금해 하며 패배하고 거절당한 모습으로 페이스 커뮤니티교회의 목사직을 떠났다. 앤드류는 가족 중심의 교회를 세우려 시도했지만 리더들은 소수에 불과했고 성도들로부터 지지는 거의 없었다. 사실상 긍정적 결과가 전혀 없이 5년이라는 긴 시간이 흘러 앤드류는 포기했고 교회도 마찬가지였다. 페이스 커뮤니티에서의 마지막 주일로부터 8개월이 지나 앤듀르는 어스틴 바로 외곽, 텍사스 중심에 위치한 작지만 성장하는 교회인 포레스트 파크의 목사 최종 후보에 올랐다. 이 교회를 개척한 목사님은 건강한 회중을 세우기 위해 충분한 시간을 할애했고 이제는 콜로라도에 새로운 교회를 개척할 준비를 마친 상태였다. 교회 장로들이 마지막 세 명의 후보들을 인터뷰했고 이들은 하나님이 이들을 앤드류에게로 이끌고 계신다고 믿었다. 이들의 결정은 교회의 만장일치로 확인되었다. 앤드류는 과거를 잊고 예수 그리스도를 위하여 사람들에게 손을 뻗고 부모들을 가정의 영적 리더로 준비시키겠다는 새로운 비전을 가지고 전진할 준비를 마친 채 포레스트 파크교회에 도착했다.

앤드류는 곧 자신의 새로운 임무 안에서 그가 마주하게 될 도전을 깨달았다. 전임 사역자이자 교회를 개척한 목사님은 새로운 청년 회심자들로 이 교회를 성장시켰고 교인들은 정기적으로 이들의 친구와 이웃을 예수 그리스도를 믿는 믿음으로 이끌었으며 이들 중 다수는 성경에 대한 이해나 기독교와 관련된 경험이 전무했다. 많은 사람들이 여전히 세속적인 라이프 스타일에서 빠져나오기 위해 애쓰고 있었다. 새롭게 믿기 시작한 이 제자들은 결혼과 가족, 양육, 성과 같은 영역에서 성경과 일치하지 않는 태도와 가치를 가지고 들어왔다. 앤드류는 매주 교회를 마친 후 동성 결혼과 동성애, 이혼, 동거, 가족의 역할, 그리고 가정에서의 영적 리더십에 대해 궁금해 하는 부모, 성도들과 대화를 나누고 이메일을 주고받았다.

앤드류는 이러한 상황을 문제로 보는 대신 기초적 제자훈련을 할 수 있는 기회로 인식했다. 매주 자신의 설교와 블로그, 그리고 아침 영상을 사용해 그는 성도들에게 성경적 진리를 가르쳤다. 또 가족에 대한 열정이 있으며 사역 봉사를 해줄 수 있는 사역자를 찾아 가족 문제에 대한 성경적 응답을 알 수 있도록 기초적인 훈련을 제공했다. 여기에 덧붙여 앤드류는 어린이 사역자, 청소년 사역자와 힘을 합쳐 온라인 사역 센터를 개발했고 부모들이 와서 가족 문제에 대한 최신 정보와 성경적 자문을 구하도록 했다.

자신의 과업이 장기전이며 포레스트 파크 제자들이 모든 부분에서 의견을 같이 하지 않을 수도 있다는 사실을 알았지만 그는 교회가 가정이 마주한 가장 중요한 문제들에 대해 함께 이야기하는 것이 필요하다고 확신했다. 한 걸음 한 걸음 앤드류는 빛으로 어둠을 밝히고 제자를 삼는 제자들의 신실한 세대를 세우기 위해 교회와 가정에서 가족들을 준비시켰다.

성경적 기초가 침식되고 있는 사회에서 교회는 한 목소리로 진리를 선언해야 한다. 불행하게도 가족의 관계적 건강과 영적 활력에 관련된 문제에서 교단들 사이, 그리고 교단 내부에는 분열이 있다. 심지어 복음주의 공동체 안에도 이전 세대에서는 기독교 가정의 발전을 견인해온 핵심적인 성경적 신념에 대한 의견 충돌과 분열이 있다. 여기에는 가족의 정의, 성 역할, 낙태, 이혼, (동성애, 동성 결혼, 혼전 성관계를 포함한) 성윤리, 그리고 부모의 우선 순위와 같은 뜨거운 쟁점들이 포함된다. 이것이 분명 전부는 아니지만 이러한 항목들은 기독교 교회가 분열되는 영역들을 대표한다.

이번 장은 각각의 문제들을 간단히 개괄하면서 성경적이며 사역에 기초한 응답을 제공할 것이다. 이러한 논의의 핵심은 교회 리더들을 격려하고 가정 사역과 관련한 어려운 문제에 응전하여 함께 목소리를 내도록 하는 것이다. 이러한 우려들에 대하여 영적인 관점을 충분히 갖춘 답변을 제시하는 것이 필요하다. 이러한 관점은 가정을 섬기고 가정과 함께, 그리고 가정을 통해 사역하기 원하는 교회들에게는 필수적이다.

첫 번째 문제: 가족의 정의

가족은 무엇일까? 생각하는 것보다 그 정의는 간단하지 않을 수 있다. 가족의 사전적 정의는 다음과 같다.

- 기본 사회 단위로 부모와 이들의 자녀로 구성되며 동거 여부와 상관

없이 하나의 무리로 간주된다. 전통적 가족이다.
- 사회 단위로 한 명 이상의 성인과 이들이 돌보는 자녀로 구성된다. 한 부모 가족이다.
- 부모와 자녀, 삼촌, 고모/이모, 사촌의 혈족 관계로 가까이 묶인 사람들의 무리이다.
- 보통 혈족 관계는 아니지만 공동의 태도, 관심, 혹은 목적을 공유하는 사람들의 무리이며 대체적으로 함께 거주한다.

처음 세 개의 정의는 익숙하게 들린다. 아마도 대부분 사람들이 경험하는 흔한 가족의 모습일 것이다. 하지만 마지막 정의가 문제를 혼란스럽게 한다. 어떻게 가족이 혈족의 단위나 법적인 관계이면서 동시에 혈연이 아닌 친구들의 무리일 수 있는 걸까? 거리에 나가 무작위로 사람들을 인터뷰 한다면 이러한 반응 이상을 듣게 될 가능성이 높다. 정의가 주관적이고 진리가 유동적인 포스트모던 세계에서 가족은 복합적이고 혼란스러운 주제이다.

가족의 문화적 개념은 상대적으로 짧은 기간 동안 '극단적 변신'을 경험했다. 1950년대와 1960년대 텔레비전 프로그램들을 점령한 것은 미국 가족의 전형적인 모습이었다. 아버지가 가장 잘 아세요 Father Knows Best, 아버지를 배려해요 Make Room for Daddy, 비버는 해결사 Leave It to Beaver 와 같은 프로그램들은 지혜로운 아버지와 인정 많은 어머니를 둔 전통적이고 온전한 (백인) 가족을 그렸는데 이들은 확고한 훈육과 도덕적 교육을 통해 두 명 이상의 자녀들을 양육했다. 1960년대를 지나 1970년대와 80년대로 들어서면서 매체는 보다 더 다양한 가족의 구조를 제시했는데 예를 들어 혼합 가족 (브래디 번치 - The Brady Bunch), 다문화 가족(좋은 시절 - Good Times, 가족이 중요해 - Family Matters), 한 부모 가족(나의 세 아들 - My Three Sons, 앤디 그리피스 쇼 - The Andy Griffith Show, 한 번에 하루씩 - One Day at a Time)을 포함한다. 이들 프로그램의 유형은 일정 수준 다양하게 되었지만, 부모의 권위와 확고한 훈육, 도덕적 교육은 여전히 강조되었다.

1990년대를 시작으로 지금까지 기능적 가족은 주류 엔터테인먼트에서 사실상 모두 자취를 감추었다. 코스비 가족The Cosby Show과 아빠 뭐하세요Home Improvement를 포함한 소수의 예를 제외하고 자신의 자녀를 사랑의 훈육과 도덕적 교육으로 양육하는 부모가 이끄는 가족은 사실상 존재하지 않는다. 이들의 자리는 무능하거나 부도덕한 부모(못말리는 번디 가족 - Married with Children, 로샌 - Roseanne, 말콤네 좀 말려줘 - Malcolm in the Middle), 사실상 가족으로 기능하는 친구(치어스 - Cheers, 프렌즈 - Friends, 사인필드- Seinfeld, 내가 그녀를 만났을 때 - How I Met Your Mother), 그리고 동성 혹은 일부다처의 부모(모던 패밀리- Modern Family, 더 포스터스- The Fosters, 빅러브- Big Love)가 등장하는 프로그램을 통해 다른 가족 모형으로 대체되었다.

이러한 문화적 전환이 던지는 기저의 메시지는 전통적 가족이 과거의 유물이라는 것이다. 어떤 부분에서 이것은 사실일 수 있고 기능적 가족이 소수에 속하며 성경적 가족이 축소되고 있다는 사실을 반박할 사람은 거의 없다. 심지어 교회 안에서도 가족 구조는 사회 안에서 대체적으로 발견되는 다양성의 상당 부분을 반영하는데 여기에는 온전한 가족과 혼합 가족, 한 부모 가족, 자녀가 없는 부부, 손주를 기르는 조부모, 위탁 가정, 그리고 자녀를 두거나 두지 않은 동거 커플이 포함된다.

이러한 전경에 더해 민족적, 문화적 가족 구조 안에서 발견되는 다른 형태들도 있다. 서구 백인의 관점에서 가족은 상대적으로 좁은 초점을 갖는다. 부모와 자녀, 조부모가 기본 단위를 구성하는 것이다. 다른 문화, 예로 아시아, 중동, 라틴 아메리카, 그리고 아프리카계 미국인의 문화에서 가족은 온전한 가족을 넘어 보다 넓은 관계를 아우르고 여기에는 여러 세대에 달하는 혈족들이 포함된다(고모/이모, 삼촌, 사촌/육촌/팔촌 등). 가족에 대해 보다 폭넓은 정의를 갖는 문화는 서로와 더 많은 관계를 맺고 가족 충성도에 보다 높은 우선 순위를 두는 편이다. 서로 다른 상황과 문화로부터 온 가족들에게 다가가 이들을 섬기고, 이들과 함께, 그리고 이들을 통해 사역하기를 원하는 교회와 리더들은 가족의 개념을 붙잡고 씨름하며 성경적 진리의 렌즈를 통해 본 현재의 상황에 응답해야 한다.

가족의 의미를 명확히 하는 것은 왜 중요할까? 가정 사역의 목적과 방향이 가족의 정의와 가족의 책임과 특성에 대한 이해로 결정되기 때문이다. 가족이 같은 집에서 사는 두 명의 부모와 자녀들로 좁게 정의된다면 프로그램은 이 같은 모형을 위해 만들어지고 자원은 전통적 가족 시스템을 유지하기 위한 방향으로 투자될 것이다. 가족의 의미가 한 부모, 혼합, 보호 가정을 포함하는 것으로 확장된다면 계획은 보다 복잡해지고 사역에 대한 다각적 접근이 필요할 것이다. 가족의 정의는 사역의 목표와 수혜자, 활동, 그리고 결과를 결정짓는다.

응답: 만약 어떤 임무를 수행하기 어렵다고 해도 그 임무의 중요성은 감소하지 않는다. 전략적인 가정 사역을 위한 전조로서 가족의 의미를 정의하는 일은 쉽지 않고 특별히 현재 문맥에서는 그렇다. 하지만 이러한 책임은 효과적으로 가족을 섬기고, 이들과 함께, 그리고 이들을 통해 사역하기 위해 중요하다. 이러한 필요에 반응하기 위한 단계는 다음과 같다.

당신의 교회를 알라: 예상과 입증되지 않은 정보를 기초해 결정을 내리는 대신 당신의 교회에 출석하는 가족 유형에 대한 조사를 실시해 보라. 놀라운 결과가 나올 수도 있다. 온전한 혹은 전통적 가족이 회중 전체에서 적은 부분을 차지할 수도 있다. 한 부모 혹은 혼합 가족들은 일반 인구에서 증가 추세이고 당신의 생각보다 더 크게 모습을 드러낼 수도 있다.

성경적 진리를 가르치라: 가족의 정의를 돕는 성경적 가르침을 유지하라. 당신의 교회에 다양한 가족들이 있다고 해도 하나님의 진리는 영원하며 모든 상황에 적용될 수 있다. 성경적 가족과 전통적 가족이 동의어가 아니라는 사실을 명심하라. 성경에 충실하며 사회적 혹은 문화적 유형과 고정 관념의 사용을 피하라. 하나님의 이상에 도달하기 위해 애쓰는 자들과 미래를 위한 지도가 필요한 자들에게 애정을 가지고 가족을 위한 하나님의 설계를 가르쳐라.

다양한 사역을 준비하라: 이상을 가르치지만 사역은 현실적으로 하라. 당신 교회의 모든 가정이 어떻게 구성되었는지와 관계없이 가정을 섬기고 가정과 함께 그리고 가정을 통해 사역한다는 보다 큰 전략 안에서 존중과 관심, 돌봄, 인정을 보이는 것이 마땅하다. 대부분 가정 사역의 모형들은 전통적이고 온전한 모형을 중심으로 설계된다(당신 교회 내의 현실에 비추어) 가정 사역의 성경적 모형에 집중하고 이러한 사역으로 당신 교회 안에 존재하는 다양한 가족 구조들을 인정하라.

두 번째 문제: 결혼의 유지

클래식 영화인 프린세스 브라이드The Princess Bride에서 가장 상징적인 장면들 중 하나는 버터컵과 사악한 왕자 홈퍼링크 사이의 강제 결혼이다. 인상적인 성직자(맞다, 그가 출연자 명단에서 불린 이름이다)는 가장 기억에 남고 자주 인용되는 다음의 인사로 예식을 시작한다.

> 곁혼. 오늘 우리를 이 자리로 부른 곳은 곁혼입니다. 곁혼, 그 축복된 욕속, 꿈 중의 꿈. 구리고 사랑, 참된 사랑이 용온토록 당신을 또를 곳 입니다… 그르므로 당신의 사랑을 소중히 요기십시오.

나중 버터컵은 그녀가 진짜 사랑한 웨스틀리와 곁혼(혹은 결혼)을 하고 이것은 물론 "그리고 그들은 영원히 행복하게 살았답니다"로 마치는 모든 이야기의 목표이다. 비록 성직자의 인용이 희극적 요소로 사용되기는 했지만 그의 메시지는(해석되기만 하면) 결혼에 대한 전통적인 이해가 무엇인지를 들려준다. 결혼은 구속력을 가진 언약으로 하나님이 이것을 설계하시고 축복하시며 사랑과 충절의 영원한 결속을 약속하는 한 남자와 여자가 들어서는 것이다. 모든 여자 아이들의 꿈은 자신의 웨스틀리를 찾는 것이고 모든 남자 아이들의 꿈은 자신의 버터컵을 구출하고 사랑하는 것이다.

불행히도 결혼의 꿈은 쇠퇴하고 있고 이 성스러운 연합에 대한 우리 사회의 정의는 문화적 제도로써 결혼의 유행과 함께 급작스럽게 변화하고 있다. 미국을 벗어난 서구 사회, 특별히 유럽 국가들에서 결혼은 과거의 유물이 되었다. 미국에서 결혼은 감소하고 있으며 성인 인구 중 기혼 부부 비율은 사상 최저이다.

결혼 제도는 고통을 받고 있지만 동거에 대한 갈망은 그렇지 않다. 이제 초혼 이전의 동거는 기독교 공동체를 벗어난 일반 대중에게 표준적인 방식이다. 청년들이 20대 후반이나 30대 초반까지 결혼을 미루고 있다(남성 평균 나이는 29살, 여성은 27살이다). 하지만 엄숙한 언약을 거치지는 않았지만 부부 관계를 결혼 이후로 미루지는 않는다.[1]

이혼율은 지난 십여 년에 걸쳐 감소했지만 미국에서 초혼이 결국 이혼으로 이어질 확률은 거의 40%에 달한다. 크리스천들이 일반 대중과 똑같은 비율로 이혼을 한다고 지적하는 통계들도 있지만 최근 연구들은 자신의 신앙을 활동적으로 실천하는 복음주의 신자들에 대해 보다 낮은 수치를 제시한다. 이 연구들은 그리스도 안에서 자기 믿음을 정기적으로 실천하는 사람들은 다른 그룹에 비해 이혼할 확률이 30% 정도 낮다고 말한다.[2] 하지만 비율과 상관없이 결혼의 신성한 본질을 말로 옹호하는 그룹들 사이에서 이혼은 여전히 너무나도 흔하게 나타난다.

결혼에 대한 근본적 재정의는 2015년 미국 대법원이 모든 주의 동성 결혼을 합법화하면서 이루어졌다. 다수결에 의한 법정의 한 가지 결정으로 한 남자와 한 여자 사이의 연합으로써 결혼에 대한 자연적, 전통적, 성경적 이해는 폐지됐고 차후에 제도적 규범에 반대할 수 있는 공격의 문이 열렸다. 이 급진적 변화를 위한 기초는 포스트모던 상대주의(절대적 진리 같은 것은 없다)와 사법 행동주의(결혼을 할 보편적 "권리" 창조)의 영향에 깊이 의존한다.

동성 결혼이 사회 안에서 보다 더 흔해지면서 결혼에 대한 성경적 이해를 옹호하는 교회와 교회의 리더들은 동성 결혼을 집례하거나 이러한 예식을 위해 교회 시설을 사용하도록 하라는 압력을 점점 더 마주하게 될 것이다. 동성 커플의 결혼을 거절하는 교회는 지역 사회의 저항이나 값비싼 소송, 심지어는 면세 지위의 박탈을 받을 수도 있다. 이 중요한 문제는 미국이 세워진 종교적 자유를 시험할 가능성이 높다.

응답: 21세기에 결혼의 성경적 이해를 옹호하는 교회에게 세상은 후퇴한, 비열한, "역사의 잘못된 편에 선"이라는 꼬리표를 달겠지만 교회는 언제나 반문화적 운동이었고 우리는 우리의 신념이 "공중의 권세 잡은 자"(엡 2:2)가 통제하는 이들에게 환영을 받을 것으로 기대해서는 안 된다. 이 문제에 대한 최선의 응답은 방어보다는 공격이다.

결혼에 대한 기초적 가르침: 결혼에 대한 성경적 가르침을 강단으로부터, 소그룹 안에서, 그리고 콘퍼런스와 특별 연구를 통해 제공하라. 남자와 여자를 신실한 사랑의 언약으로 부르시는 하나님의 계획에 대한 메시지가 교회의 구석구석에 스며들도록 하라.

일찍 그리고 자주: 교회의 성도가 결혼을 향한 하나님의 계획을 안내해 줄 결혼 전 상담을 필요로 할 때까지 기다리기보다 유년기에 일찍 시작해 청소년기를 지나 성인기로 가르침이 이어지도록 하라. 인생의 모든 단계에서 기회를 포착해 하나님 백성의 마음을 관계와 결혼에 대한 세상의 패턴으로부터 돌려 이들을 위한 하나님의 최선의 선택으로 향하도록 하라.

결혼의 가치를 강화하고 지지하라: 크리스천들은 우리 사회에서 결혼의 가치가 절하되고 붕괴된 잘못의 책임을 어느 정도 인정해야 한다. 우리의 말과 행동이 일치하지 못했다. 이혼의 문화가 가속화되는 동안 크리스천들은 너무 오래(교회 안팎에서) 침묵했다. 더욱이 너무 많은 크리스천 남성과 여성이 하나님과 서로에 대한 이들의 약속으로부터 돌아섰고 결혼의 가치와 신성함에 대해 이들 자녀에게 상반되는 메시지를 보냈다. 결혼을 위한 하나님의 패턴에 좋게 말해서는 무심하고 나쁘게 말해서는 적대적인 사회를 향한 최선의 반응은 그것을 "큰 소리로" 살아내는 것이다. 크리스천 부부에게 결혼은 서로를 향한 사랑과 헌신으로 인식되어야 한다. 그리고 교회는 남성과 여성이 이들의 약속에 신실하고 결혼을 통해 하나님의 축복을 경험하도록 이들을 격려하고 세우고 준비시켜 결혼의 의미를 확고한 헌신으로 알도록 해야 한다.

세 번째 문제: 자녀의 가치

'보이지 않는 아이'의 현상은 토의되지 않는 주제들 중 하나이지만 가족의 미래에 영향을 미치는 가장 중요한 문제들 중 하나이다. 대부분의 선진국에서 부부는 자녀를 더 적게, 더 늦게 낳기로 선택한다. 이것을 넘어 자녀를 낳지 않기로 선택하는 부부의 수도 증가하고 있다. 21세기가 시작된 이래 미국의 출생률은 꾸준하지만 천천히 감소해왔고 2015년에는 여성 1,000명 당 62.5명의 출생으로 사상 최저를 기록했다.[3] 감소한 출생은 1.9에서 2.1 사이의 인구 대체 비율로 이어지는데 출생 수가 사망자 수를 거의 대체하고 있지 못한다는 의미이다.[4]

대체 비율은 선진국에서 전 세계적으로 곤두박질했다. 싱가포르(최저), 홍콩, 일본, 한국을 포함한 아시아 나라들은 모두 이 대체 비율보다 심각하게 낮다. 유럽 대륙에서는 그리스, 프랑스, 헝가리, 독일, 이탈리아, 스페인이 최저 출산율을 가진 나라들이다. 아이들이 보다 적게 태어나는 것의 장기적 영향은 고령화 사회뿐 아니라 전반적인 노동력 감소와 노인 시민들을 돌보아야 할 경제적 부담의 증가이다.[5]

사회학자들과 인구 전문가들은 추락하는 출산율을 설명하기 위해 노력했다. 일부는 어려운 경제 시기에 나타나는 자연스런 감소라고 지적한다. 여성들이 출산보다는 자신의 경력과 편이를 선택한다고 보는 이들도 있다. 자신의 라이프 스타일을 바꾸고 불평등한 자녀 양육 책임의 몫을 짊어져야 할 가능성 앞에서 여성들이 모성을 포기 혹은 지체한다는 것이다.[6] 혼인율의 지속적 감소 역시 이에 상응하는 출생의 감소로 자연스럽게 나타날 것이다.[7] 대부분의 부부가 여전히 두 명 이상의 자녀를 낳겠다고 의도한다고 해도 결혼이 늦어지고 첫 번째 자녀를 30대에 들어선 이후 낳는 상황에서 가까운 미래에 출산율이 크게 증가할 확률은 낮다.

부부가 부모가 되는 것을 연기하거나 포기하는 이유가 무엇이든 근본적인 이유는 우리 사회에서 자녀를 낳고 기르는 것의 가치가 절하되었기 때문이다. 우리의 문화가 성경적 세계관과 생육하고 번성하며 하나님의 영광을 위해 이 땅에 충만해야 할(창 1:28) 책임 의식으로부터 점점 더 멀어지면서 창조주의 영광보다 자기 자신의 영광과 만족을 위하여 사는 이들에게 자녀를 낳는 일은 점점 더 부담이 될 것이다. 이때 교회는 출산의 광야에서 외치는 목소리가 되는 어려운 책임을 맡는다.

응답: 대부분의 가족 문제와 같이 자녀 출산의 가치 절하에 대한 교회의 반응도 비난이나 후퇴여서는 안 된다. 남성과 여성의 마음이 그리스도의 은혜와 사랑으로 변화되고 교회의 사역을 통해 훈련될 때 변화는 일어날 것이다. 하지만 교회는 새 생명의 축복을 소중히 여기고 하나님이 우리에게 주신 청지기 직분 안에서 기뻐해야 할 책임을 갖는다.

태아를 위한 목소리가 되라: 많은 교회들이 위기 임신 센터(역자 주—임신 여성들이 낙태를 하지 않도록 설득하기 위해 설립된 비영리 단체) 안에서의 적극적인 사역, 예를 들어 직접적 후원이나 봉사자 지원, 또는 재정적 혹은 물질적 자원을 공급하면서 새 생명의 가치에 대한 지지의 목소리를 낸다. 하지만 태아 사역은 교회의 교제권 바깥의 사람들에게만 적용되지 않는다. 교회 공동체 안에 있는 젊은 여성들이나 나이 든 여성들 중에도 낙태를 고민 중이거나 낙태 후 트라우마를 겪고 있는 이들이 있다. 지지 그룹과 평신도 상담 사역을 제공하는 것은 새 생명의 가치를 긍정하는 것뿐 아니라 과거 선택의 죄책으로 고통받는 이들에게 은혜를 전달해 준다.[8]

어린이 사역의 범주와 목적을 확장하라: 보다 전통적인 어린이 사역 프로그램에서 한발 더 나아가 입양 사역, 위탁 돌봄, 국제 어린이 후원과 같은 혁신적 가족 계획들을 격려하거나 직접 후원하라. 어떤 교회들은 기독교 입양 센터들과 직접 협력해 가족들을 부모와 가정이 필요한 지역, 국제 어린이들과 연결한다. 교회가 직접 지역 사회와 국가 사회 복지 기관들과 협력할 수는 없지만 적극적으로 위탁 돌봄의 기회를 격려하는 교회가 있다면 이들은 지역 공무원들과 과중한 업무에 시달리는 사회 복지사들에게 관심과 연민, 구속의 메시지를 전하는 셈이다. 또 컴패션, 월드비전과 같은 국제 어린이 후원에 대한 촉구는 세계 곳곳 어린이들의 필요로 관심을 집중시키고 이들의 삶에 변화를 가져올 수 있는 기회를 제공한다.

동일한 아이디어를 자녀가 없는 부부들에게도 똑같이 적용할 수 있다. 자신의 잘못은 아니지만 자녀를 낳을 수 없는 많은 부부들이 있다. 이들은 자신의 친구들, 교회의 다른 부부들이 자녀의 출생을 축하할 때 내면의 슬픔을 겪는다. 출산 광고, 헌아식, 어버이날은 임신을 할 수 없는 이들, 특히 여성들에게 달콤쌉싸름한 행사들이다. 입양에 대한 정보 제공과 진행, 위탁 양육, 어린이 후원, 그리고 자녀가 없는 여성 혹은 부부를 위한 지지 그룹은 모두 자녀에게 사랑의 가정을 제공하기를 갈망하는 이들을 향한 귀중한 사역들이다.

자녀의 출생을 축하하라: 대부분의 교회에게 회중 속 새 생명을 환영하는 방식들이 있다. 목회자나 다른 리더들이 예배 시간 중 어린이의 출생을 광고하거나 정기적인 헌아 예식의 일정을 잡을 수 있다. 이러한 실천들은 공동체 내 새 생명에 대한 중요하고 꼭 필요한 반응이지만 새 아기와 새 부모를 축하하고 환영하기 위한 다른 추가적인 방법도 있다. 예를 들면 (헌아식에 앞서 새 부모를 영적 리더로 훈련하는) 아기 신병 훈련소, 새 부모 연회, 아기와 부모를 위한 선물 상자, 그리고 교회 SNS 혹은 주요 게시판에 출산 소식과 사진을 게시하는 것이다.

네 번째 문제: 부모의 책임

양육은 지난 백 년에 걸쳐 극적인 변화를 경험했다. 20세기 초반 대부분 부모들은 자신의 가장 중요한 책임을 순종적인 자녀의 훈련으로 보았다.[9] 부모는 자기 자녀의 행동을 확고한 훈육(체벌을 포함하여)과 획일화, 그리고 사회적 기준의 고수를 통해 관리했다. 자녀들이 져야 할 가정에서의 책임에 대한 기대도 컸다. 식사 준비, 집 청소, 잔디 작업, 장보기, 가축 돌보기, 자동차 정비와 같은 집안 일이 학교 숙제, 야외 오락 활동, 그리고 친구들과의 시간보다 우선했다.[10] 자녀들은 어린 나이에도 집안 관리에 기여하도록 기대되었다. 동시에 이 시기 아이들에게는 오늘날 아이들은 알 수 없는 자유의 정도가 주어졌다. 집안 일과 학교 숙제를 마치면 아이들은 자전거를 타고 동네를 누비고 어두워질 때까지 공놀이를 하고 친구들과 시간을 보낼 수 있었는데 유일한 조건은 어둡기 전 귀가하는 것이었다.

1960년대가 시작하고 현재까지 양육은 철학과 실천 모두에서 변화했다. 부모는 자신의 첫 번째 역할은 순종을 가르치고 노력과 훈육을 통해 인격을 발달시키는 것이 아니라 자녀의 자존감을 높이고 이들의 필요를 돌보며 미래 인생의 성공과 행복으로 길을 열어주는 것으로 이해한다. 가정에서 자녀는 더 이상 순종적 역할이 아니라 부모의 관심과 시간이 집중되는 중심으로 볼 수 있다. 이러한 변화는 1950년대 베이비 부머 세대 부모들이 유명한 소아과 의사인 벤자민 스폭 박사가 쓴 육아와 육아 상식The Common Sense Book of Baby and Child Care의 조언을 따르면서 시작되었는데 스폭 박사는 당시 만연했던 권위주의적 양육 방식을 거절하고 자녀 중심 모형을 활성화시켰다. 프로이드 학설을 사용해 스폭은 부모들에게 더 애정을 보이고, 자녀의 즉각적인 필요와 감정에 더 반응하며 더 허용하고, 바쁜 일정과 기대감에 대해 더 유연하도록 조언했다.[11] 스폭의 제안들 중 일부는 자녀에게 사랑을 표현하기 어려운 부모 세대에게 꼭 필요한 조치였지만 전반적 결과는 자기 자녀에게 집착하는 부모를 낳았고, 자신이 부모의 인생의 목적을 이끈다고 인식하는 자녀를 미래 세대로 세웠다. 자신의 자녀를 숭배의 대상으로 만든 부모들은 자신에 도취된 후손을 만들어냈고 이들은 자기 자신의 필요와 바람을 넘어선 인생을 발견하는 데 어려움을 겪는다.[12]

21세기 전반의 지배적인 양육 철학은 자녀의 삶에 지나치게 개입하고 있는 부모와 더불어 여전히 자녀 중심적이다. 한 편으로 이러한 개입은 부적절한 성숙을 강요하는 것으로 모습을 드러낸다. 다른 한 편 자녀의 모든 문제들을 대신 해결하고 모든 싸움들을 대신 싸워주는 것으로 부모는 자기 자녀 안에 있는 책임을 좌절시킨다. 1980년대 데이비드 엘킨드David Elkind와 같은 목소리를 내는 사람들은 "쫓기는 아이 증후군"hurried child syndrome에 대해 부모들에게 경고했다. 이 증후군은 어린 자녀들을 미래의 대학 전액 장학생, 올림픽 메달리스트, 또는 유명한 연예인으로 만들기

위한 준비로 이들의 몸과 마음에 지나친 요구를 부여하는 것이다.[13]

최근 확인된 '헬리콥터 부모' 현상은 왜곡된 자녀 중심 양육 철학의 발현이다. 학교에 입학하기 전부터 대학까지 헬리콥터 부모는 자녀 인생의 모든 싸움을 대신 싸우고 모든 문제를 대신 풀어주는데, 예를 들어 놀이터 친구를 선택하는 것부터 어린이 야구팀 코치의 결정에 의구심을 갖는 것, (그리고 정말로 있는 일이지만) 성인 자녀의 대학 과제를 대신 쓰고 교정해주는 것이다. 헬리콥터 부모는 출생부터 성인기까지 자녀 위를 맴돌며 언제든 어려움이나 도전이 있을 때 급히 내려가 이들을 구조할 준비가 되어 있다.[14] 불행하게도 헬리콥터 부모들은 적응력이 있고 성공한 성인을 기르겠다는 열정을 통해 자녀의 문제 해결 능력을 약화시키고 이후 인생의 회복력과 인내를 억제한다.[15]

응답: 교회 사역, 특별히 청소년, 어린이 사역 리더들은 보다 활발해진 자녀 중심적 양육 접근의 영향을 경험하고 있는데 그러한 부모들의 특징은 다음과 같다.

- 교회 탁아 시설에 아이를 맡기는 것을 어려워하거나 거부한다.
- 출생부터 고등학교까지 자녀의 연령이 속한 그룹의 사역에서 섬기기로 자원한다.
- 예배와 영적 성장 기회에 대한 정기적 참여보다 학교와 운동, 자녀의 다른 관심사를 우선으로 한다.
- 자녀의 친구를 선택할 때 적극적 역할을 하고 자녀의 분쟁과 사회적 갈등에 끼어든다.
- 자녀에 대한 특별한 관심, 특혜를 요구한다.

모든 부모가 헬리콥터 부모는 아니다. 그리고 성인으로 잘 자라기 위해 자녀들은 건강한 관심과 사랑이 필요하다. 하지만 가정을 섬기고 가정과 함께, 가정을 통해 사역하는 리더들은 '과도한 양육'을 성경적, 주도적, 건설적, 구속적 답변과 함께 반드시 다루어야 한다.

불만을 멈추고 협력을 시작하라: 헬리콥터 부모와의 어려움에 직면한 대부분의 사역 리더들은 자연스럽게 다른 교회에서 섬기는 이들에게 불평을 털어놓거나 문제를 무시해버리거나 공격적으로 반응하는데 이들 모두는 건강한 대응이 아니다. 대신 협력의 전략을 고심해보라. 부모들, 특별히 가장 비판적이고 가장 적은 지지를 보이는 부모들을 위해 기도하고 이 같은 문제를 다루기 위한 부모 워크숍과 세미나를 주최하며 정기적으로 부모들을 소집해 피드백을 듣고 사역 계획에 동참하도록 하라. 그리고 다른 연령 그룹의 리더, 스태프, 목회자들과 협력해 양육의 목적과 실천에 대한 성경적 메시지를 개발하고 그것이 교회 안에 있는 모든 인생 단계의 사역에 스며들도록 하라.

'결석' 가정과 연락을 유지하라: 예배와 성경 공부, 그리고 다른 영적 성장의 경험에 대한 참여 정도를 두고 어린이와 청소년들은 이들을 잡아당기는 부모와 교회 리더들 사이에 끼일 때가 있다. 가족을 무시하거나 아이를 못 본 체하는 대신 그 가정과 따로 시간을 잡고 만나 교회에서 일어나고 있는 일들과 앞으로 다가오는 기회들에 대하여 대화를 나누어라. 계속해서 그 가정을 섬기고 그 가정과 가까운 관계를 유지해줄 다른 가정들을 모집하라.

부모들이 다른 부모들을 격려하도록 하라: 부모의 결정을 비판하는 것은 최선의 경우 무시를 당하고 최악의 경우 부모를 교회로부터 몰아내고 멀어지도록 한다. 이 부모들은 교회 리더들의 호소를 이기적이거나 율법적인 것으로 해석할 수 있다. 하지만 부모들이 자신과 비슷한 삶의 정황에 있거나 최근 같은 경험을 한 이들의 격려와 증언을 듣게 된다면 이 부모들은 보다 잘 듣고 배우려고 할 것이다. 선택이 지혜롭거나 양육의 결정들을 재조정한 경험이 있는 부모들을 모집해 이들의 경험을 예배나 소식지, SNS를 통해 증언하도록 하라. 관계적 수준에서는 부모들 사이 우정의 관계망을 사용해 양육의 분투 가운데 상호간 격려를 받을 수 있도록 하라.

본이 되라: 예수님은 말씀하셨다. "… 네 눈 속에서 들보를 빼어라 그 후에야 밝히 보고 형제의 눈 속에서 티를 빼리라"(마 7:5) 교회 리더들에게는 다른 사람의 행동을 판단하기 전 자신의 양육 선택들을 점검해야 할 책임이 있다. '과도한 양육'과 씨름하는 이들은 다른 부모들의 본이 되기 위해 먼저 자신의 습관을 고쳐야 한다. 개인적 경험에서 정직하게 말하는 것이 다른 부모들을 도울 최선의 방법일 수 있다.

다섯 번째 문제: 미디어와 디지털 기술

밀레니얼 세대를 잇는 세대를 명명하기 위한 이름 중에는 Z세대, 포스트 밀레니얼 세대, 센테니얼 세대, 그리고 i세대가 있다. 다음 성인 세대와 연관된 이름은 여전히 불분명하지만 태생부터 타고난 Z세대의 특징 하나는 디지털로 된 모든 것들에 마음을 빼앗긴다는 것이다. 이 디지털 태생들은 전자 멀티태스킹에 유능하고 터치 스크린과 홈버튼을 수반한 모든 도전을 손쉽게 다룬다.

2005년 이후 태어난 사람은 모두 스마트폰과 SNS, 다운 가능한 음악 이전의 세상을 기억하지 못할 것이다. 지금 젊은 사람들은 이전의 어느 때 보다 더 많은 시간을 SNS를 하고 음악을 듣고 게임을 하고 TV나 영화를 보면서 휴대폰이나 디지털 기기에 쏟는다. 청소년들과 학령 전 어린이들을 포함한 어린이들의 미디어 사용 추세는 지난 십여 년 동안 극적으로 증가해왔다. 대부분 인터넷에 쉽게 접속할 수 있고 많은 사람들이 자신의 휴대폰이나 디지털 기기에 대한 건강하지 못한, 심지어 중독에 이르는 의존을 표현한다.[16]

휴대 기기는 사회 각계 각층과 모든 연령 그룹에 성공적으로 침투했다. 고소득 가정의 선택적 교육 도구였던 노트북과 태블릿은 이제 공립학교 학생들에게 무료로 지급되고 대학생들에게는 필수로 요구된다. 가정과 학교, 이동 중에도 거의 쉬지 않고 스크린에 노출되는 것의 장기적 영향은 아직 밝혀지지 못했다. 초창기 연구들이 거의 한 목소리로 동의하는 것은 두 살 미만 어린이들의 미디어 사용이 언어 기술과 신체 성장의 초기 발달에 해가 된다는 것이다. 유아기 부모는 상호 작용이 가능한 휴대 기기들을 사용해 소근육 운동 기술을 개발하고 다른 교육의 기회들을 보완할 수도 있다. 하지만 여러 연구 보고에 따르면 통제되지 않는 전자 미디어의 과도한 사용은 (텔레비전 시청을 포함) 비만과 수면 패턴 방해, 청소년기 위험 행동 가능성의 증가로 이어질 수 있다.[17]

우리 삶 속 어디에나 존재하는 스크린들은 모든 연령의 사람들에게 유혹의 판도라 상자를 열었고 깜짝 놀랄 만한 숫자의 성적 이미지와 생각들로 어린이와 청소년들을 노출시켰다.

- 지난 십여 년 동안 성과 관련이 있는 TV 콘텐츠는 폭발적으로 증가했다. 프로그램들의 4분의 3 이상이 성적 콘텐츠를 포함했고 이들 중 다수의 타깃 대상은 청소년이었다.[18]
- 포르노 시청은 이제 일반적 경험으로 한 연구 보고에 따르면 대학 연령의 남성들 중 93%가 청소년기 초반 포르노에 노출되었다고 한다.[19]
- 문자를 통해 개인의 노출 사진을 공유하는 '섹스팅'은 청소년들 사이 최근 나타난 현상으로 장기적인 감정적, 신체적, 심지어 법적 영향을 낳기도 한다.

자녀가 휴대 기기에 접속하도록 한다고 해서 이들이 자동적으로 퇴폐적인 삶으로 빠져드는 것은 아니지만 통제되지 않는 과도한 사용은 이후 문제가 생길 가능성들을 증가시킬 것이다. 부모는 자녀가 어릴 때 이러한 도구들을 지혜롭고 적절하게 사용하도록 가르쳐 이들이 성장하면서 이러한 도구들의 통제를 받지 않도록 해야 한다. "마땅히 행할 길을 아이에게 가르치라 그리하면 늙어도 그것을 떠나지 아니하리라"(잠 22:6).

응답: 오래 전 가족들이 주변 세상과 당시 문화에 대한 정보를 제한된 접속을 통해 얻었을 때 부모는 이들 자녀의 삶의 당연한 문지기로 홀로 서 있었다. 어머니 아버지들은 자기 자녀의 정신과 마음에 접근하는 것을 허용하거나 조절할 수 있었다. 오늘날 심지어 부지런한 부모도 이 문을 지키기가 어렵다는 사실을 안다. 미디어와 디지털 기술은 우리 일상의 구석구석에 스며들었고 자녀들은 부모의 최선의 노력에도 불구하고 여과되지 않은 정보와 이미지들을 받는다. 부모는 자신의 옆에서 이 문을 함께 지켜 줄 교회와 교회 리더들이 필요하다.

정보를 제공하고 관심을 유도하라: 교회는 부모가 문화적 유행이 이들 가족에 미치는 영향에 대한 정보의 저장소를 만날 수 있는 장소여야 한다. 교회 리더들은 학교나 사회 기관, 그리고 연방 정부가 부모를 위한 경건한 조언을 제공해 줄 것으로 기대해서는 안 된다. 가족 콘퍼런스, 워크숍, (인쇄물과 유익한 안내를 갖춘) 자료 센터는 부모가 이들 자녀를 "마땅히 행할 길"로 양육하기 위해 필요한 시의적절한 정보와 도구들을 전달하기 위해 사용할 수 있다.

지혜로운 사용을 격려하라: 기술을 지혜롭게 사용하는 것은 제자 훈련의 문제이다. 부모를 제자로 훈련하는 것은 하나님의 말씀을 매일의 삶과 연결 짓는 것을 포함하고 여기에는 자녀들의 휴대 기기 접속과 활동, SNS 참여, 그리고 온라인에서 보내는 시간에 대한 이들의 결정을 포함한다. 부모가 경계심을 늦추지 않는 문지기들이 되도록 권면하고 그 일을 하기 위해 필요한 도구들을 제공하며 소그룹 사역을 통해 이들이 함께 기도하고 하나님을 높이고 자녀를 보호하는 전략 위에 함께 설 수 있도록 부모들의 지지 관계망을 만들어라.

'기술 안식'의 시간을 본보이라: 교회는 깊은 성찰없이 디지털의 바다로 뛰어든 책임이 있다. 영상 위성 교회들은 스크린에 비친 설교자의 이미지를 통해 설교를 듣는다. 어린이 청소년 사역 활동들은 대게 영상 중심적이다. 대부분의 교회들은 이제 SNS와 웹사이트를 사용해 성도들과 소통하고 프로그램을 홍보하며 교회를 다니지 않는 사람들에게 마케팅을 한다. 하나님이 그분의 백성들을 불러 방해 거리들을 내려놓고 하나님께 집중하게 하신 것처럼(시 46:10) 교회 리더들 역시 부모들을 격려해 주중에 '기술 안식'의 시간, 곧 가족들이 주님과 서로에게 집중할 수 있도록 모든 스크린을 끄고 디지털 방해거리들을 치우는 시간을 선포하도록 해야 한다. 교회의 예배와 사역 활동들은 스크린 시간을 최소화하고 인격적 상호 작용이 가능한 행사들을 계획하며 참석자들이 예배와 성경 공부 동안에는 전화기의 전원을 끄도록 해 이 안식의 순간들을 본보일 수 있다.

여섯 번째 문제: 물질주의

백화점이나 인근 쇼핑 센터에 가보면 미국인의 마음 속 가장 깊은 갈망이 드러난다. 최신의 패션을 입고 가장 큰 평면 TV를 보고 가장 인기 있는 차를 몰고 최신의 전화기를 갖는 것이다. 얻고 갖는 것에 대한 우리의 집착은 끝이 없고 이것은 지난 몇 십년 동안 폭발적으로 증가한 창고 단위로 증명된다. 지금 미국에는 맥도널드 식당들보다도 많은 셀프 창고 시설들이 있는데 여기에는 모든 미국 가정을 위한 약 0.6평의 평균 창고 공간이 포함된다.[20]

구매와 소비의 예술인 물질주의는 학습된 행동이다(광고가 이끄는). 미디어 소비와 또래 기대, 가족 습관은 어릴 때부터 자녀 안에 물질주의적 사고방식을 경작한다. 하지만 죄가 문제의 근원이다. 동산에서도 뱀은 가지려는 하와의 갈망에 호소했다. *"여자가 그 나무를 본즉 먹음직도 하고 보암직도 하고 지혜롭게 할 만큼 탐스럽기도 한 나무인지라 여자가 그 열매를 따먹고 자기와 함께 있는 남편에게도 주매 그도 먹은지라"*(창 3:6). 하나님은 우리에게 놀라운 축복으로 가득한 세상을 주셨지만 우리는 언제나 그 이상을 원한다. 죄는 우리가 만족과 의미의 근원으로 하나님 대신 소유를 사용할 때 미끄러져 들어온다.

샌디에이고 주립 대학의 추적 연구에 따르면 물질주의적 태도는 지난 두 세대에 걸쳐 증가했다. 밀레니얼 세대 고등학교 졸업생들의 60% 이상이 "돈이 많은 것은 중요하다고 생각"했는데 이것은 1970년대 후반 조사한 졸업생들의 48%와 비교된다. 하지만 지금의 청년 세대가 독자적으로 물질주의적 태도를 발전시킨 것은 아니다. 1970년대 졸업한 베이비 부머 세대가 밀레니얼 세대의 부모들이다. 베이비 부머 세대 부모의 가치가 이들 자녀에게 전수되었고 물질적 소유에 집착하는 사회로 고조되었다.

많은 면에서 오늘날의 교회는 그 가정의 물질주의적인 사고방식을 반영한다. 1980년대와 1990년대의 교회 성장과 대형 교회 운동은 '소비자 교회' 시대를 열었다. 교회들은 구도자들과 교회를 다니지 않는 이들을 유인하기 위한 매력적인 사역 모형을 사용하기 시작했는데 전도를 인격적인 호소보다 마케팅의 과정으로 재정의한 것이다. 동시에 '번영 복음'이 많은 회중들 가운데 뿌리를 내렸으며 크리스천들에게 예수님을 믿으면 재정의 축복과 건강을 보장받을 수 있다고 약속했다. 심지어 지금도 교회를 쇼핑하는 사람들은 그 교회가 좋은 교회인지 판단할 때 예배당의 색채 설계와 커피숍의 메뉴, 영상 스크린의 화질, 그리고 어린이 빌딩 놀이 기구의 높이를 기준으로 판단한다.

응답: 돈과 소유는 하나님의 영광을 위해 그분의 명령 아래 올바로 관리된다면 그 자체로 악은 아니다. 마찬가지로 양질의 사역과 매력적인 시설을 제공한다고 어떠한 교회가 하나님의 명예를 실추한다는 의미는 아니다. 솔로몬은 하나님의 성전을 건축할 때 경비를 아끼지 않았고 하나님이 이 같은 웅장한 건물을 못마땅하게 여기셨다는 성경의 암시는 없다. 하나님께서 솔로몬에게 실망하신 이유는 솔로몬이 자신의 마음을 주님에게서 돌려 세상의 보물을 추구하기 시작했기 때문이다(왕상 11:9-10). 가

정과 교회에서 물질주의를 향한 우리의 성향과 싸우는 일은 의도적인 사역의 응답과 행동을 요구한다.

재정적 청지기의 책무에 대한 성경적 신학을 설교하고 가르치고 실천하라: 자신이 가진 모든 것이 하나님께 속한다는 사실을 이해하는 제자는 소유를 덜 중시하고 하나님을 더 중시하는 경향을 갖는다. 성경적 청지기 책무를 교회 안에서 강조하고 가르치고 실천할 때 이 원리들은 가정에서 쉽게 적용된다. 따라서 강단과 성경 공부반, 소그룹 안에서 이것을 의도적으로 가르치고 동일한 가르침을 제자를 삼는 교회의 전략에도 포함시켜라. 덧붙여 지속적인 크리스쳔 재정 관리 수업은 부부와 가정들이 이들 신학을 가정에서 적용하는 데 도움을 줄 것이다.

하나님 나라의 우선 순위를 반영해 예산을 짜고 돈을 지출하라: 재무적 책임은 절대적으로 필요한 것이지만 생명 유지에 결정적인 것은 재무적 건전성이다. 이러한 종류의 건전성은 우리가 하나님 나라의 가치에 따라 예산을 짜고 돈을 지출할 때 표현된다. 교회의 예산을 전도와 해외 선교, 제자를 삼는 일, "지극히 작은 자"를 섬기는 일을 우선 순위로 하는가, 아니면 예산의 상당 부분이 직원 급여와 건물 유지와 확장, 채무 상환에 사용되고 있는가? 부모가 가정에서 지혜로운 재무 계획과 소비 결정을 본보여야 하는 것처럼 교회 리더들도 회중에게 그렇게 해야 한다.

개인적인 모범을 통해 이끌라: 양 무리를 돌보는 자인 목회자들과 다른 리더들은 이들의 개인적 삶에서 책망할 것이 없어야 한다. 베드로는 자신의 동료 장로들에게 "하나님의 양 무리를 치되… 더러운 이득을 위하여 하지 말고 기꺼이 하"라고 권면한다(벧전 5:2). 베드로가 사역할 때 자신의 지위를 사용해 부를 축적하는 교회 리더들이 있었던 것이 분명하다. 오늘날에도 개인적인 이익을 위해 교회 구성원들의 관대함을 이용하는 이들이 만일 더 많다면 똑같은 상황일 것이다. 하지만 더 큰 문제는 사치스러운 지출을 하거나 부담스러운 채무를 지면서 지혜롭지 못한 재정적 결정을 아무렇지도 않게 내리는 리더들이다. 재정적 청지기의 책무는 제자훈련의 문제이다. 보고 배우는 이들을 위하여 지혜롭고 겸손하게 살라.

일곱 번째 문제: 영적 리더십

오늘날 가정이 마주한 모든 문제들 중 가장 중요한 문제는 영적 리더십이다. 지난 이십여 년에 걸쳐 복음주의 교회 안에 한 가지 전환이 일어났는데, 바로 출생부터 성인기까지 한 어린이의 영적 발달의 모든 측면을 감독하는 능력을 오직 교회 리더들에게만 부여하는 것으로부터 하나님이 설계하신 대로 부모가 영적 리더가 될 수 있도록 이들을 불러내는 것으로의 전환이다. 여전한 문제는 얼마나 많은 부모들이 이러한 부름에 응답할 것인지이다.

얼마 전 바르나Barna 조사의 결과는 자신의 영적 깊이와 성숙에 관한 성인들의 태도에 대해 흥미로운 내용을 포함했다.

- 3세에서 18세의 자녀를 둔 크리스천 부모들 중 오직 14%만이 강한 믿음을 가지고 자녀를 기르는 것을 개인적 영적 도전으로 여긴다.[21]
- 3세에서 18세의 자녀를 둔 크리스천 부모들 중 37%가 신앙이나 영성에 관련된 어떤 특정한 도전도 주장하지 않는다.[22]
- 교회를 다니는 사람들의 절반이 자신의 교회가 어떻게 "건강하고 영

적으로 성숙한 그리스도의 제자"를 정의하는지 설명하지 못한다.[23]
- 자칭 크리스천들의 81%가 영적 성숙은 성경이 말하는 규칙들을 지키기 위해 열심을 다하는 것이라고 믿는다.[24]

크리스천 성인들이 자신의 영적 성장에 대해 이토록 무심하다면 가정에서 영적 리더로서 자기 역할을 진지하게 취할 것이라고 믿기는 어렵다. 부모가 이 같은 임무의 중요성을 인정한다고 해도 고용된 전문가들에 대한 의존은 가정에서 자기 자녀를 제자로 삼겠다는 온전한 헌신에 방해가 된다. 20년도 전이지만 알렌 록스버그Alan Roxburgh는 계속해서 교회에 영향을 미치고 있는 문제를 드러냈다. "사역은… 신부나 교사, 전문가로서 성직자, 영적 자원의 모든 분배자들의 역할과 여전히 동일시된다. 만인 제사장설이 교회 공동체의 신학적 신념으로 서 있는 곳에서도 이것은 거의 실천되지 못한다."[25]

응답: 이 문제에 대한 간단한 응답은 제자를 삼는 제자로 세우는 것이다. 결국 이 책은 가정과 교회에서 제자를 삼는다는 의도를 가지고 가정을 섬기고 가정과 함께, 가정을 통해 사역해야 한다는 부름으로 되돌아온다. 1장은 가정 사역에 대한 포괄적인 철학을 묘사하며 논의의 장을 마련했는데 그리스도의 몸을 이루는 모든 구성원들이(모든 가정들을 포함해) 가정을 강하게 하고 이들이 가정에서, 교회를 통해, 그리고 세상 가운데 제자를 삼도록 이들을 준비시키는 공동의 사역으로 부름받는 것이다. 이어지는 장들은 이러한 접근을 보다 구체적으로 분석하고 묘사했는데 바로 가정과 교회의 상호 책임을 강조하고 그 과정에서 모든 구성원들을 포함시키며 목회자가 비전을 제시하고 우선순위를 세우도록 도전하고 부모와

조부모가 이들의 가정과 확대 가족에서 제자를 삼도록 이들을 준비시키며 결혼과 가정의 화합을 강화하고 오늘날 가정에 영향을 미치는 필수 문제들 중 일부에 대한 사역적 응답을 제공하였다.

교회 리더들은 다음의 일을 위해 부름받고 교회 안에 자리한다. 하나님의 백성을 "온전하게 하여 봉사의 일을 하게 하며 그리스도의 몸을 세우려 하심이라 우리가 다 하나님의 아들을 믿는 것과 아는 일에 하나가 되어 온전한 사람을 이루어 그리스도의 장성한 분량이 충만한 데까지 이르리니"(엡 4:12-13) 가정을 강하게 하고 부모가 자기 자녀를 제자로 세울 수 있도록 이들을 준비시키는 것은 이 온전하게 하는 과정의 일부이다. 연합과 성숙, 곧 하나된 가정과 연합된 교회, 가정과 그리스도의 몸 가운데 성숙한 제자들이 목표이다. 각자의 가정과 교회의 가족을 통해 예수 그리스도를 영화롭게 하고 높이는 것이 궁극적 목적이다. 우리 앞에 해야 할 일이 있고 가야 할 일이 뚜렷하며 임무는 분명하다. 각자의 가정과 하나님의 세대를 위하여 전진하라.

토론 주제
DISUCSSION GUIDE

1. 가정의 정의가 혼란스러운 것은 교회의 가정 사역에 어떠한 영향을 미치는가?

2. 당신의 교회에 합법적으로 결혼을 했고 자녀가 있는 동성애 부부가 출석하기 시작한다면 당신은 교회의 리더로 어떻게 반응하는가?

3. 자녀를 낳을 수 없거나 낳지 않기로 선택한 부부에게 '가정 사역'은 어떻게 보일 수 있는가?

4. '헬리콥터 부모'는 어떻게 자녀의 영적 성장을 방해하는가?

5. 교회 리더들은 어떻게 디지털 기술을 사용해 교회와 가정의 협력을 실제로 유익하게 할 수 있는가?

6. 크리스천 부모는 자신의 자녀가 재정적 성공을 거두도록 장려해야 하는가? 그 이유는 무엇인가?

참고 도서

- Alcorn, Randy. *Managing God's Money: A Biblical Guide.* Carol Stream, IL: Tyndale House, 2011.
- Mohler, R. Albert. *We Cannot Be Silent: Speaking Truth to a Culture Re- defining Sex, Marriage, and the Very Meaning of Right and Wrong.* Nashville, TN: Thomas Nelson, 2015.
- Thomas, Gary. *Sacred Parenting: How Raising Children Shapes Our Souls.* Grand Rapids, MI: Zondervan, 2017.

기고자들

크리스 셜리 박사 사우스웨스턴 신학교 교육대학에서 학장으로 섬기고 있다. 그는 제자를 세우라는 대사명the Great Commission에 따라 예수님의 참된 제자로서 그리고 제자훈련가로서 소명을 가지고 있다. 그는 달라스침례대학Dallas Baptist University과 사우스웨스턴 침례신학대학원Southwestern Baptist Theological Seminary에서 20년 이상 학생들을 가르쳐 왔다. 그의 주요 연구분야는 교육철학, 가정 사역, 남성 제자훈련, 장년교육, 교사훈련 등 이다. 그는 북미 지역의 기독교교육학 대표 학회인 SPCESociety of Professors in Christian Education에서 부대표Vice President로서 활동하고 있다. 그는 가정 사역과 교회Family Ministry and the Church외 다수의 글들을 기고함으로써 학계, 신학교, 지역 교회를 섬기고 있다.

캐런 케너머 박사 대표적인 어린이 사역 학자이자 전문가로 지역 교회에서 어린이 사역을 이끌고 텍사스 사우스웨스턴 침례신학대학원에서 사역 리더들을 훈련하며 지난 이십여 년 동안 섬겨왔다. 케네머 박사는 또한 텍사스 남침례회교회 사역팀과 가깝게 협력하고 어린이들을 위한 성경 공부 교재를 집필하며 텍사스 주 전역에 걸쳐 학령 전, 학령기 어린이 사역자들의 멘토로도 활약하고 있다.

리처드 로스 박사 리처드 로스라는 이름은 미국 전역에서 청소년 사역과 동의어를 이룬다. 라이프웨이 기독 자료^{LifeWay Christian Resources}의 고문인 로스 박사는 트루 러브 웨이츠^{True Love Waits} 운동은 물론 미국 전역에서 이루어지는 여러 청소년 사역 운동들을 창시한 사람들 중 하나이다. 2000년 이후 로스 박사의 사역 기초는 사우스웨스턴 침례신학대학원 교수였고 이곳에서 그는 한 세대의 청소년 사역 리더들을 훈련시켰으며 대학원 훈련과 청소년 사역 리더십을 위한 몇 권을 책을 펴냈는데『청소년 사역과 그리스도의 위대하심』^{Student Ministry and the Supremacy of Christ},『평생 지속되는 청소년 사역』^{Youth Ministry That Lasts a Lifetime}이 포함된다.

폴 스터츠 박사 복음과 제자 훈련을 위한 기반으로 오락 활동 사역은 폴 스터츠가 열정을 느끼는 분야이다. 스터츠 박사는 오클라호마와 텍사스의 교회들에서 오락 활동 사역을 해왔고 10년 넘게 사우스웨스턴 침례신학대학원의 오락 활동 및 유산소 운동 센터를 감독했다. 지금은 사우스웨스턴 행정, 오락 활동 교수인 스터츠 박사는 교회 리더들이 영적 발달의 전반적인 전략 안에서 오락 활동의 중요성을 인지하도록 이들을 훈련하여 '자신이 설교하는 바를 [계속해서] 실천'하고 있다.

브라이언 해인스 목회학 박사 오늘날 가정 사역에서 가장 강력하고 영향력 있는 목소리들 중 하나이다. 『쉬프트』Shift, 『유산의 길』The Legacy Path, 『냉혹한 양육』Relentless Parenting의 저자이자 유산 표석Legacy Milestones 모형의 창시자인 브라이언은 부모가 이들의 가정에서 영적 리더이자 디사이플러가 될 수 있도록 이들을 불러내는 일의 비전과 방향을 교회에 제시해 왔다. 브라이언은 텍사스 리그 시티에 위치한 베이 에어리어교회Bay Area Church의 담임목사로 교회가 가정과 함께하는 사역을 통해 지상 대명령을 성취하도록 양육하고 있다. 여기에 덧붙여 미국 전역의 가정 사역 콘퍼런스의 강사로도 인기가 높다.

스캇 플로이드 박사 선임 연구원이자 교수로 텍사스 어빙 소재 B. H. 캐롤신학원B. H. Carroll Institute의 상담 프로그램 석사 과정을 감독하고 있다. 지난 사십여 년 동안 플로이드 박사는 B. H. 캐롤과 사우스웨스턴 침례신학대학원, 하딘 시몬스대학Hardin Simmons University, 그 외에도 전 세계 다른 기관들에서 크리스천 상담사들과 심리학 전공 학생들을 훈련해왔다. 또한 전문 결혼 가정 치료사LMFT이기도 한 플로이드 박사는 텍사스 포트워스의 트래비스 애비뉴 침례교회Travis Avenue Baptist Church에서 상담 사역자로도 섬기고 있다.

역자 후기

나의 가정에도 하나님의 나라가 임하게 하라

크리스 셜리 박사와 가정 사역을 만나다

번역자는 한국의 한 교단 교육원에서 3년 동안 교재개발에 참여하여 일한 경험이 있다. 대부분의 기독교 교육기관과 비슷하게, 쉬는 날 없이 새벽부터 밤 늦은 시간까지 교회를 위해 자료를 개발하는 일을 했다. 그 후 3년 동안 서울에 소재한 한 지역 교회에서 부교역자로서 개발했던 교육 자료들을 직접 가르쳤다. 다른 교회의 사역자들처럼 새벽 4시부터 저녁 10시까지 바쁘게 사역에 매진하였다. 이 시기를 지나는 동안 역자는 결혼했고, 자녀들이 태어났다. 그렇게 6년이 지나자 약간의 탈진 증상이 왔다. 마침 사우스웨스턴 신학교에 와서 공부할 기회를 얻었는데, 이 곳에서 공부하면서 크리스 셜리 박사를 만나 가정 사역에 대해서 배우게 되었다. 역자는 지금까지 하나님 나라를 위해서 열정적으로 헌신했음에도 불구하고, 뭔가 정말 중요한 것을 놓쳤다는 것을 깨달았다. 하나님께서 가정에 주신 분명한 명령에 순종하는 것을 놓친 것이다. 가정 사역에 대해서 배운 후에, 역자의 시각이 180도 달라졌고, 삶에서 경험해보지 못했던 가정 사역을 집에서 실천하느라 고군분투했다. 가정 사역에 대한 배움은 나의 가정을 하나님께서 다스리시는 교회 같은 가정으로 바꾸어 놓았다.

그리스도의 참된 제자, 크리스 셜리 박사

역자는 5년 동안 크리스 셜리 박사에게 배울 수 있는 기회를 가졌다. 현재 역자와 크리스 셜리 박사와의 관계는 영적 아버지와 아들의 관계이다. 역자는 가까이에서 꽤 오랫동안 크리스 셜리 박사의 가르침을 들었고, 대화하고, 식사하며, 학생들을 대하는 태도를 지켜보았다. 역자는 크리스 셜리 박사가 예수님의 참된 제자인 것을 눈으로 보았다. 그는 예수님과 지속적인 관계 속에서 교수사역을 했고, 이를 통해 많은 사역자들을 예수님의 참된 제자로 세우기 위해 노력했다. 3년이 넘는 시간 동안 조교로 일했지만, 그가 교수라는 이유로 조교인 역자에게 자신의 위치를 남용하는 것은 단 한번도 경험해보지 못했다. 그는 나를 영적인 아들로서, 형제로서, 그리고 박사과정을 졸업한 지금에는 심지어 동등한 동역자로서 대해 주었다.

나의 가정에도 하나님의 나라가 임하게 하라

저자는 크리스 셜리 박사의 '제자훈련 전략 세우기'Strategies for Disciple Making 라는 수업을 3년 동안 조교로 섬기면서, 가정 사역과 제자훈련에 대해서 배울 수 있는 특권을 얻었다. 크리스 셜리 박사에게 배우고 박사과정을 졸업하면서, 역자는 이 책이 한국어로 번역되는 일을 미룰 수 없었다. 하나님께서 크리스 셜리 박사를 통해서 가정 사역과 관련한 성경적, 실천적, 목회적인 지혜들을 많이 기록케 하셨기 때문이다. 예상하건대, 많은 목회자들과 교회의 직분자들은 성경적인 부모됨을 직접 눈으로 보고 삶에서 체험한 경험이 적을 것이다. 그러나 이 책을 통해서 독자들은 성경 안에 기록된 가정 사역과 관련한 주요 개념들을 정리할 수 있다. 부모의 리더십 Spiritual Leadership, 부부 관계 안에 들어있는 하나님의 놀라운 계획 Marriage Relationship Designed by God, 가정으로서의 교회 Church as God's Family, 교회로서의 가정 Family as Church, 가정 사역과 관련한 여러 모델들 Family Ministry Models, 그리고 보완적인 측면에서 필자가 제시하는 공유된 사역으로써 가정 사역의 모델 Shared Ministry Model을 이해할 수 있다. 이러한 성경적인 개념들을 이해하고 겸손히 하나님의 도우심을 구한다면, 우리 가정에도 하나님의 나라가 임하고, 교회가 하나님의 가족이 되는 것을 경험할 것이다. 특별히 우리가 그토록 소중하게 여기는 가정에서 변화를 보게 될 것이다.

번역은 가능하면 의역보다는 직역하여 표현했다. 가능하면 저자가 가지고 있는 원래의 표현과 생각이 드러나도록 노력했다. 그러나 반드시 의역하여 표현해야 하는 독특한 영어문장의 경우 역자주에 그 의미를 설명하거나, 의역하여 표현했다. 나는 장혜영 박사님으로부터 번역과 관련한 많은 지혜와 조언을 얻었다. 나는 이 책을 장혜영 번역가와 함께 일할 수 있어서 매우 기쁘다. 나는 이 번역서를 나의 영적인 아버지인 크리스 셜리 박사와 사랑하는 나의 가족 아내 이슬기와 자녀 민건, 민의, 민호에게 바친다.

2022년 12월 10일
포트워스 Avoca Coffee에서
김성완

미주

1장

1 Christian Smith, *Souls in Transition: The Religious & Spiritual Lives of Emerging Adults* (New York, NY: Oxford University Press, 2009), 108-11.

2 Barna Group, "Does Having Children Make Parents More Active Churchgoers?" 24 May 2010. https://www.barna.org /barna-update/family-kids/391-does-having-chil- dren-make-parents-more-active-churchgoers#.VNU_K_nF-wQ.

3 LifeWay Research, "Parents Look Inward Not Upward for Guidance," 24 March 2009. http://www.lifewayresearch.com/2009/03/24/parents-look-inward-not-upward-for- guidance/.

4 Charles M. Sell, *Family Ministry* (Grand Rapids, MI: Zondervan, 1981), 137.

5 같은 책., 14.

6 같은 책., 140-41.

7 Diana R. Garland, *Family Ministry: A Comprehensive Guide* (Downer's Grove, IL: InterVarsity, 1999), 374.

8 Ed Stetzer, "Dropouts and Disciples: How many students are really leaving

the church?" *Christianity Today* (14 May 2014); http://www.christianitytoday. com/edstetzer/2014/ may/dropouts-and-disciples-how-many-students-are-really-leaving.html?paging=off.

9 Robert Wuthnow, *After the Baby Boomers: How Twenty-and Thirty-Somethings Are Shaping the Future of American Religion* (Princeton, NJ: Princeton University Press, 2007), 52.

10 같은 책., 55.

11 Paul Renfro, Brandon Shields, and Jay Strother, *Perspectives on Family Ministry: 3 Views,* Timothy Paul Jones, ed. (Nashville, TN: B&H Academic, 2009). The leading proponents of family ministry among evangelical churches are described and catego- rized according to their ministry philosophy.

12 같은 책., 40.

13 같은 책., 52.

14 같은 책.

15 같은 책.

16 Brian Haynes, *Shift: What It Takes to Finally Reach Families Today* (Loveland, CO: Group, 2009). RANSLATOR COP

17 Robert Lewis, *Raising a Modern Day Knight: A Father's Role in Guiding His Son to Au- thentic Manhood* (Colorado Springs, CO: Focus on the Family, 2007). Pam Farrell, *Raising a Modern Day Princess* (Colorado Springs, CO: Focus on the Family, 2009).

18 This definition was created by the faculty of the Human Growth and Development division of the Terry School of Church and Family Ministries at Southwestern Baptist Theological Seminary in 2010.

19 Taken from *God, Marriage, and Family: Rebuilding the Biblical Foundation* by Andreas J. Köstenberger, © 2004, pp. 89-90. Used by permission of Crossway, a publishing ministry of Good News Publishers, Wheaton, IL 60187, www.crossway.org.

20 Mark Liederbach, "Manliness and the Marital Vow," in *Journal for Biblical*

Manhood and Womanhood 9/2 (Fall 2004): 6. Liederbach defines the purpose of marriage is for "husband and wife to unite and fulfill the divinely given task, so that the glory of God may be known throughout the earth."

21 Southern Baptist Convention, "The Baptist Faith and Message (2000)." http://www.sbc.net/bfm2000/bfm2000.asp. The Southern Baptist Convention has included a biblical definition of family in article XVIII of the Baptist Faith and Message.

22 Wendy Wang and Kim Parker, "Record Share of Americans Have Never Married," *Pew Research Center* (24 September 2014). http://www.pewsocialtrends.org/2014/09/24/re- cord-share-of-americans-have-never-married/.

23 Social Trends Institute, "Why do marriage and fertility have to do with the economy," 2009; http://sustaindemographicdividend.org/articles/international-family-indicators/ global-family-structure.

24 Lee Kuan Yew, "Warning Bell for Developed Countries: Declining Birth Rate," Forbes (16 October 2012). http://www.forbes.com/sites/currentevents/2012/10/16/warning- bell-for-developed-countries-declining-birth-rates/.

25 Centers for Disease Control, "Births: Final Data for 2015," *National Vital Statistics Re- port* 66, no. 1 (5 January 2017). https://www.cdc.gov/nchs/data/nvsr/nvsr66/nvsr66_01.pdf.

26 Jane D. Bock "Single mothers by choice: From here to maternity," *Journal of the Motherhood Initiative for Research and Community Involvement* 3, no. 1 (2001).

27 John Berman and Enjoli Francis, ABC News, "What Makes a Family: Children Say Many Americans." http://abcnews.go.com/WN/defines-family-children-ameri- cans-survey/story?id =1164469.

28 J. Herbie DiFonzo, "How Marriage Became Optional: Cohabiting, Gender, and the Emerging Functional Norms," in *Rutgers Journal of Law & Public Policy*, 8:3 (Spring 2011): 543-44.

29 Jonathan Turley, "Polygamy laws expose our own hypocrisy," *USA Today*, 3 October 2004; http://usatoday30.usatoday.com/news/opinion/columnist/2004-10-03-turley_x.htm. RANSLATOR COP

30 William Smith, *Families and Communes: An Examination of Nontraditional Lifestyles* (Thousand Oaks, CA: SAGE, 1999), 128-29.

31 Sell, Family Ministry, 29.

32 G. Campbell Morgan, "The Church: The Pillar and Ground of Truth," www.gcampbell-morgan.com/sermons/216.html Morgan.

33 James Long, *Marriage Partnership*, vol. 7 no. 3. Quoted in Preaching Today, http://www.preachingtoday.com/illustrations/1997/december/3543.html

34 Graham Kendrick, *Leadership*, vol 15. No 2. (Spring 1994): 65.

35 Nearly 80% of the occurrences of the word "church" (*ecclesia*) in the New Testament identify a local congregation or refer to multiple congregations within a particular region.

36 Mark Dever, *The Church: The Gospel Made Visible* (Nashville, TN: B&H Academic, 2012), 54.

37 Taken from *Biblical Foundations for Baptist Churches: A Contemporary Ecclesiology* Crisis Counseling: A Guide for Pastors and Professionals © Copyright 2005 by John S. Hammett. Published by Kregel Publications, Grand Rapids, MI. Used by permission of the publisher. All rights reserved.; and Dever, *The Church*, 58.

38 Lesslie Newbigin, *Mission in Christ's Way: A Gift, a Command, an Assurance* (New York, NY: Friendship Press, 1988)

39 Chris Shirley, "It Takes a Church to Make a Disciple," *Southwestern Journal of Theology* 50, no. 2 (Spring 2008): 212.

40 Morlee Maynard, *We're Here for the Churches: The Southern Baptist Convention Entities Working Together* (Nashville, TN: LifeWay, 2001), 11.

41 James Strong, *Strong's Expanded Exhaustive Concordance of the Bible* (Nashville, TN: Thomas Nelson, 2009), s.v. "ministry."

42 Shirley, "It Takes a Church." The foregoing discussion was part of a larger

section in this article.

43 Gary C. Newton, *Growing Toward Spiritual Maturity* (Wheaton, IL: Evangelical Training Association, 1999), 15.

44 같은 책.

45 Michael J. Wilkins, *Following the Master: A Biblical Theology of Discipleship* (Grand Rapids, MI: Zondervan, 1992), 105-18.

46 같은 책., 35.

47 -ship. *American Heritage Dictionary of the English Language,* 4th ed., s.v. "-ship." http:// dictionary.reference.com/browse/-ship

48 같은 책.

2장

1 Taken from *Redeeming Singleness: How the Storyline of Scripture Affirms the Single Life* by Barry Danylak, © 2010. Used by permission of Crossway, a publishing ministry of Good News Publishers, Wheaton, IL 60187, www.crossway.org. The author points out the importance of family lineage and land in moving forward the narrative of God's plan in the Old Testament. Danylak proposes that God's plan for the world was initiated through families. 저자는 구약성경에서 하나님의 계획에 대한 이야기를 진행하는 데 있어 가족 혈통과 땅의 중요성을 지적한다. 다닐락(Danylak)은 세상을 위한 하나님의 계획이 가족을 통해 시작되었다고 제안한다.

2 Simon Chan, "Why We Call God 'Father'", Christianity Today, 13 August 2013. http:// www.christianitytoday.com/ct/2013/july-august/why-we-call-god-father.html.

3 Danylak, *Redeeming Singleness*. The author makes the case that after the coming of Jesus and the establishment of the church, God used a spiritual rather than physical family to move forward His plan. 저자는 예수님께서 이 땅에 오시고 교회가 세워진 후, 하나님께서 자신의 계획을 추진하기 위해 물리적인 가정이 아닌 영적인 가정을 사용하셨다고 주장한다.

4 Cheryl Anne Cox, *Household Interests: Property, Marriage Strategies, and*

Family Dynamics in Ancient Athens (Princeton, NJ: Princeton Legacy Library, 1998), 132.

5 같은 책.

6 Taken from *Biblical Foundations for Baptist Churches: A Contemporary Ecclesiology* © Copyright 2005 by John S. Hammett. Published by Kregel Publications, Grand Rapids, MI. Used by permission of the publisher. All rights reserved.

7 같은 책., 33.

8 Mark Dever, *The Church: The Gospel Made Visible* (Nashville, TN: B&H Academic, 2012), 12.

9 Andreas Köstenberger, *Marriage and the Family: Biblical Essentials* (Wheaton, IL: Crossway, 2012), 86.

10 같은 책., 89-90.

11 Bethlehem Baptist Church, "The Meaning of Membership and Church Accountability." http://www.desiringgod.org/articles/the-meaning-of-membership-and-church-ac- countability).

12 Charles W. DeWeese, *Baptist Church Covenants* (Nashville, TN: Baptist Sunday School Board, 1990), viii.

13 Dever, *The Church*, 115.

14 The Village Church, Membership Covenant. https://www.tvcresources.net/resource- library/articles/membership-covenant. © 2017 The Village Church. All rights reserved. Used by permission.

15 Paul Renfro, Brandon Shields, and Jay Strother, *Perspectives on Family Ministry: 3 Views*, Timothy Paul Jones, ed. (Nashville, TN: B&H Academic, 2009), 34.

16 Janice Haywood, *Enduring Connections: Creating a Preschool and Children's Ministry* (St. Louis, MO: Chalice Press), 16.

17 Ephraim Emerton, Trans. *The Letters of Saint Boniface* (New York, NY: Columbia University Press, 2000), 116.

18 Thom Rainer, "The Main Reason People Leave a Church," 21 January 2013. http:// thomrainer.com/2013/ 01/21/the-main-reason-people-leave-a-church/.

19 James Strong, *Strong's Expanded Exhaustive Concordance of the Bible* (Nashville, TN: Thomas Nelson, 2009), s.v. ἡγούμενοι.

20 같은 책., s.v. χαριζόμενοι.

21 같은 책., s.v. ὑποτάσσω.

22 같은 책., s.v. διδάσκοντες, νουθετοῦντες.

23 같은 책., s.v. χρηστός.

24 같은 책., s.v. εὔσπλαγχνοι.

25 Hammett, *Biblical Foundations*, 125.

3장

1 C. M Lau, S. W. McDaniel, and L. Busenitz, "Growth in Non-Profit Organizations: The Effects of Leadership and Marketing Communication in Churches," *Journal of Managerial Issues* (Fall 1993): 422-40. Bob Whitesel, "Why New Churches Should Have Broad Appeal," http://www.indwes. edu/seminary/resources/docs/Why-New-Churches-Should-Have-Broad-Appeal (pdf).

2 Paul Renfro, Brandon Shields, and Jay Strother. *Perspectives on Family Ministry: 3 Views*, Timothy Paul Jones ed. (Nashville, TN: B&H Academic), 52.

3 같은 책.

4 Taken from *Family Driven Faith: Doing What It Takes to Raise Sons and Daughters Who Walk With God* by Voddie Baucham, © 2007. Used by permission of Crossway, a publishing ministry of Good News Publishers, Wheaton, IL 60187, www.crossway.org.

5 Grant Osborne, gen ed., *Acts*, Life Application Bible Commentary (Carol Stream, IL: Tyndale House, 1999), 281. Although household conversions likely included Lydia's children, employees, and servants, "only those who truly had come to believe in Christ were baptized." 이 가정의 회심에는 루디아

의 자녀들, 일꾼들, 종들이 포함되었을 가능성이 있지만, "진심으로 예수님을 믿게 된 사람들만 세례(침례)를 받았다."

6 Acts 16:11-15, *IVP Commentary*, https://www.biblegateway.com/resources/ivp-nt/Di-vinely-Opened-Heart.

7 Ben Witherinton III, *The Acts of the Apostles: A Socio-Rhetorical Commentary* (Grand Rapids, MI: William B. Eerdmans, 1998), 493.

8 John B. Polhill, *Acts*, New American Commentary (Nashville, TN: Broadman, 1992), 356.

9 Marty King, "Number of SBC Churches Increased Last Year; Members, Attendance and Baptisms Declined," www.lifeway.com/Article/news-2012-southern-baptist-annu- al-church-profile-report (6 June 2013).

10 Timothy George, "Troubled Waters," www.firstthings.com/web-exclusives/2014/06/ troubled-waters (2 June 2014).

11 W. Oscar Thompson, Jr., *Concentric Circles of Concern* (Nashville, TN: Broadman Press, 1981), 22.

12 같은 책., 21.

13 Randy Newman, *Bringing the Gospel Home: Witnessing to Family Members, Close Friends, and Others Who Know You Well* (Wheaton, IL: Crossway, 2011), 40-41.

14 Alan Hirsch, "Defining Missional," *Leadership Journal*, www.christianitytoday.com/le/2008/fall/ 17.20.html?start=2 (Fall 2008).

15 LifeWay Christian Resources, "Transformational Research Identifies Eight Attributes of Growing Disciples," http://www.lifeway.com/Article/transformational-research-at- tributes-of-growing-disciples (2 July 2012).

16 Dick Gruber, "Families Serving Together," in *Collaborate*, Michael Chanley, ed. (Louisville, KY: Ministers Label, 2010), 47-48.

17 HomePoint ministry (www.homepoint.org) offers a wide array of family ministry resources as well as a plan for distribution through a church-based resource center. 홈포인트(HomePointe ministry, www.homepoint.org) 사역 기관은 다양한 가정 사역의 자료들을 제공할 뿐 아니라 교회에 기반한 자원 센터

를 통해서 자료의 나눔을 위한 계획도 제공한다.

18 One example includes the "milestones" approach—equipping parents to lead their children through significant life events—developed by Brian Haynes in *Shift: What It Takes to Finally Reach Families Today* (Colorado Springs, CO: Group, 2009) and *The Legacy Path: Discover Intentional Spiritual Parenting* (Nashville, TN: Randall House, 2011).

19 John Ortberg, "Is the era of age segregation over: An interview with Kara Powell," *Leadership Journal* (Summer 2009), www.christianitytoday.com/le/2009/summer/istheer- aofagesegmentationover.html?start=2.

20 Stephanie Langford, *Keeper of the Home* (January 2008), www.keeperofthehome.org/2008/01/the-role-of-the-family-in-ministering-to-those-around-us.html.

21 Doug Phillips, "The Doctrine of the Christian Household," *HSB Connections* (February 2003), www.homeschoolbuilding.org/Item.php3?id=1475.

4장

1 가정 사역의 발전(전체 정의를 위해서 1장을 살펴보라)은 교회론이 성경에 기초하여 잘 세워졌는지 여부에 따라 달려 있다.

2 Gary M. Burge, *The NIV Application Commentary: John* (Grand Rapids, MI: Zondervan), 91.

3 같은 책. 와인은 혼주가 결혼식 손님들에게 드리는 선물을 의미했다. "이것은 단순히 당황스러운 상황인 것만은 아니었다. 그 상황은 혼주에게 있어서 치욕스러운 위기였다."

4 Robert H. Stein, : *Luke, The New American Commentary* Vol. 24. (Nashville, TN: B&H, 1993), 293, 453. 스테인(Stein)은 "1세기에 있어서 어린이는 중요하지 않았고, 사회에 있어서 가장 약한 구성원이어서 가장 보잘 것 없는 자로 보였다." 누가복음 18장 16절과 9장 37-43에서 우리는 어린아이에 대한 예수님의 태도가 당시 널리 퍼져 있는 관점과 전혀 다르다는 것을 발견한다(누가복음 18장 15절에서 제자들이 보이는 예를 보라).

5 같은 책., 397. 스테인(Stein)은 마태복음 10장 37절로 돌아가서 증오의 의미 또는 가족을 더 적게 사랑하라는 의미를 밝힌다: 그리스도께 자기 자신을 드린 사람은

이웃과 가족을 위하여 더 큰 사랑을 행할 수 있지만" 그러나 그리스도께 대한 그들의 충성하는 마음은 현재 가족들의 중요성을 내려놓게 할 수 있다. 실제로 생물학적 가족들은 우리가 그리스도와 그들의 영적 형제 자매에 충성하는 것 보다는 생물학적 가족에 집중하도록 요구한다.

6 Albert Y. Hsu, *Singles at the Crossroads: A Fresh Perspective on Christian Singleness* (Downers Grove, IL: IVP, 1997), 36.

7 Burge, *The NIV Application Commentary: John*, 528. 어머니 마리아가 십자가 앞에 있었을 때, 마리아의 생물학적인 자녀들은 부재했다. 사실 그들은 그전에 예수님을 배신했고(요 7:5), 이러한 상황은 십자가에서 예수님이 말씀하신 선언의 중요성을 강조한다. 즉, 사도 요한은 예수님의 먼 친척 중 하나였지만(외사촌 관계, 역자주), 마리아에게는 영적인 아들이었기 때문에 그는 그리스도에게 있어서 더 중요했다.

8 John Piper, "The Third Word from the Cross," *Desiring God*, http://www.desiringgod.org/sermons/the-third-word-from-the-cross, April 9, 1982.

9 Greg Ogden, *Unfinished Business: Returning the Ministry to the People of God* (Grand Rapids, MI: Zondervan, 2003), 50.

10 같은 책., 133.

11 James F. Stitzinger, "Spiritual Gifts: Definitions and Kinds," *The Master's Seminary Journal* 14/2 (Fall 2003) 161.

12 앞의 논의는 성경에 언급된 모든 은사를 설명하지 않고 가족에 대하여, 가족과 함께, 가족을 통한 사역과 특히 관련이 있는 은사만을 설명할 것이다.

13 Barbara Leonhard, "Hospitality in Third John," *The Bible Today* 25:1 (January 1987):11.

14 Dennis Williams, "Recruiting, Training, and Motivating Volunteers," in *Introducing Christian Education: Foundations for the Twenty-first Century*, Michael J. Anthony, gen. ed. (Grand Rapids, MI: Baker Academic, 2001), 168.

15 Ken Hemphill, *You are Gifted: Your Spiritual Gifts and the Kingdom of God* (Nashville, TN: B&H, 2009) 194.

16 같은 책., 195.

17 Ogden, *Unfinished Business,* 180. The author quotes Gordon Crosby's definition of the church as "a gift-evoking and a gift-bearing community."

18 Hemphill, *You Are Gifted,* 194-96. 헴필은 영적인 은사 목록을 사용하되 기도, 열정, 개인적 성취, 몸된 교회로부터의 확인, 사역 경험과 함께 사용할 것을 권장한다.

19 U. S. Census Bureau, *The Majority of Children Live with Two Parents,* Census Bureau Reports (17 November 2016), https://www.census.gov/newsroom/press-releases/2016/ cb16-192.html.

20 Luke Roziak, "Fathers Disappear from households across America," *The Washington Times,* 25 Dec 2012.

21 Richard and Leona Bergstrom, "Breaking the Boomer Code," *Re-Ignite* August 13, 2014 http://re-ignite.net/breaking-boomer-code/.

22 Richard Fry, "A Rising Share of Young Adults Live in Their Parents' Home," *Pew Research Center Social and Demographic Trends,* 01 August 2013, http://www.pewsocial- trends.org/2013/08/01/a-rising-share-of-young-adults-live-in-their-parents-home/. Christine Facciolo, "More than 2.5 million grandparents take on the role of parent," *USA Today,* 12 April 2012. http://usatoday30.usatoday.com/news/health/wellness/sto- ry/2012-04-12/rise-of-granparents-grandfamilies/54206854/1.

23 Lilly Endowment, Inc. "Aging Congregations May Be Churches' Biggest Concern," *Insights Into Religion,* http://religioninsights.org/aging-congregations-may- be-church%E2%80%99s-biggest-worry.

24 Richard and Leona Bergstrom, "Breaking the Boomer Code."

5장

1 이번 장에서 모든 성경구절은 ESV (English Standard Version) 버전을 사용하였다.

2 교회와 가정을 연결하는 일반적인 제자훈련의 예를 다음 사이트에서 살펴보라: www.legacymilestones.com

3 '4B' 영이라는 뜻은 원래 브루스 웨슬리(Bruce Wesley)가 그의 교회(Clear Creek Community Church)에서 만든 단어로서 우리 교회의 지역적인 사역의 맥락을

설명하기 위해서 차용했다. 이 지역은 휴스턴 시에 위치한 남동쪽 Harris 구와 Galveston 구를 포함한다. 네 개의 B는 다음과 같은 구역을 의미한다: Beltway to the Beach (북쪽에서 남쪽으로) and Bay to Brazoria County (동쪽에서 서쪽으로).

6장

1 Pamela Paul, *The Starter Marriage and the Future of Matrimony* (New York, NY: Random House, 2003).

2 National Center for Health Statistics, Center for Disease Control and Prevention, "National Marriage and Divorce Rate Trends," *National Vital Statistics System* (23 November 2015). https://www.cdc.gov/nchs/nvss/marriage_divorce_tables.htm.

3 The Barna Group, "New Marriage and Divorce Statistics Released," *Barna* (31 March 2008). https://www.barna.com/research/new-marriage-and-divorce-statistics-released.

4 National Center for Health Statistics, Center for Disease Control and Prevention, "National Marriage and Divorce Rate Trends," *National Vital Statistics System* (23 November 2015). https://www.cdc.gov/nchs/nvss/marriage_divorce_tables.htm.

5 James Sells and Mark Yarhouse, *Counseling Couples in Conflict* (Downers Grove, IL: IVP Academic, 2011), 18.

6 All Scripture references in this chapter are from the NASB.

7 Richard M. Davidson, *Flame of Yahweh* (Peabody, MA: Hendrickson, 2007), 505-506.

8 Scott Stanley, Daniel Trathan, Savanna McCain, and Milt Bryan, *A Lasting Promise: The Christian Guide to Fighting for Your Marriage*, rev. ed. (San Francisco, CA: Jossey-Bass, 2014), 9.

9 Archibald Hart and Sharon Hart Morris, *Safe Haven Marriage* (Nashville, TN: W Publishing Group, 2003), 29.

10 John Gottman, *The Science of Trust* (New York, NY: W.W. Norton and

Company, 2011), 76-77. RANSLATOR COP

11 Taken from Crisis Counseling: A Guide for Pastors and Professionals © Copyright 2008 by Scott Floyd. Published by Kregel Publications, Grand Rapids, MI. Used by permission of the publisher. All rights reserved.

7장

1 David Prince, "Why Christian parents should not want good, happy, safe kids," ERLC, 11 Oct 2013, https://erlc.com/article/why-christian-parents-should-not-want-good- happy-safe-kids. Nelson Price, "The Submitted Wife—The Committed Husband," March 2006 http:// www.nelsonprice.com/2006/03/.

2 Lou Priolo, *The Heart of Anger* (Amityville, NY: Lou Priolo and Calvary Press, 1997), 21-46.

3 Dorothy Kelley Patterson, *The Family: Unchanging Principles for Changing Times* (Nashville, TN: B&H, 2002) 172.

4 Michael Bayne, "Helping Families Serve Together," *Church Leaders*, http:// www. churchleaders.com/ youth/youth-leaders-blogs/154823-michael_bayne_helping_families_serve_together.html.

5 Kevin DeYoung and Ted Kluck. *Why We Love the Church: In Praise of Institutions and Organized Religion* (Chicago, IL: Moody, 2009), 203.

6 Liuan Huska, "It Takes a Church to Raise a Child," *Christianity Today*, 15 March 2013, http://www.christianitytoday.com/women/2013/march/it-takes-church-to-raise-child. html?start=2.

7 Amy Bardsley, "Research Suggests Children of Divorce More Likely to End Their Own Marriages," 6 Feb 2006, http://www.unews.utah.edu/old/p/021406-20.html.

8 같은 책.

9 Julie Baumgardner, "The Legacy of Divorce, First Things First," http:// firstthings.org/ the-legacy-of-divorce.

10 Leslie Leyland Fields, "The Myth of the Perfect Parent," *Christianity Today*

vol. 54, no.1 (January 2010), 22.

11 James Dobson, *Parenting Isn't for Cowards* (Carol Stream, IL: Tyndale Momentum, 2007), 16.

8장

1 Edgar Goodspeed, *The Meaning of Ephesians* (Chicago, IL: The University of Chicago Press, 1933), 64-65.

2 George Buttrick, *The Interpreter's Bible* (New York, NY: Abingdon Press, 1953), 732.

3 Clifton Allen, Editor, *The Broadman Bible Commentary*, Volume 11 (Nashville, TN: Broadman Press, 1971), 339.

4 Jeff Myers and David Noebel, *Understanding the Times: A Survey of Competing Worldview* (Manitou Springs, CO: Summit Ministries, 2015), 6.

5 같은 책, 6.

6 Ann Epstein, *The Intentional Teacher: Choosing the Best Strategies for Young Children's Learning* (Washington, D.C.: National Association for the Education of Young Children, 2014), 5.

7 Ann Epstein, "Making Sense of Intentional Teaching," *Children's Services Central*, 2012, http://www.cscentral.org.au/Resources/intentional-teaching-web.pdf, 5, accessed August 15, 2015.

8 Epstein, *The Intentional Teacher*, 1.

9 Thomas Sanders and Mary Ann Bradberry, *Teaching Preschoolers* (Nashville, TN: LifeWay Press, 2001), 22.

10 John Trent, Rick Osborne and Kurt Bruner, *Parents' Guide to the Spiritual Growth of Children* (Wheaton, IL: Tyndale House Publishers, 2000), 21.

11 Donald Whitney, *Spiritual Disciplines for the Christian Life* (Colorado Springs, CO: Navpress, 1991), 17.

12 같은 책.

13 Vernie Love, *Spiritual Disciplines for Children* (Lafayette, CO: Character of

Choice, 2012), 23.

14 Archbishop Anthony Bloom, *Beginning to Pray* (London: Collins Fontana Books, 1964), 26.

15 Betty Shannon Cloyd, *Children and Prayer* (Nashville, TN: The Upper Room, 1997), 24.

16 Cloyd, *Children and Prayer*, 30.

17 같은 책.

18 Cloyd, *Children and Prayer*, 23.

19 Rick Osborne, *Teaching Your Child How to Pray* (Chicago, IL: Moody Press, 2000), 59.

20 Cloyd, *Children and Prayer*, 72.

21 J. I. Packer, *Praying the Lord's Prayer* (Wheaton, IL: Crossway, 2007), 22-23.

22 같은 책, 77.

23 William Barclay, *The Lord's Prayer* (Louisville, KY: Westminster John Knox Press, 1998), 96.

24 Packer, *Praying the Lord's Prayer*, 31.

25 Gospel Light, *Children's Ministry Smart Pages* (Ventura, CA: Gospel Light, 2004), 189.

26 Whitney, *Spiritual Disciplines for the Christian Life*, 42-45.

27 Dallas Willard, "Spiritual Formation in Christ for the Whole Life and Whole Person," *Vocation*, Vol. 12, no. 2, Spring 2001, 7.

28 Bill Emeott, "Scripture Memory with Kids," LifeWay, November 6, 2009, accessed August 25, 2016, http://www.lifeway.com/kidsministry/2009/11/06/scripture-memory-with-kids/.

29 같은 책.

30 같은 책.

31 같은 책.

32 Gospel Light, *Children's Smart Pages*, 189.

33 Whitney, *Spiritual Disciplines for the Christian Life*, 86.

34 Kay Henry, *When I go to Church*, (Nashville, TN: LifeWay Press, 2011), 24.

35 같은 책.

36 같은 책.

37 Paula Stringer and James Hargrave, *Crayons, Computers, and Kids* (Nashville, TN: Convention Press, 1997), 16.

38 Love, *Spiritual Disciplines for Children*, 99-100.

39 Whitney, *Spiritual Disciplines for the Christian Life*, 142.

40 같은 책.

41 Thomas Lea, *The New Testament, Its Background and Message* (Nashville, TN: Broadman and Holman, 1996), 253.

42 Whitney, *Spiritual Disciplines for the Christian Life*, 144.

43 LifeWay, *Growing in God's Word: Levels of Biblical Learning* (Nashville, TN: LifeWay Press, 2015).

44 Love, *Spiritual Disciplines for Children*, 96.

45 LifeWay, *Growing in God's Word: Levels of Biblical Learning*.

46 같은 책.

47 John Trent, Rick Osborne, and Kurt Bruner, *Teaching Kids about God* (Wheaton, IL: Tyndale House Publishers, 2000), 3.

48 Thomas Sanders, *When Can I?* (Nashville, TN: B&H, 2002), 4.

49 LifeWay, *Kids Ministry 101* (Nashville, TN: LifeWay Christian Resources, 2009), 7.

9장

1 Henry Blackaby, "Guiding the family in times of uncertainty" Baptist Press (Atlanta, GA: July 6, 2004).

2 Glen Schultz, *Kingdom Education* (Nashville, TN: LifeWay Press, 2002), 38.

3 같은 책, 46.

4 Tom Elliff and Robert Witty, *In Their Own Words* (Nashville, TN: Broadman and Holman, 2003).

5 Gary Smalley, *Love is a Decision* (Dallas, TX: Word Publishing, 1989), 171.

10장

1 Tim and Darcy Kimmel, *Extreme Grandparenting* (Colorado Springs, CO: Focus on the Family, 2007), 65-146.

2 같은 책, 138-43.

3 J. Walker Smith and Ann Clurman, *Generation Ageless: How Baby Boomers are Changing the Way We Live Today...And They're Just Getting Started* (New York, NY: Collins, 2007), 29.

4 같은 책, 59.

5 Emily Brandon, "The Recession's Impact on Baby Boomer Retirement," *U.S. News & World Report* (31 October 2011). https://money.usnews.com/money/retirement/articles/2011/10/31/the-recessions-impact-on-baby-boomer-retirement.

6 Diana Baumrind, "Patterns of Parental Authority and Adolescent Autonomy," *New Directions for Child & Adolescent Development*, Vol. 2005, Issue 108 (Summer 2005): 62-63.

11장

1 Bruce P. Powers, ed. *Church Administration Handbook*, 3ed. (Nashville, TN: Broadman and Holman Academic, 2008),16.

2 Geoffrey Godbey, *Leisure in Your Life: An Exploration*, 6ed. (State College, PA: Venture Publishing, 2003), 73.

3 같은 책, 73-74.

4 Tim Hansel, *When I Relax, I Feel Guilty* (Elgin, IL: David C. Cook Publishing, 1979), 71.

5 같은 책.

6 Sebastian de Grazia, *Of Time, Work, and Leisure* (Garden City, NY: Anchor Books, 1964), 10.

7 같은 책.

8 Hansel, *When I Relax, I Feel Guilty*, 68.

9 Gordon J. Dahl, *Work, Play and Worship* (Minneapolis, MN: Augsburg Publishing House, 1972), 61-62.

10 Leland Ryken, *Redeeming the Time: A Christian Approach to Work and Leisure* (Grand Rapids, MI: Baker Books, 1995), 24.

11 Godbey, *Leisure in Your Life*, 73-4.

12 Michael J. and Sara F. Leitner, *Leisure Enhancement*, 4ed. (Urbana, IL: Sagamore Publishing, 2012), 3.

13 같은 책.

14 Robert H. Welch, Pre-Exile Hebrew Education unit in *EDMIN 3003 Course Presentation Note Guide* (Fort Worth, TX: Southwestern Baptist Theological Seminary, 2007), 9.

15 Robert Jamieson, A.R. Fausset, and David Brown, *Commentary Critical and Explanatory on the Whole Bible* (Grand Rapids, MI: William B, Eerdmans Publishing Company, 1948), 637.

16 Matthew Henry, *Matthew Henry's Commentary on the Whole Bible*, Vol. 1 (Old Tappan, NJ: Fleming H. Revell Company), 751.

17 *John Gills Exposition of the Bible Commentary*, accessed May 06, 2015, www.biblestudy-tools.com.

18 같은 책.

19 Richard Krause, *Recreation and Leisure in Modern Society*, 6ed (Sudbury, MA: Jones and Bartlett Publishers, 2001), 38.

20 M.H. Neumeyer and E. Neumeyer, *Leisure and Recreation in Leisure*, 2ed. By John R. Kelly (Englewood Cliffs, NJ: Prentice-Hall, Inc., 1990), 25.

21 Godbey, *Leisure in Your Life*, 12; DeGrazia, *Of Time, Work, and Leisure* in *Recreation Programming: Designing and Staging Leisure Experiences*, 6ed. by

J. Robert Rossman and Barbara Elwood Schlatter (Urbana, IL: Sagamore Publishing, 2011), 12.

22 Rossman and Schlatter, *Recreation Programming*, 8.

23 Howard E. A. Tinsley and Diane J. Tinsley, "A Theory of the Attributes, Benefits, and Causes of Leisure Experience," *Leisure Sciences*, 8, no. 1 (New York, NY: Crane, Russak and Company, Inc., 1986), 1-45.

24 같은 책., 7.

25 같은 책, 10-11.

26 Ramon B. Zabriskie, "Family Recreation: How Can We Make a Difference," *Parks and Recreation Magazine* (National Recreation and Parks Association Publication, October 2001), 3.

27 Hansel, *When I Relax*, I Feel Guilty, 75.

28 George Sheehan, "Play," in *The Christian at Play*, by Robert K. Johnston (Grand Rapids, MI: William B. Eerdmans Publishing Company, 1983), 31.

29 John Byl, "Coming to Terms with Play, Sport, and Athletics," in *Christianity and Leisure: Issues in a Pluralistic Society*, by Paul Heintzman, Glen E. Van Andel, and Thomas Visker (Sioux Center, IA: Dordt College Press, 2006), 166.

30 Dennis K. Orthner and Jay A. Mancini, "Leisure Impacts on Family Interaction and Cohesion," *Journal of Leisure Research* 22, no. 2 (National Parks and Recreation Association, 1990), 125-137; T. B. Holman and A. Epperson, "Family and Leisure: A Review of the Literature with Recommendations," *Journal of Leisure Research* 16 (National Parks and Recreation Association, 1989), 277-94; B. L. Driver, Perry J. Brown, and George L. Peterson, eds. *Benefits of Leisure* (State College, PA: Venture Publishing, 1991), 292.

31 Sarah Taylor, "Praying, Playing and Happy Families: An Examination of the Relationship Between Family Religiosity, Family Recreation, and Family Functioning" (Masters thesis, Brigham Young University - Provo, 2005), 12.

32 Sarah Taylor Agate, "CFLE in Context: Family Life Education through

Recreation," accessed February 25, 2015, www.ncfr.org.

33 Dennis K. Orthner, "Leisure Activity Patterns and Marital Satisfaction Over the Marital Career," in Driver, Brown, and Peterson, *Benefits of Leisure*, 290; Heather A. Johnson, Ramon B. Zabriskie, and Brian Hill, "The Contribution of Couple Leisure Involvement, Leisure Time, and Leisure Satisfaction to Marital Satisfaction," *Marriage and Family Review*, 40, no. 1, (2006), 284.

34 Lydia Buswell, Ramon B. Zabriskie, Neil Lundberg, and Alan J. Hawkins, "The relationship Between Father Involvement in Family Leisure and Family Functioning: The Importance of Daily Family Leisure," *Leisure Sciences* 34 (Taylor and Francis Group, 2012), 181-82.

35 Christy Huff, Mark Widmer, Kelly McCoy, and Brian Hill, "The Influences of Challenging Outdoor Recreation on Parent-Adolescent Communication," in Taylor, "Praying, Playing and Happy Families," 74.

36 Scholl, McAvoy, and Smith, "Inclusive Outdoor Recreation Experiences of Families That Include a Child with a Disability," in Zabriskie, "Family Recreation: How Can We Make a Difference," 32-34.

37 Ramon B. Zabriskie and Bryan P. McCormick, "The Influences of Leisure Patterns on Perceptions of Family Functioning," in F*amily Relations* 50, no. 3 (Minneapolis, MN: National Council on Family Relations, 2001), 283.

38 Taylor, "Praying, Playing and Happy Families," 13-14.

39 John DeFrain and Sylvia M. Asay, "Strong Families Around the World: An Introduction to the Family Strengths Perspective," in "Family Leisure Satisfaction and Satisfaction with Family Life," by Joel R. Agate, Ramon B. Zabriskie, Sarah Taylor Agate, and Raymond Poff, *Journal of Leisure Research* 41, no. 2 (2009), 205.

40 Couchman, 1988 in The Benefits Catalogue (Gloucester, ON: Canadian Parks/Recreation Association, 1997) in Zabriskie, "Family Recreation: How Can We make a Difference?", 30.

12장

1 Eleanor Barkhorn, "Getting Married Later is Great for College Educated Women," *The Atlantic* (15 March 2013). https://www.theatlantic.com/sexes/archive/2013/03/get- ting-married-later-is-great-for-college-educated-women/274040/.

2 Glenn T. Stanton, "The Christian Divorce Rate Myth: What You've Heard is Wrong," *Baptist Press* (15 February 2011). http://www.bpnews.net/34656.

3 Nicholas Bakalar, "U.S. Fertility Rate Reaches a Record Low" (3 July 2017), *New York Times*. https://www.nytimes.com/2017/07/03/health/united-states-fertility-rate.html.

4 Mark Mather, "Fact Sheet: The Decline in U.S. Fertility," *Population Reference Bureau*, (July 2012). http://www.prb.org/publications/datasheets/2012/world-population-data-sheet/fact-sheet-us-population.aspx.

5 Caitlin Cheadle, "Dropping fertility rates are a threat to the global economy," *Business Insider* (28 November 2016). http://www.businessinsider.com/dropping-fertility-rates-will-affect-the-economy-2016-11.

6 Emma Gray, "A Record Percentage of Women Don't Have Kids. Here's Why That Makes Sense." *Huffington Post* (09 April 2015). http://www.huffingtonpost.com/2015/04/09/ childless-more-women-are-not-having-kids-says-census_n_7032258.html.

7 Catherine Rampell, "Bad news for older folks: Millennials are having fewer babies." *The Washington Post* (04 May 2015). https://www.washingtonpost.com/opinions/among-millennials-theres-a-baby-bust/2015/05/04/c98d5a08-f295-11e4-84a6-6d7c- 67c50db0_story.html?utm_term=.77c5ea0769d2.

8 *Someone Cares* is an after-abortion recovery ministry at Watermark Church in the Dallas/Fort Worth Metroplex. *Surrendering the Secret* from LifeWay Christian Resources is a comprehensive curriculum for use with post-abortion support groups.

9 Markella Rutherford, "Children's Autonomy and Responsibility: An Analysis of Chil- drearing Advice," *Qualitative Sociology* 32 (2009): 343.

10 같은 책.

11 "Spock at 65: Five Ideas That Changed American Parenting," *Time* (14 July 2011). http://healthland.time.com/2011/07/14/65-years-since-spock-five-ideas-that-changed-american-parenting/.

12 Jennifer Moses, "We've Given in to Baby Worship. Ew." *Time* (20 May 2015). http://time.com/3890102/baby-worship/.

13 David Elkind, Ph.D., *The Hurried Child* (Cambridge, MA: Perseus Books Group, 2001), 23-36.

14 Kate Bayless, "What is Helicopter Parenting," *Parents* (2013). http://www.parents.com/parenting/better-parenting/what-is-helicopter-parenting/.

15 Joel L. Young, M.D., "The Effects of 'Helicopter Parenting': How you might be increasing your child's anxiety," *Psychology Today* (25 January 2017). https://www.psychologytoday.com/blog/when-your-adult-child-breaks-your-heart/201701/the-effects-helicopter-parenting.

16 Yolanda (Linda) Reid Chassiakos, Jenny Radesky, Dimitri Christakis, Megan A. Moreno, Corinn Cross, "Children and Adolescents and Digital Media," *Pediatrics*, 138 (5) (November 2016): e2-e3.

17 같은 책.

18 Kaiser Family Foundation, "Sex on TV4 Executive Summary 2005" (30 October 2005). https://kaiserfamilyfoundation.files.wordpress.com/2013/01/sex-on-tv-4-executive-summary.pdf.

19 Chiara Sabina, Janice Wolak, and David Finkelhor, "The Nature and Dynamics of Internet Pornography Exposure for Youth," *Cyberpsychology and Behavior*, 11(6) (2008): 691.

20 Suzy Strutner, "America Has More Self-Storage Facilities Than McDonald's, Because Apparently We're All Hoarders," *The Huffington Post* (22 April 2015). http://www.huff-ingtonpost.com/2015/04/21/self-storage-mcdonalds_n_7107822.html.

21 Barna Group, "Americans Not Concerned About Their Spiritual Condition," *Barna* (6 August 2007). https://www.barna.com/research/americans-not-

concerned-about-their-spiritual-condition/.

22 같은 책.

23 Barna Group, "Many Churchgoers and Faith Leaders Struggle to Define Spiritual Maturity," *Barna* (11 May 2009). https://www.barna.com/research/many-churchgoers-and-faith-leaders-struggle-to-define-spiritual-maturity/.

24 같은 책.

25 Alan Roxburgh, "Missional Leadership: Equipping God's People for Mission," in Darrel Guder, ed., *Missional Church: A Vision for the Sending of the Church in North America* (Grand Rapids, MI: Eerdmans, 1998), 195.

가정 사역과 교회

초판 2쇄	2024년 10월 29일
초판 발행	2023년 5월 4일

발행인	이기룡
지은이	크리스 설리
옮긴이	김성완 · 장혜영
발행처	생명의 양식

등록번호	서울 제22-1443호(1998년 11월 3일)
주소	서울시 서초구 고무래로 10-5(반포동)
전화	02-533-2182
팩스	02-533-2185
홈페이지	www.edpck.org